北京大学地理科学丛书

王辉 等 编著

# 中国旅游地理

## 第2版

北京大学出版社
PEKING UNIVERSITY PRESS

**图书在版编目(CIP)数据**

中国旅游地理/王辉等编著. —2 版. —北京：北京大学出版社，2017.8
（北京大学地理科学丛书）
ISBN 978-7-301-28530-5

Ⅰ. ①中…　Ⅱ. ①王…　Ⅲ. ①旅游地理学—中国　Ⅳ. ①F592.99

中国版本图书馆 CIP 数据核字(2017)第 167794 号

| | |
|---|---|
| 书　　　　名 | 中国旅游地理（第 2 版） |
| | ZHONGGUO LÜYOU DILI |
| 著作责任者 | 王　辉　等 编著 |
| 责 任 编 辑 | 王树通 |
| 标 准 书 号 | ISBN 978-7-301-28530-5 |
| 出 版 发 行 | 北京大学出版社 |
| 地　　　　址 | 北京市海淀区成府路 205 号　100871 |
| 网　　　　址 | http://www.pup.cn　新浪微博　@北京大学出版社 |
| 电 子 信 箱 | zpup@pup.cn |
| 电　　　　话 | 邮购部 62752015　发行部 62750672　编辑部 62765014 |
| 印 刷 者 | 北京大学印刷厂 |
| 经 销 者 | 新华书店 |
| | 730 毫米×1020 毫米　16 开本　26.75 印张　504 千字 |
| | 2010 年 2 月第 1 版 |
| | 2017 年 8 月第 2 版　2018 年 11 月第 2 次印刷 |
| 定　　　　价 | 50.00 元 |

# 第2版前言

2016 年 5 月 19 日,由中国政府和联合国世界旅游组织联合主办的以"旅游促进和平与发展"为主题的首届世界旅游发展大会在北京人民大会堂开幕,国务院总理李克强出席大会并致辞,这一盛会的举行对我国旅游业的发展具有划时代的意义。联合国世界旅游组织数据显示,自 2012 年起,中国已连续多年成为世界第一大出境旅游消费国,对全球旅游收入的贡献年均超过 13%。目前中国入境旅游人数已达 1.3 亿人次,已成为世界主要旅游目的地之一。我国高度重视旅游业的发展,在此之际应北京大学出版社邀请,再版《中国旅游地理》一书,不仅是在向世界介绍我国丰富的旅游资源,同时也为我国旅游发展贡献绵薄之力。

第 2 版的《中国旅游地理》在第一版基础上割舍了部分章节,也更新了部分内容,注入了新成分,其可读性更强。第一,主题更加明确。为使本书更适合当代大学教育需求,依然按照我国九大旅游资源区的划分,分别介绍各区的旅游资源及发展状况。第二,旅游数据的实时更新及旅游路线的设计。本书为实现学术价值与使用价值的双重功能,一方面,对各旅游资源区的数据进行实时更新,截至 2016 年底,对新增的国家级风景区、国家历史文化名城、A 级风景名胜区等旅游信息进行补充,对各省市的旅游经济发展情况进行更新说明,使读者能够了解我国旅游经济发展的最新情况;另一方面,整合各旅游资源区的特色景点,设计精品旅游路线,为读者出游提供参考。第三,时代前瞻性强。书中查阅大量近期期刊、文献及政策性文件,对新兴"旅游+"模式、海洋海岛旅游、国家公园体制建设等学术热门话题均有深入研究。结合当下我国旅游业发展态势,阐述我国旅游未来发展趋势,使读者能了解和掌握我国旅游发展动态。

书稿再版修订,凝聚了第一版书稿中苗红老师、武传表老师及当时的研究生郭玲玲、宋丽、张萌和石莹同学的极大付出,再次向他们表达深深的谢意!虽然部分章节已经删除,但他们的热情和精神依然渗透在第 2 版更新的书稿中。本次书稿的撰写,需要感谢我的研究生:刘小宇、张佳琛、马婧、邓晓瑞、王艳艳和张曼玉,他们付出大量的时间和精力。其中刘小宇负责第五章、第十章的校对更新和第十四章第三节的撰写;张佳琛负责第七章和第九章的校对更新;马婧负责全书的图表校对、统稿及第十四章第二节的撰写;邓晓瑞负责第三章的撰写及十二章的校对更新；王艳艳负责第六章和第十三章校对更新；张曼玉负责第八章、第十一章的校对更新及第十四章第一节的撰写。他们对学术的探索和对工作的认真负责激励着为人师表的我不断向前。

《中国旅游地理》的再版源于读者对本书的深深喜爱，同时也离不开北京大学出版社的大力支持。在此我仅代表我本人及我的研究生感谢社会各界读者对本书的喜爱和批评指正！感谢北大出版社的各位编辑对作者的信任与支持！书中引用了诸多参考文献及网上精美图片，文中未能全部列出，在此一并感谢！最后希望读者能一如既往地喜欢本书，如有不足之处，还望能不吝赐教，必将不胜感激！

王　辉

2016 年 11 月于大连

# 目　录

# 第一章

# 绪　论

中国旅游地理学是旅游地理学的重要组成部分。本章主要回顾了旅游地理学的发展过程,介绍了中国旅游地理的研究对象及内容,重点分析了中国旅游地理的学科性质、特点及本学科的研究方法。

## 第一节　旅游地理学的产生和发展

旅游地理学是随着旅游业的产生而出现的,包含在旅游和地理两大门类学科中。作为一门边缘学科,它属于人文地理的范畴,具有极强的综合性和应用性,它的产生和发展具有一定的历史性和社会性。

### 一、旅游地理学的形成和发展

**（一）国外旅游地理学的产生和发展**

国外对旅游地理学的研究起步较早,是伴随着现代旅游业的兴起和发展而形成和发展起来的,最早源于 20 世纪 30 年代的美国,根据其发展过程,可大致划分为萌芽、初级、发展三个阶段。

1. 萌芽阶段

1930 年美国地理学家克·麦克默里发表的《娱乐活动与土地利用的关系》一文,被公认为世界地理学界的第一篇关于旅游地理研究的论文。后来许多著作从不同角度对旅游地理给出各种定义。期间旅游地理的研究内容大致分两方面:一是旅游地和旅游形态的个别地区研究;二是旅游地自然环境的研究。其中以研究前者的著作较多,如英国地理学家埃德蒙威·吉尔伯特等调查记述了英国海滨避暑胜地和疗养地。尽管这一时期的著作不是很多,大部分也不是纯粹的学术研究,多与政策的制定有关,但它们对旅游地理今后的发展起着至关重要的作用(吴国清,2005)。

2. 初级阶段

第二次世界大战后到 20 世纪 60 年代中期至 70 年代,随着战后经济的复苏与发展,人们的旅游需求有所上升,此阶段旅游地理学研究呈现多样化特点,旅游资源的评价、旅游地和旅游区域的开发、旅游客流的调查及旅游影响研究等都是主要的研究领域。比如1969—1974 年加拿大、美国、英国开展的旅游资源评价;欧美国家开展的旅游地与旅游区域的开发研究;发达国家在政府的关注下开展的旅游客流调查分析;英国地理学家罗杰斯主持的第一次实验性全国游憩资源调查;还包括开展旅游活动对区域的自然、经济和社会文化影响的研究。这一时期地理学者所做的大量旅游研究工作,为旅游地理学的发展奠定了基础。

3. 发展阶段

20 世纪 70 年代以后,许多地理学家要求系统地研究旅游地理学的理论和方法,统一旅游地理学的术语,对旅游地类型进行分类和评价,绘制旅游地图等,此阶段发表的文献数量也大幅度增加。其中美国伊恩·姆·马特勒的著作《国际旅游地理》是最具代表性的;英国地理学家赫罗宾逊的《旅游地理学》,其系统地阐述了旅游地理的理论体系;南斯拉夫地理学家阿姆西洛诺维奇的《旅游地理》;苏联地理学家伊·阿·科特梁罗夫的《休憩与旅游地理》;日本学者浅香幸雄和山村顺次的《观光地理学》;1983 年加拿大学者 Stephen L. J. Smith 的《游憩地理学》;1987 年英国学者 B. J. Boliface 和 C. P. Cooper 的《旅游地理学》等。1976 年在莫斯科召开的第 23 届国际地理学大会上,第一次把旅游地理列为一个专业组,从此旅游地理学作为地理学的一个分支被确立下来。

总体来看,西方国家旅游地理学已初步确立了自己的学科地位,开始朝着成熟阶段发展,研究视野为闲暇时间从事的活动,其重点是旅游活动,注重理论和实用研究并重,参与多学科融合研究,注重新技术手段。此外,不同国家的旅游地理学也显现出不同的特点:在发达国家,旅游地理学者对旅游的研究以其多样化、多角度的全景鸟瞰式研究视野为特点,在从事理论性研究时,常注意针对特殊的案例,因此旅游地理研究表现出明显的实证性质;而发展中国家对旅游的研究主要体现在借鉴发达国家学者的研究成果,把主要精力放在旅游开发和规划的实际调查与研究工作上,理论性研究较少。

（二）国内旅游地理学的产生和发展

旅游在我国有着悠久的历史，虽然当时的旅行和游览活动还不能算是一个特有的体系，但关于旅行中的地理环境的记述常见于我国古代文献中。"观国之光"一词来源于中国古代的《易经》一书；我国最早的地理学著作《山海经》记载了中国的各地山川、风物与古迹；此后的《穆天子传》《籁禹贡》《史记》《水经注》《梦溪笔谈》《吴时外国传》以及《徐霞客游记》等著作中，都有关于旅游地理的内容。这说明中国关于旅游地理的论述很早就已萌芽，但是还没有从旅行游览与地理环境的关系去论述旅游地理学的基本理论和方法，使其成为一门独立学科。

到了近现代，出现了张其昀的《浙江风景区之比较观》、任美锷的《自然风景与地质构造》等关于中国自然地理的自然风景区成因机制的研究，也还是没有系统地开展旅游地理学的科学研究。

旅游地理学作为一门学科，国内真正开始形成是在 1979 年底中国科学院地理研究所组建了旅游地理学科组之后。1979—1985 年间，郭来喜最早较系统地介绍、研究、总结了旅游地理学这门学科，陈传康对风景及构景、建筑与景观、旅游资源开发的一些规律性问题作了阐述。在中国旅游地理的最初发展中，比较有影响的著作有 1985 年郭来喜完成的《河北昌黎黄金海岸开发》、卢村禾等完成的《皖南旅游区开发对策考察报告》、孙文昌等制定的《辉南龙湾区旅游规划》等。1986—1992 年间，旅游地理学在学科实践中逐渐成长起来，主要侧重于参与旅游资源方面的开发和规划实践。代表性作品有卢云亭的《现代旅游地理学》、孙文昌的《应用旅游地理学》、陈传康的《北京旅游地理》、庞桂荃的《中国旅游地理》等。1993 年以后，旅游地理的研究形成了一个新的里程碑。1993 年制定了《中国旅游资源普查规范（试行稿）》，郭来喜倡导的生态旅游主题提议被国家旅游局采纳，将 1999 年旅游主题定为"生态环境游"，原有的理论在实践中得到进一步验证和提高，旅游地理学研究的领域和内容也逐步扩大和深入。在近些年中，旅游可持续发展思想受到了旅游地理学界的高度重视，高新技术的飞快发展，使国内研究旅游地理的工具及方法都呈多样化发展，旅游地理学的发展也随之突飞猛进。

## 二、旅游地理学的概念

从国内外旅游地理的产生和发展历程来看，旅游地理学可被看作是随着现代旅游业的蓬勃发展而兴起的地理分支学科。迄今为止，普遍应用的旅游地理学概念是研究人类旅游活动与地理环境、社会经济发展之间关系的科学，是一门新兴的边缘学科。地理学是研究各种人类活动与地理环境之间的关系，以促进人类社会经济健康发展。而当人类旅游活动转化为大众化的普遍活动，并开始影响人类社会经济活动及其赖以生存的自然环境时，许多地理学家以高度的社会责任感，运用地理学的理论与方法，对这一人类社会经济现象进行了分析研究。研究人类旅游活动产生、发展及分布的时空规律，分析其与地理环境之间的联系与制约关系，及其对人类社会经济的影响，并在此基础上形成和发展了旅游地理学。"人类旅游"包括三大要素：主体（旅游者）、客体（旅游资源与旅游环境条件）、媒体（旅游业），是旅游地理学研究的对象。具体的研究对象会在下一小节更详细地说明，其中："旅游与地理环境、社会经济发展之间的关系"是旅游地理学研究的重点；促进旅游业及社会经济的发展是旅游地理学研究的最终目的。具体而言，旅游地理学就是研究人类旅行游览、休憩疗养、康乐消遣与地理环境和社会经济发展相互关系的一门学科。

## 第二节　中国旅游地理学的研究对象和内容

中国旅游地理学是旅游地理学的分支，它是研究中国旅游资源和旅游环境的时空分布规律、形成原因和可持续开发利用的学科。它是伴随着中国旅游业的发展而迅速兴起的新兴学科。

### 一、中国旅游地理学的研究对象

作为地理学的一个分支，旅游地理学在不断发展、不断创新，形成属于自己的学科体系，但无论如何也不能完全地脱离地理学而独立存在。因此地理学所研究的对象就必然要影响、甚至规定着旅游地理学的研究对象。不过旅游地理学既然已经成为地理学的分支，其研究对象毫无疑问要有自己的特点。

中国旅游地理学的研究对象是在考虑到诸多因素，深刻分析了旅游历史与旅游资源的基础上而总结出来的。因此中国旅游地理学是以中国及不同等级旅游区域的旅游活动作为研究对象，以一般规律为指导，着重研究中国旅游地域系统运行的特殊规律，即中国各特定地域内旅游及各组成要素的特征及其形成环境，强调地方特色。简单地说，中国旅游地理学的研究对象就是中国旅游活动与地理环境、社会经济的关系，即中国旅游的地域分布及其组合规律（也可表述为中国旅游地理地域系统运行的规律）。中国旅游地理的研究核心应该是中国不同等级旅游区旅游各组成要素地域分布及组合的空间特征，研究的重点是地理环境、社会环境对旅游活动的空间结构、地域差异及其区际联系的影响。在研究中国旅游地理学的同时，可以不断补充、丰富和完善旅游地理学的理论和知识系统，促进旅游地理学的发展。

**二、中国旅游地理学的研究内容**

（一）旅游地理学的研究内容

旅游地理学是一门应用性学科,其研究内容应是与旅游业发展相关的多种地理问题,即从综合性、地域性的观点出发,去探讨这些地理事物的形成、演变和发展的基本规律,从而指导旅游业的发展。具体地说,旅游地理学的研究内容包括旅游的起因及其产生的地理背景、旅游者的地域分布和移动规律、旅游资源的类型与地域组合、旅游资源的评价与开发利用论证、旅游通道的可进入性与交通方式的匹配研究、旅游环境容量的确定、旅游区(点)布局与建设规划方案的制定、旅游路线设计与旅游区划、旅游流预测的研究包括最适宜的预测模型、旅游地图的研究、旅游业发展对地域经济综合形成的影响等重要方面。

（二）中国旅游地理学的研究内容

中国旅游地理学属于区域旅游地理学,研究各地区旅游活动地域分布及其组合在时间和空间上发展变化的规律性。它是从旅游地理学的角度来研究中国各类旅游资源,研究中国发展旅游的地理环境和地理特征,研究中国旅游区(点)布局等问题,从而正确地评价我国的旅游资源,为开发利用我国旅游资源,建设旅游区提供科学依据。中国旅游地理还将探讨中国旅游地理理论问题,探讨保持中国旅游特色和克服我国旅游业薄弱环节等方面的问题,为我国旅游业的发展作出贡献。

中国旅游地理主要的研究内容是不同等级旅游区内各组成要素及其基本特征和主要特色。根据划分的区域确定各地区所具有的旅游资源,包括东北、华北、内蒙古、西北、华中、华东、华南、西南、青藏区域内的主要旅游资源及主要景区(点),划分出这些旅游资源所连成的旅游线路,指导各地域、城市,充分发挥当地旅游资源优势,形成地方旅游特色,以真实的数据来评价中国所具有的旅游资源以促进中国各地区旅游业及社会经济的发展。

# 第三节　中国旅游地理学的学科性质及研究方法

**一、中国旅游地理学的学科性质**

在国外有些学者把旅游地理学列入服务范畴的地理学;而另一部分学者则把它列入人口地理学领域,把旅游活动看作是人口迁移的一种形式。加拿大地理学家沃尔夫认为旅游地理学是从经济地理学中分离出来的;日本地理学家浅香幸雄同样地把旅游地理学归于经济地理学的研究领域,甚至连日本旅游大辞典也采用这种划法,当然也存在一部分日本地理学者把它当成人文地理学的分支;英国地理学家 H. Robinson 则把旅游地理学当作是应用地理学;法国有的学者把它当作建设地理学的一部分。

在我国,陈传康认为旅游地理学是界于自然地理学、经济地理学和人文地理学(社会地理学)之间的一门综合性的部门地理学;保继刚则指出旅游地理学属于人文地理学的一个分支,但与自然地理学和经济地理学都密切相关,两者都是这门学科形成的前提和基础。越来越多的国内学者都认为旅游地理学是人文地理学的分支学科。但人类旅游活动是一项以不同地域间的人员流动为特征的,涉及经济及政治等许多方面的社会文化活动,而社会文化活动是与自然环境有着密切联系的社会经济文化现象,受到社会经济规律所制约,所以具有社会经济科学性质。地理环境包含着自然现象,涉及自然规律。既然旅游地理学是以地理环境作为自己研究的立足点,那么它必然具有自然科学的性质,因此现在普遍把旅游地理学看成是一门兼有自然科学和社会科学性质的多学科交叉的边缘学科。

中国旅游地理则是将旅游地理学的有关理论、方法运用于中国及其各旅游区的学科。所以中国旅游地理学包含着旅游地理学的学科性质,既是一门从地域观点和综合观赏研究中国旅游活动与地理环境、社会经济关系的学科,又是一门兼具地理学与社会经济学性质、理论性与实践性都很强的边缘学科。但中国的旅游资源有自身特点,研究中还会涉及中国自然、历史文化、社会经济、技术等诸多因素,同时这些因素又深刻地影响着中国旅游业的发展。可见,中国旅游地理学是一门直接服务于旅游业、实用性很强的应用学科。

## 二、中国旅游地理学的特点

作为一门边缘性学科,中国旅游地理学在形成和发展的过程中形成了自己的特点,有别于旅游地理学和其他学科,为中国旅游业的发展起到了巨大的推动作用。

(一)地域性

中国旅游地理是研究中国不同旅游资源区域内的旅游资源与景点线路。不同地域空间展现着不同的地理个性和风貌特征,根据地域性特征形成了每个地方各具特色的旅游景点,如因地理位置差异形成的"山城"——重庆、"冰城"——哈尔滨、"水城"——苏州、绍兴。不仅如此,地理环境还带来了不同城市的衣、食、住、行的差异,这些都是明显的地域分异现象。因此中国旅游地理要因地制宜,发挥地区特色、优势来促进旅游业发展。

(二)综合性

中国旅游地理的学科性质表明这门学科具有高度的综合性,研究这门学科就要对相关的因素及学科进行综合分析,这具有特殊的意义。中国旅游地理学研究范围广泛,不同的区域具有不同的特色,不同的特色又需要不同的研究方法,而每一种研究方法又可能来自不同门类的学科,着眼于不同的研究角度,所以中国旅游地理学在分析每个地区的景观、景点时,或是进行实践任务研究时都体现了本学科的综合性。

（三）实用性

中国旅游地理学可以指导人们有计划地出游,可以指导旅游工作者全方位地分析旅游目的地的收益,可以指导旅游部门更合理地设计游览线路,可以让更多喜爱旅游的人士了解我们祖国伟大而美丽的山河,等等。它的实用性是显而易见的,因此必须充分发挥它的作用以促进旅游业的蓬勃发展。

## 三、中国旅游地理学的研究方法

马克思主义的唯物辩证法是旅游地理学研究的最根本的原则,也是一切科学最普遍遵循的原则。从中国旅游地理学的学科性质来看,它是一门错综复杂的学科,研究的内容和对象在时间和空间上处于不断发展变化之中,因此运用唯物辩证法来指导中国旅游地理学是十分必要的。

中国旅游地理学作为一门中国地理与旅游学之间的交叉学科,因其所具有的独特学科性质,其所具有的主要研究方法有(金海龙,2002):

（一）实地考察调查法

通过实地考察调查(包括全面考察调查、重点考察调查、抽样考察调查等)获得新鲜的、生动的第一手资料,然后按照《中国旅游资源普查规范》填写"基本类型调查表",准确记录资源名称、所属行政区、经纬度和海拔高度、类型,描述特征数据、环境背景与开发保护现状等,还要配以照片和说明,有时还要采集实物标本,供分析、测试和鉴定。实地考察调查是获得最新、最准确、最具体资料的重要方法,是任何其他方法所无法代替的。

（二）分类比较法

分类比较法包括区域对比和类型对比,这是一种确定各级各类旅游地域综合体及其组成要素类型的相似性和差异性的方法。有的学者认为,近代自然地理学的产生,就是从比较自然地理学开始的。至今有些地理学家还认为,区域的差异性和相似性是地理学研究的基础。

（三）区域综合分析法

中国旅游地理学的研究,必须根据不同的区域,对影响旅游地域分布及组合的各种因素进行综合研究、全面分析,既要抓住主要因素,又不可忽视其他有关因素,明察正确的因果关系,针对不同区域的旅游活动,采取相适应的、合理的布局形式。

（四）资料统计分析法

搜集、整理现有的文献资料(书籍、报刊、统计数据、工作总结、历史文献、考察报告、区域社会经济发展规划等),分析、研究有关资料,从这些资料中获得相应的科学结论。如根据统计部门发布的有关旅游者、旅游接待设施和旅游服务的统计资料,了解全国及各地区旅游业发展的总体水平。

（五）旅游图表分析法

地图和图表是旅游地理学形象的语言和良好的表达形式。利用旅游地图和统计图可以了解一些重要内容,如各类旅游资源的地域分布、旅游景区(点)的地域分布、旅游线路、旅游交通和旅游基础设施等。旅游图的种类有旅游资源分布图、旅游景区(点)分布图、旅游热线分布图、旅游导游图、各旅游专项地图和旅游综合地图等。

（六）数量分析模型法

把计量地理学、运筹学和系统工程等一些理论和方法,运用到旅游地理学的研究中,可以通过图形模式和数学模型等进行综合分析,简明扼要地把影响旅游活动的各个因素间的相互关系表达出来,主要体现在如下两个方面:一是数学分类方法,在旅游区域分析及旅游资源的分类与区划中应用广泛;二是统计预测方法,主要是通过游客数量与年份之间的回归分析,来预测游客的增长。还可以通过运用数理统计和运筹方法,把定性分析与定量分析有机结合起来,以数学计量方法进行理论归纳,采用可以操作的数学模型表达区域旅游现象的相互关系,有效地克服传统的描述和定性解释的局限。

还有一些高科技的研究方法,如遥感技术(RS)、地理信息系统技术(GIS)、全球定位系统技术(GPS)等,可以及时而全面地了解和掌握人类旅游地域分布及其组合变化的动态,及时调整旅游布局,使之不断趋向合理化。

# 练 习 题

1. 中国旅游地理学的概念是什么? 与旅游地理学的关系和区别是什么?

2. 中国旅游地理学的研究对象与内容是什么?

3. 简述中外旅游地理学的发展过程,比较性地分析两者存在差异的原因。

4. 中国旅游地理学的学科性质和特点是什么? 根据所学知识,谈谈这门学科的指导意义。

5. 中国旅游地理学的研究方法是什么? 解释其作用。

# 第二章

# 中国旅游资源的特征及形成基础

## 第一节  中国旅游资源的基本特征

　　旅游资源是旅游业赖以生存和发展的前提条件,是旅游业产生的物质基础。对旅游资源基本特征的认识,一方面可以深化对旅游资源的了解;另一方面,也可以对开发旅游产品起到基础性的作用;还可以设计出更加符合区域发展的旅游线路,促进旅游业更加合理、快速的发展。

### 一、中国旅游资源的总体特征

#### (一)多样性

　　多样性主要表现在旅游资源的种类上。中国是世界上旅游资源最丰富的国家之一,资源种类繁多,类型多样,功能齐备。中国不论南北东西都有美不胜收的风景,不仅有类型多样的海滨、山地、高原、高纬度地区的避暑胜地,而且有银装素裹的冰雪世界以及避寒休闲度假胜地。多样的风景地貌和多功能的气候资源,为生物提供了优越的生存栖息环境,使自然景观更加多姿多彩。不论是从旅游资源供给的角度还是从旅游消费的角度看,中国拥有世界旅游活动的各种资源和要素,可以开发成为适合现代旅游趋势的各类旅游产品。中国具有如此多样和复杂的旅游资源系统在世界上是非常罕见的,一方面是由于中国国土辽阔、地质复杂、气候多样;另一方面也与中国悠久的历史、深厚的文化底蕴密切相关。

（二）丰厚性

丰厚性指中国旅游资源雄厚，开发利用保证程度高。中国旅游资源不仅种类多样，而且每种资源积淀丰厚，拥有各种规模、年代、形态、规制、品类的旅游资源。不论是古代建筑、古城遗址、帝都王陵、禅林道观、园林艺术、民俗风情，还是自然山水风景、海湖河流、山川原野，都多姿多彩、不可胜数，其资源之丰厚位于世界前列。以花岗岩山景为例，既有节理发育又经风雨剥蚀塑造，以奇峰怪石、劈天摩地而著称的黄山；也有因断层发育使巨大花岗岩体突兀凌空而以险称绝的华山；还有因花岗岩组分特性而导致的球状风化，由其形成的造型奇异的各种小尺度的风景地貌散见各地。

（三）古老性

中国是古人类的发源地之一，也是世界文明的发祥地之一，流传至今的宝贵遗产构成了极为珍贵的旅游资源，其中许多资源以历史久远、文化古老、底蕴深厚而著称。古老的华夏文明是中华民族各族人民共同的精神财富，既是各兄弟民族文化融合的结晶，又吸取了世界各民族文化之长。中国旅游资源的古老性还表现在：远在数千年之前，中国的先人就发明和建造了一系列的工艺艺术品和宏大的建筑，在世界文明史上留下了辉煌的一章。

（四）奇特性

中国拥有众多的特有旅游资源。在自然奇观方面，有一年一度的大理蝴蝶盛会、洱源万鸟朝山的鸟吊山奇景、能发出不同音符鸣叫的峨眉弹琴蛙、中秋的钱塘大潮、西藏高原上周期性的水热爆炸泉、吉林松花江边的雾凇等。人文方面的奇景更是丰富多彩，秦始皇陵兵马俑坑和铜车马被誉为世界第八奇迹，已建成的兵马俑博物馆每年吸引着数百万的游人。长沙马王堆汉墓的完整女尸和大量帛书、荆州凤凰山汉墓保存完好的男尸、满城陵山汉墓的金缕玉衣、丝绸之路上的楼兰古城和众多古迹、徐州的汉墓等，这些墓葬地和出土文物珍品成了吸引旅游者回溯历史的最佳场所。

**二、中国旅游资源地理环境的基本面貌**

（一）中国地理位置的基本面貌

我国位于亚洲大陆东部、太平洋西岸，幅员辽阔，陆地疆域面积960万平方千米，约90％的国土位于四季分明的亚热带和温带，其余位于水热资源丰富的热带。我国的整体地势西高东低，自西向东、呈三级阶梯状下降。第一级位于中国的西部，以青藏高原为主体，与第二级的分界线为昆仑山—祁连山—岷山—邛崃山—横断山脉；第二级由一系列的高山、高原、盆地组成，包括天山山脉、秦岭、塔里木盆地、准噶尔盆地、四川盆地、内蒙古高原、黄土高原、云贵高原等，与第三级的分界线为大兴安岭—太行山—巫山—武陵山—雪峰山;第三级为广阔的平原和丘陵,包括东北平原、华北平原、长江中下游平原、东南丘陵等。由于我国跨越范围广阔,气候类型复杂,地质运动的内力外力作用又造成了千姿百态的特殊地貌,包括红层地貌、风沙地貌、岩溶地貌、海岸地貌等。

（二）中国纷繁文化的基本面貌

我国早在 170 万年前就已经形成了比较系统的原始文化。随着历史的流转,当文字出现后,我国的文化达到了空前的繁荣,并且一直延续至今。我国悠久的历史、古老的文化,在不同时期有不同的表现,呈现出每个朝代特有的建筑类型、政治文化取向、文人艺术等。在历史的推进、朝代的更迭的作用下,我国逐渐形成了一个多民族的国家,包括汉族在内的 56 个民族,每个民族在居住、饮食、服饰、生产、交通、婚丧、村落、宗教、礼仪、禁忌、语言文字及娱乐方式等方面都有自己的特点,无不反映出强烈的地域特色和民族文化。中华民族拥有与世界其他地域不同的人文资源,具有极强的魅力和顽强的生命力。即使全世界正趋于经济全球化,但中国却还以自己独特的文化吸引着世界人民的目光,使我国旅游业顽强飞速发展。

## 三、中国旅游资源类别

旅游资源是构成旅游业发展的基础,我国旅游资源极其丰富,具有广阔的开发前景。旅游资源在旅游研究、区域开发、资源保护等方面得到广泛应用,越来越受到重视。国家对旅游资源总共划分为 8 个主类、31 个亚类、155 个基本类型。在这些主类中包括自然和人文两方面的内容,其中自然旅游资源有 4 个主类,人文旅游资源有 4 个主类。

# 第二节  中国旅游资源的自然地理环境

自然旅游资源又称自然风景旅游资源,指凡能使人们产生美感或兴趣的,由各种地理环境或生物构成的自然景观。我国辽阔的疆域,巨大的经纬度差异(南北跨纬度近 50 多度,东西经度跨 60 多度)和背依亚欧大陆、面向太平洋的地理位置,呈网格状分布的地貌格局以及地形的高差,加深了自然条件的复杂性和多样性。目前,国内对旅游资源的划分说法不一,本章主要以国家发布的旅游资源分类表为基准,将中国自然旅游资源分为地文旅游资源、水域风光旅游资源、生物旅游资源、天象与气候旅游资源。

## 一、地文旅游资源

地文景观是指地球内、外营力综合作用于地球岩石圈而形成的各种现象与事物的总称。在独特的自然条件下,发育了典型的山岳地貌、风沙地貌、黄土地貌、岩溶地貌、火山、地震等。各种地貌类型构成了各具魅力的自然景色,为开展各类型旅游活动提供了自然环境基础。

（一）综合自然旅游地

综合自然旅游地包括山丘型、谷地型、沙砾石地型、滩地型旅游地和奇异自然现象、自然标志地、垂直自然地带等基本类型。

1. 山丘型

山丘型旅游资源是指山地丘陵区内可供观光游览的整体区域或个别区段。山地是指海拔高度多在 2000 米以下,大体呈锥形、脊状隆起、轮廓曲折多变的地貌类型。我国著名的山景有五岳,即泰山、恒山、华山、嵩山、衡山。另外,高山资源也不可忽视,海拔在 5000 米以上的极高山资源主要分布在青藏高原及其周围地区的喜马拉雅山脉、喀喇昆仑山脉、祁连山脉、昆仑山脉、唐古拉山等。丘陵一般是指海拔高度在 500 米以下,与外部相对高差在 50～500 米的隆起地形。我国的丘陵近 100 万平方千米,占全国总面积的 1/10,典型的有辽东、山东两半岛上的辽西丘陵、淮阳丘陵等,西部黄土高原上有黄土丘陵,长江中下游河段以南有江南丘陵,其他地域还分布着许多丘陵。

2. 谷地型

谷地型旅游资源是指河谷地区内可供观光游览的整体区域或个别区段。黄河谷地主要是由河流的侵蚀、搬运、堆积作用而形成。在谷地型旅游地,既有能够顺河沿江观赏沿岸峡谷或河岸上田园瓦舍的秀美风光,也有可以河流为依托,沿河开发有价值的综合旅游景观。长江从河源至河口形成了一条风光明媚的河川游览走廊,是我国的"黄金旅游线"。这里有著名的长江三峡、黄陵庙、古代悬棺、古栈道、诸葛亮水陆八阵、屈原故里、昭君故里、三游洞等古迹,同时还有三峡大坝、葛洲坝等现代水利工程。辽宁鸭绿江国家重点风景名胜区沿岸也开发了九国连城、鹿岛、凤凰山、五龙背温泉等旅游胜地。

3. 沙砾石地型

沙砾石地型旅游地指沙漠、戈壁、荒原内可供观光游览的整体区域或个别区段。这一类旅游资源主要集中在干旱或内陆地区,由强风、流沙和间歇性地表水的风化、侵蚀、搬运、堆积作用而形成。甘肃敦煌鸣沙山、宁夏中卫沙坡头、新疆罗布泊洼地、乌尔禾将军戈壁滩、新疆噶顺戈壁等都是我国著名的沙砾石地型旅游地。

4. 滩地型旅游地

滩地型旅游地指的是缓平滩地内可供观光游览的整体区域或个别区段。大部分位于海滨或大河之滨,平缓细腻的沙滩与周围壮阔的水景、奇特的滨海地貌、河谷地貌结合在一起,既可赏景,又可开展沙滩体验旅游项目。著名的旅游景点有辽宁大连金石滩公园和老虎滩公园、广西北海银滩、浙江宁波松兰山沙滩群等。

### 5. 垂直自然地带

垂直自然地带指山地自然景观及其自然要素(主要是地貌、气候、植被、土壤)随海拔高度变化而呈现递变规律的现象。著名的旅游景点有吉林长白山、雅鲁藏布大峡谷等。雅鲁藏布大峡谷是世界上山地垂直自然带最齐全丰富的地区,也是全球气候变化的缩影之地。

### 6. 自然标志地

自然标志地指标志特殊的地理、自然区域的地点。著名的景点有秦川腹地泾阳县的"中华人民共和国大地原点"、台湾嘉义、广东从化和汕头等地的北回归线标志、乌鲁木齐市永丰乡包家槽子村的"亚洲中心地理标志"、新疆吐鲁番盆地托克逊县的亚心海平面标志等。

### (二)沉积与构造

沉积与构造旅游资源包括断层景观、褶曲景观、节理景观、钙华与泉华、矿石矿脉与矿石积聚地、生物化石点等。

### 1. 断层景观

断层是岩层受到压力时断裂,断裂面两边的岩层产生明显位移而形成的。在断层构造带中,由于岩石破碎,易受风化侵蚀,常常发育成沟谷、河流,规模较大的断层则往往形成巨大的裂谷和陡峭高峻的悬崖。如台湾花莲县的清水断崖,是我国目前最大、最险,也是唯一的海岸断崖,并且还是世界第二大断崖。

### 2. 褶曲景观

褶曲是指地层在各种内力作用下形成的褶皱或扭曲变形。褶曲景观表现为隆起的山岭或下陷的低谷。南北向挤压形成东西走向的山脉,如秦岭;东西向挤压形成南北走向的山脉,如太行山;挤压不均产生扭动,形成东北—西南或西北—东南走向山脉和弧形山脉,如武夷山。著名的喜马拉雅山是巨型的褶皱山脉,杭州的飞来峰也是褶皱形成的。

### 3. 节理景观

节理为所有没有发生显著位移的岩石裂隙。节理加速了各种外营力对岩石的侵蚀作用,使之形成姿态万千的奇特地貌。如湖南张家界石英砂岩峰林和云南石林等是沿垂直节理发育的产物,黄山的"仙人晒靴""仙人指路""天狗望月"等各种奇石的形成,也是节理发育和各种风化因素综合作用的结果。

### 4. 钙华与泉华

钙华与泉华是岩石中的钙质等化学元素溶解后沉淀形成的形态,是岩溶地貌中的重要组成部分。我国的碳酸岩类分布很广,天然造型也极为丰富,常见的有溶沟、石芽、峰林、峰丛、落水洞等,如云南石林和广西桂林的岩溶景观;另外还有溶解在水中的碳酸钙沉淀,形成钙华、泉华的堆积景观,如位于四川省的黄龙风景名胜区内有 8 处钙华彩池群,被上海大世界基尼斯总部认定为"规模最大的钙华彩池群"。

### 5. 矿石矿脉与矿石积聚地

矿石矿脉与矿石积聚地指矿床、矿石地点和由成景矿物、石体组成的地面。在矿物岩石中,部分岩石经过加工,可成为具有观赏价值和收藏价值的景观或工艺品。如大理石,特别是汉白玉,各类宝石,如钻石、玛瑙、玉石、水晶等,著名的矿石积聚地景点有江西的钨矿、广西的铅矿等。

### 6. 生物化石点

生物化石点是指保存在地层中的史前地质时期的生物遗体、遗骸及活动遗迹的发掘地点。主要包括各种植物、无脊椎动物、脊椎动物等的化石及其遗迹化石。著名的古植物化石景观有浙江新昌的硅化木国家地质公园、北京延庆下德龙湾的硅化木林、湖北阳逻第四纪地层中的硅化木区等;古动物化石景观有四川自贡恐龙博物馆、以三趾马和铲齿象化石而著称的甘肃和政古动物化石博物馆等;古生物遗迹景观有河南南阳西峡的恐龙蛋化石群等,这里埋藏的恐龙蛋化石多达 2.5 万枚,其数量之多,保存之好,被国内外专家称为"世界第九大奇迹"。

### (三)地质地貌过程形迹

### 1. 凸峰、独峰、峰丛、石(土)林

这些地貌在碳酸盐类岩石地区最为常见。地表水流沿着碳酸盐类岩石表面流动,溶蚀和侵蚀出许多凹槽。随着溶蚀作用加剧,凹槽不断扩大,使原先完整的山峰变成基座相连而上部分离的山峰集合体,成为峰丛。溶蚀进一步向深处发展,峰丛基座被切开,相互分离成峰林。在地壳长期稳定的条件下,峰林继续遭受岩溶水的侵蚀,发育成独峰。广西桂林独秀峰是一座典型的独峰,云南石林、元谋土林是石(土)林景观的代表,贵州兴义万峰林则号称"天下山峰何其多,唯有此处峰成林"。

### 2. 峡谷段落、沟壑地

峡谷是指狭而深的谷地,横剖面常呈"V"字形。沟壑地则是由内营力塑造或外营力

侵蚀形成的沟谷、劣地。峡谷、沟壑地是以雄伟险秀、寂静隐蔽、深奥幽静的奇观吸引游人的。著名的旅游风景区有雅鲁藏布大峡谷、长江三峡、恩施土家族苗族自治州巴东县境内的西陵峡西段、横贯全州的清江上的小三峡、云南境内的虎跳峡等。

### 3. 堆石洞、岩石洞与岩穴

堆石洞是由岩石块体塌落堆砌成的石洞。著名的景区如浙江江山市浮盖山堆石洞群，由山石天然堆叠而成，是一处奇妙的堆石洞群景观。岩石洞与岩穴是指位于基岩内和岩石表面的天然洞穴，如溶洞、落水洞与竖井、穿洞与天生桥、火山洞、地表坑穴等景观。著名的溶洞有贵州织金洞、广西桂林芦笛岩、江苏宜兴善卷洞、辽宁本溪水洞等。

### 4. 丹霞

从侏罗纪到第三纪，我国很多地区发育了多由红色的砂岩、砂砾岩和砾岩等构成的岩层，简称红层。红层由于侵蚀、风化剥落、中立崩塌等的综合作用，形成了顶平、身陡、麓缓的方山、石墙、石峰、石柱等奇险的丹崖赤壁地貌。这种地貌以广东仁化县的丹霞山最为典型、丰富。我国红色砂岩地层主要分布在南方，著名的风景区除丹霞山外，还有福建的武夷山、江西贵溪的龙虎山、四川都江堰青城山、安徽休宁与黟县之间的齐云山等，河北承德避暑山庄四周的山岳、甘肃天水麦积山、广东韶关金鸡峰、四川乐山大佛和广元摩崖石刻等也是丹霞风光。

### 5. 雅丹

雅丹主要是指在风蚀作用下形成的土墩和凹地（沟槽）的组合景观。"雅丹"地貌通常发育在干旱地区的湖积平原上，由于湖水干涸，黏性土因干缩裂开，盛行大风沿裂隙不断吹蚀，裂隙逐渐扩大，使原来平坦的地面演变成许多不规则的垄岗（墩台）和沟槽，沟槽宽浅不一，其间有沿盛行风向平行延伸的陡壁，如风蚀城堡、蜂窝石、蘑菇石、风动石等。雅丹地貌以新疆罗布泊东北部和乌尔禾地区最为典型。

### 6. 沙丘地

沙丘地是由沙堆积而成的沙丘、沙山。主要分布在西北干旱地区，由于强劲风力的侵蚀、搬运和堆积作用而形成。沙丘奇观主要分布在新疆塔克拉玛干沙漠和内蒙古的腾格里沙漠、巴丹吉林沙漠、毛乌素沙地等；"会唱歌"的响沙主要有四处，分别为宁夏中卫沙坡头、内蒙古鄂尔多斯市的银肯、新疆塔克拉玛干沙漠及甘肃敦煌鸣沙山。

（四）自然变动遗迹

**1. 地震遗迹**

地震遗迹是指地震后留下来的遗迹，具有科学考察价值和奇妙的吸引、观赏功能。当代的人们把地震的损失转化为旅游资源，震后建设各种纪念性的地震标志，如地震纪念塔、纪念碑、展览馆等。2008 年 5 月 12 日四川汶川发生的 8 级强烈大地震形成了汶川地震旅游环线，这条线路中有不少地震的遗迹供人们缅怀、凭吊。其他的地震遗迹旅游景点有海南琼州海底村庄、河北唐山地震遗址等。

**2. 火山与熔岩**

火山与熔岩是指地壳内部溢出的高温物质堆积而成的火山与熔岩形态。火山熔岩地貌景观有火山锥、火口湖、堰塞湖、温泉、熔岩洞穴、熔岩流台地等。我国火山地貌主要分布在东北大、小兴安岭和长白山区、台湾、雷琼地区及西南地区，可分为两个活动带：东部活动带包括五大连池火山群、长白山火山、大同火山群、大屯火山群、广东雷琼及安徽、江苏等地区的火山；西部活动带包括云南腾冲火山群、新疆等地区的火山。著名的旅游景点有广东湛江湖光岩、云南腾冲打鹰山、素有"天然火山地质博物馆"之称的黑龙江五大连池等。

**3. 冰川侵蚀与堆积遗迹**

冰川侵蚀与堆积遗迹是指冰川后退或消失后遗留下来的侵蚀或堆积地形。冰川的侵蚀作用形成冰斗、冰窖、角峰、刃脊、冰川槽谷、峡湾、羊背石等地貌；堆积作用形成冰川漂砾、冰碛丘陵、鼓丘和冰砾扇等地貌。此外，冰川融化所形成的冰桌、冰桥、冰兽、冰蘑菇等特殊形状也具有较大的观赏价值。著名景点有云南玉龙黎明-老君山、新疆布尔津喀纳斯湖等。

（五）岛礁

岛礁包括岛区和岩礁。岛区和岩礁是指在地质构造运动、波浪与潮汐冲刷侵蚀和堆积、生物作用以及气候等因素共同作用下形成的地貌类型。著名的景点包括黄海海域的岛礁景观、渤海海域的岛礁景观等。大连黑石礁景区内的黑色礁石，遍布于岬湾之中，是约十几亿年前形成的岩溶景观，在我国十分罕见，极具科考和观赏价值，是不可多得的岛礁旅游资源。台湾岛、海南岛、崇明岛作为我国三大岛屿，旅游资源极为丰富，历来为我国海岛旅游的重点地区。

**二、水域风光旅游资源**

水体对游人具有很大的吸引力。因为水是自然地理环境的重要组成要素，是自然景观的基本造景条件之一。水域的观赏类型很多,按水景形态分为河、湖、瀑、泉、海、冰雪六类。

**(一)河段旅游资源**

江河是指经常性或暂时性沿着线形伸展的槽状凹地,由高处向低处流动的水流。我国江河众多,长江、黄河、漓江、珠江、松花江、富春江等都形成了具有自己特色的旅游景区,其中以桂林-阳朔间神奇的漓江、雄伟磅礴的长江三峡最为著名。黄河峡谷咆哮奔腾,波澜壮阔,气势雄奇;漓江碧水清澈见底;富春江诗情画意,碧波帆影;武夷山曲溪潺潺流水;四时常丰的珠江沿岸林木葱茏,山清水秀。此外,还有些暗河(俗称"地下河")也形成了著名的景区,如广东英德仙桥地下河、广东清远连州地下河、广西桂林冠岩地下河等。

**(二)天然湖泊与池沼**

湖泊旅游资源以湖盆的形态、分布状况,湖水的透明度、颜色以及湖中发生的奇异现象等产生强烈的旅游功能。我国湖泊星罗棋布,其中以天然景色取胜的湖泊有五大淡水湖、杭州西湖、长白山天池、黑龙江兴凯湖等,还有云南五百里滇池、美如碧玉的洱海、赛里木湖、阿尔泰山的哈纳斯湖、台湾日月潭等。

沼泽与湿地是最重要的水域景观之一。它不但具有丰富的资源,还有巨大的环境调节功能和生态效益。我国著名的沼泽与湿地景观有四川甘南若尔盖、新疆巴音布鲁克、黑龙江三江平原、山东黄河三角洲、黑龙江扎龙自然保护区、辽宁辽河三角洲等。潭池是指四周有岸的小片水域,著名景点有北京颐和园昆明湖、北京大观园花溆、苏州拙政园荷花池等。

**(三)瀑布旅游资源**

瀑布是指河床纵断面上陡坎悬崖处倾泻下来的水流。由于我国地形复杂,河流众多,形成了多处观光瀑布群,是一个多瀑布的国家。我国的瀑布主要集中在三个地区,即云贵高原地区、喜马拉雅山一带及江南丘陵。比较著名的瀑布景点有黄果树瀑布群、九寨沟瀑布群、庐山瀑布群、雁荡山瀑布群、天柱山瀑布群、壶口瀑布、长白山瀑布等。许多名山也不乏瀑布胜景,如庐山香炉峰瀑布和三叠泉瀑布、黄山百丈瀑等。

**(四)泉水旅游资源**

泉水也是一项引人注目的旅游资源。我国的泉类繁多,分布广泛,各种名泉、矿泉数以万计。多数温泉、矿泉所在之地山川秀丽、风景如画,不仅是旅游胜地,也是疗养、沐浴的好去处。因地下水的储存条件不同,它们中有四季如汤的温泉,刺骨冰肌的冷泉,喷涌而出的承压水泉,汩汩外流的潜水泉,水雾弥漫的喷泉,时淌时停的间歇泉,去病医疾的药泉,甘甜爽口的矿泉,还有离奇古怪的水火泉、甘苦泉、鸳鸯泉,更有北京西山的玉泉、杭州西湖的虎跑泉、江西庐山的聪明泉。开发历史最早、历久不衰的矿泉风景名胜应首推西安骊山华清池,此外广东从化、北京小汤山、云南安宁、黑龙江五大连池、江苏汤山等也都是驰名的矿泉疗养地。西藏、云南的温泉数量之多分别居全国第一、二位。

（五）河口与海面

观光游憩海域是指可供观光游憩的海上区域。我国观光游憩海域有大连、北戴河、烟台、青岛、普陀、厦门、深圳、澎湖、三亚等,还有辽宁金州、兴城,河北昌黎、抚宁,山东海阳,江苏连云港,福建湄洲岛、崇武,广东大鹏湾、珠江口,海口,广西北海等海滨旅游胜地。主要观赏的海景包括海蚀奇观、沙滩风景、五彩卵石、海滩森林、海底花园、大海波澜、神奇岛屿、海市蜃楼、海上观日、神秘海火等。涌潮现象最著名的当属钱塘江大潮,每年潮涌时刻都吸引众多的游客前去参观游览。

（六）冰雪地旅游资源

冰川景色雄伟壮丽,非其他自然风景可比拟。我国现代冰川多分布在西部高山地区,喀喇昆仑山、喜马拉雅山、念青唐古拉山、祁连山和横断山是我国冰川规模最大的山系。目前很多高山冰川区已被开发为旅游基地,如新疆乌鲁木齐以南的胜利达坂、四川贡嘎山东坡的海螺沟、云南的玉龙雪山等。冰川运动形成了冰川弧、冰川断层、冰塔、冰桥、冰川石蘑菇和冰城门等许多奇异的造型,最壮观的莫过于冰塔林,阳光下晶莹剔透,宛若水晶宫殿。常年积雪地指长时间不融化的降雪堆积地,我国著名的常年积雪地有吉林长白山、云南玉龙雪山、青藏高原上的雪山等。

## 三、生物旅游资源

生物旅游资源以其复杂的形态和由其自身生命节律所表现出的变化性构成了旅游景观的实体,是自然旅游资源中最具特色的类型。在本章中生物旅游资源包括树木、草原与草地、花卉云集地和野生动物栖息地等。

（一）树木

树木旅游资源可分为林地、丛树和独树。林地为生长在一起的大片树木组成的植物群体。我国的天然林地主要分布在东北的大、小兴安岭和长白山地区、西南的横断山区和藏东南地区以及长江中下游的山地丘陵地区。主要林地景观有长白山原始森林、张家界国家森林公园、西双版纳原始森林、千岛湖森林公园、蜀南竹海等。丛树景观是指生长在一起的小片树木组成的植物群体。一般构成此类型的景观都有人为性的造景作用,例如植物园、森林公园中都存在此类景观。独树景观中较著名的有黄山奇松、南岳松径、蜀道柏林、泰山古松、华山乔松、天目山矮松、九华山凤凰松、茅山卧龙松、恒山盘根松、嵩山古汉松等。

（二）草原与草地

草原是指在干旱、半干旱气候条件下，由旱生或半旱生草本植物组成的植被类型。草地是指以多年生草本植物或小半灌木组成的植物群落构成的地区。草原、草地与荒漠植被景观包括：① 温带草原植被，主要分布于东北平原、内蒙古高原和西北干旱荒漠区森林线以北地区；② 高寒草原植被，主要分布于青藏高原海拔 4000～4500 米以上的高寒半干旱地区，如香格里拉世外桃源（迪庆藏族自治州）的主体景观就是高寒草甸和草原景观；③ 温带荒漠植被，广布于温带暖温带，植物种类以灌木和半灌木为主；④ 高寒荒漠植被，以垫状半灌木为主，它是牦牛和藏羚羊的天然牧场。

（三）花卉云集地

我国名贵花卉云集，由这些花卉形成的园区地带也具有很大的旅游价值。我国名贵珍稀花卉有牡丹、菊花、梅花、茶花、杜鹃、珙桐花、兰花、芍药、玉兰、水仙等。我国栽培的梅花，颜色淡雅，幽香扑鼻，为寒冬难得的观赏名花。著名的赏梅胜地有无锡西郊的梅园、杭州塘栖的古梅园、武昌东湖梅岭、南京东郊的梅花山以及苏州邓尉的香雪海等。玉兰也是公认的名贵花种，它花白如玉，香气如兰，故名玉兰。杭州玉帛附近的玉兰林、北京颐和园乐寿堂的玉香海等均为观赏胜地。各地举办的花展、花会也吸引着不少的游人，如广州三月的羊城花会、洛阳四月的牡丹花会、北京十月的菊展等。

（四）野生动物栖息地

野生动物不仅具有经济、科学、文化教育等方面的重要价值，而且以其奇特性、珍稀性和表演性成为深受人们喜爱的旅游景观。著名的水生动物栖息地有湖北的长江新螺段白鱀豚、江豚和中华鲟保护区，吉林鸭绿江上游的冷水性鱼类保护区，广东珠江口中华白海豚保护区等；陆生动物栖息地有四川卧龙大熊猫自然保护区，贵州麻阳河黑叶猴自然保护区，云南白马雪山滇金丝猴自然保护区等；鸟类栖息地有黑龙江扎龙丹顶鹤自然保护区，江西鄱阳湖候鸟自然保护区，青海湖鸟岛等；蝶类栖息地有云南西双版纳地区，江苏南京牛首山中华虎凤蝶自然保护区，广东车八岭等。

**四、天象与气候旅游资源**

天象与气候旅游资源是指那些有观赏功能或科考功能的大气物理现象和过程，如云、雾、虹、雨、雪、冰、凇、冷、暖等都是可供观赏和游乐的独特旅游资源，对旅游者有强烈的吸引力。

（一）光现象

1．日月星辰观察地

日食和月食,都是一种罕见的天象奇观,引起了人们普遍的关注。我国浙江海盐县云岫山、杭州市葛岭初阳台、苏州天平山和洞庭西山山顶,在每年农历十月初可以见到日月并升奇观,又称"日月和朔"。此外,著名的日出、日落景观有山东泰山的"旭日东升"和"晚霞夕照"、安徽九华山的"天台晓日"、浙江杭州西湖的"雷峰夕照"、台湾的"平安夕照"等;著名的月色景观有西湖旧十景中的"平湖秋月""三潭印月",岳阳的"洞庭秋月",承德避暑山庄的"梨花伴月",无锡的"二泉映月"等。

2．光环现象观察地

光环现象观察地指观察虹霓、极光、佛光等光现象的地点。虹霓是光线以一定角度照在空气中的小水滴上所发生的折射、分光、内反射、再折射等造成的大气光学现象。夏天雨后以及一些瀑布附近常可以看到这种现象,如江西井冈山水口彩虹瀑。极光是高纬度地区高空出现的一种发光现象,多呈带状、弧形等形状。北半球在距地磁极 22～27 度处有一极光带,是吸引游客的主要景观之一。我国黑龙江漠河和新疆阿尔泰,每年也能看到极光。佛光一般出现于中低纬度地区及高山茫茫云海之中,是阳光在斜射条件下,由云滴雾珠发生的衍射分光现象。峨眉山佛光出现次数最多,因峨眉山多云雾,且湿度大、风速小,故峨眉山佛光最精彩,有"峨眉宝光""金顶祥光"之誉。著名佛光景观地还有五台山、庐山、泰山、黄山等。

3．海市蜃楼现象多发地

海市蜃楼奇景简称蜃景,是由于气温在垂直方向剧烈变化,使空气密度在垂向上出现显著差异,从而产生光线折射和全反射现象,导致远处景物在眼前呈现出奇幻景观,一般出现在海滨与沙漠地区。蜃景可分为上现蜃景和下现蜃景:上现蜃景一般发生在海面,幻景位于物体上面;下现蜃景主要发生在沙漠和干旱草原,出现的是前方物体的倒影。山东蓬莱蜃景出现次数最多,其他观景地还有浙江普陀山、连云港海州湾、北戴河联峰山、庐山五老峰、塔克拉玛干沙漠等。

（二）天气与气候现象

1．云雾多发地

云雾多发地是指云雾及雾凇、雨凇出现频率较高的地方。云雾是大气中一种水汽凝结现象。云雾在名山胜景中极为奇妙,当潮湿气流沿山坡上升到一定高度时,水汽冷却凝结形成坡地雾,产生波状云,缭绕于山腰或坡谷时,形成云雾景观,它与山景相映成趣,使群山富于生命,让游人心潮起伏。我国著名的四大云海是:黄山云海、庐山云海、峨眉云海和衡山云海。我国著名雨景有江南烟雨、巴山夜雨等,另外,贵州毕节八景之一的"南山雨霁",是蒙蒙细雨及雨过天晴之后出现的一种朦胧、清新的雨景。

雾凇俗称树挂,是雾气在低于 0℃ 时,附着在物体上而直接凝华生成的白色絮状凝结物,它集聚包裹在附着物外围,漫挂于树枝、树丛等景物上。我国雾凇出现最多的是吉林省吉林市。江城树挂是吉林胜景,也是中国的四大自然奇观之一。雨凇是在低温条件下,小雨滴附着于景物之上冻结成的半透明、透明的冰层与冰块。我国峨眉山雨凇最多,庐山雨凇誉称"玻璃世界",其他还有衡山、九华山等。

2. 避暑和避寒气候地

在炎热的夏季,人们向往到中、低山地、海滨地区或高纬度地区去避暑,而在寒冷的冬季,则趋向低纬度地区避寒。在我国有许多著名的避暑、避寒胜地,著名的避暑胜地有"一庄一河十四山"。"一庄"指承德避暑山庄;"一河"则是指河北北戴河;"十四山"则依次是河南鸡公山、江西庐山、浙江莫干山、普陀山、天目山、雁荡山、安徽黄山、九华山、山西五台山、四川峨眉山、新疆天山、山东崂山、福建武夷山和宁夏钟玲山,其中河北北戴河、河南鸡公山、浙江莫干山、江西庐山为我国四大避暑胜地。避寒胜地多分布在热带、亚热带等低纬度地区,如海南省三亚、海口、云南西双版纳、广西北海等。

3. 极端与特殊气候显示地

极端与特殊气候显示地是指易出现极端与特殊气候的地区或地点,如风区、雨区、热区、寒区、旱区等典型地点。著名的风区代表有新疆的达坂城、小草湖以及内蒙古辉腾锡勒、克什克腾等;最干旱的地区在吐鲁番盆地、塔里木盆地和柴达木盆地,我国气温最高的地方是素有"火洲"之称的吐鲁番;最冷的地方在中国最北部的黑龙江漠河;此外,我国年降雨量最大的地方在台湾火烧寮,但大陆年降雨量最多的地方是西藏东南部雅鲁藏布下游河谷中的巴昔卡。

# 第三节　中国旅游资源的人文地理环境

人文旅游资源是人类历史文化活动的结晶,可供人们游览、观赏,给人以知识、教育、乐趣和美的享受,或具有一定的历史价值和科学价值,供人们考察、研究,例如古遗址、古工程、古陵墓、古建筑以及园林造景、城市风貌,文化艺术、风俗民情,各类纪念地、博物馆、文化娱乐场所以及宗教艺术和军事、交通、水利工程设施等。我国已有 5000 年的文明史,数千年来,勤劳智慧的中华民族在自己的国土上生息繁衍,创造了灿烂瑰丽的东方文化。

他们在长期的生产和生活实践中,在各类社会、经济、文化活动过程中,留下了众多的历史遗迹,成为中华民族的宝贵财富,也为我国开发人文旅游资源提供了丰厚的物质文化基础。

## 一、遗址遗迹旅游资源

中国作为一个文明古国,历史遗迹遍及各地,尤以黄河流域最为集中。我国的遗址遗迹不仅可以让我们了解到祖先的生活和生产状况,而且也能让我们知道历史发展变化情况。

### (一)史前人类活动场所

### 1. 人类活动遗址

人类活动遗址主要是指旧石器时代以来的人类活动遗址。旧石器时代是指距今 250 万年到距今 1 万年的历史时期,这一时期人类主要以天然岩洞穴居,并结合成一定的社会群体。中国是世界上保存完整的人类活动遗址最多的国家,在我国境内已发现的人类活动遗址有旧石器时代早期的猿人遗址,包括重庆巫山人化石、云南元谋人化石、陕西蓝田人化石、北京周口店北京人化石等;旧石器时代中晚期的古人遗址,著名的有陕西大荔人、广东马坝人、湖北长阳人、山西丁村人等遗址;中石器至新石器时代的新人遗址,以北京山顶洞人遗址最具代表性,著名的还有内蒙古河套人、广西柳州人等遗址。

### 2. 原始聚落遗址

原始聚落遗址包括史前人类居住的房舍、洞窟、地穴及公共建筑等,主要是人类进化到新石器时代以来的遗址。新石器时代大约开始于距今一万年左右至四五千年以前,这一时期人类以使用磨制石器为主,从事农耕、畜牧业、制陶、铸铜等工艺亦较发达,出现原始聚落。著名的有仰韶文化、马家窑文化、大汶口文化、龙山文化、河姆渡文化、屈家岭文化等。

### 3. 文化层与文物散落地

文化层指史前人类活动留下来的痕迹、遗物和有机物所形成的堆积层。每一层次代表一定的时期。文物散落地是指在地面和表面松散地层中有丰富文物碎片的地方。文物有历史、艺术、科学价值,是一个历史时期综合的艺术、科学发展水平的体现。著名的文化层景观有河南龙山遗址,其为龙山、西周、春秋、战国、汉、宋、明、清 8 个时期的文化堆积层,四川有 4 个文化层的三星堆遗址等。

（二）社会经济文化活动遗址遗迹

### 1. 历史事件发生地

历史事件发生地是指历史上发生过重要贸易、文化、科学、教育事件的地方。这些发生地通常尽可能地利用原有建筑物，保持原来环境形成纪念地，以增强真实感和感染力。如丝绸之路重镇——甘肃敦煌、武威，"海上丝绸之路"的起点——福建泉州，南宋时期朱熹和陆九渊兄弟进行"鹅湖之会"的所在地——江西铅山鹅湖书院，"九·一八"事变的发生地——辽宁沈阳、"卢沟桥事变"的发生地——北京卢沟桥畔宛平城等。

### 2. 军事遗址与古战场

军事遗址与古战场是指发生过军事活动和战事的地方。在军事遗址中，有一类近现代革命遗址和纪念地。中国自鸦片战争以来的近现代革命斗争所遗存旧址，较著名的有广西桂平金田起义遗址、广东三元里平英团遗址、广州黄花岗七十二烈士墓、武昌起义军政府旧址、北伐汀泗桥战役旧址、南昌八一起义指挥部旧址、井冈山革命遗址、秋收起义文家市会师旧址等。古战场遗迹一般都有惊心动魄的事件、令人深思的故事，如宜昌、荆州、咸宁和武汉一带，历史上曾是赤壁和夷陵的古战场。

### 3. 烽燧

烽燧也称烽火台、烽台、烟墩、烟火台，是城池的耳目，用来报警，设在视野比较宽广的山巅或草原上。著名的烽燧景观有杨家山烽燧、南天门烽燧、锦阳关烽燧、穆陵关烽燧、长城岭烽火台等。

## 二、建筑与设施旅游资源

中国历代建筑都十分具有时代性，不论是古建筑、古园林，还是当代的各种场馆、设施，中国的特色文化融入西方的特色，形成了最具价值的建筑与设施旅游资源。

（一）综合人文旅游地

### 1. 康体游乐休闲度假地

康体游乐休闲度假地，指具有康乐、健身、休闲、疗养、度假条件的地方。康体游乐休闲度假是现代旅游发展的新趋势，因此具有保健、疗养、游乐、休闲设施的度假旅游地受到了很多旅游者的青睐。我国有大连金石滩、青岛石老人、苏州太湖、无锡太湖、上海佘山、福建武夷山、福建湄洲岛、广西北海、海南亚龙湾、云南滇池等国家级旅游度假区。此外，云南昆明春城湖畔度假村、江西庐山天沐温泉、四川峨眉山灵秀温泉、广东肇庆广新农业生态园等也都是康体游乐休闲度假的好去处。

### 2. 宗教与祭祀场所

宗教与祭祀活动场所是指进行宗教、祭祀、礼仪活动的地方。佛教、道教、伊斯兰教和基督教是中国四大宗教，宗教作为人类历史的文化遗产，在现今各国人民的生活中仍有一定影响。

佛教三大建筑是佛塔、寺院、石窟。我国的四大佛教名山——五台山、峨眉山、九华山、普陀山是佛教景观的典型旅游地。

道教的主要建筑是道宫和道观。我国著名的道宫有北京白云观、四川成都的青羊宫、山西芮城的永乐宫、江西龙虎山的上清宫等。我国的四大道教名山——武当山、青城山、龙虎山、齐云山，其中以武当山的道观建筑规模最为宏伟。

伊斯兰教的主要建筑为清真寺。我国的清真寺建筑最初全是阿拉伯式的，后来中国传统的木结构建筑形式逐步融合并完全取代阿拉伯建筑，但在总体布局和内部装饰上依旧保持着阿拉伯建筑的特点。较著名的有新疆喀什的艾提尕尔清真寺、广州的怀圣寺、山西太原的清真古寺、天津旧城西北的大清真寺等。

基督教的典型建筑为教堂，亦称"礼拜堂"，是基督徒举行宗教活动的场所。我国最早的教堂为大秦寺，唐贞观十二年（公元638年）始建于长安城内。现存的我国著名教堂有北京南堂（即宣武门教堂）、上海徐家汇天主堂、沐恩堂、广州石室圣心大教堂等。

### 3. 园林休憩区域

园林游憩区域是指园林内可供观光游览休憩的区域。我国古典园林被公认为世界上"风景式"园林的渊源，在世界上赢得"园林之母"的美誉。我国园林建筑一般具有多曲、多变、雅朴、空透四大特点，并以其建筑风格与特点，分为三大主要类型：① 以皇家园林为主体的北方园林。其规模宏大，建筑体态端庄，色彩华丽，风格上趋于雍容华贵，着重体现帝王威风与富贵的特色，如北京的颐和园、圆明园、北海公园、承德避暑山庄等，其中承德避暑山庄是我国现存最大的皇家园林。② 以苏州园林为代表的江南园林。多为私家园林，一般面积较小，以精取胜，其风格潇洒活泼，玲珑素雅，曲折幽深，明媚秀丽，富有江南水乡的特点，且讲究山林野趣和朴实的自然美。③ 以广东园林为代表的岭南园林，也多为私家园林。其既有北方古典园林的稳重、堂皇和绮丽，也融汇了江南园林的素雅和潇洒，并吸收了国外造园的手法，因而成了轻巧、通透、明快的风格，顺德清辉园、东莞可园、佛山梁园与番禺余荫山房被称为"岭南四大名园"。

此外，还有不少其他形式的园林，如广东越秀公园、惠州西湖等公共风景园林和一些少数民族园林。其中尤以拉萨的罗布林卡园林规模较大，花木繁盛，宫殿建筑精美别致，具有浓厚的民族色彩和宗教氛围，为中国古代最著名的藏式园林。

### 4. 教学科研实验场所

教学科研实验场所是指各类学校和教育单位开展科学研究的机构和从事工程技术实验场所的观光、研究、实习的地方。比如四川西昌卫星发射基地,过去是绝密的军事基地;北京大学、清华大学等中国著名的高等学府,因为有优美的校园、古老的建筑及其深厚的文化底蕴和浓郁的学术氛围吸引了无数莘莘学子慕名前来参观游览。

### 5. 建设工程与生产地

建设工程与生产地是指经济开发工程和实体单位,如工厂、矿区、农田、牧场、林场、茶园、养殖场、加工企业以及各类生产部门的生产区域和生产线。我国著名的工业旅游景观有上海一汽大众、宝钢集团、青岛海尔集团、青岛啤酒厂、哈尔滨三大动力、哈尔滨啤酒厂等。一些瓷器、玉器、工艺品的加工车间形成的旅游地,如江西景德镇的古窑瓷厂。此外,茶场、咖啡园等也是可以让人们参观、游览并现场购买产品的场所。

### 6. 动物与植物展示地

动物与植物展示地是指饲养动物与栽培植物的场所。人们根据生物习性,通过人工营造环境,将各地的动植物活体汇集一起形成动植物园,即创造出新的动植物展示地,使之具有较高的科学考察和观赏娱乐的价值,例如北京植物园、新疆吐鲁番沙漠植物园、海南兴隆热带植物园、黑龙江东北虎林园、广州番禺长隆野生动物园、云南昆明蝴蝶园等。

### 7. 边境口岸

我国主要的边境口岸有:云南西双版纳边境口岸,广西凭祥边境口岸,内蒙古满洲里边境口岸,新疆阿拉山口、红其拉甫边境口岸等。

### (二)单体活动场馆

聚会接待厅堂是指公众场合用于办公、会商、议事和其他公共事物所设的独立宽敞房舍或家庭的会客厅室。祭拜场馆包括金刚殿、东岳殿、地藏殿、钟鼓楼;展示演示场馆包括全国各地的地质博物馆、兵器博物馆、美术馆等;体育健身场馆,如北京的国家体育馆——鸟巢、国家游泳馆——水立方,黑龙江亚布力,吉林北大湖,四川西岭雪山、峨眉山等各大滑雪场也是著名的单体活动场馆。

### (三)景观建筑与附属型建筑

### 1. 佛塔

佛塔,通常为直立、多层的佛教建筑物,是佛教的标志性建筑。佛塔一般由台基、覆钵、宝匣和相轮四部分构成。佛塔的典型代表有西安的大雁塔和小雁塔、苏州虎丘塔、泉州双塔、北海白塔、山西应县木塔、北京真觉寺金刚宝座塔、湖北玉泉寺金铁塔、河北开元寺塔、杭州六和塔、延安宝塔等。

### 2. 塔形建筑物

塔形建筑物是指为纪念、镇物、表明风水和某些实用目的的直立建筑物。中国有许多著名的塔形建筑物,式样千姿百态,蔚为奇观。有为纪念某个特殊事件而建造的纪念塔,如江苏徐州淮海战役烈士纪念塔、黑龙江哈尔滨防洪纪念塔、江西南昌八一起义纪念塔等;有为镇水镇火而建造的,如广东潮州江东镇的急水塔、河北涿鹿镇水塔、江西南昌绳金塔等;有为聚集天地之灵而建造的风水塔,如我国现存最早的文塔——湖北钟祥文峰塔、贵州紫云苗族布依族自治县文笔塔、陕西韩城市文星塔、安徽省旌德县文昌塔、河南安阳文峰塔等。

### 3. 楼阁

楼阁是指用于藏书、远眺、巡更、饮宴、娱乐、休憩、观景等目的而建的两层或两层以上的建筑。我国名楼分布广泛,形制多样,其中湖北武汉黄鹤楼、湖南岳阳岳阳楼、江西南昌滕王阁被称为江南三大名楼,其他名楼还有承德避暑山庄烟雨楼、浙江嘉兴烟雨楼、广东广州镇海楼、贵州贵阳甲秀楼、北京城内的钟楼和鼓楼等。名阁有天津蓟县独乐寺的观音阁、北京颐和园的佛香阁、山东蓬莱阁、广西容县真武阁、北京故宫文渊阁、沈阳故宫文溯阁、承德避暑山庄文津阁、扬州大观堂文汇阁以及齐云阁、云汉阁、天一阁、倚天阁等。

### 4. 石窟

石窟是中国佛教寺庙建筑的一种,洞窟内陈示佛教雕刻、彩塑或壁画。石窟本身及窟外的建筑处理和石窟中的艺术品都是中国历史上各时代建筑艺术面貌的反映。我国最著名的四大石窟分别是甘肃敦煌莫高窟、山西大同云冈石窟、河南洛阳龙门石窟和甘肃天水麦积山石窟。此外,新疆拜城克孜尔石窟、甘肃永靖炳灵寺石窟、河南巩义石窟、河北峰峰矿区的南北响堂山石窟、山西太原天龙山石窟、重庆大足石窟和云南剑川石窟等也是比较重要的几处景观。

### 5. 长城段落

目前我国保留的长城主要是明长城的遗迹,西起甘肃嘉峪关,东至辽东虎山,分布在17个省、自治区、直辖市。长城是古代中国在不同历史时期为抵御塞北游牧部落联盟侵袭而修筑的规模浩大的军事工程,其中著名的长城景点有:北京八达岭、居庸关、慕田峪、司马台长城,河北金山岭长城、紫荆关长城、"天下第一关"山海关和老龙头长城,天津黄崖关长城,山西雁门关长城,辽宁鸭绿江边的虎山长城和甘肃嘉峪关长城等。

6. 城（堡）

城（堡）是用于设防的城体或堡垒。目前保存较完整的城墙有江苏南京城、陕西西安城、湖北荆州城、山西平遥城、云南大理城、辽宁兴城、山东蓬莱水城等，它们具有很高的建筑艺术、军事研究和历史文化价值。

7. 摩崖字画

摩崖字画是指在山崖石壁上镌刻的文字，绘制的图画。一方面，摩崖字画具有历史文献价值。许多山崖上镌刻的文字体裁多样，有诗词、碑记、对联、契约、题名题记等，内容丰富多彩，涉及一个地区的历史、地理、军事、宗教、社会风俗等各方面，为研究特定时期的历史发展状况提供了珍贵的资料；另一方面，摩崖字画具有珍贵的艺术价值。不同年代、不同民族风格的摩崖字画，或富于天然之意趣，或体量巨大、气势恢弘，或为名家手笔，为秀美的自然风景增加了深厚的人文内涵。许多摩崖字画本身就是一道美丽的风景，成为人们寻古探幽的绝好去处。我国著名的摩崖字画有山东泰山摩崖石刻、福建武夷山摩崖石刻、安徽齐云山摩崖石刻、陕西汉中褒斜道摩崖石刻、江西赣州通天岩摩崖石刻以及宁夏贺兰山岩画、广西左江花山岩画、内蒙古桌子山岩画、新疆阿尔泰山岩画、江苏连云港将军崖岩画等。

8. 碑碣（林）

碑碣（林）是指为纪事颂德而筑的刻石。碑碣（林）内容丰富，记事、记人、歌功颂德等，为人们研究各朝代的政治、经济、文化提供了宝贵的文字资料。著名的有河北承德木兰围场的"虎神枪记碑"、四川西昌市郊的光福寺的百余块的地震石碑林、河北唐县"六郎碑"、陕西西安碑林等。

9. 广场

广场是指城市内用来进行休憩、游乐、礼仪活动的开阔地。著名的广场都有其特定的内涵，广场的功能越多，其内涵越深，与人的关系越密切，逐渐形成特定的广场文化。我国有世界最大的广场——北京天安门广场，全国各地大大小小的城市几乎都有广场，如辽宁大连有几十个广场，星海广场、海之韵广场、希望广场、胜利广场、华乐广场等，广场文化十分丰富。云南丽江四方街广场，纳西人不仅在此举行庆典，也在此举行祭祀、歌会和集会，是一个体现典型纳西文化的场所。

10. 建筑小品

建筑小品是指用以纪念、装饰、美化环境和配置主体建筑物的独立建筑物，如雕塑、牌坊、戏台、台、阙、廊、亭、榭、表、舫、影壁、经幢、喷泉、假山与堆石、祭祀标记等。

## (四) 居住地与社区

### 1. 传统与乡土建筑

传统与乡土建筑是指具有地方建筑风格和历史色彩的单个居民住所。我国各地和各民族的住宅,多因自然环境、社会历史条件和从事的生产活动不同而形成各自的传统风格,具有独特代表性的是我国著名的五大居住方式:北京的四合院、客家人的土楼、蒙古族的蒙古包、黄土高原的窑洞、傣族人的竹楼。其他特色民居还有东北的暖居、陕西北部的"窑洞",豫西的"天井窑院",大、小兴安岭中以狩猎为生的鄂伦春族和鄂温克族的"仙人柱",侗族村寨的"干栏式木楼",云南拉祜族的"掌楼",海南岛五指山黎族的"船形屋"等。参观这些各具特色的民居建筑形式,也是旅游活动观赏的一项重要内容。

### 2. 特色街巷和社区

特色街巷是指能反映某一时代建筑风貌,或经营专门特色商品和商业服务的街道。如黑龙江哈尔滨的中央大街,全街建有欧式及仿欧式建筑71栋,并汇集了文艺复兴式、巴洛克式及现代式多种风格,是国内罕见的一条建筑艺术长廊,现为哈尔滨市最繁华的步行商业街;北京王府井大街集购物、休闲、文化、娱乐、旅游、餐饮、商务、住宿为一体;上海的南京路素有"中华商业第一街"之称。此外,还有一些特色的购物街区,如山东潍坊杨家埠木板年货、浙江仙居白银市场、海宁皮革城、义乌小商品城、云南昆明滇池东岸的斗南花卉市场等。

特色社区是指建筑风貌或环境特色鲜明的居住区。山东青岛八大关因汇聚了俄、英、法、德、美等众多世界各国建筑而有"万国建筑博览会"之称;江苏苏州老城区,其小桥流水、"人家尽枕河"的特色景观和巧夺天工的苏州园林成为人们心中最美的居住区之一。

### 3. 名人故居与历史纪念性建筑

名人故居与历史纪念建筑是指有历史影响的人物的住所或为历史著名事件而保留的建筑物。著名的历史纪念性建筑,如北京中国人民抗日战争纪念馆、上海中共一大会址、贵州遵义会议会址、广西金田的太平天国起义纪念馆等;纪念历史名人的建筑,如浙江绍兴鲁迅故居和三味书屋、上海的孙中山故居、北京的郭沫若故居等。

### 4. 书院

我国的书院是旧时地方上设立的供人读书或讲学的处所。书院一般由讲学、藏书和供礼三部分建筑组成,讲究风景环境的选址和经营。中国封建时代重视科举,所以众多学馆遍布城乡各地,如江西庐山白鹿洞书院、湖南长沙岳麓书院、河南嵩山嵩阳书院(一说为湖南石鼓山石鼓书院)、河南商丘睢阳书院(又名应天府书院)被称为"古代四大书院"。

5. 会馆

会馆是旅居异地的同乡人共同设立的馆舍，主要以馆址的房屋供同乡、同业聚会或寄居。其中著名的有河南开封的山陕甘会馆、河南洛阳的潞泽会馆、天津南开区的天津广东会馆、山东聊城山陕会馆等。

（五）归葬地

归葬地包括陵寝陵园、墓（群）和悬棺等。归葬地旅游资源尤其以帝王陵寝的建筑最为宏伟壮观，有华丽的地宫，堂皇的地面建筑。居我国首位的陵墓是陕西黄陵的黄帝陵，还有盘古冢、伏羲陵、女娲陵、神农陵等；现在保存较好的有秦始皇陵、汉茂陵、唐昭陵和乾陵、明十三陵和清东陵、清西陵；另外还有一批名人墓葬，例如孔子墓、司马迁墓、诸葛亮墓、蔡文姬墓、李白墓、岳飞墓、郑成功墓等。影响较大且旅游价值较高的帝王陵是汉武帝刘彻的茂陵、唐太宗李世明的昭陵、唐高宗和武则天的合葬墓乾陵、明太祖朱元璋的明孝陵等。另外，陕西秦始皇陵及兵马俑坑被称为"世界第八奇迹"；宁夏西夏王陵则因其重要历史价值和特殊的造型而被外国游客誉为"中国小金字塔"；曲阜孔林，为孔子及其子孙墓地，其延续时间之久（2400多年）、墓葬数量之多、保存之完好，为世界罕见。

（六）交通建筑

古代交通建筑主要是指各式桥梁。桥就是跨越河流、山谷、障碍物或其他交通线而修建的架空通道。从结构和形式看，我国古代桥的类型包括有梁桥、拱桥、索桥、浮桥、廊屋桥、铁桥、竹藤桥、网桥等。其中历史悠久、工程独特、艺术价值很高的桥有河北赵县安济桥（赵州桥）、永通桥，北京卢沟桥，泉州洛阳桥，晋江安平桥，广西三江侗族传统建筑程阳风雨桥等。当代宏伟壮观的景观桥梁有南京长江大桥、上海南浦大桥、杨浦大桥、兰州黄河铁桥等。

车站是指为了装卸客货停留的固定地点。港口、渡口与码头是指位于江、河、湖、海沿岸进行航运、过渡、商贸、渔业活动的地方。航空港是指供飞机起降的场地及其相关设施。部分车站、港口、渡口、码头、航空港等的建筑外观造型奇特、服务设施达到国际先进水平、环境特别幽雅、吞吐量特别巨大，这些都可以成为吸引人们前来参观游览的因素，如上海浦东国际机场、北京新客站等。

（七）水工建筑

水库观光游憩区段是指供观光、游乐、休憩的水库、池塘等人工集水区域。如浙江淳安千岛湖、江西新余仙女湖、吉林松花湖等。

运河与渠道段落是指正在运行的人工开凿的水道段落。从春秋时就开始开凿的京杭大运河，是世界上最长、最古老的运河，全长1782千米，沟通了海河、黄河、淮河、长江和钱塘江五大水系。广西兴安县的灵渠,即湘桂运河,也称兴安运河,沟通了湘漓二水,把长江和珠江两大水系联系起来。

水井是指向下开凿到饱和层并从饱和层中抽水的深洞。著名景观有江西瑞金沙洲坝的红井、湖南的白沙井和鸳鸯井,湖北的大水井乡,山西大同的四眼井、清泉井等。

堤坝段落是指防水、挡水的构筑物段落。最著名的就是四川成都的都江堰,至今已有2200余年的历史,是世界上最古老、至今仍造福一方的多功能大型水利工程。此外,浙江杭州西湖的苏堤和白堤、湖北宜昌三峡大坝和葛洲坝、湖北荆江大堤、河南三门峡黄河大坝等都具有很高的旅游价值。

提水设施是指提取引水的设施,主要用于工农业生产和生活。灌区,指引水浇灌的田地。著名的新疆坎儿井不仅是一项与长城、运河媲美的伟大提水工程,同时其灌区形成的沙漠绿洲也是著名的旅游景观。

### 三、旅游商品资源

#### (一)菜品饮食

菜品饮食是指具有跨地区声望的地方菜系、饮食。中国饮食文化具有悠久的历史渊源和文化传统。优秀的饮食传统,丰富的文化积淀,使中国赢得了"烹饪王国"的美誉。由于中国地域分布广阔,所以形成了各种有差异的烹饪美食,有地方菜、宫廷菜、少数民族菜、官府菜、宗教菜、药膳等。地方菜有川、苏、粤、鲁、浙、湘、闽、皖"八大菜系";少数民族菜有回族、维吾尔族的"清真"食撰;官府菜有孔府菜、谭家菜等;宫廷菜汇集了历代中国菜的精品;宗教菜尤以佛教寺院的素菜食撰最为著称;药膳与药食同源、医厨相通,是中国饮食文化的一大特色。其他风味还有北京的艾窝窝、萨其玛,广东的水晶红菱角、莲籽蓉鸡脚,天津的狗不理包子,扬州的蟹黄汤包,四川的钟水饺、夫妻肺片等许多小吃。

#### (二)中草药材及制品

中草药材及制品是指具有跨地区声望的当地生产的中草药材及制品。中药按加工工艺分为中药材和中成药。中药材指经加工炮制可直接供药房配剂及药厂制剂使用的半成品药。主要名贵的中药材有:人参、冬虫夏草、鹿茸、阿胶、麝香、三七等。中成药指经精加工可直接使用的成品药,我国著名的有安宫牛黄丸、人参再造丸、漳州片仔癀、云南白药、山西龟龄集等。

#### (三)传统手工产品与工艺品

传统手工产品与工艺品是指具有跨地区声望的当地生产的传统手工产品与工艺品。苏绣、湘绣、蜀绣、粤绣为中国的四大名绣,上海的金三杯真丝印花绸,苏州的各种花绢,广东的香云纱都是驰誉国际的名牌产品。著名的陶瓷景观有景德镇的瓷器、宜兴的紫砂陶器和洛阳的仿古唐三彩等。我国主要的传统手工产品与工艺品如图 2-1 所示。

**图 2-1　中国传统手工产品与工艺品**

资料来源：http://www.jxlsxy.com/toptech/geography/zhuye/index.html

### 四、人文活动旅游资源

文化艺术是统称源于生活而又高于生活，以非物质形式表现为主的审美性文化产品。包括诗词、小说、散文、游记、传说、书法、绘画、音乐、舞蹈、戏曲、杂技、电影、电视等形式。

（一）人事记录

人事记录包括历史和现代著名的人物和事件。历史上的帝王、政治家、教育家、文学家、科学家、英雄、宗教人士等，他们以自己的奋斗精神、聪明才智、辉煌成就、优秀品质在特定的社会环境、特定的历史时期写下了一篇篇辉煌传奇的历史故事，如我国著名的四大传说：重庆忠县石宝寨的"女娲补天"传说、河南嵩山"启母石"及大禹治水传说、万里长城山海关的"孟姜女哭长城"传说、杭州西湖断桥和雷峰塔的"白蛇传"传说。

（二）艺术

1. 文艺团体

文艺团体是指表演戏剧、歌舞、曲艺杂技和地方杂艺的团体。著名的戏曲有流行全国的京剧、河南豫剧、安徽黄梅戏、浙江越剧、广东粤剧、山西晋剧、江苏昆剧、上海沪剧、陕西秦腔等。中国的杂技也是世界人民喜爱的一种表演艺术。中国武术门类众多，有拳术、棍术、刀术、剑术等，并在长期发展过程中形成了少林、武当、峨眉等武术流派。丰富多彩的民间艺术，如皮影、评书、东北二人转等，也是文艺团体表演的重要旅游资源。

**2. 文学艺术作品**

文学艺术作品是指对社会生活进行形象地概括而创作的文学艺术作品。人们可借助文学的形式和艺术的感染力,把作为资源的"景"、旅游者的"情"以及客观现实和丰富的想象结合起来,实现情与景的交融和统一,以发掘到自然山水和名胜古迹深层次的内涵和情趣,从而形成一种具有隐性特征的旅游资源,包括我国古代极为丰富的山水诗、田园诗、边塞诗和咏史怀古诗等,陶渊明的《桃花源记》、范仲淹的《岳阳楼记》等散文游记,各种书法艺术、绘画艺术雕塑作品等。

**(三)民间习俗**

**1. 地方风俗与民间礼仪**

地方风俗与民间礼仪是指地方性的习俗和风气,如待人接物礼节、仪式等。在民间礼仪中,最重要的有诞生礼、成年礼、婚礼和丧礼,四次重大礼仪都有各自特定的仪式。如婚礼中部分少数民族采用开放式择偶,如壮族的歌圩、仫佬族的走坡、苗族的芦笙会和跳花节、苗族的游方、布依族的赶表、侗族的行歌坐月、傣族的碾房对歌、丢包等都是特有的民间习俗。

**2. 民间节庆**

民间节庆是指民间传统的庆祝或祭祀的节日和专门活动。我国是一个节日丰富多彩的国家,这些节日是各民族经济生活、宗教信仰、文化娱乐、社会交往和民族崇拜等民俗民风的集中体现,也是当今开展旅游业的重要资源之一。中国的传统节日有春节、元宵节、清明节、端午节、中秋节等。藏族有浴佛节、雪顿节、望果节、达马节等,苗族有"赶秋""冷酿廖"等,彝族有庆年节、火把节等,壮族有歌婆节,瑶族有达努节,傣族有泼水节,水族有端节,回族有开斋节、古尔邦节等。我国各地还有许多传统盛会,也是规模盛大,气氛热烈,对游客具有强烈的吸引力。如甘肃康乐县花山每年 6 月的"花儿会",北疆哈萨克、蒙古族聚居区传统的赛马、叼羊、姑娘追和隆重的那达慕大会等。中国民族节庆活动丰富多彩,是吸引游客观赏和参与的一项极具潜力的旅游资源。

**3. 特色饮食习俗**

特色饮食风俗是指各具特色的餐饮程序和方式。品尝风味饮食,是旅游不可或缺的内容。各地独具特色的餐饮,不仅在原料选配、烹饪技术、享用方式上给人独特的物质和精神享受,而且与各民族的历史、传说、社会生活状况及生活地区的气候、物产等有密切关系,是一种特色文化的反映。

### 4. 特色服饰

特色服饰是指具有地方和民族特色的衣饰。中国是一个多民族国家，服饰多姿多彩，其品种繁多、款式奇特、色彩艳丽、花样纷繁，其中较具特色的有蒙古族的蒙古袍和蒙古靴、藏族的氆氇和褚巴、维吾尔族的袷袢和四楞小花帽、彝族女子的百褶裙和男子的"英雄结"、满族的旗袍和坎肩、苗族的银饰、纳西族的"披星戴月"、傣族的筒裙等。

### （四）现代节庆

当代世界的发展形成了一些具有纪念意义的节日，或是为了促进当地旅游资源的更协调发展，形成了一些国际性或是展览性的节日，这种就是现代节庆。著名的有大连国际服装节、青岛啤酒节、上海旅游节、哈尔滨冰雪节、河南洛阳牡丹花会、四川自贡国恐龙灯会、山东潍坊国际风筝节、江西景德镇国际陶瓷节、湖南岳阳国际龙舟节等。

## 练 习 题

1. 中国旅游资源的总体特征是什么？
2. 中国旅游资源地理环境的基本面貌是什么？
3. 中国旅游资源划分的主类、亚类分别是哪些？
4. 地质地貌过程形迹旅游资源有哪些？举例说明。
5. 综合人文旅游资源有哪些？举例说明。
6. 学习完本章，谈谈你如何看待未来旅游资源的发展方向。

# 第三章

# 旅　游　流

社会财富、人口增加及城市化变迁导致大量游憩需求产生,从而使得人口的集聚与游憩资源空间分布存在着不均衡,流动是解决矛盾的最好办法。旅游流是最能体现现代大众旅游现象群体性特征的学术范畴,其也构成了旅游地理学研究的重要内容。

## 第一节　旅游流概述

### 一、旅游流含义

道格拉斯·皮尔斯(D. Pearce)在他的《现代旅游的地理分析》一书中,曾采用动态的研究方法运用旅游流(tourist flows)概念对世界范围内旅游者运动的空间模式进行了分析,但没有明确交代旅游流的定义。

在中国,自 1998 年唐顺铁等提出"旅游流体系"的概念以来,国内旅游流的研究者似乎达成一个共识,即旅游流的概念有广义和狭义之分,狭义的旅游流仅指旅游客流,而广义的旅游流涵盖了旅游物流、信息流、能流、资金流等。然而,对于旅游物流、信息流、能流、资金流始终没能予以界定。事实上,单就旅游客流的统计本身都存在巨大的困难,更不用说区分与之相伴生的"相关流"。

威尔森(Willson)认为"流"是承载于节点(nodes)之间具有某种相互作用功能的联系,就"流"本身的概念来看:旅游流是对大众旅游者群体性范畴的一种概括,旅游流所描述的旅游者特征具有"均质性"。旅游流研究中的"节点"是对区域空间的一种抽象,具有

"尺度"特征,可以小至具体景点大至国家乃至洲际;就"节点"的功能和角色而言,其同时发挥着"集聚"和"辐射"两种功能,即对于任一旅游节点(区域)而言,其都是同时作为旅游客源地和目的地而存在的。节点间的"相互作用"包括三种形式:旅游客源地之间(即"O-O")的相互作用、旅游目的地之间(即"D-D")的相互作用、旅游客源地与旅游目的地(即"O-D")的相互作用。

谢彦君认为,旅游流仍宜狭义地指旅游者的流动,它是指在一个或大或小的区域上由于旅游需求的近似性而引起的旅游者集体性空间位移现象。旅游流现象是现代大众旅游现象最外部化的特征,是现代旅游业发展所依赖的客观前提。与旅游流相伴生的其他复杂现象(如信息的流动、物品和劳务的交换、社会关系的发展演变等),构成了旅游世界丰富多彩的内容。它们也都可以作为旅游学研究的内容。

**二、旅游流的要素与属性**

旅游流的要素包括旅游主体、旅游节点和旅游通道。旅游主体即旅游者及与其相伴生的物质、资金、文化等;旅游节点即旅游客源地、目的地;旅游通道即连接旅游节点之间的旅游路线。从旅游的全过程来看,旅游流的流向是一个闭环的系统,旅游者总是从客源地出发,沿着旅游通道,流经一个或多个目的地,最终返回客源地。

旅游流的属性包括流量、流向、时序。旅游流的流量是指旅游流在单位时间内和一定空间上所形成的规模。对于旅游目的地而言,持续、均衡、大规模的旅游流有着十分重要的意义。旅游流流量的大小,通常构成了旅游目的地分类上的热点和冷点地区。如夏威夷、马尔代夫等一些著名的旅游胜地,每年都吸引大量的游客,旅游流的流量越大,对当地社会经济影响越广泛。旅游流流量对于目的地的挑战是不同的。由于旅游活动发生和持续时间的节律性,势必会造成旅游流在特定时间内的爆发,而在另一些时间里只维持在极低的水平上。这自然会给目的地的旅游基础设施建设与运行、旅游产品开发、旅游企业经营造成很大的压力。

旅游流的流向是指旅游流在持续运动过程中所经过的旅游线路,它反映着旅游目的地与旅游客源地之间关联的方式和途径。由于各种复杂的因素(包括历史的、区位的、社会文化的和经济的因素)的影响,使旅游资源和旅游客源之间的关联状态在各区域都有不同的表现。

旅游流的时序有两方面的含义。

(1)从目的地角度看,旅游流发生的时间有着明显的节律性。一般来说,这是因为旅游的对象物具有不同的时相(或季相),另一方面旅游者自身工作学习、休息的时间也可能呈现某种规律性,这二者的结合自然就形成了旅游者出游时间的一定程度的集中性分布。对于旅游地来说,旅游流发生的时间自然就大不相同,由此形成了旅游接待上的淡季、旺季的差异。

(2) 从旅游者游览的时间上看,旅游流在时间上的特征表现在旅游流在目的地持续时间的长短,也就是旅游流的流速。

### 三、旅游流的分类

根据不同的分类标准,可将旅游流分成不同类别:

(1) 根据来源地划分,可分为国内旅游流、入境旅游流、出境旅游流。国内旅游流来源于国内,如北京旅游流等;入境旅游流来源于境外,流向各目的地,据所属国家可分为美国旅游流、韩国旅游流等;出境旅游流来源于国内,流向国际,根据流向国家或地区可分为英国旅游流、澳大利亚旅游流等。

(2) 根据旅游流的空间尺度划分,可分为国家旅游流、区域旅游流、地区旅游流。国家旅游流是指在全国范围内的旅游流,也称为大尺度旅游流;区域旅游流是指省级行政区、城市圈等较大地理单元的旅游流,也称为中尺度旅游流;地区旅游流是指一个城市、一个景区等较小地区的旅游流,也称为小尺度旅游流。

(3) 根据旅游目的划分,可分为休闲(度假)旅游流、观光(游览)旅游流、探亲访友旅游流、商务旅游流、会议旅游流、健康(疗养)旅游流、宗教(朝拜)旅游流、文化旅游流、公务旅游流、购物旅游流 10 类。

此外,还有根据旅游流与被研究目的地空间关系划分的集聚旅游流、扩散旅游流;按出行方式划分的团队旅游流、散客旅游流;按旅游流流量划分的各等级旅游流等。

## 第二节　旅游流形成及空间结构

旅游流空间结构对研究旅游热点城市、拓展旅游市场、开发旅游产品等方面产生作用,对区域旅游业发展具有重要意义。通过剖析旅游流在区域内部以及区域间的空间分布状态,不仅能揭示旅游流空间结构的影响因子和影响过程,对区域旅游流进行科学预测,还可以指导区域旅游资源的开发、旅游交通的建设以及旅游景点、景区的布局,促进区域旅游产业的发展。

## 一、旅游流的形成

个体的旅游行为可以追溯到很久以前,但旅游流的形成却是近代社会的现象,是市场经济的产物。现代社会的旅游流形成原因是多方面的,杨兴柱等综合推拉理论、空间相互作用理论、需求理论、竞争理论,通过文献分析法和系统归纳法,深入剖析旅游流驱动机制,由此构建驱动的综合机制模型(见图3-1)。

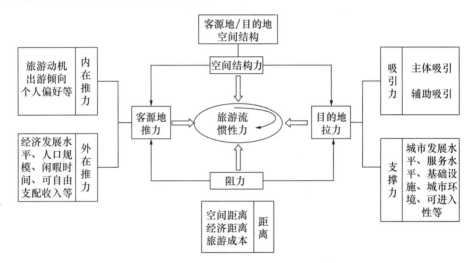

**图 3-1 旅游流驱动综合机制模型**①

(一)旅游者的内在驱动力

旅游者内在驱动力核心为潜在旅游者动机的激发,使潜在旅游者转化为旅游者。具体包括个性、动机、价值、态度、认知以及社会人口学等影响因素。

(二)旅游需求的外在动力

旅游需求由多种要素决定,可以归纳为外部因素和经济因素两大类别:外部因素是指与旅游业非直接相关,但影响旅游者对旅游活动的需求程度与形式,如经济和金融的发展、人口和社会的变化、技术革新与进步、基础设施、设备的投资、政治、立法与规范因素、贸易发展、旅行安全等;主要经济因素是指可自由支配收入、旅游价格和闲暇时间。

(三)旅游供给的外在动力

旅游地吸引力的形成是一个系统过程,不但取决于旅游地资源吸引力,还和旅游地的

---

① 谢彦君.基础旅游学[M].中国旅游出版社,2011.

服务水平及综合环境密切相关。影响旅游供给外在动力的主要因素有旅游资源、经济发展水平、自然与社会环境、基础设施、旅游服务设施、科学技术发展水平以及制度等。

（四）距离阻力等影响因素

旅游流形成阻力包括距离、旅游成本和价格等因素。在距离（包括空间距离、经济距离、心理感知距离等）的阻力作用下，客流量一般会随着与目的地距离的增加而减少，即遵循距离衰减规律。但由于旅游者心理因素、旅游客源地经济发展水平、大城市分布等影响居民出游因素的作用，客流量的分布会在距离衰减规律的基础上产生一定波动。

（五）惯性力

旅游流同时受到时空范畴的限制。惯性反映了旅游者旅游习惯的形成和相互依赖的偏好等，影响旅游者决策和旅游目的地的忠诚度。通过时间变量和地区变量等表征，时间变量主要体现为旅游者群体的时间惯性，地区变量主要体现为旅游者群体的出游行为惯性。

（六）空间结构力

旅游流的空间结构力主要体现在客源地空间结构力和目的地空间结构所产生的效应。空间结构效应主要涉及3个方面：旅次发生效应（trip generation effects）、竞争和集聚效应（competition and agglomeration effects）、语境效应（contextual effects）。旅次发生效应，主要通过机会理论和介入机会模型进行解释。集聚效应，即这一旅游目的地因其他旅游目的地的出现而对远处客源地产生更强的吸引力；竞争效应，即这一旅游目的地因其他旅游目的地的出现而对远处客源地吸引力减弱，旅游者在空间移动中产生分流。语境效应主要涉及客源地和目的地是否具有共同的边界、共享的语言、规范和习惯、态度、价值以及相似的社会经济发展水平和消费文化心理等。

**二、旅游流空间结构**

（一）旅游流空间结构内涵

旅游流空间结构是指旅游经济客体在空间中相互作用所形成的空间集聚程度及集聚状态，它体现了旅游活动的空间属性和相互关系，是旅游活动在地理空间上的投影，是区域旅游发展状态的重要"指示器"。

（二）旅游流空间结构研究现状

从20世纪80年代开始，国内外学者已分别从宏观和微观的角度对旅游流的空间分布结构和模型进行了诸多的实证分析和理论概括。Vladimr Balz等对日本游客在中欧的流动模式和趋势进行分析预测。Lunndgern提出旅游者在城市间的相互流动以及大城市向旅游地的垂直流动模式。D. Pearce 对世界范围内旅游者运动模式进行了广泛而深入的分析。Bruce Prideaux 等人研究了旅游流的双向不平衡结构,Kumi Endo 利用现有数据分析了外资对旅游流格局和规模的影响。John Coshall 运用单变量和双变量分析了国际旅游流空间扩散模式。

国内学者对旅游流空间结构的研究起步相对较晚,1988 年张凌云用普洛格(Plog)理论进行旅游流的空间模型分析。随后,诸多具有地理学知识背景的研究者开始介入该领域,研究旅游流的空间结构模型问题。吴必虎运用游憩活动空间和曲线分析技术,总结了中国城市居民旅游目的地选择行为的基本规律,定义了大城市环城休憩带(Re BAM)的概念。陆林描述了黄山游客在景区内流动的时空特点,对山岳风景区的旅游者空间行为、感知行为和动机行为进行了深入研究。张红、李九全等人通过对西安境外游客的实地抽样调查,利用 Visual FoxPro 软件,探讨了西安境外游客市场结构特征、客流量的时间变化规律及其与 11 个旅游热点城市之间的空间流动模式。保继刚等人根据 1999 年和 1987 年的第一手抽样调查资料,对桂林市国内旅游客源市场 12 年间的空间演变进行研究。谢天成等人分析了 1999 年至 2004 年间入境的港澳台旅游流在国内的空间分布格局及其变化过程。马晓龙、吴必虎以西安旅游区为"节点",运用地理学的相关概念和理论,采用实证分析与数理统计相结合的方法,对西安旅游区入境旅游流规律和空间结构进行了刻画和预测。钟士恩、张婕等人从理论的角度对国内外旅游流空间结构研究的模式进行了系统梳理,将旅游流的空间模式理论梳理为圈层结构理论、核心边缘理论、空间扩散理论,并对研究中存在的问题进行了批判式思考。

### 三、旅游流空间结构分析——以辽宁省 14 市为例

#### (一)研究目的意义

旅游活动作为一种异质性生活经历,成为调剂现代生活方式、缓解社会压力的常态现象,研究旅游流空间结构和流动规律对区域旅游业的发展有重要意义。案例以辽宁省 14 市旅游基础数据为依据,运用旅游流强度模型,测算旅游流强度指数,在此基础上借助"点-轴理论"思想,通过 GIS 技术分析辽宁省旅游流空间结构特征,得出辽宁省 14 市旅游流发展规律及潜在旅游核心节点,为旅游目的地规划的制定与实施提供参考。

#### (二)研究过程及结果

首先,运用旅游流综合指数、旅游流强度模型,测算出辽宁省各市旅游综合指数及旅游流强度指数;然后,基于旅游流强度指数,求出辽宁省 14 市间的净流与总流状况,并分别以客源地、目的地为视角,计算出辽宁省各市间的空间集散指数;第三,以"点-轴理论"

为指导,运用 Arc GIS 软件分析旅游流总流大于 1 的旅游流强度,得出辽宁省 14 市旅游流空间结构(图 3-2)。

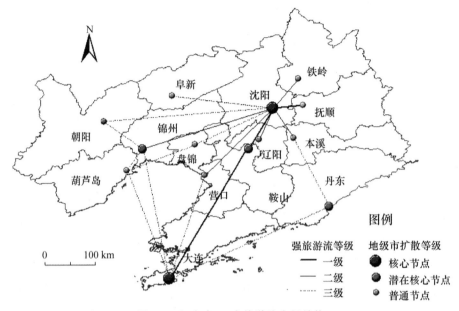

**图 3-2　辽宁省 14 市旅游流空间结构**

　　根据旅游流系统内部形态结构和不同发展阶段特征,可将旅游流空间结构模式分为凝聚模式(初级)、放射模式(成长)和扩展模式(成熟)。由图 3-2 可知,辽宁省旅游流处于成长阶段:沈阳、大连为两个凝聚核心,对周边城市有较明显的辐射效应,扩散作用开始显现,带动鞍山、辽阳、抚顺、本溪等距离相对近城市的旅游发展,而距离较远的城市由于地理位置、交通、经济、旅游基础设施等因素,发展缓慢,形成"二核一线"聚散旅游流空间结构。从空间结构完整性和旅游综合指数结果分析:沈阳、大连已经成为辽宁省南北方向的一级核心节点。锦州、丹东、鞍山可作为东西中方位的三个核心节点:鞍山经济发展较好,旅游资源丰富,位于沈阳和大连交通的必经之地;锦州依靠其现有的交通优势,率先发展,可带动葫芦岛、朝阳、阜新、盘锦;丹东是边境城市,且与沈阳、大连有高铁相连,在加强与其他城市联系的同时,应更注重自身发展。如此,形成一船锚状的链接带,全方位辐射,海陆结合,形成完善、稳定的空间结构,促进旅游业共同发展。

　　(三) 结论与讨论

　　辽宁省内部城市间旅游流差异很大。旅游资源的差异、服务设施的完备程度及城市间距离的远近都影响着旅游流的发育,辽宁省城市间的旅游空间一体化水平不够,旅游发展不平衡。因此,应加强城市间旅游合作,各地应重视旅游发展。

辽宁省旅游流空间结构处于成长阶段,呈现以沈阳—大连一线为核心,其余城市为辅助的放射型模式。大连受距离衰减因素相对较小,其原因为大连的经济发展水平高,知名度高,旅游服务业发展完善,交通网络结构完整,景区类型丰富多样且质量高,滨海旅游发展成熟,应加强以大连为中心的沿海六市海洋文化协同发展。其他城市应基于本土旅游资源,发展有特色的旅游文化,共享沈大旅游流,形成次生旅游圈。在旅游路线设计时,应依托于完善的交通设施,带动周边城市旅游共同发展。

鞍山、锦州、丹东为潜在核心节点。综合地理空间相互作用及"点-轴理论",分析以旅游综合指数、地理区位、交通及旅游流空间结构的完整性等因素得出:鞍山资源经济、服务发展较为均衡,区位与交通位置优越,旅游发展初见成效;锦州为沈大线的必经之地,经济发达,基础设施完善,应加强优质景区开发;丹东旅游资源相对丰富,处于边境地带,但开发力度不够,应该积极发展边疆旅游带动经济发展。

## 第三节 我国旅游流基本态势

### 一、我国入境旅游流特点

入境旅游指非所在国的居民在该国的经济疆域内进行的旅游。根据我国对来华海外旅游者的界定,我国旅游业的海外客源由三部分构成,即外国人(包括外籍华人在内)、海外华侨和港澳台同胞。虽然我国入境旅游市场起步较晚,但发展速度令人瞩目,现已发展成为外国旅游者向往的著名国际旅游目的地国家。

改革开放以来,我国的入境旅游业发展迅速,1978 年,我国接待入境旅游者 180.92 万人次,入境过夜旅游者 71.60 万人次,旅游外汇收入 2.63 亿美元。2008 年接待入境旅游者 1.3 亿人次,是 1978 年的 70 多倍,入境过夜旅游者 5300 万人次,居世界第 4 位;2014 年接待旅游者 1.28 亿人次,基本趋于稳定。

目前我国已成为世界上最具生机活力且安全的旅游目的地,旅游业的国际地位不断提升,入境旅游人数和国际旅游外汇收入两个规模指标保持较快增长的态势。我国入境旅游发展情况详见表 3-1。

表 3-1    2000—2014 年我国入境旅游变化

| 年　份 | 入境旅游人数<br>/万人次 | 入境过夜人数<br>/万人次 | 旅游外汇收入<br>/亿美元 |
|---|---|---|---|
| 2000 | 8344.39 | 3122.88 | 162.24 |
| 2002 | 9790.83 | 3680.26 | 203.85 |
| 2004 | 10 903.82 | 4176.14 | 257.39 |
| 2006 | 12 494.21 | 4991.34 | 339.49 |
| 2008 | 13 000.00 | 5300.00 | 400.00 |
| 2010 | 13 376.22 | 5566.45 | 458.14 |
| 2012 | 13 240.53 | 5772.49 | 500.28 |
| 2014 | 12 849.83 | 5562.20 | 569.13 |

资料来源:中国统计年鉴(2001—2015 年)(数据不包含港澳台地区)

（一）入境旅游市场游客由三部分构成，港澳市场为主体

中国入境旅游市场的游客构成在旅游统计分类上包括:1988 年以前包括港澳台同胞、外国人和华侨三部分;1988 至 2000 年分为外国人、华侨、港澳台同胞(台湾同胞单列);2001年以后分为外国人、港澳同胞、台湾同胞三部分。目前市场份额以港澳同胞最多,外国人次之,台湾同胞最少。其结构随时代发展而变化,如图 3-3、图 3-4 所示。港澳游客是入境游市场的主体,2007 年占入境游客的 92%,2014 年为 75%。因此,港澳地区游客人数变化直接关系到入境游市场的经营状况。

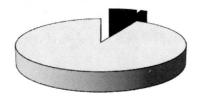

■ 外国人 (192万人次, 6.1%)
■ 台湾同胞 (43万人次, 1.4%)
□ 港澳同胞 (2933万人次, 92.5%)

图 3-3　中国入境旅游市场结构(2007 年)

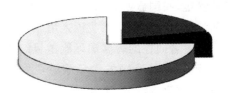

■ 外国人 (2636万人次, 20.5%)
■ 台湾同胞 (536万人次, 4.1%)
□ 港澳同胞 (9677万人次, 75.4%)

图 3-4　中国入境旅游市场结构(2014 年)

（二）入境旅游市场的外国人主要集中在亚洲国家

根据国家旅游局统计资料表明,1980 年亚洲与洲际市场基本相等。但进入 21 世纪以来,却呈现出以亚洲为主体、欧洲和美洲为两翼、大洋洲再次之、非洲的旅游市场份额最小的入境旅游市场格局,如表 3-2 所示。欧洲市场发展迅猛,主要是因为传统的西欧来华

旅游市场中的英、德、法旅华客流量均超过 10 万人次大关,而且意大利等西欧国家的旅华人数也都有显著的增长。另外,随着苏联的社会变化,俄罗斯也从过去的潜在市场转变为来华旅游的现实市场。可以预

**表 3-2　来华旅游市场的洲构成(2000,2007,2014 年)**

| 市场分布 | 2000 年入境旅游人数 | | 2007 年入境旅游人数 | | 2014 年入境旅游人数 | |
|---|---|---|---|---|---|---|
| | /万人次 | 份额/(%) | /万人次 | 份额/(%) | /万人次 | 份额/(%) |
| 总计 | 1016.04 | 100 | 2611 | 100 | 2636.08 | 100 |
| 亚洲 | 610.15 | 60.1 | 1607 | 61.5 | 1633.13 | 61.9 |
| 欧洲 | 248.90 | 24.5 | 620.73 | 23.8 | 551.43 | 20.9 |
| 美洲 | 121.57 | 11.9 | 272.1 | 10.4 | 310.65 | 11.7 |
| 大洋洲 | 28.18 | 2.7 | 72.85 | 2.8 | 81.01 | 3.1 |
| 非洲 | 6.56 | 0.6 | 37.91 | 1.4 | 59.69 | 2.3 |
| 其他 | 0.68 | 0.01 | 0.34 | 0.01 | 0.18 | 0.01 |

资料来源:中国统计年鉴(2001 年,2008 年,2014 年)(数据不包含港澳台地区)

料,在今后相当长的时期内,外国人来华旅游市场将进一步增长,但目前的格局短期内不易被打破。

(三)入境旅游市场的国别构成以亚洲国家和欧美经济发达国家为主

从历年前十位的旅游客源国来华旅游者所占份额分析可知,亚洲国家最多,其次是欧洲、美洲发达国家。这些国家经济发达,国民收入高,法定带薪假期长,出国旅游者多,消费水平高,其中日本、美国、韩国、俄罗斯是我国目前较大的国际客源市场(见表 3-3)。值得一提的是日、美、俄罗斯地区到我国的旅游者人数只占其出游总人数的很小比例,可开发的潜力很大。所以,一方面可通过开发新的旅游产品,提高服务质量,稳步发展这几个市场;另一方面,重点发展西欧、亚洲中东地区以及韩国等潜力市场。

**表 3-3　我国前 10 位客源国市场份额排序(2000,2007,2014 年)**

| 排序 | 2000 年 | 份额/(%) | 2007 年 | 份额/(%) | 2014 年 | 份额/(%) |
|---|---|---|---|---|---|---|
| 1 | 日本 | 21.7 | 韩国 | 18.3 | 韩国 | 15.8 |
| 2 | 韩国 | 13.9 | 日本 | 15.2 | 日本 | 10.3 |
| 3 | 俄罗斯 | 10.6 | 俄罗斯 | 11.5 | 美国 | 7.9 |
| 4 | 美国 | 8.8 | 美国 | 7.3 | 俄罗斯 | 7.8 |

（续表）

| 排序 | 2000 年 | 份额/(%) | 2007 年 | 份额/(%) | 2014 年 | 份额/(%) |
|------|---------|----------|---------|----------|---------|----------|
| 5 | 马来西亚 | 4.3 | 马来西亚 | 4 | 马来西亚 | 4.3 |
| 小计 | | 59.3 | | 56.3 | | 46.1 |
| 6 | 新加坡 | 3.9 | 新加坡 | 3.5 | 蒙古 | 4.0 |
| 7 | 蒙古 | 3.9 | 菲律宾 | 3.2 | 新加坡 | 3.7 |
| 8 | 菲律宾 | 3.6 | 蒙古 | 2.6 | 菲律宾 | 3.6 |
| 9 | 英国 | 2.8 | 泰国 | 2.3 | 印度 | 2.7 |
| 10 | 泰国 | 2.4 | 澳大利亚 | 2.3 | 澳大利亚 | 2.5 |
| 小计 | | 16.6 | | 13.9 | | 16.5 |

资料来源:中国统计年鉴(2001 年,2008 年,2015 年)(数据不包含港澳台地区)

### 二、我国出境旅游流特点

在国际旅游研究中,出境旅游通常称为出国旅游。但由于中国的特殊国情,中国公民的出境旅游目前包括港澳台游、边境游和出国游三部分。港澳台游是在中国特殊国情下,大陆居民赴香港、澳门、台湾的旅游活动;边境游是指中国居民到一些周边国家的旅游活动;出国游是指中国公民到别的国家的旅游活动。

（一）出境旅游市场规模不断扩大

中国出境旅游虽然起步较晚,但发展速度快,已经形成了相当的市场规模。我国出境旅游的统计始于 1993 年,1997 年中国公民出境旅游人数便超过日本,成为亚洲最大的客源输出国;2004 年中国出境旅游人数居世界第三,旅游消费总支出达 1991 亿美元,居世界第 7 位,已成为世界上屈指可数的出境旅游大国之一。2000 年以来,虽有 SARS 和全球经济衰退的冲击,但与入境旅游相反,中国出境旅游人口却保持持续增长,年均增长人数超过 400 万人次,年均增速超过 20%,已成为全球出境旅游市场增幅最快的国家。2003 年,中国公民出境人数达到 2022.19 万人次,比上年增长 21.8%。2008 年,中国公民出境人数达到 4095.40 万人次,比上年增长 18.6%。2014 年,中国公民出境人数为 10 727.55 万人次,见表 3-4。据世界旅游组织预测,到 2020 年,中国将成为世界第四大客源国。

表 3-4　2000—2014 年我国出境旅游人数变化

| 年　份 | 出境旅游总人数/万人次 | 比上年增长/(%) |
|---|---|---|
| 2000 | 1047 | 13.4 |
| 2002 | 1660 | 36.8 |
| 2004 | 1885 | 42.6 |
| 2006 | 3452 | 11 |
| 2008 | 4600 | 12 |
| 2010 | 5378.65 | 20.4 |
| 2012 | 8318.17 | 18.4 |
| 2014 | 10 727.55 | 9.2 |

资料来源：中国旅游统计年鉴(2001—2015 年)(数据不包含港澳台地区)

（二）出境旅游客源地相对集中

国际出境旅游，一般停留时间较长，旅游花费较大，即使较为便捷的港澳旅游、边境游也应有特有的边境口岸条件等优势。根据有关统计资料显示，中国公民出境旅游的客源省(市、区)中，处于前十位的是广东、云南、广西、辽宁、黑龙江、福建、上海、北京、内蒙古、浙江，而且高度集中于北京市及环渤海地区、广东省及珠江三角洲地区、上海市及长江三角洲地区、浙江省与黑龙江省。尤其是出国多日游游客的产出，则有近 2/3 高度集中于环渤海、长三角和珠三角地区。

（三）出境旅游流向目的地范围不断扩大，但主要集中于亚太和欧美地区

目前经国务院批准的中国公民出国旅游的目的地国家和地区已达 168 个，占全球国家和地区总数的 67%。但当前主要集中在亚太及欧美地区，尤其是亚洲目的地国家和地区的份额约占 80%，其中又以港澳地区为最多，其次是韩国、日本及东盟各国；欧洲份额已超过 10%，主要是俄罗斯、德国、法国、英国、意大利；美洲约占 5%，主要是美国、加拿大。近年赴澳大利亚和新西兰的游客增长较快。

**三、我国国内旅游流特点**

国内游客一直是中国旅游人口的主体，占全国旅游总人口的 90% 以上。21 世纪以来，中国旅游业全面繁荣，已经形成了世界上规模最大的国内旅游市场，并成为亚洲第一大客源输出国，确立了世界旅游大国的地位。从统计数据看，2002 至 2006 年间，我国国内旅游人数共计达到 54.56 亿人次，超过 1997 至 2001 五年的总和 35.85 亿人次，年均增长率为 12.2%。2008 年，国内游客接待量达到 17 亿人次，全国国内旅游收入达到 8700

亿元,占全国旅游总收入的比重达到76.3%。2014年达到32.62亿人次,全国国内旅游收入达到26 276.12亿元。我国国内旅游总体上呈现出持续高速增长的态势,如图 3-5 所示。

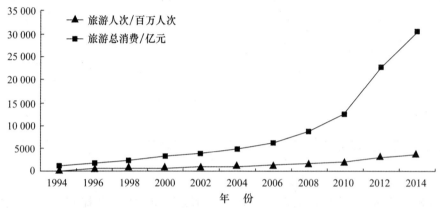

**图 3-5　我国国内旅游人次和旅游收入(2000—2014 年)**
(资料来源:中国旅游统计年鉴)

**(一)国内需求空间分布不平衡**

我国旅游流的基本空间格局是东密西疏:沿江沿海密、边远内地疏,大城市密、中小城市。2014 年,中国国内旅游的客源地东、中、西三大区域出游力比例总体呈现出"7∶2∶1"的形态,客源主要集中环渤海、长三角、珠三角以及成渝四大经济区,累计占全国55.6%的出游比例。我国东部沿海省区、黄河中下游和长江中下游的中部省区是传统旅游需求中心,而西南的四川、云南和陕西、甘肃、新疆等西部省区增长速度较快,传统经济区与经济欠发达区域之间的差距在进一步缩小。

**(二)以高学历的中青年旅游者为主,城镇出游率高于农村**

2014 年我国城镇居民国内出游人数 24.83 亿人次,出游率为 373.1%。农村居民国内出游人数 11.28 亿人次,出游率为 167.2%。总体表现出城镇高于农村的格局。我国男性出游比例仍高于女性,出游年龄均以 25~34 岁的中青年出游者是出游的主力。在我国城镇居民出游者中,大学本科、大专教育水平的出游者比例超过一半;农村居民出游者中也是以高中以上学历为主,总体表现出高学历为主体的总体格局。

**(三)旅游者消费水平较低,旅游需求受经济水平制约**

改革开放以来,我国人民的生活水平有了很大的提高,但从沿海到内地到边远山区,情况差别很大。沿海地区经济发展较快,收入多、消费高、消费结构多样化;内地大部分地区经济发展也较好,虽收入和消费不能与沿海地区相比,但也有相当的结余可供旅游支出;边远山区的人们有些刚脱贫,有些仅满足温饱问题,还无余力支付旅游费用。2014年,国内游客旅游总消费30 311.9亿元;其中城镇游客消费24 219.8亿元,占总消费的79.9%;农村游客消费6092.1亿元,占总消费的20.1%。旅游人均消费839.7元,城镇游客消费975.4元,农村游客消费540.2元。所以,从全国范围来看,旅游开支不高;而且旅游支出也主要花在行、吃、住三方面,平均消费水平不高。

# 练 习 题

1. 简述旅游流的定义及其表现方式。
2. 全球旅游客流的规律有哪些?
3. 近年来,我国国内旅游流有什么变化?
4. 简述我国主要旅游客源地的概况和特点。
5. 旅游流空间结构与旅游空间结构有何不同?

# 第四章

# 中国旅游地理区划

## 第一节　旅游地理区划概述

### 一、旅游地理区与旅游地理区划的概念

（一）旅游地理区的概念与特点

旅游地理区又称旅游区，是在人们对旅游客观世界规律性认识的基础上划分出来的，具有具体界线和范围的客观存在的地理实体，是旅游活动客观存在的地域综合单元。旅游区是含有若干共性特征的旅游景点与旅游接待设施组成的地域综合体，它不仅包括旅游资源，也含有为旅游者实现旅游目的而不可缺少的各种基础设施。

旅游区作为一地域综合体，在旅游景观即自然风景发生的自然地理基础和历史文化景象及氛围形成的人文基础方面，具有相对一致性和共同联系，并以某些城市为旅游经济中心而形成相对独立的旅游网络，属风景区之上的高层次的、主系统的大尺度风景地域。

一般而言，旅游区具有以下特点：

1. 系统性

旅游区在职能上和地域上都是完整的，具有已配套的社会功能，其中首要的是恢复和增强旅游者的健康、体力、能力和精力，满足其精神与物质的需要。同时，旅游区内部及外部联系错综复杂，其本身就是一个包含大小不同层次的系统工程。

## 2. 地域性

旅游区以一定的地域空间为载体。每一个旅游区内都包含有特定的自然和人文环境,至少有一个完善的旅游中心或旅游组织基地及发达的旅游交通网络联系内外,是一个结构有序的开放系统;而同一层次的旅游区之间则又表现出明显的地域差异性。

## 3. 层次性

旅游区是从上到下,从全国到地方客观存在的、完整的旅游区域体系,有不同的功能类型和等级层次之分,各层次的旅游区组合成为一个完善的旅游区系统。这一特性使旅游区划和旅游区的分级、分等研究与管理成为可能。

## 4. 优化性

旅游区的优化性是指组织建立旅游区以及旅游区的经营管理都达到最佳程度,从而可以最大限度地发挥旅游区的功能,顺利地达到理想状态,取得最佳效果的过程。旅游区是加入人为干扰、具有预定目的、可控的自然-人工复合系统。因此,旅游区的建设要从整体上达到最优设计、控制、管理和使用,从而实现综合最优化。这也正是地理学重视从宏观上、整体上考虑问题的优势所在。

（二）旅游地理区划的概念与类型

旅游地理区划是人们根据不同目的,依照不同要求和指标,对一定地域的旅游资源与环境进行地理区域划分。一般将旅游资源相对集中、类似,与邻区有显著地域差异,而区内政治、经济、文化联系较为密切的地区划分为一个旅游区。旅游地理区划所划分出的旅游区一般为综合性旅游区,同一旅游区内部自然与人文旅游地理环境具有共性,共同构成旅游地域综合体。

旅游地理区划包含多种类型,即旅游资源区划、旅游地理区划、旅游综合区划、旅游气候区划等。旅游资源区划的主要划分依据是旅游资源本身的属性和特点,用于准确地反映地表旅游资源分布的实际情况;旅游地理区划是在旅游资源的基础上结合旅游经济综合考虑的,既有资源属性,也有经济属性;旅游综合区划则是根据旅游业的发展现状,按照旅游主体、客体和媒体三者之间的关系,结合旅游资源区域分异规律而进行的区划;旅游气候区划是以气候为指标,根据影响旅游活动时令的节律性进行的区划。

此外,按照旅游者产生的地域不同,可进行旅游者产出区划;按照旅游者所感受到的旅游区域大小,可以进行旅游感应区划;按照旅游者从客源地到目的地的旅行模式,可以进行功能区划;按照旅游内容的时序性,可以进行现状旅游区划和远景旅游区划等。

旅游资源区划(分区)、旅游地理区划和旅游综合区划是比较常见的三种类型,也是大多数教材中使用最多的。它们是对客观存在的各种旅游资源与地理环境进行的区域划分,其研究内容是一致的,只是划分的视角不同,划分依据各有侧重,而概念本身在性质上并没有差异。在本章下一节中将专门对各种不同区划方案进行介绍和比较。

## 二、旅游地理区划的目的

旅游地理区划是为了揭示本区域内自然地理和人文地理之间的关系,掌握各旅游区的基本特征,了解其资源优势与不足、扬长避短,为确立在全国旅游地域分工体系中应有的位置以及合理开发、利用和保护旅游资源,制定与实施旅游区域发展战略,推动区域经济发展提供科学依据。具体而言,旅游区划应达到如下目的:

(1)遵循一定的原则和方法,通过实地工作与综合分析,确定各个旅游区比较合理的范围和界限及区内各级旅游经济中心。

(2)阐明不同区域的旅游地理环境状况,摸清不同区域旅游资源现状和主要资源特色。

(3)确定各旅游区的性质、特征、功能、地位和优势,提出区域旅游发展和规划建设的重点,指出其今后发展的方向,为研究各地的旅游发展战略提供指导和依据。

## 三、旅游地理区划的意义

旅游区划是一项理论性和实践性都很强的系统工程,是旅游研究的重要课题之一。旅游地理区划研究在理论和实践上均有着重要意义:

(1)中国旅游区划研究是对旅游地理学科体系的完善和加强,有着重要的理论价值。

(2)在全国范围形成合理的旅游地域分工体系。任何一个国家、地区旅游资源的开发,都必须统筹安排、制定总体规划。国家、地区正是在旅游区划的基础上,本着全局的观点,根据市场需要、旅游资源种类和质量来确定是将其开发为重点还是一般旅游区。划分旅游区,还可以进行区域规划,制定发展战略,涉及旅游项目和旅游活动,充分发挥旅游区的特点和长处,有利于旅游业有计划、按比例地发展。

(3)有利于旅游业可持续发展。了解各旅游区的不同性质和特征,揭示旅游区的内在规律,查明其区域的基本特征,能够为开发、利用和保护旅游资源,制定旅游区发展战略,为推动旅游区经济可持续发展提供科学依据。

(4)通过明确不同旅游区的区域特色和优势,不仅能够增强区域整体竞争力,而且能够为开展区域合作提供依据,有利于不同区域内旅游产业的协调发展和相互促进。

#### 四、旅游地理区划的原则

（一）相似性原则

相似性原则包括旅游资源成因的共同性、形态的类似性和发展方向的一致性。具体而言，旅游区划就是要把不同旅游地域区别开来，把相似性较大的地域划分在一起，以构成区别于其他地域的差异性，旅游资源类型相近者应划归在同一旅游区内，或者说处于同一层次中的每一旅游区都要保持各自主体旅游资源的一致性，以突出各旅游区的特色。

（二）主导因素原则

旅游区内部往往由多种类型的旅游资源组成，各种类型的旅游资源在旅游区内所起的作用并不完全一致，往往是其中某种类型的旅游资源在起主导作用，体现出该旅游区的独有个性与特色。因此在划分旅游区时，应把起主导作用的旅游资源作为划分依据。

（三）综合性原则

旅游资源是自然地理各要素与人类经济活动经过长期相互作用而形成的。旅游区划应综合分析自然和人文各要素的关系和组合结构，以进行合理分类、划分区域。同时旅游业是一项涉及面很广的产业，而整体效益又是系统优化的主要目标。因此也要求旅游区划既考虑纵向的历史基础、发展现状和长远目标，又要考虑横向的旅游资源类型、组合及开发利用的自然、社会、经济等多方因素。

（四）完整性原则

旅游资源的形成、开发和利用，因受自然条件和人文因素影响，分布上具有相对明确的地域性，形成别具一格、客观存在的旅游区。同时各等级的旅游区都是相对独立的地域综合体，能独立担当一定的职能。因此旅游区划应保证每一等级的旅游区在地域和职能上的完整性。此外，鉴于旅游业是一项具有高度文化性质的经济事业，涉及诸多经济部门及行政管理部门的综合平衡，因此注意旅游区划与行政区的相协调有利于区域旅游业的发展。

## 第二节　中国旅游地理区划

#### 一、中国旅游地理区划方案简介

迄今为止，国家尚未进行正式的旅游区划，但为教学及科研的需要，一些学者已从不同角度进行了一些有益探索，提出一些不同的区划方案。各方案具体内容可参见表4-1。

表 4-1　不同旅游区划方案简介

| 研究者 | 类　型 | 划分依据 | 区划体系 |
|---|---|---|---|
| 宋家泰<br>(1985) | 中国旅游资源区划 | 旅游资源的特点、经济运行的自然网络和行政区划的完整性 | 东北、华北、华东、长江中上游、东南、西南、青藏、西北 8 大旅游区 |
| 周进步<br>(1985) | 中国旅游资源区划 | 资源形成的共同性、形态的类似性和旅游业发展现状的相似性,各旅游区的主导因素 | 中央旅游区、东部沿海旅游区、川汉旅游区、华南热带景观旅游区、西南岩溶旅游区、西北丝绸之路旅游区、东北旅游区、北疆塞外旅游区、青藏高原旅游区 9 大旅游区 |
| 濮静娟,<br>朱晖<br>(1987) | 旅游季节气候区划 | 以舒适度指数和风效指数为指标,以各地最佳旅游月份和适宜旅游季节为依据 | 北方温带气候大区、南方亚热带气候大区、青藏云贵高原大区 3 大旅游气候大区;18 个旅游气候区、22 个旅游气候亚区 |
| 郭来喜<br>(1988) | 中国旅游地理区划 | 旅游资源的相似性、行政区划体系的完整性和运输便捷性、管理方便性 | 京华古今风貌旅游带、白山黑水北国风光旅游带、丝路寻踪民族风情旅游带、华夏文明访古旅游带、西南奇山秀水民族风情旅游带、荆楚文化景观旅游带、吴越文化江南水乡风光旅游带、岭南文化南亚热带-热带风光旅游带、世界屋脊猎奇探险旅游带以及台湾和香港中西文化海南岛风貌旅游带 10 大旅游带,29 个旅游省、149 个基本旅游带 |
| 刘振礼<br>(1988) | 中国旅游地理区划 | 旅游条件和旅游业发展状况 | 京畿要地——北京旅游区、白山黑水——黑吉辽旅游区、民族摇篮——黄河中上游旅游区、大浪淘沙——长江中上游旅游区、山水神秀——长江下游旅游区、南国侨乡——闽粤琼旅游区、石林洞乡——滇黔桂旅游区、塞外风光——内蒙古宁夏旅游区、丝绸之路——甘新旅游区、世界屋脊——青藏旅游区和台港澳地区 11 个旅游区 |

（续表）

| 研究者 | 类　型 | 划分依据 | 区划体系 |
|---|---|---|---|
| 雷明德<br>(1988) | 中国旅游资源区划 | 旅游资源成因类型的共同性 | 东北林海雪原、中原古迹名山、东部名山园林、华南热带风光、西南岩溶风光、川鄂湘名山峡谷、西北干旱景观、塞外草原景观、青藏高原9个旅游地区 |
| 孙大文，<br>吴必虎<br>(1990) | 旅游区景观-经济区划 | 以旅游景观的区域分异为基础，以几种主要综合经济区划方案为参照 | 东北、北方、陕甘、四川、长江中下游、东南沿海、湘赣、西南、青藏和新蒙等10大旅游区 |
| 陈传康<br>(1991) | 旅游文化区划 | 传统文化资源、现代文化资源、自然风光、开发重点和客源市场 | 华北、长江中下游流域、华南、西南、东北、内蒙古西北、青藏高原7个一级旅游文化区 |
| 杨载田<br>(1994) | 旅游地理区划 | 旅游资源成因、形态和发展方向的一致性，地域分布完整性等原则 | 东北关东文化林海雪原火山风光、黄河中下游华夏文化名山沃原海滩风光、华东吴越文化山水园林、华中荆楚巴蜀文化峡谷湖山、东南沿海岭南文化亚热带-热带山海岛风光、西南民族风情岩溶山水风光、青藏藏乡草原文化世界屋脊风光、西北丝路文化雪峰绿洲草原风光8个旅游区以及若干旅游省，省下分若干游览区 |
| 王勇<br>(2006) | 旅游地理区划 | 旅游资源的特点，行政区划体系的完整性 | 东北、华北、华东、华中、华南、西南、西北、青藏8大旅游区 |
| 李世麟<br>(2007) | 旅游地理区划 | 自然环境特色性、社会经济环境和历史文化相似性、旅游线路设计方便性、行政区域完整性 | 东北、华北、华东、华中、华南、西南、青藏高原、西北8大旅游区 |

　　此外还有一些分区方案，在此就不一一介绍了。这些方案各有所长，而且各有其立足点，区划原则和目的也不尽相同。这充分表明中国旅游地理区划的研究十分活跃，成果显著，中国旅游区划研究正逐步走向成熟。

## 二、本书旅游地理区划方案

　　本书根据旅游地理区划原则，以区域自然地理景观的相似性与差异性、区域历史文化的同一性和旅游要素关联性为主要划分依据，在综合自然地理区划和中国文化区划的基础上,兼顾行政区划的完整性,采用三级分区,将全国共划分为 9 大旅游资源区。旅游资源区下以行政区划为单位划分旅游省,省下分若干旅游景区。具体情况见图 4-1 和表 4-2。

表 4-2　中国旅游地理区划方案

| 旅游资源区名称 | 范　围 | 自然地理特征 | 文化特征 |
|---|---|---|---|
| 东北旅游资源区 | 黑龙江、吉林、辽宁 | 温带冷湿性森林、森林草原景观 | 关东文化 |
| 华北旅游资源区 | 北京、天津、山东、山西、河北、河南、陕西 | 暖温带半湿润半干旱夏绿林、森林草原景观 | 中原文化、黄河中下游农耕文化 |
| 内蒙古旅游资源区 | 内蒙古自治区 | 温带干草原景观 | 游牧文化、蒙文化 |
| 西北旅游资源区 | 甘肃、宁夏、新疆 | 温带、暖温带干荒漠景观,绿洲景观 | 丝路文化、西北游牧文化 |
| 华中旅游资源区 | 湖北、湖南、江西 | 湿热的亚热带常绿林景观 | 荆楚文化 |
| 华东旅游资源区 | 上海、江苏、浙江、安徽 | 长三角冲积平原景观 | 吴越文化 |
| 华南旅游资源区 | 福建、广东、海南、台港澳 | 南亚热带风光,常绿阔叶林景观 | 闽台文化、岭南文化 |
| 西南旅游资源区 | 云南、贵州、广西、重庆、四川 | 亚热带常绿林,地形垂直特征明显 | 分别属西南文化区中的巴蜀文化、云贵少数民族文化 |
| 青藏旅游资源区 | 青海、西藏 | 高寒景观 | 藏文化、游牧文化 |

（一）东北旅游资源区

本区位于中国东北部,地处山海关以东,故称关东。包括黑龙江、吉林、辽宁三省全境。自然地理特征则以温带冷湿性森林、森林草原景观为主;文化特征以兼容并蓄的关东文化为主,本区拥有白山黑水自然奇观、少数民族风情、大连海滨避暑胜地、哈尔滨冰灯冰雕、吉林雾凇、沈阳清王朝发祥地等旅游景观,旅游内容丰富多彩。

（二）华北旅游资源区

本区位于黄河中下游地区,在行政区划上包括北京、天津、河北、河南、山东、山西、陕西 7 省(市)。自然地理特征以暖温带半湿润半干旱夏绿林、森林草原景观为主;在文化特征上属以典型农耕文化为特色的中原文化区。这里是华夏文明的发祥地,从早期的周口

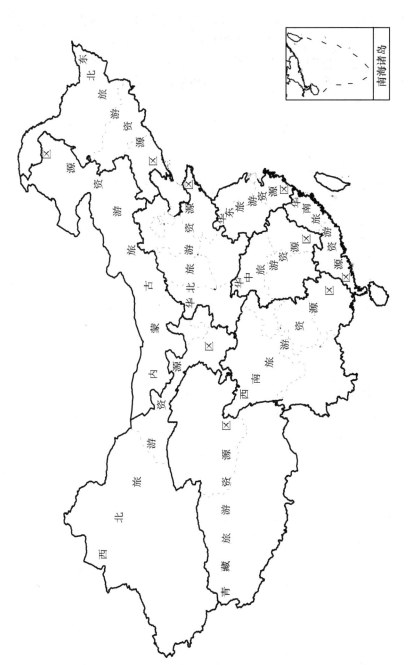

图 4-1　中国旅游地理分区示意图

店人、山顶洞人到奴隶社会的半坡人都曾在这片土地上繁衍生息。我国历代的古都也多建在本区（北京、开封、洛阳、西安），是我国古代悠久灿烂文化的摇篮。同时，本区又是当今全国政治、经济、文化交流的中心，古代风貌与现代都市融为一体，使其成为了我国旅游资源种类最多、数量最丰富、分布最集中、质量最高档的旅游资源区。

（三）内蒙古旅游资源区

本区地处我国北部，包括内蒙古自治区全部。地域辽阔，全境海拔均在千米以上，以温带干草原景观为主，西部为荒漠草原，畜牧业为主，自然景观组合多样，森林、草原、荒漠、山地、湖泊、矿泉、冰雪广布，并保持着良好的自然生态环境，蓝天、白云和草原给人以宽广、开阔、与大自然融为一体的美好感觉。在文化特征上属于蒙古文化区，以蒙古族为主体的各游牧民族，风情浓郁、民俗独特、民风古朴、文化悠久，体现出草原游牧文化的特色。

（四）西北旅游资源区

本区位于我国西北部，包括甘肃、宁夏、新疆三省（自治区）。本区气候干旱，地广人稀，名山大川、沙漠戈壁广布，以典型的温带、暖温带干荒漠景观和沙漠绿洲景观为特色。古代丝绸之路的主要线路均经过此区，本区不仅是古代佛教传入中国的主要路线，也是目前中国伊斯兰教的主要分布地区，还一直是中国北方游牧民族主要居住区，草原文化、绿洲文化、宗教文化、丝路文化共同奠定了本区文化的多元性和包容性特征。

（五）华中旅游资源区

本区位于长江流域中上游地段，包括湖北、湖南、江西三省。自然景观以湿热的亚热带常绿林景观为主，山地丘陵环绕，长江、洞庭湖坐镇中央，大江两岸湖群密布，号称千湖之区。武当山、衡山、武陵源耸峙其间，使得本区兼有山、河、湖之胜。在文化特征上，本区是典型的荆楚文化区，文化古迹颇丰，黄鹤楼、岳阳楼一衣带水，多姿多彩而奇绝瑰丽的山川溪石、林莽湖泊，千奇百怪又诡秘变幻的峭岩洞穴、草木虫鱼，孕育出一个个桃花源境界，产生了虚淡恬静的道教文化，并成为中国道教的主要活动中心。人文景观与原始的自然景观结合，使其成为国内外著名的旅游胜地。

（六）华东旅游资源区

本区位于长江下游、淮河下游和钱塘江流域，包括上海、江苏、浙江、安徽4省（市）。自然地理特征以长三角冲积平原景观为主，水乡泽国，景色秀丽，分布有众多的风景名山、宗教名山、古代私家园林和大量文物古迹。本区自然条件优越，开发历史悠久，经济文化发达，人口稠密，城镇密集，是吴越文化的发祥地。

（七）华南旅游资源区

本区地处我国东南沿海，包括福建、广东、海南、台湾、香港、澳门六省（特别行政区）。

大部分属热带、亚热带季风气候,以南亚热带海岛风光,常绿阔叶林自然景观为主,是中国冬季的避寒胜地,海岸线漫长,多优质沙滩,适宜开展休闲旅游。历史上中原人民避乱南迁在此,留下了不少古代中原文化,经过与当地文化的融合,形成了浓郁的地方特色文化,再加上外来西方文化的影响,三位一体,铸成了以建筑景观为主要标志而别具一格的岭南文化。同时,该区不仅是闽台文化的发源地,还是中西文化融合的前沿之地,堪称华侨之乡。特殊的政治体制与自然、文化景观的结合,为本区旅游业的发展注入了新的活力。

（八）西南旅游资源区

本区包括云南、贵州、广西、四川、重庆5省(市、自治区)。位于我国西南边陲,以亚热带常绿林景观为主,地形垂直特征明显,是全国各大旅游区中地势起伏最大、地貌类型最为丰富的地区(高山、高原、峡谷、盆地、丘陵、平原、海岛、平坝竞相交错)。文化方面则有习俗迥异的巴蜀文化、能歌善舞的云贵高原少数民族文化(粗犷有力的壮族铜鼓、彝族的"火把节"、白族的"绕山灵"、傣族的象脚鼓和孔雀舞、苗族的芦笙舞等)及绝美的工艺美术(花山崖画、沧源崖画等),这些共筑了本区特有的文化旅游氛围,从而使其成为了中国旅游发展潜力最大的地区之一。

（九）青藏旅游资源区

本区包括青海、西藏二省。位于我国西南部,全境海拔平均在4000米以上,拥有包括世界最高峰——珠穆朗玛峰等8000米以上的高峰多座,是世界上年代最新、海拔最高的高原,堪称世界屋脊。广阔的高原、高山及连绵不断的雪山和草地构成了其独特的高寒景观。同时,本区神秘、古老的藏传佛教文化和浓郁、独特的藏族风情更使青藏高原充满了神奇的魅力。

# 练 习 题

1. 简述旅游地理区划的概念和类型。

2. 简述旅游地理区划的目的、意义和原则。

3. 中国旅游区划的不同方案各有何长?

4. 你所在的省区属于本书旅游区划方案中的哪个区? 结合你所知道的旅游景点分析本区的特点。

5. 中国地理环境和文化环境特征对旅游地理区划有何影响?

# 第五章

# 东北旅游资源区

东北旅游资源区位于我国东北部,北、东、东南各方分别与俄罗斯、朝鲜为邻。北达北纬 53°31′,东至东经 135°20′,南北最长距离约 1500 千米,全域总面积 79 万平方千米,包括黑龙江、吉林、辽宁三省。

## 第一节　区域环境与经济发展概况

### 一、自然地理特征

东北旅游资源区是一个自然地理环境完整、经济发展水平相近的地理行政单位。山环水绕的独特地形及寒冷的气候环境,使其拥有大面积的温带森林和丰富的冰雪资源,可以开发许多参与性的娱乐健身旅游活动,如滑雪、冬泳等。同时由于本区火山活动剧烈、次数多、分布广等原因,使其成为我国火山地貌景观最集中的地区,本区拥有的两大火山堰塞湖,更是独具旅游开发优势。

（一）三面环山,平原中开

本区的地貌类型主要由半环状向南敞开的三个地带组成。其西、北、东三面分别环绕着大、小兴安岭和长白山;在山地的环抱中,由三江平原、松嫩平原和辽河平原组成的东北大平原,是中国最大的平原。这里土壤肥沃,是我国重要的粮食生产基地和林业生产基地。

大兴安岭山峰主要由火山岩构成,一般海拔在 1000 米左右。大兴安岭向东延伸的小兴安岭是该区东北部的低山丘陵山地,是松花江以北山地的总称。总面积13万平方千米,其中低山约占37%、丘陵约占53%、浅丘台地约占10%。小兴安岭山地海拔在500～800米之间,是黑龙江与松花江的分水岭。

长白山北起完达山脉北麓,南延千山山脉老铁山,长约1300余千米,东西宽约400千米,略呈纺锤形。由多列东北—西南向平行褶皱断层山脉和盆、谷地组成。山地海拔大部分500～1000米,仅部分超过千米。长白山地的中山区主要分布于张广才岭、老爷岭、威虎岭和龙岗山脉以东,一般山岭皆在千米以上;低山丘陵分布最广,有完达山脉、吉林哈达岭和大黑山等。

东北平原位于大、小兴安岭和长白山之间,南北长约1000千米,东西宽约300～400千米,面积350000平方千米,大部分海拔在200米以下。东北平原土壤肥沃,腐殖质含量多,通气和蓄水性能好,是著名的"黑土"分布区。因此,该区不仅是大豆、高粱、玉米、小麦、甜菜、亚麻的重要产区,同时也是中国早熟粳稻的重要产区之一。

(二)河湖广布,界河众多

东北地区河流受山地构造的影响,紧紧围绕山地流动,故呈山环水绕之势,有4000千米的河道在国境线上。大兴安岭北端和小兴安岭北侧是黑龙江干流;东部山地以东有乌苏里江、图们江、鸭绿江等水系;平原南部有辽河水系。东北地区的河流是季风型河流,夏季风造成6—8月水量较大,但水流平缓,便于航运;河流结冰期较长,一般北部河流封冻期为5～6个月,南部河流为3个月左右。封冻期间河面可行车马,故可充分利用其开展滑冰等冰上运动。同时东北地区的湖泊也较很多,著名的有镜泊湖、兴凯湖、长白山天池、青山湖、松花湖等。

(三)寒温带温带季风气候,冰雪旅游资源优势突出

本区属于寒温带温带大陆性季风气候,东北地区大部分属中温带,南部属暖温带,北部小部分地区属寒温带。气候特征:冬季寒冷而漫长,夏季温暖短促,春秋两季甚短,春天多大风而且因地表干燥而多风沙天气,秋季则天高气爽。冬季本区位于蒙古高压的东部,一般冬季长达6个月左右,冷气流常自西北向东南侵入,盛行西北风,一月均温在-12～-30℃之间,最低温度均在-20℃以下,是世界上同纬度陆地气温最低的地区,比同纬度大陆低10℃以上。漠河曾记录了-52.3℃的全国最低温,称为"中国寒极"。由于陆地向海凸出,有一定水汽来源,所以本区不仅寒冷,而且千里冰封、万里雪飘的景观特色也十分鲜明。

(四)林海茫茫,物产丰富

东北旅游资源区是我国森林面积最大的地区,境内分布着大面积的针叶林和针阔叶

混交林。森林景观是本区主要的自然旅游景观,主要树种有红松、落叶松、白杨等。东北林区由大兴安岭、小兴安岭、完达山脉和长白山脉组成,是我国第一大林区。森林总面积占全国森林总面积的 34.8%,森林蓄积量占全国森林蓄积量的 42.8%。本区除了具有丰富的森林景观外,在东北平原的中西部则是一望无际的大草原,牧草繁茂。茂密的森林、广阔的草原、连绵的沼泽地,为东北虎、紫貂、梅花鹿、熊、马鹿、丹顶鹤、狐狸等动物的生存提供了良好的栖息环境。为保护这些野生动物和自然生态系统,东北已建立了多处自然保护区,著名的有扎龙自然保护区、向海自然保护区和长白山自然保护区等。

**二、人文环境特色**

**(一)经济基础优越,交通网络便利**

东北三省自中华人民共和国建国以来一直是重点发展区域,是我国重工业的代表,也是去产能任务最重的三个省份,曾经的大庆油田、长春一汽、鞍山钢铁都是与共和国一起成长起来的企业,在建国初期为中国经济发展立下汗马功劳。尽管东北三省既是我国重要的商品粮和林业生产基地,也是我国重工业生产基地,农业产品中大豆、甜菜、烟草、向日葵、苹果等都在全国占有重要的地位;工业产品中,钢铁、石油、机械、化工以及轻纺工业中的造纸、制糖、纺织等都占有一定地位,形成比较完善的经济体系,但是东北三省现阶段的经济发展显然已经跟不上时代的步伐了。2015 年底,国务院通过了《关于全面振兴东北地区等老工业基地的若干意见》等政策来支持东北振兴战略。东北三省有基础、有条件,经济增速可以回升,以制造业为例,从中低端向中高端发展,东北具有的优势是很多省份不具备的。

众所周知,交通业的进步对于旅游业的发展是十分重要的。交通业直接关系到旅游者的出游,包括影响旅游者的出游方式及出游距离,其是实现旅游大众化的必备条件之一。反之,旅游大众化又向交通业提出了新的、更高的要求;同时,交通业的发展又与旅游地开发状况密切相关,是保证旅游地繁荣的重要因素之一。

本区是我国最早发展铁路运输的区域,较早形成了以铁路为骨干,包括公路、航空、内河航运及海上运输在内的对内、对外交通网络。现在全区铁路总长度超过 14 000 千米,是我国各旅游资源区中铁路长度和密度最大的一个,哈大线(哈尔滨—大连)主干线,全长 940 千米,是东北地区的南北大干线,它与滨洲线、滨绥线共同构成东北"T"字形铁路网的"脊梁骨",再连接 70 多条干支线,形成东北稠密的铁路网,把东北地区的工矿企业和城市连成一个整体,并通过京沈线、京通线进入关内。

同时本区还形成了通过珲春、集安、绥芬河、丹东、宽甸连接中朝、中俄的 5 条陆上通道;全区开辟国际机场 3 个(沈阳、大连、哈尔滨),特定机场 4 个(长春、佳木斯、齐齐哈尔、牡丹江);环绕本区周边及深入平原内部的各条河流,也具有直接连接国外、方便本区的功能;本区的大连港吞吐量在全国位居第七,是我国北方条件最好、最重要的海运港口之一;由于地势和缓,公路交通四通八达,按照我国的交通规划,未来东北区域的公路还将进一步加密,将达到总里程 14 000 千米,其中包括国家高速公路 9450 千米的"五纵、八横、两环、十联"的骨架公路网。如此发达的立体交通网络,为旅游业的发展奠定了坚实的基础(注:哈大高铁已通车)。

（二）多元复合的民俗文化

东北民俗是"相互融合的各民族的共俗",古往今来衍繁生息着 20 余个少数民族共建的东北民族,以农、牧、林、渔、猎等为主的生产生活方式,是北方游牧文化、渔猎文化与北方农耕文化交融与碰撞的最佳实验场。那些淳朴、豪放、敦厚而各具特色的各民族风俗所涵盖的东北民族、民俗文化,是一束艳丽的奇葩。东北民俗文化是中华民俗文化的一个缩影。它流传在东北的黑土地上,是东北文化资源不可缺少的、待开发的、丰富的艺术宝藏。

旅游商品作为民俗文化的一个重要体现因素,其在为旅游业创汇创收、促进旅游业发展、推动地方经济发展及宣传旅游地形象等方面都起着不可估量的作用。本旅游区的旅游商品相对较多,主要的有人参、鹿茸、貂皮、各种海产品(如海参)、俄罗斯特色商品、伊春山特产品(如木耳等)、通化葡萄酒、鞍山岫岩玉、本溪辽砚、辽西古生物化石、丹东凤城满族香荷包、葫芦岛葫芦彩绘、关东四宝和萨满面具等。此外,哈尔滨阿城的根雕木刻、呼兰县的民俗画与剪纸、依兰县的桦树皮拼画、巴彦县的葫芦工艺、辽宁的布艺壁挂、玉雕、玛瑙雕刻、松花湖浪木根雕、松花湖奇石、树皮画、满族剪纸、黄柏木刻象棋、泥玩具、绢花、吉林手工彩绘木雕等传统工艺也成为本区旅游商品开发的重点,这些具有高度的民俗文化价值的旅游商品,体现着永恒的民族精神及审美与理想的追求,并随时代的步履,不断地扬弃着前进。

（三）古老、先进的工业产地

改革开放以前,东北地区是我国最重要的工业基地和最发达地区。改革开放以后,东北工业发展变得比较缓慢,虽然我国一直在采取措施支持东北等老工业基地发展,但总体上来讲过去主要是就工业论工业。东北三省被誉为新中国的"工业摇篮"。布局在东北三省的钢铁、能源、化工、重型机械、汽车、造船、飞机、军工等重大工业项目,奠定了中国工业化的初步基础。东北老工业基地中的装备制造业特别是重大装备制造业,曾经为我国作出很大贡献,仍具有产业优势、科研优势和产业技术工人等"基础性技术群体"的优势和产业实力,而这些优势和巨大潜力,是东南沿海等发达地区所不具备的。

### 三、区域经济发展概况

#### (一)区域经济发展现状

东北地区是我国经济、文化发展较晚的地区之一,发展历程曲折。19世纪中叶以后,经济开始得到比较迅速的发展,但接踵而来的帝国主义的侵略、掠夺,使该区经济遭到严重摧残。"九·一八"事变后,该区沦为日本帝国主义的殖民地,经济、文化也随之殖民地化。

近几年在振兴东北老工业基地等政策的引导下,东北地区的经济得到了快速发展,在全国所占的比例也不断增大,具体情况见表5-1。

**表5-1 该区各省的国民生产总值** （单位:亿元）

| 年份 \ 省份 | 黑龙江 | 吉林 | 辽宁 | 合　计 |
|---|---|---|---|---|
| 2013 | 14 241.9 | 12 981.46 | 27 077.7 | 54 301.06 |
| 2014 | 15 039.4 | 13 803.81 | 28 626.6 | 57 469.81 |
| 2015 | 15 083.7 | 14 274.11 | 28 743.4 | 58 101.21 |

资料来源:中国统计年鉴(2014—2016年)(数据不包含港澳台地区)

#### (二)区域旅游经济发展现状

近年来,随着人民生活水平的不断提高,外出旅游已经逐渐成为人们生活必需的活动之一。自1998年中央经济工作会议将旅游业定为国民经济新的增长点以来,全国各省市已先后出台了一系列有利于旅游产业、企业健康发展的政策,对促进旅游发展起到了积极作用。东北地区自然和人文旅游资源丰富,尤其是冰雪旅游资源,现已成为东三省主要的旅游经济增长点,同时也已成为东三省的旅游品牌。该区旅游收入具体情况见表5-2。尽管从表5-2可以看出,东北地区的旅游总收入,在2013—2015年出现下降,国内旅游者人数也开始略下降。2014年10月20日,国务院印发《关于加快发展体育产业促进体育消费的若干意见》,明确将冰雪运动作为重要的潜力产业,引导社会力量积极参与建设一批冰雪运动场地,促进体育消费。北京和张家口成功申办冬奥会的喜讯,也给东北地区打了一针"兴奋剂"。

表 5-2　该区各省的旅游总收入　　　　　　　　（单位：亿元）

| 年份＼省份 | 黑龙江 | 吉林 | 辽宁 | 合　　计 |
|---|---|---|---|---|
| 2013 | 1385.92 | 1477.01 | 4648.1 | 7511.03 |
| 2014 | 1066.1 | 1846.79 | 5289.5 | 8202.39 |
| 2015 | 1361.43 | 2315.17 | 3722.7 | 7399.3 |

资料来源：中国旅游统计年鉴（2014—2016 年）（数据不包含港澳台地区）

表 5-3　该区各省的国内旅游者人数　　　　　　（单位：亿人次）

| 年份＼省份 | 黑龙江 | 吉林 | 辽宁 | 合　　计 |
|---|---|---|---|---|
| 2013 | 2.9 | 1.02 | 4.04 | 7.96 |
| 2014 | 1.05 | 1.2 | 4.59 | 6.84 |
| 2015 | 1.29 | 1.40 | 3.97 | 6.66 |

资料来源：中国旅游统计年鉴（2014—2016 年）（数据不包含港澳台地区）

## 四、区域旅游特色

（一）保留完整的特色历史文化

东北地区在古代是少数民族的聚居地，直至清朝入关后，才开始真正发展起来，开发史不足 300 年。东北具有浓厚的关外风情，满清文化。满族发祥地"白山黑水"指的就是东北，满族取得政权后，以东北为"龙兴之地"，定盛京为"陪都"，也就是现在的沈阳，对东北实行"特别之制"的治理办法。沈阳素有"一朝发祥地，两代帝王都"之称。世界文化遗产"清沈阳故宫"极富满族情调的建筑风格，与北京的清建筑不同。

近现代的历史发展使东北地区保留了许多战争时期的欧式及日式或多种文化融合式的建筑，使本区城市建筑风貌呈现出与关内截然不同的风格。沙俄侵入东北后，在哈尔滨实行殖民地化，建造了大量的欧式典型建筑，所以到今天，哈尔滨素有"东方莫斯科""东方小巴黎"之称，这种特色的文化也已成为东北比较有代表性的标志。

（二）独具风采的冰雪文化

冰雪文化是东北的特色文化。中国的"冰雪文化"一词最早出现于 20 世纪 80 年代末 90 年代初，是中国现代冰雪文化的肇兴地——哈尔滨首先提出来的。东北独特的地理位置造就了"千里冰封万里雪飘"的壮美自然，高寒环境中顽强的生命精神和炽热的生活灵感创造了无限魅力的冰雪文化。第一个冰雪博物馆，第一个冬奥冠军，大冬会、亚冬会等国际体育盛会,哈尔滨、长春、沈阳等遍及东北城市的冰雪节、冰灯节、冰上舞蹈、冰雪杂技、冰雪旅游、冰雪贸易等经济文化交流活动,还有城市和乡村丰富多彩的民间冰雪活动等,这些都构成了东北冰雪文化的华彩乐章。因此,冰雪文化不仅是东北文化的文明标志,更由于它的独特性和艺术价值成为中华文化及文明不可或缺的组成部分。

（三）乡土气息浓厚的民间艺术

东北地区独具特色的民间艺术就是东北大秧歌和东北的二人转。东北大秧歌是关东特产,是东北人非常喜爱的一项喜庆活动。大秧歌,在东北已有数十年的历史,广袤的黑土地使它根深叶茂,并赋予了它纯朴而豪放的灵性和风情。它既是东北地域民族民间文化精英典型代表之一,也是东北满、汉等民族文化大融合的结晶。

在我国诸多区域性"文化圈"中,"二人转"东北民俗文化以其主导的喜剧精神而著称。二人转也叫"蹦蹦",产生并盛行于东北三省(辽宁、吉林、黑龙江),受到东北群众、特别是农民的喜爱。它是一种有说有唱、载歌载舞、生动活泼的走唱类曲艺形式,迄今大约已有200多年的历史。它的唱本语言通俗易懂,幽默风趣,生活气息浓厚,富有地方特色。它的音乐唱腔是以东北民歌、大秧歌为基础,吸收了东北大鼓、莲花落评戏、河北梆子等曲调而构成,高亢火爆,亲切动听。它的舞蹈是来自东北大秧歌,并吸收了民间舞蹈及武打成分以及耍扇子、耍手绢等技巧。总之,二人转的表演特点最能体现东北劳动人民对艺术美的追求。近几年来,二人转文化发展极快,东北的二人转大舞台闻名于全国。

（四）自然放松的滨海旅游

说到东北,大家可能会想到满清文化、欧式建筑、独特民俗,但是有一种特色旅游是绝对不能忘记的,就是滨海旅游。尤其是东北地区的最南端城市——大连。大连濒临黄、渤二海,海岸线曲折漫长,有1906千米海岸线,滩涂宽广,海域辽阔,资源丰富,具有发展滨海旅游的条件和潜力。这里冬无严寒,夏无酷暑,年平均温度10℃;这里空气清新,气候宜人;这里没有隆冬和酷暑,是我国著名的旅游城市之一,先后获得国际花园城市、中国最佳旅游城市、国家环保模范城市等荣誉。大连滨海旅游业的开发已成为提升大连市整体形象,发展东北旅游经济的重要一环。

## 第二节　主要旅游资源与旅游目的地

### 一、主要旅游资源分类

寒冷的气候造就了本区独有的冰雪旅游资源,尤其黑龙江省的冰雪旅游资源及其不断开发的冰雪旅游项目在海内外都享有盛誉。同时自新第三纪以来,本区火山活动之剧烈、次数之多、分布之广均为我国其他地区所罕见，这也形成了该区独具特色的火山地貌旅游资源。由于东北旅游资源区曾是俄日的殖民地，故其人文旅游资源比较丰富，加之后来的发展，更多了一些现代人文旅游资源，具体如表5-4。

**表5-4　东北旅游资源区旅游资源分类表**

| 主类 | 亚类 | 基本类型 |
|---|---|---|
| A 地文景观 | AA 综合自然旅游地 | 千山、岫岩药山、海城白云山、医巫闾山、笔架山、北普陀山、高尔山、关门山、佛顶山、九顶铁刹山、五龙山、凤凰山、大青山、赤山、望儿山、象牙山、乌兰木图山、柏山风景区、大兴安岭、小兴安岭、长白山、拉法山 |
| | AB 沉积与构造 | 辽宁古果、中华龙鸟、孔子鸟、三燕丽蟾等化石 |
| | AD 自然变动遗迹 | 五大连池火山口、长白山火山群、龙岗火山群、伊通火山群、宽甸火山群、水莲洞、本溪水洞、辽阳喀斯特古溶洞——观音洞 |
| | AE 岛礁 | 棒棰岛、海王九岛、蛇岛、大鹿岛、菊花岛、大小笔架山、长兴岛 |
| B 水域风光 | BA 河段 | 松花江、鸭绿江、额尔古纳河、黑龙江、乌苏里江、图们江 |
| | BB 天然湖泊与池沼 | 镜泊湖、五大连池、吉林松花湖、兴凯湖、将军湖、营口月亮湖、长白山天池、青山湖、水丰湖 |
| | BC 瀑布 | 牡丹江吊水楼瀑布、长白山瀑布、五常凤凰山瀑布群 |
| | BD 泉 | 汤岗子温泉、五龙背温泉、凌源热水汤温泉、五大连池矿泉水、大连安波温泉、兴城温泉、林甸温泉 |
| | BE 河口与海面 | 星海浴场、兴城海滨、大连-旅顺口海滨、黑石礁浴场、付家庄浴场等 |
| C 生物景观 | CA 树木 | 沈阳植物园、石洞沟森林公园、朝阳凤凰山国家森林公园、长春净月潭森林公园、吉林红叶谷、红松故乡——伊春五营国家森林公园 |
| | CD 野生动物栖息地 | 齐齐哈尔扎龙自然保护区、大连森林动物园、玉泉狩猎场、吉林露水河国际狩猎场、向海自然保护区、三江湿地 |
| D 天象与气候景观 | DA 光现象 | 长白山天池的"佛光" |
| | DB 天气与气候现象 | 吉林的"雾凇""牡丹江雪乡""冰雪大世界""太阳岛雪雕"、漠河——"白夜现象" |
| E 遗址遗迹 | EA 史前人类活动场所 | 牛河梁红山文化遗址、鸽子洞古人类遗址、营口金牛山遗址、查海古人类遗址、新乐遗址 |
| | EB 社会经济文化活动遗址遗迹 | 兴城古城、沈阳故宫、北镇庙、妈祖庙、朝阳南塔、北塔、辽阳白塔、高句丽王城、九都山故城、大金得胜陀颂碑、渤海国上京龙泉府遗址、金上京会宁府遗址、五女山城、五国庆城遗址、碣石宫遗址 |

(续表)

| 主类 | 亚类 | 基本类型 |
|---|---|---|
| F 建筑与设施 | FA 综合人文旅游地 | 哈尔滨极乐寺、辽宁实胜寺、鞍山玉佛苑、千山龙泉寺、吉林清真寺、大孤山古庙群、义县奉国寺、东北道教祖庭九顶铁刹山、东北虎林园、哈尔滨三大动力、哈尔滨啤酒厂、圣·索菲亚教堂、大连金石滩 |
| | FB 单体活动场所 | 伪满皇宫博物馆、极地海洋动物馆、黑龙江亚布力滑雪场、吉林北大湖滑雪场 |
| F 建筑与设施 | FC 景观建筑与附属型建筑 | 沈阳故宫、盖州钟鼓楼、兴城古城、万佛堂石窟、白塔公园、中华满族风情园、伪满皇宫、明长城抚顺关、燕长城、九门口水上长城、虎山长城、黑龙江哈尔滨防洪纪念塔、星海广场、海之韵广场、希望广场、胜利广场、华乐广场、沈阳故宫文溯阁 |
| | FD 居住地与社区 | 张氏帅府、元代关帝庙、清代襄平书院、张氏故居遗址、周恩来少年读书旧址、盖州上帝庙、东北的暖居、黑龙江哈尔滨的中央大街、"九·一八"事变纪念馆、抗美援朝纪念馆 |
| | FE 归葬地 | 永陵、福陵、昭陵、将军墓、张氏墓园、金代完颜阿骨打陵、高句丽王陵、刘顶山古墓群、洞沟古墓群、辽阳汉壁画墓群 |
| | FF 交通建筑 | 鸭绿江大桥、沈阳桃仙机场、大连港、营口港、长春龙嘉国际机场、哈尔滨太平国际机场 |
| | FG 水工建筑 | 参窝水库旅游区、大清沟水库旅游景区、吉林松花湖 |
| G 旅游商品 | GA 地方旅游商品 | 辽西古生物化石、辽宁风光纪念币、贝壳雕刻、水晶制品、辽砚、人参、灵芝、鹿茸、大马哈鱼、兴安岭蘑菇、黑木耳、松子、山野菜、赫哲族风味杀生鱼、鄂伦春族风味手把肉、烤肉串 |
| H 人文活动 | HB 艺术 | 大秧歌、二人转、辽南皮影戏、民间舞蹈太平鼓、吉剧、冰雕、龙江剧 |
| | HC 民间习俗 | 满族婚俗、朝鲜族民居、饮食、长鼓舞、萨满民俗、冰上婚礼、冬泳、达斡尔族风俗 |
| | HD 现代节庆 | 哈尔滨国际冰雪节、哈尔滨啤酒节、沈阳国际冰雪旅游节、大连国际服装节、大连赏槐会、中华烟花爆竹迎春会、丹东鸭绿江国际旅游节、鞍山千山国际旅游节、抚顺满族风情节、本溪枫叶节、盘锦红海滩观赏会、葫芦岛兴城海会 |

## 二、次旅游区及主要旅游景区(点)

东北旅游资源区分为三个次旅游区,分别为黑龙江次旅游区、吉林次旅游区和辽宁次旅游区。下面就分别介绍一下各次旅游区。

（一）黑龙江次旅游区

黑龙江省，简称"黑"，位于我国的东北部，是我国位置最北、纬度最高的省份。全省面积 46 万多平方千米，以边境大河黑龙江而得名。黑龙江省境内的旅游资源十分丰富，不仅有得天独厚的冰雪旅游资源，同时其边境旅游资源也相当独特。据统计，本区有国家历史文化名城 1 座（哈尔滨）、国家级风景名胜区 2 处（镜泊湖、五大连池）、国家森林公园 22 处、国家自然保护区 11 处、民俗参观点 35 处等，其中以镜泊湖、五大连池、"北极村"漠河以及兴凯湖、扎龙自然保护区、东北虎林园、嘎仙洞摩崖石刻等最为著名。

1. 镜泊湖

镜泊湖位于宁安市西南，火山创造的奇迹，因火山爆发喷出的熔岩流入牡丹江的河道、凝固后形成了堤岸、堵塞了上游的河谷而形成的中国最大的典型熔岩堰塞湖，被誉为"东北第一湖"，亦是世界第二大高山堰塞湖、世界地质公园（图 5-1）。湖面南北长 45 千米，东西最宽处达 6000 余米，面积 95 平方千米；湖南部深仅几米，北部一般可达 40～50 米，鹿圈脖附近最深达 62 米，湖面平均海拔 350 米。湖区周围有火山群、熔岩台地等。景区内有吊水楼瀑布、大孤山、白石砬子峭壁、城墙砬子、珍珠门、道士山九龙探母、老鸹砬子

图 5-1　镜泊湖

等景观,其中以吊水楼瀑布最为有名。瀑布宽 40 余米,落差 20 余米,瀑潭深 60 米,周围是悬崖峭壁。夏天,镜泊湖水从四面八方漫来聚集在潭口,然后蓦然跌下,像无数白马奔腾,气势磅礴,犹如出海入潭的蛟龙,喷云吐雾,更具神奇色彩。

### 2. 防洪纪念塔

防洪纪念馆坐落在风景如画的松花江南岸,是为纪念战胜 1957 年特大洪水而建。塔由圆柱体的塔身和附属的半圆形回廊组成,塔高 22.5 米,塔基用块石砌成,塔座下部的两级水池,下阶表示海拔标高 119.72 米,标志 1932 年洪水淹没哈尔滨时的最高水位;上阶表示海拔标高 120.30 米,标志 1957 年全市人民战胜大洪水时的最高水位。古罗马式回廊高 7 米,协调壮观,环立着 20 根圆柱,上端有环带连接,组成了长达 35 米的半圆回廊。塔身以浮雕方式描绘了当年战胜洪水的生动情节,塔顶为由工农兵和知识分子形象组成的圆雕,表现了战胜洪水的英雄形象。1998 年夏,哈尔滨发生了百年一遇的特大洪水,最高水位达 120.89 米,现在塔身上的金色曲型圆管,就是 120.89 米水位的标志。

### 3. 中央大街——欧式建筑一条街

中央大街是目前亚洲最大最长的步行街,该街建筑涵括了西方建筑史上最有影响的四大建筑流派,有常见的起源于 15、16 世纪的文艺复兴式、17 世纪初的巴洛克式、折衷主义以及 19 世纪末 20 世纪初的新艺术运动建筑。全街建有欧式及仿欧式建筑 71 栋,文艺复兴、巴洛克、折衷主义及现代派等欧式风格市级保护建筑 13 栋。

马迭尔宾馆建于 1906 年,属新艺术运动建筑,造型简洁、舒展、自由流畅,不同的色彩、不同的穹顶造型,显现出亲切宜人的魅力,体现了西方建筑的精华;教育书店建于 1909 年,原为松浦洋行,是哈尔滨市最大的巴洛克建筑代表作品,其外观华丽,造型生动,装饰复杂,轮廓丰富,深红色的阁楼、孟沙式的屋顶和形体多变的半圆穹窿创造了优美的天际线;妇儿商店建于 1917 年,原为协和银行,属文艺复兴式建筑,该建筑采用扁平的穹顶转角部入口,又以虚窗拱檐突出两侧中间入口,一虚一实,手法巧妙。二楼窗口采用爱奥尼式浅壁支撑拱型券顶,扩大了窗口的视觉感,在寒冷地区既有利于防寒,又美化了外观。哈尔滨市教委建于 1925 年,原为万国储蓄会,属古典主义建筑。该建筑造型简洁规整,仅在正门入口处设两根壁柱,摆脱了任何多余的繁琐装饰,总体效果庄重、大方、朴实。

### 4. 五大连池

五大连池位于五大连池市西北,是我国唯一的以火山地貌及生态系统为保护对象的自然保护区,中国目前已建立了 12 个火山地貌景观类型的国家公园,但只有五大连池被选进了世界地质公园之列,五大连池风景名胜区还荣获了"世界生物圈保护区"称号。五大连池风景区由 14 座火山锥、5 个堰塞湖及其周围的矿泉和熔岩地貌形成的景点组成，兼有山秀、石怪、水幽、泉奇四大特色(图 5-2)。14 座火山锥是不同时期火山爆发的结果，其中老黑山和火烧山为 200 多万年前喷发的火山，火山地貌完整，可见火山砾、火山灰、火山弹及火山口。其他 12 座火山因喷发年代较远，已为森林所环抱，有几座火山口内已积水成湖。

图 5-2 五大连池

由于火山喷发，五大连池地区形成了储量丰富的天然冷矿泉水，能饮能浴，低温无毒，重碳酸、偏硅酸、弱碱性矿泉水种类丰富，富含多种人体所需的宏量元素和微量元素，有病治病、无病健身，对多种常见疾病具有显著疗效，民间应用已有 200 多年的历史，享有"神泉圣水"的美誉，与法国的维希矿泉、俄罗斯的外高加索矿泉并称"世界三大冷泉"。五大连池市也因此成为继法国维希之后世界第二、亚洲第一的矿泉城。

5. 龙塔

黑龙江省广播电视塔，又称"龙塔"，位于哈尔滨市高新技术开发区内，于 2000 年建成并对外开放，是一座集广播电视发射、旅游观光、餐饮娱乐、科技乐园、广告传播、无线通信、环境气象监测、微波通信于一体的综合性多功能电视塔。龙塔现高 336 米,是亚洲第一高钢塔,世界第二,由塔座、塔身、塔楼、天线等几部分组成。其中塔座为六层(地下一层,地上五层),为球冠形建筑,面积 1 万多平方米,仅共享大厅的面积就达 1200 平方米;塔身的中间为圆柱形井道,外围是抛物线形的钢架;塔楼由飞碟形的下塔楼和球形的上塔楼组成,位于距地面 181~216 米之间,共 8 层,总面积达 3000 多平方米;由塔楼向上直到塔尖则是龙塔的天线。

6. 太阳岛公园

太阳岛公园位于哈尔滨市区松花江北岸,总面积约 38 平方千米,现已开发近 20 平方千米,公园内有 20 多个景点。新中国成立前,哈尔滨太阳岛公园曾是外国侨民的休闲度假区,建国后经过多年的建设,太阳岛风景区现已形成了集旅游和避暑为一体的疗养胜地。太阳岛公园以著名书法家赵朴初书写的"太阳岛"为标志,分为游览区和疗养区两大部分,游览区的景点主要有水阁云天、仙鹤群、母子鹿、长堤垂柳、丁香园、太阳山等(图5-3)。另外,在太阳岛南面的松花江中有一个面积约 90 多公顷的天然浴场,名为江心岛

图 5-3　太阳岛公园

浴场,是人们休闲度假的好去处。同时,在每年冬季,太阳岛公园都会有雪雕游园会,举办雪雕比赛的同时,还有各种形式的冰上运动,如滑冰橇、乘冰帆、溜冰、打冰球等。

### 7. 圣·索菲亚教堂

圣·索菲亚教堂位于哈尔滨道里区透笼街 88 号,是哈尔滨的标志性建筑。圣·索菲亚教堂是俄国建筑师科亚西克夫设计,富丽堂皇,典雅超俗,宏伟壮观,通高 53.25 米,建筑面积 721 平方米,可容纳 2000 人。该教堂是典型拜占庭式建筑,高支柱、大穹顶、空间神奇辽阔、构思精巧壮观。穹顶是一大四小,乐钟是一大六小,这符合俄罗斯民族崇尚奇数,尤其是"7"的惯例,它是幸福、吉祥的象征。7 座铜铸制的乐钟恰好是 7 个音符,要由训练有素的敲钟人手脚并用才能敲打出抑扬顿挫的钟声。教堂的卷拱多达千个,卷尖似火焰,象征兴旺。红墙、绿瓦、衬以蓝天、白云,是建筑美和自然美的微妙结合。1996 年圣·索菲亚教堂被国务院确定为国家级重点文物保护建筑,1997 年修复后辟为建筑艺术馆。

### 8. 亚布力滑雪场

亚布力滑雪场地处黑龙江东部尚志市境内,距哈尔滨 194 千米,群山环抱,整个滑雪场地势由东南向西北倾斜,平均海拔 444 米,总面积 2200 公顷,是我国规模最大的旅游滑雪场之一,全国性滑雪比赛也常在这里举行。滑雪场内拥有初、中、高级滑雪道 11 条,总长度达 30 千米,其中 5 号滑雪道长约 5 千米,为亚洲最长的高山易滑道。同时,滑雪场内设有环形越野雪道、雪地摩托、雪橇专用道以及 3 条吊椅索道、3 条拖牵索道和 1 条提把式索道等,可进行速滑、花样滑冰等比赛,并还设有初学者滑雪场、夜间滑雪场和儿童滑雪娱乐区。2008 年在哈尔滨召开的第 24 届世界大学生冬季运动会就在此设立了分赛场,从而哈尔滨的冰雪文化再次走向世界,也再次让世界认识中国的哈尔滨。

### 9. 扎龙自然保护区

扎龙自然保护区位于齐齐哈尔市东南 30 千米处,是国家级自然保护区,面积约 10 万多公顷。扎龙自然保护区芦苇沼泽广袤辽远,湖泊星罗棋布,苇草肥美,鱼虾丰盛,环境幽静,风光绮丽,是鸟类繁衍的"天堂",保护区内栖居鸟类 150 多种,其中鹤的种类多,数量大,颇为世人瞩目,素有"鹤的故乡"之称。据统计,全世界共有 15 种鹤,此区即占有 6 种,它们是丹顶鹤、白头鹤、白枕鹤、蓑羽鹤、白鹤和灰鹤。丹顶鹤又称"仙鹤",形态优美,性情温和,"能歌善舞",是十分珍贵的名禽,该区现有 500 多只,约占全世界丹顶鹤总数的四分之一,所以,称该保护区是丹顶鹤的故乡也不为过。扎龙自然保护区的野生珍禽,除鹤以外,还有大天鹅、小天鹅、大白鹭、草鹭、白鹳等,真可谓野生珍禽的王国。

### (二)吉林次旅游区

吉林省,简称"吉",位于我国东北地区的中部,总面积 18 万多平方千米;东与俄罗斯接壤;东南以图们江、鸭绿江为界,与朝鲜相望;边境线长达 1400 多千米。吉林省内的旅游资源可谓是神奇独特。境内的长白山天池是我国最大最深的火山口湖,湖水清澈晶莹,景色秀丽,是领略长白山风光的最佳处;冰清玉洁的吉林雾凇,以其"冬天里的春天"般的诗情画意,同桂林山水、云南石林、长江三峡一起被誉为中国四大自然奇观;列为世界文化遗产名录的集安将军坟,因其造型颇似古埃及法老的陵墓,故被誉为"东方金字塔"。

#### 1. 长白山

长白山位于吉林省东南部,是第三纪以来火山活动熔岩喷溢的产物,多次火山喷发形成主峰白头山主体,据记载 1579 年、1665 年和 1705 年曾先后三次喷发。山地广泛分布玄武岩流,形成熔岩高原、台地,因此著名奇景都与火山喷发后形成的地貌现象以及地表植物有关(图 5-4)。主峰白头山山势雄伟,山顶有火山口湖——天池,面积 9 平方千米,湖面海拔 2194 米,风景清幽。天池北侧分布有 1000 余平方米的温泉群,称长白山泉,常年有热气从山石裂隙喷出,因水中含硫化氢,有理疗价值。长白山地区生长着大面积种类繁多的温带针阔叶混交林,还有东北虎、梅花鹿、紫貂等珍贵动物。

1960 年建立的长白山自然保护区,面积 1964.65 平方千米,保护区以白头山为中心,跨安图、抚松、长白三县,保护着数以千计的植物和动物资源。由于独特的地质地貌、气候、土壤、动植物的分布,构成了典型的温带季风山地自然综合体,是个很有价值的风景旅游胜地和具有世界意义的自然博物馆。

#### 2. 松花湖

松花湖风景名胜区位于吉林省吉林市区东南部,距离市中心只有 15 千米,是 1937 年日本人在松花江上所建的丰满水电站。松花湖长 200 千米,最宽处宽 10 千米,最大蓄水量可达 100 亿立方米,两岸群山环立,峰峦叠嶂,深谷幽境,山上林木茂密,四季景色各异。1988 年松花湖被批为国家重点风景区,在风景区内有 10 多处相对独立的景区,分别有骆驼峰、凤舞池、五虎岛、卧龙潭、石龙壁、摩天岭、额赫岛等。另外,松花湖景区内的物产也非常丰富,不仅有林区的各种药材、野味,还有湖中的多种鱼类,游客在游览之余还可品尝到松花湖的特产。另外,在松花湖畔还有一处松花湖滑雪场,滑雪场内雪况良好,有一条长约 3000 米的高山雪道和一条长约 5000 米的越野雪道,还有小型雪道和雪橇道等,可进行雪地摩托、马拉雪橇等雪上娱乐运动。

#### 3. 伪满皇宫博物院

伪满皇宫博物馆位于长春市光复北路 5 号,是 1931 年日本侵占我国东北三省后,清

图 5-4 长白山

朝"末代皇帝"溥仪任伪满皇帝时的皇宫,建立在伪满皇宫遗址上的伪满皇宫博物院,主要陈列着一些伪满政权时期的遗物,是我国著名的爱国主义教育基地,也是日本在我国东北三省进行殖民统治的历史见证。

　　伪满皇宫博物院的陈列展览分为原状陈列、专题展览、联合展览等,其中皇宫东院中的大部分建筑均为原状陈列,有缉熙楼、勤民楼、怀远楼、同德殿、宫内府、植秀轩、畅春轩等;专题展览有"从皇帝到公民""伪满宫廷官吏""伪满政权官吏""伪满宫廷服饰展"等;联合展览是溥仪和其后妃生活用品的联合展览。另外,博物院中还有一些各界捐赠品和伪满皇宫遗物复制品的临时性展览以及"勿忘'九・一八'"的流动展览等。

　　**4. 净月潭风景名胜区**

　　净月潭风景区位于长春市东南 18 千米处,是以净月潭水库为中心建设而成的旅游区,因水库呈弯月状而得名"净月潭"。2000 年净月潭风景区被评为国家 4A 级旅游景区,2011 年被评为国家 5A 级景区,同时它也是国家文明风景旅游区示范点。景区人工森林面积达 100 平方千米,含有 30 多个树种,堪称"亚洲第一大人工森林",景区潭水面积达

4.3平方千米。净月潭是以山、林、水为主体的生态旅游景区，以森林景观和冰雪旅游为特色，伴以潭水群山自然风光，并融合关东风情和人文历史。景区有森林浴场、高尔夫球训练场、滑雪场、沙滩浴场、碧松净月塔楼、北普陀寺、鹿苑、水上游船、荷花垂柳等，还有金代古墓等多处遗址。

### 5. 长春电影制片厂

长春电影制片厂前身为东北电影制片厂，1955年改名，是全国最大的电影制片厂之一。它下设总编室、导演室、拍摄室、美术室、音乐创作室、制片室、编刊室以及美工、照明、录音、化装、服装、道具、剪辑、特技等车间，甚至还有自己的洗印厂和电影乐团。长春电影制片厂以拍摄农村题材和战争题材的影片见长，作品充满了原汁原味的乡土气息和黑土地特有的粗犷豪放风格，如《过年》等经典影片。从1947年到1949年，长春电影制片厂创下了中国人发电影事业的六个第一：第一部木偶片《皇帝梦》，第一部科教片《预防鼠疫》，第一部动画片《瓮中捉鳖》，第一部短故事片《留下他打老蒋》，第一部长故事片《桥》和第一部译制片《普通一兵》。长春电影制片厂在外地人心中几乎成了长春的标志。尽管半个世纪过去了，但如此多的感人形象和动听的歌曲，永远留在了几代人的记忆之中。

### 6. 长影世纪城

长影世纪城位于长春市净月潭风景区西侧，是一座集世界上最先进的各种特效电影于一身的公园，也是我国首家将电影制片工业与旅游业相结合的电影主题公园，堪称东方好莱坞，是借鉴美国好莱坞环球影城和迪斯尼游乐园的精华建造而成。长影世纪城内的主要景观有4D特效电影、立体水幕电影、激光悬浮电影、动感球幕电影、三维巨幕电影、鹰神山、宇宙森林、密林古堡、阴阳庐、世纪明珠、魔方星城、悬浮宫、飞龙宫、水晶山、英雄秀场、奇妙宫、银河宫、淘气堡、神秘古树、祝福泉、欢乐岛等（图5-5）。城内影视文化主题鲜明突出，具有丰富的电影文化和民族文化内涵，以影视节目为载体，揭开电影制作的神秘面纱，让观众充分享受电影艺术和优秀的中华民族文化，从而带来高品位的精神愉悦。

### 7. 拉法山国家公园

拉法山国家公园位于吉林市管辖的蛟河市北部，海拔886.2米，占地面积146.24平方千米，其水上面积300多平方千米。景区集幽、奇、秀、险于一身，其主要旅游景观有仪态万千的"八十一峰，七十二洞"、凌空飞泻的瀑布及其他错落有致的胜景70多处。拉法山中的岩洞、怪石和奇木众多。穿心洞似一座天然大礼堂，能容千余人，东、南、西三面洞口可分别观日出、日落和云海三大奇观。另有太和洞、朝阳洞、塔洞、千佛洞、观音洞等近百处天然岩洞。奇洞之外，怪石林立，金蟾石、骆驼石、猩猩石、双蛙观日石、老熊观天石等

图 5-5　长影世纪城

奇石散落于群巅峡谷之间。此外,枝繁叶茂的原始森林与清流碧水交相呼应,鸟语花香,亭台楼榭,令人目不暇接。

（三）辽宁次旅游区

辽宁省,简称"辽",位于我国东北地区的南部,东南隔鸭绿江与朝鲜为邻,南临黄海、渤海,有绵延 2100 多千米的海岸线,总面积约 15 万平方千米。辽宁省自然风光奇特秀丽,名胜古迹众多。辽宁省是我国清王朝和满族发祥地之一,前清历史文物遗址众多,有沈阳故宫、清永陵、清福陵、清昭陵和辽阳东京城等。大连、丹东、营口、锦州、葫芦岛和兴城等滨海城市秀美多姿,其中大连的金石滩、老虎滩、蛇岛、鸟岛、国际服装节和啤酒节等享誉华夏。此外,辽宁省内的温泉旅游资源也很丰富,据统计大约一半以上的城市都有温泉,著名的有汤岗子温泉、五龙背温泉、大连安波温泉、兴城温泉和千山温泉等 50 多处。

1. 老虎滩

老虎滩坐落在国家级风景名胜区——大连南部海滨的中部,占地面积 118 万平方米,有着 4000 余米的曲折海岸线。这里有亚洲最大以展示珊瑚礁生物群为主的大型海洋生物馆——珊瑚馆,世界最大、中国唯一的展示极地海洋动物及极地体验的场馆——极地馆,全国最大的半自然状态的人工鸟笼——鸟语林,全国最大的花岗岩动物石雕——群虎雕塑以及化腐朽为神奇的马驷骥根雕艺术馆等闻名全国的旅游景点。

大连老虎滩海洋公园每年接待海内外游客约 200 多万人次,为国家旅游局首批 5A 级景区,中国旅游知名品牌,并通过了 ISO9001 和 ISO14001 两个管理体系的认证。老虎滩海洋公园是展示海洋文化,突出滨城特色,集观光、娱乐、科普、购物、文化于一体的现代化主题海洋公园。

### 2. 圣亚海洋世界

圣亚海洋世界坐落在大连星海湾旅游景区内,是由中国、新西兰、香港特区联合投资近 1 亿元人民币建成的海底通道式水族馆,大连五大 4A 级景区之一,中国首家通过 ISO9002 国际质量体系认证的水族馆。海洋世界共有三个馆:极地馆、海洋馆和珊瑚馆。馆内拥有亚洲最长的由丙烯酸材料制成的海底透明拱形通道,通道壁厚 6 厘米,具有高承压、高强度、能弯曲变形的特点。通道的制作和弯曲剪切分别是在德国和新西兰完成的,成形的板材运到圣亚的施工现场进行安装,其每米的综合造价达 2 万美金。7000 余尾、200 多种世界各地的珍奇鱼种,如凶猛威武的鲨鱼、头大无朋的鳐鱼、色彩斑斓的热带鱼等,大大小小的鱼群竞相变换队形,展现优美奇丽的海底梦幻世界。通道式的水族馆在水下开辟了一块属于人类的空间,使水下漫步成为可能。

### 3. 大连滨海路

大连滨海路位于大连市南部海滨,是大连风景最好的观光道路,与旅顺口风景区共同划为国家重点名胜区(图 5-6)。大连滨海路全长 32 千米,贯穿沿海岸线的 12 个主要景点。每当春暖花开的季节,驱车行驶在这条公路上,一边是长满针阔叶混交林的山峦和盛开着火红杜鹃的山麓,一边是烟波浩渺的大海和千姿百态的礁石岛屿,沿途风景美不胜收。滨海路南段是从虎滩乐园开始到付家庄公园结束,这一路段是滨海路中最为知名、来访人数最多的一段。沿途的景区依次有"北大桥""燕窝岭""秀月峰"等。滨海路西段是从付家庄公园开始到星海广场结束,沿途景区有付家庄公园、银沙滩、金沙滩、白云山景区、大连森林公园、星海广场等。这一段滨海路是全程中最短的一段。付家庄公园到银沙滩一带建有许多的宾馆、疗养院、度假村、别墅。滨海路北段从海之韵广场开始到棒棰岛宾馆正门结束,是整条滨海路中最为陡峭的一段。正因为如此,它也是滨海路中开发的最晚的一段。沿途景区有"海之韵广场""十八盘怪坡""天台日出"等,此段景区称为东海公园。滨海路东段是从棒棰岛景区开始到虎滩乐园结束,这一段是滨海路全程中最长的一段,沿途可以看到棒棰岛景区、石槽景区、虎滩乐园。

图 5-6　大连滨海路

　　大连滨海路独具特色之处在于其木栈道,由市政府投资建设,全长 20.99 千米,起自星海湾大桥,止于海之韵公园,最宽处 17.18 米、最窄处 0.85 米,沿途设 11 个观景台,修建落差 68 米。木栈道通过合理的结构、美观的造型,在陡峭处设置扶栏、观景平台,达到了人与自然的和谐之美。滨海路栈道已分别荣获"中国最长的滨海木栈道""世界最长的滨海木栈道"和"2009 年第十二届大世界基尼斯最佳项目奖"。每年 5 月中旬,这里也会举行为期两天的大连国际徒步大会,大会设 30 千米、20 千米、5 千米三个路线,因此大连滨海路也有"徒步路"之称。

### 4. 金石滩

金石滩位于辽宁省大连市东北端的黄海之滨,陆地面积52.3平方千米,水域面积60平方千米,由山、海、滩、礁组成,是一处以独特的海蚀地貌景观为主的集海滨游览、地学科普研究及疗养度假等为一体的综合型海滨风景名胜区。东部海岸景区海岸线长8千米,虽然不长,却浓缩着史前9亿年至3亿年的地球进化历史。朝海的一面望去,沉积岩石、古生物化石、海蚀崖、海蚀洞、海石柱、石林等海蚀地貌随处可见,如此佳境大约60多处。

金石滩奇石馆是中国目前最大的藏石馆,号称"石都",内藏珍品200多种近千件,其中的浪花石、博山文石、昆仑彩玉等均为中国之最。金石滩的石头比金子还要贵重,因为它是中国独一无二的、世界极其罕见的、地球不可再生的。金石滩号称"奇石的园林",大片大片粉红色的礁石,像巨大的花朵,故被称为玫瑰园。玫瑰园方圆千余平方米,由一百多块高达数丈的奇巧怪石组成,涨潮时它们衬着湛蓝的海水像花儿开得格外惹眼,潮落时踏着光华如玉的鹅卵石仿佛走进了一个梦境般的世界。

### 5. 黑石礁

黑石礁位于辽宁省大连市区西南与星海公园毗邻,因礁石呈黑灰色故名"黑石礁"。该景区靠山临海,海湾长约800米,沿海一条200米宽的石芽带,高者达9米,低的约5米,错落有致,千姿百态。黑石礁是距离大连市区最近的地质景点,这里的海岸线曲折多变,约十几亿年前形成的岩溶景观——黑色礁石遍布于岬湾之中,有"熊石""人面石""象皮石""宝塔""文笔"等,气势宏大,如同"海上石林"。涨潮时在水面或隐或现,神秘莫测;枯潮时兀立于滩面,蔚为壮观。人们或在此游泳,或在此掇拾闪光的贝壳,或荡舟在海上礁林中,或蹲在岩礁上悠然垂钓,都别有雅趣逸致。

### 6. 冰峪沟

冰峪沟位于大连庄河市北40余千米的仙人洞镇北部,占地170平方千米,是一处以奇特的冰川地貌、秀丽的自然山水为主景的山岳型风景区(图5-7)。景区内的山峰属千山余脉,石英岩结构,是黄河以北罕见的保存完整的喀斯特地貌。经过地质专家的多次考察,这里的地质是第四纪冰川期形成的,并在这里发现了多种冰川遗迹,被冠以"辽南小桂林""东北九寨沟""东方小瑞士"的美称。

冰峪沟风景区由龙华山、小峪河谷和英纳河谷构成,有云雀峰、花果山、双龙汇、仙人洞、云水渡、九叠飞瀑、天壁峰、云盘谷等自然人文景观400多处。景区内原始森林遍布于群山之中,森林覆盖率达90%以上,是一处天然的植物园。冰峪沟二期工程"双龙坝",全长192米、高15米,水面可延伸至冰峪沟北门(红房子),形成"高峡出平湖"的景观,颇有

图 5-7　冰峪沟

三峡雄峻奇伟的风姿。

### 7. 大连海滨——旅顺口

大连海滨——旅顺口包括大连海滨与旅顺口风景区,东临黄海、西临渤海,海岸线曲折,长约 1800 千米,多岛屿,是国家重点风景名胜区之一。旅顺口为不冻良港,港区分东西两澳,东澳港小水深,西澳港阔水浅,港区四周环以重山;口门位于东南,水道狭窄,口门两侧东有黄金山、西有老虎尾半岛,形如蟹螯。白玉山、椅子山、二龙山、鸡冠山屹立侧后,俯视港区,形势险要。市南郊东起黄白嘴,西至黑石礁,海岸线长 24 千米,为海滨风景游览区。大连近海水深 5～35 米,潮差 3 米左右,滩底多为砂石,坡度小,海水清澈,污染少,夏季海表水温达 20℃以上,是避暑消夏的好去处。

### 8. 沈阳世博园

沈阳世博园位于沈阳棋盘山国际风景旅游开发区,距市区大约 20 千米。"世园会"以沈阳植物园已建成的南区和正在开发建设的北区为核心区进行建设,并向东、南方向拓展,总规划面积大约 5 平方千米,是历次"世园会"中占地规模最大的。"世园会"分为两大板块,即园艺观赏区和休闲娱乐区。具体由四部分内容组成:一是园艺展示,这是"世园会"的主体和核心,在满足 AIPH 要求的基础上进行创意和发挥;二是休闲娱乐,即在植物园东侧拓展区内建设休闲娱乐区,用花草树木打造休闲娱乐区的环境,使园林艺术与休闲娱乐有机结合,体现另一种类型的园林风格;三是综合服务,与园林建筑融为有机整体,建设内容包括旅客接待中心、大型停车场、旅游纪念品商店、花卉交易中心、美食街、咖啡厅和酒吧等;四是展会活动,通过举办各类丰富多彩的活动吸引国内外游客,包括庆典活动、馆日活动、文艺演出、展示交易、学术交流、竞赛评奖和休闲娱乐活动等。

### 9. 沈阳故宫

沈阳故宫是中国现存的两座古代帝王宫殿之一,也是举世仅存的满族风格宫殿建筑群(图 5-8)。这座保存完好的关外紫禁城,以独具特色的宫殿建筑和珍贵的明清历史文物,享誉华夏,蜚声世界。沈阳故宫是清太祖努尔哈赤和清太宗皇太极创建并使用的皇宫,清朝入主中原后作为陪都宫殿和皇帝东巡谒陵的盛京行宫。其占地面积 6 万平方米,有建筑 90 余所,300 余间,以崇政殿为核心,从大清门到清宁宫为中轴线,分为东路、中路、西路 3 个部分:东路为努尔哈赤时期建造的大政殿与十王亭;中路为清太宗时期续建

图 5-8　沈阳故宫

的大中阙,包括大清门、崇政殿、凤凰楼以及清宁宫、关雎宫、衍庆宫、永福宫等;西路包括乾隆时期增建的文溯阁等。

### 10. 兴城海滨

兴城依山傍海,古城、温泉、山、海、岛为兴城"五宝"。兴城海滨浴场绵延 10 余千米,沙细滩缓,潮稳波清,亭台楼阁掩映于绿树丛中,被誉为"第二北戴河"。菊花岛山石秀美,与南边的张山岛和阎山岛、北边的磨盘山岛相映成趣,菊花岛在辽金时代曾是远近闻名的佛教圣地,现在岛上有大龙宫寺、大悲阁、八角琉璃井等古迹。兴城还是著名古战场"宁远卫城"故址,是我国保留完整的四座古代城池之一。古城始建于 1428 年,平面呈正方形,各边长 800 余米,周长 3000 米,城墙高约 9 米,城内有鼓楼、魁星楼、文庙等古建筑。古城以东的首山拔地而起,城内还有古烽火台和朝阳寺古刹等。此外,兴城温泉储量丰富,可治疗多种疾病,被蒙古族牧民视为"南海圣水"。

### 11. 千山

千山位于辽宁省鞍山市东南 17 千米,面积 44 平方千米,素有"东北明珠"之称,自古为辽东名山,古称千华山、千顶山、千朵莲花山,是国家重点风景名胜区。千山南临渤海,北接长白,千峰拔地,万笏朝天,以峰秀、石俏、谷幽、庙古、佛高、松奇、花盛而著称,具有景点密集、步移景异、玲珑剔透的特色。千山历史悠久,早在隋唐时,山上即有寺庙建筑,辽金时有所增建,繁荣时期曾有 7 寺、9 宫、12 观和 10 庵等建筑。千山范围很大,它是长白山的一条支脉,全山共有 999 座山峰,近千数,千山之名的由来就在于此,其最高峰仙人台海拔 708 米。千山现划分 4 个游览区,20 个景区,共有名胜古迹约 200 多处,此外该山还是佛道两教圣地,在重峦茂林中,寺观遍布。

### 12. 本溪水洞

本溪水洞位于本溪市 35 千米的东部山区太子河畔,为数百万年前形成的大型石灰岩溶洞,是目前发现的世界上最长的地下充水溶洞。本溪水洞全长 2800 米,面积 3.6 万平方米,内有 40 余万立方米,最开阔处高 38 米、宽 50 米,地下暗河清澈见底,水流终年不竭。洞口坐南面北,呈半月形,上端刻有薄一波手书"本溪水洞"四个大字。洞口正面为迎客厅,左为水洞,右为旱洞。旱洞长约 300 米,洞穴高低错落,洞中有洞,曲折迷离。水洞,平均水深 1.5 米,最深 7 米,曲折蜿蜒,洞内有宝莲灯、狮岩、双剑峡等景观。洞内空气畅通,常年恒温摄氏 12 度,四季如春。

本溪水洞景区以水洞为中心,包括温泉寺、庙后山、关门山、汤沟和铁刹山五处重要景点,沿太子河呈带状分布,总面积 42 平方千米,是集山、水、洞、湖、林、古人类遗址于一体的风景名胜区。

### 13. 盛京三陵

盛京三陵即昭陵、福陵、永陵,是开创清王朝皇室基业的祖先陵墓。其中昭陵坐落在沈阳市北端,是清太宗皇太极及其皇后的陵墓,是盛京三陵中规模最大,结构最完整的。昭陵始建于1643年,经康熙、嘉庆增建,陵区占地面积近48万平方米,现存古建筑38座(组)。建于中轴线上的主体建筑由南至北依次为神桥、牌楼、正红门、碑亭、隆恩门、隆恩殿、明楼、宝顶。方城中心的隆恩殿以雕刻精美的花岗岩台阶为底座,黄琉璃瓦顶,再加上雕梁画栋、金匾红墙,犹如众星拱月一般,显得异常雄伟。

永陵位于辽宁新宾满族自治县城西21千米处的永陵镇,是盛京三陵中规模最小的,占地仅1.1万多平方米,但居三陵之首,因陵内葬着努尔哈赤的六世祖、曾祖、祖父、父亲和伯父、叔父以及他们的福晋,是清王朝皇族的祖陵。清皇室把永陵视为"兆基帝业钦龙兴"之地,所以终年香火不断。

### 14. 鸭绿江

鸭绿江位于丹东境内鸭绿江下游的浑江口至江海分界处的大东港之间,全长210千米,面积约400平方千米,因水色犹如雄鸭脖颈的莹绿而得名。它源于长白山主峰白头山天池,流经长白、集安、宽甸、丹东等地,是中朝两国的界河。鸭绿江风景区以水景为主线,山景相依托,名胜古迹历史久远,游一江可观赏中朝两国风光。景区由绿江、水丰、太平湾、虎山、大桥、江口六大风景区100多个景点组成,其中有浩瀚秀美的水丰湖、雄峙江畔的虎山长城、弹痕累累的鸭绿江大桥、我国海岸线最北端的江海分界碑、原始村落遗址和现代园林建筑等旅游景点。较为著名的鸭绿江大铁桥建于1940年,为铁路、公路两用桥,全长940米,属中朝两国共管,为中朝两国友好往来的象征。

## 三、典型景点成因剖析

### (一)吉林雾凇

#### 1. 吉林雾凇概况

吉林雾凇,与桂林山水、云南石林和长江三峡同被誉为中国四大自然奇观。雾凇俗称"树挂",是在有雾的寒冷天气里,雾滴冻结附着在草木和其他物体迎风面的疏松冻结层。吉林雾凇仪态万方、独具丰韵的奇观,让络绎不绝的中外游客赞不绝口。每当雾凇来临,吉林市松花江岸十里长堤"忽如一夜春风来,千树万树梨花开",柳树结银花,松树绽银菊,把人们带进了如诗如画的仙境(图5-9)。

图5-9 吉林雾凇

## 2. 成因剖析

吉林雾凇形成的六大条件：一是冬季漫长寒冷的基础条件；二是低空水冷量多的充足条件；三是辐射降温强烈的有利条件；四是经常碧空微风的必要条件；五是地理地貌优越的环境条件；六是得天独厚气候的关键条件。在雾凇的形成过程中，小气候起到了巨大的作用。流经吉林市区的松花江上游是丰满发电厂大坝，正是这条大坝把松花江拦腰斩断，使坝上形成了具有550平方千米、水深均在40米左右的我国最大的人工淡水湖。到了冬季，湖水从厚厚的冰层下通过电厂发电机组排放出来，这样便使松花江下游水温升高，形成了吉林市区上下40多千米一年四季不封冻的松花江江面。江面水温与市区环境气温形成的较大温差，便产生了雾气。雾气在飘散的过程中遇到了冷空气，再凝华到两岸的树木、草丛等物体上，便形成了美丽的雾凇。

## （二）吉林陨石

### 1. 吉林陨石概况

1976年3月8日15时许，随着震耳欲聋的轰鸣，一位来自远古的客人，突然造访了地球,它就是现在吉林市博物馆内展出的吉林陨石。吉林陨石降落在吉林市和永吉县附近的平原地域内。当时人们共收集到较大陨石 138 块,总重 2700 千克,现被吉林市博物馆收集展出。其中最大块"吉林陨石一号"重 1775 千克,是目前世界上最大的陨石,为国家一级藏品。吉林陨石的数量、重量、散落范围以及科技含量,在世界上都是罕见的(图5-10)。

图 5-10　吉林陨石

### 2. 成因剖析

经测定发现,吉林陨石的母体原是太阳系火星与木星之间小行星带中的一颗小行星,在运行时和其他星体相撞,发生了一次大爆裂,脱离出小行星带而落到地球表面。据科学分析,吉林陨石属于橄榄石,即古铜辉石球粒陨石。它由近 40 种矿物组成,含有 18 种元素,是极为珍贵的宇宙样品。吉林陨石雨降落时,铺天盖地,呼啸之声十里以外清晰可闻。落地的巨响和震波,震碎了无数居民住宅的玻璃。场面之宏大,声威之巨猛,如同原子弹爆炸,然而竟未造成一人一畜的伤亡,可谓一奇。吉林陨石为北国江城的旅游业发展增添了奇彩,成为了关东大地上旅游观光的独特景观。

## 第三节 典型的旅游线路设计

### 一、旅游线路设计

旅游线路是指在一定地域空间,旅游经营者针对旅游客源市场的需求,凭借交通路线和交通工具,遵循一定原则将若干旅游地的旅游吸引物、旅游设施和旅游服务等合理地贯穿起来,专为旅游者开展旅游活动而设计的游览路线。它的形成受旅游吸引物、交通条件、旅游市场、经济环境和旅游时间等诸多因素的制约。其内容包括旅游时间、旅游目的地、旅游交通、旅游食宿、旅游活动安排、旅游服务及价格。

旅游线路的设计要以市场需求为导向、特色突出、旅游点结构及住宿和时间安排合理,而且还要内容丰富、多样。本着上述原则,设计如下几条旅游线路:

(一)天然奇景旅游线

1. 线路安排

镜泊湖——扎龙自然保护区——五大连池——漠河

2. 线路特色

此线路的旅游景点主要是自然旅游景观,将黑龙江省有名的自然旅游资源集中在一起,既能看到在全国有名的火山堰塞湖——镜泊湖和五大连池,又能看到国家级保护动物丹顶鹤和奇特的"白夜现象"。

(二)自然民族旅游线

1. 线路安排

牡丹江——敦化——延吉

2. 线路特色

此线路以自然风光和民族风情为主线。到王国公园、神州牡丹园、中国国花园欣赏百花齐放的景观。六鼎山文化旅游区、雁鸣湖湿地自然保护区,到延吉体验朝鲜族文化,品朝鲜族美食。

(三)边境风情旅游线

1. 线路安排

绥芬河——抚远——同江——嘉荫——黑河——漠河

2．线路特色

由于黑龙江地理位置特殊，与俄罗斯接壤，因此在两国边界有几个口岸城市，在此条旅游线路中旅游者能够饱览到众多、奇特的边境风光。黑河市的雾凇景观、"恐龙之乡"嘉荫的各种恐龙遗迹展览、漠河的北极光和极昼现象等都是该旅游线路的亮点所在。

（四）红色旅游线

1．线路安排

（1）哈尔滨——尚志——海林——宁安——牡丹江

（2）四平——吉林——敦化——延吉——临江——白山——通化——集安

（3）沈阳——锦州——葫芦岛

2．线路特色

上述三条旅游线是东北旅游资源区进行爱国主义教育的经典线路。线路（1）中主要红色旅游景点有：哈尔滨市东北烈士纪念馆、东北抗联博物馆、哈尔滨烈士陵园、侵华日军七三一部队罪证陈列馆、尚志市赵一曼烈士被捕地、海林市杨子荣烈士墓及剿匪遗址、宁安市马骏故居和纪念馆、牡丹江市八女投江革命烈士陵园等；线路（2）中的主要旅游景点有：四平市四平战役纪念馆及四平烈士陵园、白山市郊七道江遗址、靖宇县杨靖宇将军殉难地、临江市"四保临江"烈士陵园、陈云旧居、通化市杨靖宇烈士陵园等；线路（3）中的主要旅游景点有：沈阳市"九·一八"历史博物馆、抗美援朝烈士陵园、抚顺市平顶山惨案遗址纪念馆、战犯管理所旧址陈列馆、锦州市辽沈战役纪念馆、黑山狙击战纪念馆、葫芦岛市塔山狙击战纪念馆等。

（五）长春古迹新貌与冰雪雕塑旅游线

1．线路安排

伪满皇宫——长影世纪城——净月潭——雕塑公园

2．线路特色

此条旅游线路将自然与人文景观、古代与现代景观结合在一起，旅游者既可游览到堪称"亚洲第一大人工森林"的净月潭风景区和造型新颖的冰雕、雪雕，又可观赏到著名的爱国主义教育基地——伪满皇宫和影视文化主题鲜明的长影世纪城，景观的跨越度较大。

（六）长白山水与民族风情旅游线

1．线路安排

通化——集安——长白山——延吉——珲春

2. 线路特色

此条线路将吉林省的几个特色城市集中在一起,其中,较为著名的旅游景点有通化葡萄酒产地、长白山天池及佛光、延吉朝鲜族聚居地等。

(七) 山水风光线

1. 线路安排

(1) 沈阳——鞍山——营口——阜新——锦州——葫芦岛

(2) 沈阳——本溪——丹东

(3) 哈尔滨——笔架山——北普陀山——兴城——葫芦岛

(4) 哈尔滨——千山——本溪水洞

2. 线路特色

东北旅游资源区内的山水风光独具特色,上述四条线路以山水风光为主,能够让游览者饱览该旅游区内的名山和名水。主要的旅游景点有千山、医巫闾山、凤凰山、五女山、大笔架山、小笔架山、鸭绿江、镜泊湖、五大连池、松花江,等等。

(八) 滨海风情名胜旅游线

1. 线路安排

兴城——大连——旅顺口——金石滩——庄河冰峪沟——丹东——鸭绿江——凤凰山

2. 线路特色

此条线路以海滨景观为主,其中著名的旅游景点有海滨景区——兴城古城,大连及旅顺口区,堪称"天然地质博物馆"——金石滩,辽南小桂林——庄河冰峪沟,中朝两国的界河——鸭绿江,等等。

(九) 雪域温情旅游路线

1. 路线安排

哈尔滨市——五常县——镜泊湖——长白山——吉林

2. 路线特色

此路线从哈尔滨开始,漫步于这条有 100 多年历史的老街,感受文艺复兴时期风格的建筑。后进雪谷、雪乡,体验东北地域的风土人情。上雪山,欣赏不一样的雪山风景。到吉林市体验滑雪运动,观雾凇奇景。

## 二、该区今后旅游业发展方向和重点

该区除拥有独特的冰雪旅游资源及工业旅游资源之外,其边境旅游资源也很丰富,因此该区应以其丰富的旅游资源为依托,开发具有本区特色的旅游产品。该区今后旅游业的发展方向和重点如下:

（一）依托冰雪旅游资源,深度开发冰雪旅游产品

发挥冰雪旅游优势,开发其深度和广度,把冰雪品牌做大、做精、做强,继续打造冰雪大世界精品工程。坚持思路创新、形式创新,市场化运行,做到主题鲜明、立意新颖、设计巧妙,集高科技、艺术性、观赏性、参与性于一身,成为"年年岁岁冰相似,岁岁年年景不同"的长盛不衰的名牌景点。开展冰雪运动项目,建立包括国际冰雪艺术、冰雪比赛、冰雪训练、冰雪产业、冰雪教育和冰雪研究等较完善的冰雪旅游体系;同时广泛开展群众性的冰雪活动,把传统冰雪娱乐项目,如冰撬、冰上垂钓、冬泳等与现代冰雪娱乐休闲项目,如冰滑梯、攀冰、雪地卡丁车、雪山索道、雪上摩托车、冰帆、雪地足球等结合起来,号召社会群众广泛参与。

（二）大力发展工业旅游,开发特色工业旅游产品

工业旅游是产业旅游的一种重要形式,是企业利用现有工业生产设施、生产过程、成果成就、工厂风貌、企业文化和经营管理等工业相关因素为吸引物的一种别具特色的新型旅游项目。作为国家的老工业基地,东北工业资源丰富,拥有发展工业旅游的独特优势,冶金产业方面有鞍山钢铁集团、本溪钢铁集团有限公司、抚顺特殊钢股份有限公司等;石化产业方面有沈阳化工集团有限公司、大连西太平洋石油化工有限公司等;装备制造业方面有以信息化技术为核心的汽车、机床、造船、发电设备等重大装备制造基地,如一汽集团、沈阳金杯集团、渤海船舶重工有限责任公司、哈飞集团、哈航集团、大连造船厂等;电子信息和高新技术产业方面有东软集团有限公司、三宝电脑(沈阳)有限公司等;药品产业方面有哈尔滨三精制药、哈药集团等。悠久的工业历史和雄厚的工业基础使得本区具有中国其他地区几乎无法相比的工业旅游资源,是开拓工业旅游项目、设计工业旅游线路和产品的基础和依据,是实现工业旅游的有效保证。

（三）利用地缘优势,发展边境旅游

由于黑龙江省与俄罗斯接壤,吉林省、辽宁省与朝鲜接壤,因此该旅游区具有发展边境旅游的独特优势。如充分开发哈尔滨东北亚中心城市优势,可利用旅游大通道及一级旅游集散地功能,进一步挖掘边境旅游潜力,开辟"东方快车"之旅。完善哈尔滨——黑河——布拉戈维申斯克、哈尔滨——绥芬河——海参崴、哈尔滨——满洲里——赤塔传统

边境旅游产品;进一步开发哈尔滨——同江(湿地、民俗)——抚远(大黑瞎岛、东方第一哨)——哈巴罗夫斯克已经试开发的边境旅游线路;探索开发哈尔滨——东宁(勋山要塞、划归林、互市贸易区)——海参崴、哈尔滨——兴凯湖——虎头(乌苏里界江游、虎头要塞、珍宝岛)——伊曼、哈尔滨——萝北——比罗比詹、哈尔滨——延吉——珲春——朝鲜罗津等4条边境旅游线。

## 练 习 题

1. 本区的地理概况有哪些特点?

2. 本区的旅游产品有哪些?

3. 举例说明本区有哪些著名的自然旅游资源?

4. 本区的主要旅游景观有哪些?

5. 本区今后旅游业的发展方向或重点有哪些?

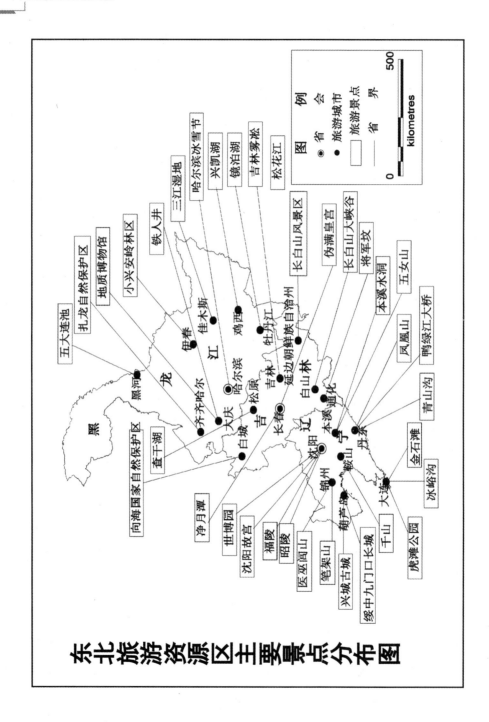

东北旅游资源区主要景点分布图

# 第六章

# 华北旅游资源区

华北旅游资源区包括北京市、天津市、河北省、河南省、山东省、山西省和陕西省,是中国历史上的政治、经济、文化中心。本区位于黄河中下游地区,是中华民族的发祥地之一。数千年的发展,给本区留下了许多历史文化古迹和自然旅游资源。据统计,全国七大古都中本区有五个(北京、开封、洛阳、安阳和西安),三大石窟占两个(云冈石窟和龙门石窟),五岳名山居其四(东岳泰山、西岳华山、中岳嵩山和北岳恒山)。

## 第一节　区域环境与经济发展概况

### 一、自然地理特征

华北旅游资源区地貌结构比较复杂,种类丰富。本区属于典型的暖温带气候,区内黄河横贯,水库湖泊散布。该区可进入性好,为旅游业的发展提供了良好的物质基础。

(一)地貌类型齐全,自然景观多样

本区地貌类型齐全,有高原、山地、丘陵、盆地、平原、海岸等地貌结构,包括秦晋高原、关中盆地、陕南山地、豫西山地、冀北山地、山东丘陵、华北平原和鲁豫平原等几个地貌区域。

秦晋高原由陕北高原和山西高原两部分组成,是我国黄土高原的一部分。东部山西高原是以石质断块山为主体的高原,海拔为 1000 米左右。西部陕北高原是个因黄河、渭河河谷深切而形成的盆地形高原。关中盆地是由大同盆地、忻县盆地、太原盆地、临汾盆地和运城盆地五大河谷盆地组成,土壤肥沃,灌溉便利,是山西省主要的农业地和经济活动中心。

陕南山地包括由秦岭和大巴山组成的秦巴山地及其间的汉中盆地。秦岭横亘于我国中部,海拔一般在1500~2500米。大巴山绵亘于陕、川、鄂边境。豫西山地为秦岭东延余脉,有崤山、熊耳山、外方山和伏牛山等。山势西高东低,向东展宽呈折扇面状,海拔为500~2000米,最高峰不超过2500米。伏牛山是豫西山地的主体,海拔在1000~2000米之间,被誉为河南省的屋瓴。冀北山地是由山地和许多山间盆地组合而成的,海拔一般在1000米左右,是华北平原和内蒙古高原的过渡地带。著名的旅游景点有燕山、八达岭、居庸关长城、明十三陵、承德避暑山庄、外八庙、山海关和木兰围场,等等。

山东丘陵包括鲁中南低山丘陵和胶东山丘两部分,一般海拔在200~500米之间,丘陵浑厚,河谷宽广。泰山是鲁中南低山丘陵中最为宏伟的山峰,主峰玉皇顶高1524米,是山东丘陵的最高峰。胶东丘陵中以崂山最高,海拔为1131米,耸立于黄海之滨,山海相连,景色迷人。

华北平原处在冀北山地和太行山东南的平原上。平原地区接受了各河流携带的大量泥沙堆积,在山麓地区形成了堆积物大小、粗细不等的洪积、冲积扇,这是山地与平原的自然过渡带。在冲积扇平原地区有孤山、低岗、台地、沙丘等多种地貌景观,它们是形成旅游风景名胜区的物质基础。

鲁豫平原位于黄河下流区域,主要由黄河冲积而成。沿海地区平原不断向海湾延伸,在黄河口呈扇形突出。孟津以东,由于构造陷落地势急降,黄河携带的大量泥沙开始沉积。现黄河主槽以每年10~20毫米的速度堆积,使河床高出两岸平原10余米,成为世界上少有的"地上悬河"。

(二) 湖泊散布,滨海旅游资源较为丰富

本区兼有海河、淮河和黄河三大水系,而以黄河水系为主,全区湖泊少而分散。黄河贯穿本区陕西、山西、河南和山东四省,首先从内蒙古向南,穿行在晋、陕交界的黄土高原上,在昕水河以南、吕梁山西南端,形成壶口瀑布及龙门急流。自潼关黄河转而东流,穿过三门峡,流荡在华北平原上,直至山东东营市入渤海。由于受气候影响,本区的京、津、冀地区有河水补给不足现象出现,故在黄河和海河部分流域段内建有水库,对调节水量、改变地区小气候起到了很好的作用。密云水库、官厅水库等许多水库已成为了旅游佳地。同时,秦皇岛、北戴河、南戴河、昌黎黄金海岸等地的滨海旅游资源已得到成功开发。

(三) 典型的暖温带季风气候,旅游业淡旺季明显

本区属于典型的暖温带大陆性季风气候,其气候特征为春季干燥多风,夏季炎热多

雨,秋季秋高气爽,冬季寒冷少雪,四季分明,春秋短促。京、津、冀地区全年降水量的75%集中在夏季的7、8月份,山区多暴雨和冰雹;秋季秋高气爽,天高云淡,是旅游的黄金时节。山东半岛由于受海洋影响,夏季气温比同纬度低,冬季比华北同纬度内地高,同时其春温低于秋温。河南和鲁西一带的气候春季干旱多风沙,夏季热而多雨,冬季冷而干燥。可见,本区春夏秋三季自然景观丰富多彩,而冬季略显单调。因此,本区旅游业淡旺季明显。

（四）植被垂直分布明显,典型的夏绿林景观

由于本区典型的气候条件,其植被类型由森林、灌木丛和草甸群落组成,以夏绿林景观最为典型。华北旅游资源区内的植被类型较多,成分复杂,阔叶林以落叶阔叶林树种为主,其中也混有北方温带植被和南方热带植被成分。在其特殊气候条件下,形成了本区的夏绿林景观特征。同时在山地地区可形成植被明显的垂直分布,其中以秦岭最为典型。秦岭山区植物区系成分和动物种属成分具有明显的过渡性、混杂性和复杂多样性。

**二、人文环境特色**

华北旅游资源区除了具有得天独厚的地理环境外,其人文环境也十分优越。

（一）文明之源,历史文化遗迹丰富

作为华夏文明的发源地,本旅游资源区内的历史古迹众多。早在60万年以前,北京猿人就生活在太行山与华北平原交接的低丘地带。这里留下了不同时期的古人类化石、原始工具及其他文物、遗物,其中周口店北京人遗址是世界上最具代表性、资料最丰富、最完整的古人类遗址,现已列为世界文化遗产。

本旅游区内的皇家建筑规模宏大、气势雄伟,是重要的旅游资源之一。分布在本区的皇家建筑包括帝王宫殿、皇家庙坛、皇家园林和陵寝等。最具代表性的帝王宫殿应首推北京故宫,它是我国现存规模最大、最完整的古代宫殿建筑群,是世界最大的博物馆之一,也是世界上非常珍贵的文化遗产;本旅游区内的皇家庙坛有很多,如太庙、天坛、地坛、日坛、月坛等,其中以天坛规模最大、也最具特色,现已列入世界文化遗产名录;本区的皇家园林是我国北方园林的典型代表,有著名的承德避暑山庄、颐和园、圆明园、畅春园等;本区内保留的帝王陵寝主要是明清两代的,有明十三陵、清东陵、清西陵等,它们已全部被列入世界遗产。此外,本区内还有河南巩县的宋陵、陕西的黄帝陵。

（二）文化艺术缤纷灿烂

本旅游资源区文艺形式丰富多样,其中以国粹京剧最为著名。京剧形成于北京,现流行于全国,其特点为表演精致细腻,处处入戏,唱腔委婉,声情并茂,武戏文唱,脸谱特色鲜

明。此外,还有评剧、河北梆子、山西四大梆子、豫剧、吕剧等深受人们喜爱的艺术形式。本区内的民间艺术也是五彩缤纷,十分繁荣,有杂技、马戏、吹歌、舞蹈、美术、皮影、剪纸、石雕、泥人、草编、陶瓷等,其中久负盛名的吴桥杂技,可谓是我国最珍贵的文化遗产之一,现如今,吴桥已被国内外游客公认为"杂技之乡"。

　　旅游商品是旅游业收入的重要组成部分之一,其内容丰富与否与当地旅游业发展的程度有着密切的联系。华北旅游资源区工农业发达,城市化水平高,经济实力雄厚,旅游商品丰富。有众多闻名中外的土特产品和手工艺品,如密云小枣、京白梨、良乡栗子、北京"四大名旦"(景泰蓝、牙雕、玉器、雕漆)、中国画、天津"四艺"(地毯、风筝、杨柳青年画和泥人张彩塑)和"三绝"(狗不理包子、桂发祥麻花和耳朵眼炸糕)、河北鸭梨、深州蜜桃、宣化葡萄、陶瓷、人造琥珀、塞外"口蘑"、嵩山绵枣、郑州莲藕、荥阳柿子、山西汾酒、老陈醋、洛阳杜康酒、唐三彩、信阳毛尖、南阳独山玉、山东煎饼、青岛啤酒、龙口粉丝、潍坊风筝、牛羊肉泡馍、临潼石榴、陕西皮影、安塞剪纸、陕北红小豆和大红枣等深受旅游者们的喜爱。

　　(三)交通运输四通八达

　　本旅游资源区内交通运输四通发达,拥有以铁路、公路为主,海运、空运为辅的现代化交通运输网。铁路是本区交通运输网的骨干。以北京为中心,多条干线将区内各大中城市及旅游景区紧密相连,并与区外的东北、内蒙古、西北、华中、华东、西南、东南各区连为一体。本区公路网密度大,分布也较均匀。近年来高速公路的迅速发展,使得本区陆上旅游交通更加便利。海运担负着对外交通和发展沿海地区经济的重大责任,本区海运上联(连)东北,下联(连)华中,著名的海港有青岛、烟台、天津、威海、秦皇岛等,同时它们本身也是旅游胜地。北京是全国航空运输网络的中心。以北京为中心的主要国际航线有几十条,可直达欧亚及北美各国,国内航线可直达28个省会和80多座重要城市。本区内其他航空港有天津、石家庄、太原、济南、郑州、西安等。

**三、区域经济发展概况**

　　(一)区域经济发展现状

　　作为中国政治、经济、文化的中心,华北地区无论是其工农业的发展,还是商业的扩大,都处在全国的领先地位。本区不仅拥有山东、河北等农业生产大省,同时还有矿产资源丰富的山西、河南等省,其中山西省素有"煤矿之乡"的美誉。北京作为我国重要的金融中心和商业中心之一,其综合经济实力一直保持在全国前列。北京市的第三产业规模居中国大陆第一。2015年,北京市的生产总值为22 968.6亿元,同比增长6.9%;人均国内生产总值(人均GDP)达到18 302元,在中国大陆仅次于上海市。作为华北多方面中心,北京市的快速发展必然会带动周边城市的迅猛发展,从而使该区的经济发展趋于协调同步。该区各省市具体经济发展情况见表 6-1。由表 6-1 可以看出,华北地区的经济水平在全国占据着十分重要的地位,在促进全国经济发展的过程中有着不可忽视的作用。

表 6-1　该区各省市的国民生产总值　　　　　　　　　　(单位:亿元)

| 年份<br>省份 | 2013 | 2014 | 2015 |
|---|---|---|---|
| 北京 | 19 800.81 | 21 330.83 | 22 968.6 |
| 天津 | 14 442.01 | 15 726.93 | 16 538.19 |
| 河北 | 28 442.95 | 29 421.15 | 29 806.1 |
| 河南 | 32 191.30 | 34 938.24 | 37 010.25 |
| 山东 | 55 230.32 | 59 426.59 | 63 002.3 |
| 山西 | 12 665.25 | 12 761.49 | 12 802.6 |
| 陕西 | 16 205.45 | 17 689.94 | 18 171.86 |
| 合计 | 178 978.09 | 191 295.17 | 200 299.9 |
| 占全国比重/(%) | 30.44 | 30.08 | 29.60 |

资料来源:中国统计年鉴(2014—2016 年)(数据不包含港澳台地区)

### (二)区域旅游经济发展现状

随着人们生活水平的不断提高,外出旅游已经成为人们生活中必不可少的一部分。华北旅游资源区自然和人文旅游资源丰富,又兼山海之利,有发展旅游业的条件。该区国际旅游收入具体情况见表 6-2 和 6-3。数据表明,本区的旅游经济在全国旅游收入中占据着十分重要的地位,对全国旅游业的发展有着不容忽视的影响。从表 6-2 和 6-3 中还可以发现,无论是在国际旅游收入方面,还是在接待入境旅游者人数方面,北京市在华北旅游区都独占鳌头,因此北京市无疑是华北旅游资源区内最重要、最核心的旅游业发展地区。

表 6-2　该区各省市的国际旅游(外汇)收入　　　　　　(单位:百万美元)

| 省份<br>年份 | 北京 | 天津 | 河北 | 河南 | 山东 | 山西 | 陕西 | 合计 | 占全国比重<br>/(%) |
|---|---|---|---|---|---|---|---|---|---|
| 2013 | 4795 | 2591 | 586 | 660 | 2731 | 823 | 1676 | 13862 | 26.83 |
| 2014 | 4608 | 2992 | 534 | 538 | 2330 | 281 | 1769 | 13052 | 12.38 |
| 2015 | 4610 | 3298 | 621 | 679 | 2900 | 300 | 2000 | 14408 | 12.67 |

资料来源:中国统计年鉴(2014—2016 年)(数据不包含港澳台地区)

表 6-3    该区各省市的入境旅游者接待人数    （单位：万人次）

| 省份 \ 年份 | 2013 | 2014 | 2015 |
|---|---|---|---|
| 北京 | 450.13 | 427.45 | 420 |
| 天津 | 75.86 | 76.63 | 32.6 |
| 河北 | 84.27 | 75.61 | 138.18 |
| 河南 | 127.38 | 124.76 | 131.87 |
| 山东 | 285.98 | 300.19 | 461 |
| 山西 | 53.84 | 56.56 | 59.4 |
| 陕西 | 253.47 | 266.30 | 293.03 |
| 合计 | 1330.93 | 1327.5 | 1536.08 |
| 占全国比重/(%) | 10.31 | 10.33 | 11.55 |

资料来源：中国统计年鉴(2014—2016 年)(数据不包含港澳台地区)。

### 四、区域旅游特色

**（一）雄伟壮观的万里长城**

长城是我国古代劳动人民创造的伟大奇迹，是中国悠久历史的见证，是古老华夏民族留给后人的宝贵财富。本区境内的长城是最为壮观和最有代表性的。

八达岭长城是中国古代万里长城的一部分，是明长城的一个隘口；史称天下九塞之一，是万里长城的精华，独具代表性。慕田峪长城位于北京市怀柔区境内，是北京著名长城景点之一，其构筑风格独特，敌楼密集，关隘险要，城两侧均有垛口。慕田峪长城旅游区内群山环抱，风景秀丽，在中外享有"万里长城慕田峪独秀"的美誉。山海关长城是举世闻名的长城入海处，现属山海关内的长城全长 26 千米，主要包括老龙头长城、南翼长城、关城长城、北翼长城、角山长城、三道关长城及九门口长城等地段。登州长城位于山东蓬莱北丹崖山东麓，是中国现存的古代海军基地之一，又名"备倭城"。北宋时期为抵御倭寇侵略而修建的寨城，明朝在其旧址上修建水城，蓬莱阁即在其西北角，现在它与蓬莱阁连成一体，构成了烟台的主要游览区，是体验古代航运文明的好去处。

**（二）古典的皇家园林**

本区内的园林景观多数为皇家园林，对旅游者极富吸引力。该旅游区内最著名的园林景观当数北京的颐和园，其利用昆明湖、万寿山为基址，以杭州西湖风景为蓝本，汲取江南园林的某些设计手法和意境而建成的一座大型天然山水园,为中国四大名园之一,被誉为皇家园林博物馆。北海公园是我国迄今保留下来历史最悠久、最完整的皇家园林之一,具有独特的造园艺术风格,是我国古典园林的精华和珍贵的文化遗产。景山公园地处北京城的中轴线上,南与紫禁城的神武门隔街相望,西邻北海公园,是北京城的最高点,站在山顶可俯视全城,金碧辉煌的古老紫禁城与现代化的北京城新貌尽收眼底。承德避暑山庄是清代皇帝夏日避暑和处理政务的场所,与北京紫禁城相比,避暑山庄以朴素淡雅的山村野趣为格调,取自然山水之本色,吸收江南塞北之风光,成为我国现存最大的古代帝王宫苑。

（三）众多的历史文化名城

该旅游区历史悠久,文化渊源绵长,拥有多处历史文化名城,其中北京的地位最为突出。作为我国的首都,北京有着 3000 余年的建城史和 850 余年的建都史,是全球拥有世界文化遗产最多的城市,也是中国的七大古都之一。西安,在《史记》中被誉为"金城千里,天府之国",是中华民族的主要发祥地之一。自公元前 11 世纪以来,前后有西周、秦、汉、隋、唐等十三个王朝在西安建都,建都年代之长居全国古都之最。除此之外,本区还拥有天津、济南、曲阜、青岛、聊城、邹城、淄博、泰安、保定、承德、正定、邯郸、山海关、郑州、洛阳、开封、安阳、南阳、商丘、浚县、濮阳、平遥、大同、新绛县、代县、祁县、延安、韩城、榆林、咸阳、汉中等 32 座历史文化名城。

# 第二节　主要旅游资源与旅游目的地

## 一、主要旅游资源分类

华北旅游资源区内的旅游资源丰富多样,不仅有闻名于世的滨海旅游度假胜地——南、北戴河、享有"五岳之首"盛誉的泰山、令世人叹为观止的秦始皇陵兵马俑,同时还有令人惊叹不已、赞不绝口的"蓬莱仙境"和雄浑壮观的黄河风景名胜区。在相当长的历史时期内,本区是我国政治、经济、文化的中心。悠久的历史,灿烂的文化,给该区留下了众多的名胜古迹和历史遗存。该区旅游资源具体情况见表 6-4。

表 6-4　华北旅游资源区旅游资源分类表

| 主类 | 亚类 | 基本类型 |
|------|------|----------|
| A 地文景观 | AA 综合自然旅游地 | 景山、香山、泰山、崂山、盘山、五台山、淄博博山、嵩山、苍岩山、恒山、白云山、伏牛山、鸡公山、石人山、九龙山、千佛山、华山 |
| | AB 沉积与构造 | 蓟县中上元古界地质剖面、郑州黄河地质公园、洛阳黛眉山地质公园、南阳西峡恐龙遗址园、恐龙蛋化石、南召猿人化石、许昌人化石 |
| | AC 地质地貌过程形迹 | 北京延庆龙庆峡、北京房山石花洞、永定河峡谷、邢台峡谷群、壶关太行山大峡谷、宁武万年冰洞 |
| | AD 自然变动遗迹 | 河北唐山市第十中学、河北矿冶学院图书馆、唐山钢铁公司俱乐部等 7 处地震遗迹 |
| | AE 岛礁 | 胶东半岛、烟台长岛、刘公岛、芝罘岛 |
| B 水域风光 | BA 河段 | 黄河、海河、白洋淀、汾河、漳河 |
| | BB 天然湖泊与池沼 | 昆明湖、北海、什刹海、大明湖、东方天鹅湖 |
| | BC 瀑布 | 嵩山卢崖瀑布、壶口瀑布 |
| | BD 泉 | 济南趵突泉、北京小汤山温泉、山东崂山矿泉水、天津帝景温泉度假村、东丽湖温泉、平山温泉 |
| | BE 河口与海面 | 天津海滨旅游度假区、北戴河、南戴河、昌黎黄金海岸、青岛海滨、唐山金银滩浴场 |
| C 生物景观 | CA 树木 | 北京香山红叶、泰山古松、恒山盘根松、嵩山古汉松、山西太原晋祠圣母殿的"周柏"、洪洞大槐树、北京植物园、天津热带植物观光园、九龙山国家森林公园、昆嵛山国家森林公园、日照海滨国家森林公园 |
| | CB 草原与草地 | 河北木兰围场、坝上草原 |
| | CC 花卉地 | 邢台柏乡汉牡丹园、北京金秋的菊花、洛阳的牡丹 |
| | CD 野生动物栖息地 | 山东荣成大天鹅自然保护区、黄河三角洲水禽自然保护区、河北承德地区的狩猎场(木兰围场)、秦皇岛野生动物园、历山自然保护区、八仙山国家自然保护区、天津古海岸与湿地自然保护区、五鹿山自然保护区、雾灵山自然保护区、宁武芦芽山自然保护区、焦作太行山猕猴国家保护区、豫北黄河古道鸟类湿地国家保护区 |
| D 天象与气候景观 | DA 光现象 | 泰山的"佛光"、山东蓬莱的"海市蜃楼" |
| | DB 天气与气候现象 | 泰山的"云海玉盘"、"西山晴雪"(燕京"八景"之一)、"南山积雪"(位于承德避暑山庄的正北山麓)、"少室晴雪"(嵩山八景之一) |

（续表）

| 主　类 | 亚　类 | 基本类型 |
|---|---|---|
| E 遗址遗迹 | EA 史前人类活动场所 | 北京周口店北京猿人遗址、北京周口店龙骨山的古人类遗物、山西襄汾丁村人遗址、山东龙山和大汶口文化遗址、泰安县大地湾文化遗址、磁山文化遗址、贾湖遗址、裴李岗文化遗址、仰韶文化遗址、二里头文化遗址 |
| | EB 社会经济文化活动遗址遗迹 | 郑州商城、安阳殷墟、平遥古城、中山国都城遗址、淄博"齐国故城"、北京、洛阳、开封、安阳、西安、山海关、黄崖关、居庸关 |
| F 建筑与设施 | FA 综合人文旅游地 | 故宫、颐和园、圆明园、大悲禅院、天津清真大寺、北京牛街清真寺、天坛、外八庙、避暑山庄、文庙、药王庙、中岳庙、白马寺、少林寺、大相国寺、孔庙和孔府、孟庙和孟府、天津蓟县独乐寺、北京白云观、山西芮城永乐宫、清华大学、北京大学 |
| | FB 单体活动场所 | 北京海洋馆、河南博物馆、中国文字博物馆、中国煤炭博物馆、中国玉文化博物馆、黄河博物馆、杨柳青博物馆、山西博物馆、故宫博物院、鸟巢、水立方、奥林匹克体育中心、中国国家大剧院、中国剧院、北京图书馆、陕西博物馆、秦始皇兵马俑博物馆 |
| | FC 景观建筑与附属型建筑 | 恭王府花园、醇亲王府、钟楼、北京鼓楼、天津鼓楼、八达岭长城、慕田峪长城、司马台长城、金山岭长城、居庸关长城、箭扣长城、黄崖关长城、山海关、开元寺钟楼、响堂寺石窟、龙门石窟、云冈石窟、天龙山石窟、河南巩县石窟、山东济南千佛山摩崖造像、应县木塔、山西五台山的南禅寺大殿和舍利塔、嵩山嵩岳寺塔、北京天宁寺塔、开封铁塔、北京北海古塔、北京碧云寺金刚座宝塔、河北涿鹿镇水塔、河南安阳文峰塔、承德避暑山庄烟雨楼、北京颐和园的佛香阁、山东蓬莱阁、山东泰山摩崖石刻、河北唐县"六郎碑"、西安大雁塔 |
| | FD 居住地与社区 | 霍元甲纪念馆、周恩来邓颖超纪念馆、平津战役纪念馆、北京中国人民抗日战争纪念馆、李大钊故居、北京的郭沫若故居、韩文公祠、河南商丘睢阳书院、嵩阳书院、应天书院、胡同、四合院、黄土高原上窑洞、山西民居的"地窨院"、祁县乔家大院、太谷曹家大院、榆次常家大院、灵石王家大院、潘家园旧货市场、北京王府井大街、山东潍坊杨家埠木板年货、山东青岛八大关、河南开封的山陕甘会馆、河南洛阳的潞泽会馆、天津南开区的天津广东会馆、山东聊城山陕会馆 |
| | FE 归葬地 | 北京昌平区的明十三陵、河北遵化县的清东陵、易县的清西陵、山东曲阜的孔林、太昊陵、孟林、晋冀鲁烈士陵园、盘山烈士陵园、北朝墓群、夏县司马光墓、兰陵王墓、黄帝陵、秦始皇陵兵马俑 |
| | FF 交通建筑 | 栈桥、卢沟桥、赵州桥、永通桥、学步桥、烟台港、天津港、秦皇岛港、沧州港、青岛港、北京新客站 |
| | FG 水工建筑 | 京杭大运河、红旗渠、山西大同的四眼井及清泉井、河南三门峡黄河大坝 |

(续表)

| 主类 | 亚 类 | 基本类型 |
|---|---|---|
| G 旅游商品 | GA 地方旅游商品 | 山西杏花村汾酒、老陈醋、长治堆锦、山东青岛啤酒、贝雕、东阿阿胶、潍坊风筝、北京燕岭香、景泰蓝、牙雕、玉器、雕漆、天津的泥人张彩塑、天津杨柳青年画、天津食品三绝(狗不理包子、耳朵眼炸糕、桂发祥麻花)、河南洛阳的仿古唐三彩、信阳毛尖、南阳独山玉、开封汴绣、炸山蝎、德州脱骨扒鸡、糖醋黄河鲤鱼、山西太原的刀削面、炝锅面、山东潍坊杨家埠木版年画、牛羊肉泡馍、临潼石榴、陕西皮影、安塞剪纸、陕北大红枣 |
| H 人文活动 | HA 人事记录 | 河南高山"启母石"及大禹治水传说、万里长城山海关的"孟姜女哭长城"传说 |
| | HB 艺术 | 京剧、京味话剧(《蔡文姬》、《关汉卿》、《茶馆》等)、相声、京韵大鼓、快板书、单弦、河北梆子、西河大鼓、乐亭大鼓、河北吹歌、山西民歌、绛州鼓乐、河南豫剧、河南坠子、吕剧、山东快书、弦板腔、安塞腰鼓、华剧、同州梆子、陕北秧歌舞 |
| | HC 民间习俗 | 庙会文化、北京茶文化、天津的"皇会"、吴桥杂技、沧州武术、望海大会、山西炕围画、晋商社火节、晋祠古庙会、古都灯会、济南千佛山庙会、泰山岱下民俗、淄博地区打铁花、山阳面花俗、陕西奇特的嫁妆——腌菜 |
| | HD 现代节庆 | 北京国际旅游节、山东青岛啤酒节、曲阜孔子文化节、山东泰山登山节、天津鼓楼民俗风情旅游节、潍坊国际风筝节、洛阳牡丹花会、嵩山少林武术节、三门峡黄河旅游节、安阳殷商文化节、信阳茶叶节、山西国际面食节、大同的云冈文化旅游节、安国国际药材节、吴桥杂技艺术节、永年太极拳会、西安古文化艺术节、临潼石榴节、咸阳国际医药保健节 |

## 二、次旅游区及主要旅游景区(点)

华北旅游资源区可分为七个次旅游区,分别为北京、天津、河北、河南、山东、山西和陕西次旅游区。这七个次旅游区内的旅游景点内容丰富多样,可谓是应有尽有。同时,它们也是中国旅游活动最活跃的地区之一,在全国旅游业发展中居于相当重要的地位。

（一）北京次旅游区

北京市,简称"京",是我国的首都,位于华北平原的西北端,东距渤海约 150 千米,总面积 1.64 万平方千米,是全国政治、文化、科技创新和国际交往的中心,也是全国最大的铁路、公路和航空交通枢纽。北京既有东方古都风貌,又具现代都市风情,红墙黄瓦的古建筑与现代化的高楼大厦交相辉映,别有一番情趣。

### 1．天安门广场

天安门位于北京城的中轴线上,始建于明永乐十五年(1417 年),是我国传统建筑艺术的代表作。明、清时天安门是皇城的正门,高为 33.87 米,1970 年翻建后高达 34.7 米。

天安门的主体建筑分为上下两层。上层是重檐歇山式、黄琉璃瓦顶的巍峨城楼,东西面阔九楹,南北进深五间,取“九五”之数,象征皇帝的尊严;下层是高 13 米朱红色的城台,四周环绕琉璃瓦封顶的矮墙,下部是 1.59 米高的雕刻精美的汉白玉须弥座台基。天安门在明、清两朝时是皇帝颁发诏令之地。遇有新皇帝登基、大婚等重大庆典活动和皇帝父母进宫,都要启用天安门,皇帝平时一般不走天安门。中华人民共和国成立时,天安门是举行开国大典的主会场,是我们伟大祖国的象征,现已成为人们敬仰的观瞻圣地。

### 2．故宫

故宫又称紫禁城,是明清两代的皇宫,为我国现存最大、最完整的古建筑群。故宫占地 72 万多平方米,共有宫殿 9000 多间,都是木结构、黄琉璃瓦顶、青白石底座,饰似金碧辉煌的彩画(图 6-1)。

故宫中最吸引人的建筑是三座大殿:太和殿、中和殿和保和殿。它们都建在汉白玉砌成的 8 米高的台基上,远望犹如神话中的琼宫仙阙。第一座大殿太和殿是最富丽堂皇的建筑,俗称“金銮殿”,是皇帝举行大典的地方,殿高 27 米,东西 64 米,南北 37 米,有直径 1 米的 92 根大柱,其中 6 根是围绕御座的沥粉金漆的蟠龙柱。中和殿是皇帝去太和殿举行大典前稍事休息和演习礼仪的地方。保和殿是每年除夕皇帝赐宴外藩王公的场所。

故宫建筑的后半部叫内廷,以乾清宫、交泰殿、坤宁宫为中心,东西两翼有东六宫和西六宫。后半部在建筑风格上不同于前半部。前半部建筑形象是严肃、庄严、壮丽和雄伟,以象征皇帝的至高无上;后半部内廷则极其富有生活气息。游览故宫,不仅可以欣赏丰富多彩的建筑艺术,同时还可以观赏到陈列于室内的珍贵文物。故宫博物院有大量珍贵文物,据统计总共达 1 052 653 件之多,占全国文物总数的 1/6,其中有很多是绝无仅有的国宝。

### 3．毛主席纪念堂

毛主席纪念堂位于市中心的天安门广场南端,1977 年 9 月 9 日落成。纪念堂是一座正方形大厦,坐南朝北,建筑分为两层,面积为 3 万多平方米,高 33.6 米。正门上方镶嵌着“毛主席纪念堂”汉白玉金字匾额。枣红色花岗石砌成的高大基座上,四周环以 44 根黄色花岗石八角形廊柱。重檐平顶的檐口上贴以金色琉璃瓦。大门南北两侧各有两组 8 米多高的群雕,分别展示中国人民在毛主席领导下的革命历程。纪念馆现有 10 个厅室对外开放。纪念堂的核心部分是瞻仰厅,大厅正中的水晶棺内安放着毛主席的遗体,身着灰色

**图 6-1　北京故宫**

中山装,覆盖着鲜红的党旗。水晶棺的棺床是用黑色花岗石制成的,周围簇拥着盛开的鲜花。大厅正面的白色大理石墙壁上镶嵌着 17 个鎏金大字"伟大的领袖和导师毛泽东主席永垂不朽"。

### 4. 颐和园

颐和园坐落在北京西郊,离城约 15 千米,占地面积达 290 公顷。整个园林以万寿山上高达 41 米的佛香阁为中心,根据不同地点和地形,配置了殿、堂、楼、阁、廊、亭等精致的建筑。山脚下建了一条长达 728 米的长廊,犹如一条彩虹把多种多样的建筑物以及青山、碧波连缀在一起。整个园林构思巧妙,在中外园林艺术史上地位显著,是举世罕见的园林艺术杰作。

这座巨大的园林依山面水,昆明湖约占全园面积的 3/4。但昆明湖的水面并不单调,除了湖的四周点缀着各种建筑物外,湖中有一座南湖岛,由一座美丽的十七孔桥与堤岸相连。颐和园里的许多景点效仿了江南园林的一些优点,如谐趣园就是仿无锡寄畅园建造的,西堤是仿杭州西湖的苏堤而建的。颐和园前山的正中是一组庞大的建筑群,自山顶的智慧海往下依次为佛香阁、德辉殿、排云殿、排云门、云辉玉宇坊,构成了一条雄伟的中轴线。颐和园的后山,其设计格局则与前山迥然而异。前山的风格是宏伟、壮丽,而后山则是以松林幽径和小桥曲水取胜。

5.香山

香山位于北京海淀区西郊,距市区 25 千米,全园面积 160 公顷,是北京著名的森林公园。主峰香炉峰,俗称"鬼见愁",海拔 557 米。山顶有巨石两块,叫乳峰石,其形酷似"香炉",周围又常有云雾弥漫,如同袅袅升空的香烟,香山由此得名。香山的主要旅游景点有鬼见愁、玉华山庄、双清别墅等。玉华山庄位于山脉中部,是庭院型风景区,院内古树参天,榕树成行,泉流淙淙,亭台层层,是休闲度假的好去处。

香山以红叶最为著名,每到秋天,漫山遍野的黄栌树叶红得像火焰一样(图 6-2)。这些黄栌树是清代乾隆年间栽植的,200 年来,逐渐形成拥有 94 000 株的黄栌树林区。每年10 月中旬到 11 月上旬是观赏红叶的最好季节,红叶延续时间通常为 1 个月左右。半山亭、玉华山庄和阆风亭都是观看红叶的最佳地点。

图 6-2　香山红叶

### 6. 北海公园

北海公园位于北京市中心区,故宫的西北面,与中海、南海合称三海。全园以北海为中心,占地面积约 71 公顷,是中国现存最古老、最完整、最具综合性和代表性的皇家园林之一,是国家 4A 级旅游景区,1925 年开放为公园,已列为中国重点文物保护单位。

园内亭台别致,游廊曲折。全园以神话中的"一池三仙山"(太液池、蓬莱、方丈、瀛洲)构思布局,形式独特,富有浓厚的幻想意境色彩。这里水面开阔,湖光塔影,苍松翠柏,花木芬芳,亭台楼阁,叠石岩洞,绚丽多姿,犹如仙境。琼岛上有高 67 米的藏式白塔(建于 1651 年),还有清乾隆帝所题燕京八景之一的琼岛春阴碑石及假山、邃洞等。东北岸有画舫斋、濠濮涧、镜清斋、天王殿、五龙亭、九龙壁等建筑;其南为屹立水滨的北海团城,城上葱郁的松柏丛中有造型精巧的承光殿。

### 7. 八达岭长城

八达岭长城位于北京西北郊的居庸关外,以险峻陡峭著称,关城和城墙均以条石和城砖砌筑,十分坚固,为典型的明代长城,也是最具代表性的一段。万里长城以它浩大的工程,雄伟的气魄和悠久的历史著称于世,被列为世界奇迹,是世界上最著名的游览胜地之一(图 6-3)。

**图 6-3　八达岭长城**

登上长城环顾四周,一派莽莽苍苍的北国风光,巍巍长城沿着山脊给连绵的群山勾画出清晰的轮廓,宛若蛟龙腾舞盘旋于崇山峻岭间,气势磅礴,令人惊叹!有人曾计算过,如果把明长城所用的砖、石和土方,筑成一道 2 米厚、4 米高的围墙,可以绕地球一周。不用说烧制这些砖石,就是把它们顺利地送达修建工地,已经是一项十分庞大的工程了。因此游览长城的人莫不为先民的伟大气魄和坚毅精神所感动。

### 8. 明十三陵

明十三陵位于北京西北约 40 多千米处,占地面积 40 余平方千米。这里青山环抱,风景美丽,在中间的小盆地里,错落有致地分布着明代 13 位皇帝的陵墓,后人称为明十三陵。现在这里已成了一处驰名世界的旅游胜地。

由于这个陵墓区太大,一般游客主要游览其中的两个陵墓,一个是建筑规格最宏伟的长陵,一个是将地下宫殿发掘出来的定陵。在陵墓区前有一条长 7000 米的神道,在其两侧有 18 对石人和石兽。这些巨大的石人、石兽,雕工精细,造型生动,是珍贵的古代艺术,它们表示皇帝死后也要和生前一样主宰一切。

长陵是明朝第三个皇帝明成祖朱棣的陵墓,主要建筑棱恩殿和故宫的太和殿一样大,总面积达 1956 平方米。它有一点比太和殿突出,就是它的柱、梁、檩、椽和檐头全部使用楠木,殿内的 32 根巨柱,都是用整根金丝楠木制成。这样宏伟的楠木建筑物,在全国是绝无仅有的,所以这个殿就显得特别珍贵。定陵是明神宗的陵墓。明神宗在位 48 年,是明朝当皇帝时间最长的一个。他的陵墓修了 6 年。定陵的规模不如长陵,但是它的建筑却比较精致。富丽堂皇的定陵地下宫殿距地面 27 米,总面积为 1195 平方米,5 个高大宽敞的殿堂全部是石结构,拱卷式顶,没有一根梁柱。在定陵里发掘出了 3000 多件随葬品,其中有金冠、金壶、金爵、凤冠等极其珍贵的文物,游人可以在定陵博物馆里观赏到这些珍宝。

### 9. 天坛

天坛位于北京城的南端,是明、清两代皇帝每年祭天和祈祷五谷丰收的地方。天坛严谨的建筑布局,奇特的建筑结构,瑰丽的建筑装饰,被认为是我国现存的一组最精致、美丽的古建筑群,在世界上也享有极高的声誉。天坛始建于明永乐十八年(1420 年),与故宫同时修建,面积为 270 万平方米,分为内坛和外坛两部分,主要建筑都在内坛。天坛的总体设计,处处突出"天",它那 300 多米长的高出地面的甬道,人们登临其上,环顾四周,首先看到的是广阔的天空和那象征天的祈年殿,一种与天接近的感觉油然而生。

祈年殿高 38 米,是一座有鎏金宝顶的三重檐圆形大殿,殿檐颜色深蓝,是用蓝色琉璃瓦铺砌的,因为天是蓝色的,以此来象征天(图 6-4)。天坛的另一座重要建筑物是皇穹宇,原是放置皇天上帝牌位的地方,高 19.5 米,直径 15.6 米。它用砖木建成,小于祈年殿,但结构与祈年殿基本相同,是单檐蓝瓦,殿顶也有鎏金宝顶,殿下也有台基和汉白玉的栏柱,远远望去,像是一把金顶的蓝伞高撑于云空。

图 6-4　天坛

### 10. 圆明园遗址

圆明园遗址位于北京市海淀区北面的一片平原上,原为清朝举世无双的皇家御苑,始建于清康熙四十八年(1709 年),到清乾隆九年(1744 年)基本建成。圆明园系一座水景园,水面占全园面积一半以上。在山环水绕之中,分布着 145 处景观。在建筑艺术上,圆明园还形成了一种中西合璧的独特风格。长春园的北端原建有一组园林化的欧洲式宫苑,其中有座"西洋楼",由意大利传教士、画家郎世宁等外国专家设计,创建于清乾隆十二年至二十四(1747—1759 年)。建筑用料大量是精雕细刻的石材,主要景区配置了多种形式的水池和机关喷泉。这在当时可算是世界上唯一的一处兼具东西方风格的园林建筑群,因而被西方誉为"万园之园"。

圆明园先后两次遭受英法联军和八国联军的大肆劫掠,纵火焚毁,遂使一代名园夷为废墟。目前遗址开放区内的长春园、福海景区基本再现了盛时园林风貌。西洋楼景区因多有残雕石柱遗存,已成为遗址公园的形象代表,每天接待着无数的中外旅游者来此参观与凭吊。

（二）天津次旅游区

天津市,简称"津",是我国四大直辖市之一,地处华北平原东北部,东临渤海,北枕燕山,总面积1.1万多平方千米,明初取"天子津渡"之意,始称天津。永乐二年(1404年),天津正式设卫,故有"天津卫"之称。自金、元时代起,由于漕运兴盛,促进了天津的工商业发展,同时文化也相应繁荣,因此天津的历史遗存、遗迹和文物收藏都较为丰富。天津次旅游区内的主要旅游景点如下:

### 1. 独乐寺

独乐寺位于天津蓟县城西门内,始建于唐代,寺内的观音阁和山门重建于辽统和二年(1052年),是国内现存最古老的木结构建筑之一。独乐寺的主体建筑观音阁,高23米,是我国现存双层楼阁建筑最高的一座,它的突出特点是"斗拱"结构。据文献记载,独乐寺自辽代重建以来,曾经受过几十次地震,但其山门和观音阁却安然无恙。

观音阁内有一尊高达16米的观音塑像矗立中央,观音塑像因头顶10个小佛头,被称为11面观音,是国内最大的泥塑之一。独乐寺自创建以来,一直是宗教活动中心。1961年独乐寺被国务院定为全国重点文物保护单位,如今独乐寺已和白塔寺、鲁班庙、鼓楼一起成为蓟县古城内的著名旅游景点。

### 2. 盘山

盘山位于蓟县城西北12公里处,为燕山余脉,总面积106平方千米,素以"五峰(挂月峰、自来峰、紫盖峰、九华峰、舞剑峰)、八石(悬空石、摇动石等)、三盘"之胜著称。主峰挂月峰,海拔864米,为盘山绝顶。三盘胜景,一是上盘松胜,劲松苍翠,姿态百异;二是中盘石胜,奇岩怪石,千姿百态;三是下盘水胜,飞泉响涧,溅玉喷珠,形成了"山秀石多怪,林深路转奇,三盘无限意,幽绝少人知"的人间仙境(图6-5)。

史称"京东第一山"的盘山历史悠久,从三国时代至清朝末年,历代帝王、将相、文人墨客纷至沓来,或题字刻石,或吟诗作赋,因此盘山现保存有古寺庙、古碑刻、摩崖石刻等多处历史古迹。

### 3. 大悲院

大悲院位于天津市河北区天纬路,因供奉大悲观音(又称千手观音)而得名。大悲院有西院和东院两部分组成,西院又叫旧庙,始建于清顺治年间,康熙八年(1669年)扩建,

图 6-5　盘山

由文物殿和方丈院等组成；东院又叫新庙，建于 1940 年，由天王殿、大雄宝殿、大悲殿、地藏殿、配殿、耳房和回廊组成，是寺院的主体。殿内藏有铜制释迦牟尼佛像，还塑有大悲菩萨、倒坐观音、弥勒佛、天王像、罗汉像等。

大悲院内原有柏木雕千手观音像，毁于"十年动乱"之中。现在大悲院后殿里有一尊高 3.6 米，宽 4 米的千手观音金身像，是天津美术学院王家斌和其助手用了两年时间，于 1984 年精心设计、雕塑而成的，该佛像神态庄严，姿容动人。

（三）河北次旅游区

河北省，简称为"冀"，位于华北平原北部，黄河下游以北，东临渤海，面积 19 万平方千米。河北位于北京、天津两市的外围，是京城通往外地的门户，自古即是京畿要地。由于河北省古为燕赵之地，故文物古迹颇多，尤以沧州狮子、定州塔、赵州石桥、正定府大菩萨四大古迹最著名。此外，还有号称"天下第一关"的山海关、清朝最大的皇家古典园林——承德避暑山庄、我国现存最大的皇家寺庙群——外八庙以及石雕精美的清东陵、清西陵等。

### 1. 承德避暑山庄

承德避暑山庄又称承德离宫、热河行宫,位于承德市区北部,始建于康熙四十二年(1703年),直至乾隆五十七年(1792年)工程才结束。清帝不仅在此避暑,还从事各种政治活动,因此此地曾为清朝的第二个政治中心。承德避暑山庄总面积约564万平方米,是我国现存规模最大、建筑风格最独特的皇室园林(图6-6)。

图6-6　承德避暑山庄

山庄在营建过程中尽量保持了大自然的原有风貌,天造地设,自然成趣,建筑物建在原有的山、谷、湖面和平原上,富有浓厚的山庄野林情调。山庄内水木清华,景物天成,分宫殿区和苑景区两部分。宫殿区集中在东南部,包括正宫、东宫、松鹤斋和万壑松风四组建筑,古朴庄重,是皇帝处理朝政和居住的地方;苑景区面积占山庄的4/5,包括山峦、湖区和草原三个景区。湖区占地80公顷,以如意湖为主体,以热河等泉为水源,泉涌水清。湖区建筑多模仿江南园林的风格,如仿杭州的芝径云堤、仿镇江的金山寺、仿嘉兴南湖的烟雨楼等等,因此整个山庄建筑将北方的浑厚与江南的小巧融合在一起。

### 2. 外八庙

承德的"外八庙"是清代修建的一个规模庞大的寺庙群,凝聚了汉、蒙、藏等多民族建筑风格和艺术的古建筑宝库。它们分布在承德避暑山庄的东面和北面,像众星拱月般围绕着避暑山庄。山庄是皇权的象征,这些代表着不同民族的庙宇建筑,则象征着国家的统一、民族的团结。"外八庙"实际上并不只是8座庙,原有寺庙12座,因由八个单位管理,且地处塞外,故叫外八庙。修建这些寺庙前后历时67年,可以说是"康乾盛世"的产物,现在尚存7座。

建于乾隆二十年(1755年)的普宁寺采用了汉藏两式,寺的主体建筑是大乘阁,其中供有一尊高大的千手千眼观音雕像,故又称大佛寺。这尊巨大的木雕佛像高22.28米,腰围15米,造型优美,比例匀称,极富神韵。这尊大佛是我国艺术宝库中的稀世珍品,据说它也是世界上最大的木雕佛像。普陀宗乘之庙建于乾隆三十六年(1771年),是乾隆为了庆祝他本人60寿辰和他母亲皇太后80寿辰而建的。这是外八庙中最辉煌、规模最大的一个庙,这座庙是仿照拉萨的布达拉宫建造的,因而又称小布达拉宫。外八庙的建造反映了清朝前期比较开明的民族政策。

### 3. 清东陵、清西陵

清东陵位于河北省遵化县境内,面积达80平方千米,是我国现存规模最大、体系完整的帝王后妃墓群。清代有五个皇帝葬在这里,分别是顺治(孝陵)、康熙(景陵)、乾隆(裕陵)、咸丰(定陵)、同治(惠陵)。此外,还有慈安、慈禧等四座后陵、五座妃园寝及一座公主陵。这座陵墓群的中心是昌瑞山主峰下的孝陵。每一座墓陵都有大量的石雕。石像牲整齐地排列在神道两旁,其中孝陵的石像牲最多,共有18对。每座石像牲连基座在内,都由一整块石料雕成,造型优美、生动。

清西陵位于河北易县城西15千米的永宁山麓,建筑达5万多平方米,共有殿宇千余间,石建筑和石雕百余座,大部分都保存完好。清西陵是由清朝四座皇帝陵(雍正泰陵、嘉庆昌陵、道光慕陵、光绪崇陵)、三座皇后陵以及一些王公、公主、妃子园寝组成的陵墓群。雍正的泰陵居于陵区的中心位置,是西陵中建筑最早、规模最大的一座,其余各陵分布在东西两侧。陵区内林木茂密,景色十分优美。

### 4. 山海关

山海关是明长城的东北起点,境内长城26千米,位于河北省秦皇岛市东北15千米,因其北倚燕山,南连渤海,故得名山海关。据史料记载,山海关自公元1381年建关设卫开始,至今已有600多年的历史,自古即为我国的军事重镇。明末女将军秦良玉、武举吴三桂等都镇守过山海关。

山海关的城池周长约 6000 米,是一座小城,整个城池与长城相连,以城为关,城高 14 米,厚 7 米。全城有四座主要城门,并有多种古代的防御建筑,是一座防御体系比较完整的城关,有"天下第一关"之称。山海关以威武雄壮的"天下第一关"箭楼为主体,辅以靖边楼、临闾楼、牧营楼、威远堂、瓮楼,东罗城、长城博物馆等长城建筑,向中外游客充分展示了中国古代城防建筑的风采。

### 5. 南、北戴河海滨

北戴河海滨位于河北省秦皇岛市西部,这里气候良好,海岸线曲折平坦,沙软潮平,是我国北方一处理想的避暑胜地。北戴河海滨避暑区,西起戴河口,东至鹰角亭,东西长约 10 千米,南北宽约 1.5 千米。北戴河是神州九大观日处之一,北戴河海滨东北端的鹰角亭为观日最佳地点。日出前万籁俱寂,天水相连,色彩变幻;红日涌出时刻,水上水下红日相接,瞬间跃出水面,霞光、阳光洒满山峦沙滩,犹如覆盖上了一层金色的纱幕。倘若随火车行驶观看,则另有一番情趣(图 6-7)。

南戴河与北戴河海滨仅有一桥之隔,在戴河南端入海处。它的海岸线比北戴河还要宽广,长达 17.5 千米,总面积 20 平方千米。海岸背后是一片郁郁葱葱的槐树林,绵延几十千米直至黄金海岸。树林丛中,绿草如茵,林中有各种鸟类 70 多种,百鸟争鸣,与海浪涛声组成了一曲天然的交响乐,悦耳动听。这里气候凉爽,空气中负氧离子多,是避暑旅游休养度假的好地方。南戴河主要的旅游景点有环球世界宫、西游记宫和水上乐园等。

### 6. 响堂寺石窟

响堂寺石窟位于邯郸市西南的鼓山上,因在鼓山洞穴中谈笑拂袖,铿然有声,故得名"响堂"。响堂寺石窟建于北齐文宣帝时期(公元 526—559 年),集中在鼓山南麓和山腰,分别称为"北响堂寺石窟"和"南响堂寺石窟"。两石窟相距约 15 千米,石窟 16 座,大小造像 4000 余尊。

北响堂寺石窟位于鼓山之腰,山势高峻,多峭壁悬崖。石窟筑于山壁,分南、北、中三组,每组有一大洞,共 9 洞。南响堂寺石窟位于鼓山南麓,殿宇楼阁依山而建,参差错落,颇为壮观。石窟上下两层,上层 5 窟,下层 2 窟。其中"千佛洞"保存完好,1028 尊窟像济济一堂,洞顶浮雕飞天,雕刻精致。响堂寺石窟上承云冈塔柱式石窟的风格,下开隋唐三壁三龛式石窟的先河,石窟造像有承前启后的作用。

### 7. 嶂石岩

嶂石岩风景区位于石家庄西南的赞皇县境内,距石家庄市区约 100 千米,是太行山森

图 6-7　北戴河日出

林公园精华部分之一,其特色景点为大型天然回音壁。景区面积约 120 平方千米,站在景区最高点黄庵垴(海拔 1774 米)可看到两省五县。其全旅游区的地貌经由国家旅游、地质部门鉴定为"嶂石岩地貌",以嶂石岩命名的嶂石岩地貌,与丹霞地貌、张家界地貌并称为中国三大旅游砂岩地貌。

　　嶂石岩景观主要有"丹崖、碧岭、奇峰、幽谷"。其景观特色大致可概括为"三栈牵九套,四屏藏八景":三栈即三条古道;九套即连接三条古道的九条山谷;四屏乃整体看似四道屏障一样但又相对独立的四个分景区(九女峰、圆通寺、纸糊套、冻凌背)。这三栈四屏、八景九套之间均有小路相连,将 120 个景点连珠缀串,迤逦展开。其中天然回音壁、冻凌玉柱、雾洞、佛光为"嶂岩四绝"。雄伟的嶂岩三叠、奇秀的九女峰让人叹为观止。一线天、三秀峡、槐泉峪、乳泉洞、大天梯等一串串的自然景点令人神往。千年古刹槐泉寺、三栈胜境玉皇庙暨千佛碑、大王台、义军寨等人文景观是寻古探幽的佳地。

　　8. 苍岩山

　　苍岩山位于河北省井陉县南部,距石家庄市 50 千米,海拔 1000 余米,为太行山支脉,景区面积约 180 平方千米,是第二批国家重点风景名胜区、历史文化名山、国家 4A 级旅游景区,自古就有"五岳奇秀揽一山,太行群峰唯苍岩"的盛名。苍岩山周围皆为荒山秃岭,唯独此山林木苍翠,古树葱茏,故名"苍岩"。苍岩山断崖绝壁,古木参天,层峦叠翠,山上飞瀑高悬,山下清泉流畅,其中以"碧涧灵檀""阴崖石乳""峭壁嵌珠"等"苍岩十六景"最为著名。苍岩山古建筑甚多,主要的有福庆寺、书院、万仙堂、公主祠、桥楼殿、玉皇顶、峰回轩、藏经楼等。在对峙的断崖之间飞架着一座长 15 米、宽 9 米的单孔石拱桥,桥楼殿就坐落在这临深约 70 米的桥上。桥楼殿是我国三大悬空寺之一,也是我国古代建筑的杰作(图 6-8)。从桥楼殿再向北行是福庆寺,相传隋唐帝长女南阳公主曾在福庆寺削发为尼,居住在南阳公主祠。

图 6-8　苍岩山桥楼殿

(四)河南次旅游区

河南省,简称"豫",位于黄河中下游,东接安徽、山东,北界河北、山西,西连陕西,南临湖北,总面积 16 万多平方千米,因其大部分地区位于黄河之南而得名。该地区自古以来就是中国九州之中心,是中华古文化的摇篮,早在原始社会时期中华民族的先祖就在这里繁衍生息,现已发现了距今 1 万年左右的"裴李岗文化""仰韶文化"等先民的居住遗址,距今 2 万年前后人类居住的洞穴以及 60 万年前猿人打制的石器等。河南的旅游资源以"古"著称,文物古迹遍布全省,这里有古都洛阳、开封、安阳、郑州;历史文化名城商丘、南阳、浚县等;还有名扬中外的嵩山少林寺武功、洛阳牡丹、河南坠子、豫剧等。

### 1. 白马寺

白马寺位于洛阳市城东 12 千米处,它北依邙山、南望洛水,这里绿树红墙、梵殿宝塔、松林凝翠、肃穆幽静。白马寺建于东汉永平十一年(公元 68 年),是佛教传入中国后由官府营建的第一座佛教寺院,有"中国第一古刹"之称。我国佛教宗派繁多,寺庙林立,但都公认白马寺在中国佛教史上的特殊地位,尊其为佛教的"祖庭"和"释源"。白马寺现存寺院为明清重修,建筑面积 3.4 万平方米,并有殿堂百余间,主要建筑有山门、天王殿、大雄宝殿、接引殿、毗卢殿等。寺院外的 13 层齐云塔,高 25 米,是洛阳现存较早的古建筑之一。

### 2. 黄河风景区

黄河风景区位于郑州西北 30 千米处,南依巍巍岳山,北临滔滔黄河。雄浑壮美的大河风光,源远流长的文化景观以及"地上悬河"的起点、黄土高原的终点、黄河中下游的分界线等一系列独特的地理特征,使这里成为融观光游览、科学研究、弘扬华夏文化、科普教育为一体的大河型省级风景名胜区,成为国家旅游专线——黄河之旅的龙头。

在已经建成并对外开放的五龙峰、岳山寺、骆驼岭景区近 40 处景点内,分布着"炎黄二帝""哺育""大禹""战马嘶鸣""黄河儿女"等塑像;黄河碑林、《西游记》等古代名著大型砖雕;浮天阁、极目阁、开襟亭、畅怀亭、依山亭、牡丹亭、河清轩、引鹭轩等亭台楼阁;低空索道、环山滑道、黄河气垫船等现代化游乐设施。黄河风景区每年都吸引着数以万计的中外游客,故被誉为万里黄河上的一颗璀璨的明珠。

### 3. 大相国寺

大相国寺位于河南开封市自由路西段,始建于北齐天保六年(555 年),现存殿、楼为清康熙十年(1671 年)时重修。大相国寺是历史上名寺之一,唐宋时规模宏大,仅中庭两庑即可容纳万人。明之前寺内还藏有大量稀世之宝,如唐画圣吴道子、塑圣杨惠之和北宋大文豪苏轼的手迹等,是一座名副其实的文化艺术宝库。古典小说《水浒传》中所描绘的鲁智深倒拔垂杨柳、林教头结识鲁智深等精彩故事,都发生在大相国寺的菜园里。清重建的相国寺规模远逊于唐宋,其格局基本保存至今,即在一条中轴线上,由南至北,依次建有碑楼、二殿(天王殿)、正殿(大雄宝殿)、八宝琉璃殿、藏经殿,寺前院东侧还建有钟楼。

4. 嵩山

嵩山位于河南省登封县境内,地处中原,故称中岳。主峰峻极峰海拔 1492 米,雄伟挺拔。嵩山峰多寺也多,有"上有七十二峰,下有七十寺"之说。全山由东西两群山峰组成,东为太室山,山体雄浑高大,巍峨壮观;西为少室山,山势陡峭,挺拔秀丽。嵩山自古就是一座名山,古迹甚多。

少林寺始建于北魏太和十九年(495 年),历史久远。少林寺位于嵩山西麓丛林茂盛的少室山北麓,景致幽雅,是"禅"和"武"的世界。明朝时少林寺到达鼎盛时期,规模很大。主要建筑有山门、天王殿、大雄宝殿、藏经阁、方丈室、达摩亭、千佛殿等。在千佛殿内供毗卢佛铜像,因此亦叫毗卢殿。殿内砖地上还保存着 20 多个直径约 4.5 厘米的洼坑,是往昔寺僧练习拳习武时的脚坑遗迹。千佛殿东侧的白衣殿,三面墙绘有少林拳谱壁画,壁画长约 20 米,很生动地表现了少林寺和尚练拳习武的情景。

塔林在少林寺西约 300 米处的山脚下,是唐朝以来少林寺历代住持僧的葬地,共 250 余座,也是我国规模最大的墓塔林。塔的大小不等,形状各异,层级分别为 1～7 级,高度在 15 米以下,平面有正方形、长方形、六角形、八角形和圆形等,大都有雕刻和题记,反映了各个时代的建筑风格,是研究我国古代砖石建筑和雕刻艺术的宝库(图 6-9)。

中岳庙是嵩山最著名、最雄伟的一座寺庙。中岳庙位于嵩山南麓,始建于秦,以后历代都有修建,逐渐发展成为了一座规模宏大的庙宇。中岳庙的建筑制式和布局是清高宗弘历依照北京紫禁城的形式设计重建的,现存的殿、阁、宫、楼、亭、台等建筑 400 余间,石刻碑碣百余座,占地达 37 万平方米,前后长达 600 余米,是河南省规模最大、保存最完善的古建筑群。

5. 安阳"殷墟"

安阳位于河南北部,是我国七大古都之一、甲骨文的故乡、《周易》的发源地,著名的大禹治水、文王演易、苏秦拜相、岳母刺字等历史故事都发生在这里。主要景点有安阳"殷墟"、红旗渠、文王庙、文峰塔、高阁寺、袁世凯墓等。

殷墟是中国商代晚期的都城遗址,横跨安阳洹河南北两岸,现存有宫殿宗庙区、王陵区和众多族邑聚落遗址、家族墓地群、甲骨窖穴、铸铜遗址、制玉作坊、制骨作坊等遗迹,是中国历史上第一个有文献可考、并为甲骨文和考古发掘所证实的古代都城遗址,距今已有 3300 年的历史。2001 年 3 月在由国内 48 家权威考古机构参加的"中国 20 世纪 100 项考古大发现"的评选中,殷墟以最高票数名列榜首。根据最近的考古调查和研究结果,表明殷墟遗址的面积超过 36 平方千米,其中宫殿宗庙遗址、王陵遗址是核心区域,并被同时列入《世界遗产名录》。

**图 6-9　少林寺塔林**

### 6. 红旗渠

红旗渠位于河南省安阳以西 50 多千米的林县林滤山中,地势险峻,工程宏伟。它不仅是造福人民的水利工程,也是林滤山的一大胜景,被中外游人誉为"人工天河"、"当代万里长城"和"世界第八大奇迹"。2006 年 5 月 25 日,红旗渠被国务院批准列入第六批全国重点文物保护单位名单。2016 年被评为 5A 级景区。20 世纪 60 年代,林县人民以"重新安排林县河山"的英雄气概,用自己勤劳的双手,在巍巍太行山上,逢山凿洞,遇沟架桥,一锤一钎,坚持苦干十年,削平了 1250 座山头,凿通了 211 个隧洞,架设了 151 座渡槽,建成了盘绕林滤山长达 1500 千米的引水灌溉工程——红旗渠。红旗渠工程竣工后,周恩来总理自豪地告诉国际友人:"新中国有两个奇迹,一个是南京长江大桥,一个是林县红旗渠。"

### 7. 铁塔

铁塔位于河南省开封城内东北隅铁塔公园内,以精湛绝妙的建筑艺术和雄伟秀丽的修长身姿而驰名中外,被人们誉为"天下第一塔"。铁塔建于北宋皇佑元年(1049 年),现高 55.88 米,为八角十三层,是国内现存琉璃塔中最高大的一座。铁塔完全采用中国木质结构的形式,塔身修长,高大雄伟,通体遍砌彩色琉璃砖,砖面饰以栩栩如生的飞天、佛像、伎乐、花卉等,图案达 50 多种。据统计,塔的外部采用经过精密设计的二十八种标准砖型加工合成。塔身设窗,一层北、二层南、三层西、四层东以此类推为明窗,其他为盲窗。环挂在檐下的 104 个铃铎,每当风度云穿时,悠然而动,像是在合奏一首优美的乐曲。塔内有砖砌蹬道 168 级,绕塔心柱盘旋而上,直达塔顶。登上塔顶极目远望,可见大地如茵,黄河似带,游人至此,顿觉飘然如在天外。

### 8. 龙门石窟

龙门石窟是我国三大石窟之一,位于洛阳城南 12 千米处。这里有一条伊水,河两岸是香山和龙门山。自北魏至晚唐的四百余年间,古代匠师在这两座山上凿窟建寺,使这里成了举世闻名的石雕艺术宝库。龙门石窟南北长达 1000 米,共有 10 万余尊佛像,1300多个石窟,题记和碑刻 3600 余件。奉先寺是龙门石窟中最大的一个窟,长宽各 30 米。奉先寺的特别之处在于中间那尊巨大的卢舍那雕像,实在是一件精美绝伦的艺术杰作。卢舍那佛像总高 17.14 米,头高 4 米,耳长 1.9 米。据佛经说,卢舍那意即光明普照(图6-10)。龙门石窟中另一个著名的洞窟是宾阳洞。这个窟前后用了 24 年才完成,是开凿时间最长的一个洞窟。洞内有 11 尊大佛像,主像释迦牟尼像,高鼻大眼、体态端详,是北魏中期石雕艺术的杰作。

### 9. 关林

关林位于洛阳市南郊 8000 米处的关林镇,是埋葬三国时期蜀将关羽首级的地方,始建于明万历二十四年(1596 年),是一处宫殿式建筑群,古柏成林,隆冢丰碑,气派巍峨。关林的主要建筑均在中轴线上,依次为舞楼、大门、仪门、甬道、拜殿、大殿、二殿、三殿、石坊、八角亭,最后为关冢,是中国唯一的冢、庙、林三祀合一的古代经典建筑。

大殿面阔七间,进深三间,高 26 米,庑殿顶,琉璃瓦覆盖,五脊横立,六兽扬威。二殿五开间,庑殿式,门上悬挂着“光昭日月”匾额,是清光绪帝御题。殿中塑关羽怒视东吴像,左侧站着手捧大印的关平,右侧站着手持大刀的周仓。三殿硬山式,面阔五间,规模较小,内塑关羽夜读春秋像、关羽出行图和睡像,故又称寝殿。石坊宽 10 米,高 6 米,三门道,正额题“汉寿亭侯墓”五字,坊上题联甚多,均是歌颂关羽之作,书体皆为明清书法,值得欣赏。八角亭建于清康熙五年(1666 年),构筑奇巧,别具一格。亭内有龟跌座石碑一通,高4.8 米,碑头雕龙,额题“勒封碑记”四字。碑的正面书题“忠义神武灵佑仁勇威显关圣大帝林”,为历代帝王对关羽的最高封号。关冢平面为不规则的八角形,围墙用砖砌,占地约250 平方米,冢高 10 米。

图 6-10　龙门石窟

（五）山东次旅游区

山东省,简称"鲁",位于黄河下游,东临渤海、黄河,与朝鲜半岛、日本列岛隔海相望,总面积 15 万多平方千米。山东旅游资源丰富,自然风光秀丽,文物古迹丰富。五岳之首的泰山为世界自然与文化双重遗产;曲阜"三孔"被列入世界文化遗产名录;青岛、烟台海滨为全国闻名的避暑胜地;"泉城"济南的天下第一泉——趵突泉,享誉中外。据统计,山东有各类旅游景点(区)约 600 余处,古建筑、古遗址 1.3 万多处,还有国家历史文化名城 7座、国家级风景名胜区 5 处、国家森林公园 25 座、国家级自然保护区 7 处,可见山东省历史文物众多,遍及全省。

1. 泰山

泰山位于山东中部,泰安城北,又称东岳,有"五岳独尊"之称。泰山海拔 1545 米,屹立于山东平原,显得分外雄伟壮观。泰山之胜,在于一登。登临玉皇顶,东有观日亭,西有望河亭,可观赏"旭日东升""晚霞夕照""黄河玉带""云海玉盘"四大奇景,其中以日出云海最为壮观。日出时,初为一红线,渐渐扩张,忽红、忽黄、忽赭,杂以青天斑斑,似蓝似白,绚烂多彩,荡漾如波;瞬间,太阳如一轮火球跳出海面,光芒四射,极其壮观(图 6-11)。

**图 6-11　泰山的日出云海**

岱庙位于泰山南麓，面积近 10 万平方米，是泰山最大、最完整的古建筑群，为道教神府，是历代帝王举行封禅大典和祭神的地方。岱庙城墙高筑，庙貌巍峨，宫阙重叠，气象万千。岱庙创建于汉代，至唐时已殿阁辉煌。在宋真宗大举封禅时，又大加拓建，修建天贶殿等，更见规模。其建筑风格采用帝王宫城的式样，周环 1500 多米，庙内各类古建筑有 150 多间。天贶殿是岱庙的主体建筑，为东岳大帝的神宫。殿面阔九间，进深四间，通高 22 米，面积近 970 平方米，为重檐庑殿式，上覆黄琉璃瓦。殿内有一幅名为"启跸回銮图"的巨幅壁画，传为宋代作品，高 3.3 米，长 62 米，描绘了东岳大帝浩荡出巡及其狩猎满载而归的场景，画中人物数以千计，神态生动，是极其珍贵的文物。

2. 曲阜"三孔"

山东的曲阜是孔子的故乡，这里有一座巨大的宫殿式建筑——孔庙；有中外历史上罕见的世袭了七十多代的贵族府第——孔府；保存最完整的家庭园林墓地——孔林。孔庙、孔府、孔林简称为"三孔"，是我国也是世界上不可多得的历史文化游览胜地。

孔庙是祭祀孔子的地方，也是全国最大的文庙，主体建筑为大成殿。这座金碧辉煌的大殿,宽 45.69 米,深 24.85 米,殿高 24.8 米,殿基占地 1836 平方米。孔庙是我国现存巨大的古建筑之一,可与故宫的太和殿媲美,殿内有巨大的孔子塑像,像高 3.3 米,神采奕奕,威而不猛。孔子像两侧是颜回、曾参、孔及、孟轲"四配"的塑像,身高 2.6 米。另有"十二哲"塑像,身高 2 米。孔庙里共有碑碣 3000 余块,被人们视为书法、绘画、雕刻艺术的宝库。最为珍贵的是 22 块汉魏六朝石刻。

孔府旧称"衍圣公府",是历代衍圣公的官署和私邸,占地 16 余公顷,有房 463 间,为我国现存规模最大的贵族府第,号称"天下第一家"。建筑布局分东、中、西三路:东路为家祠;西路为衍圣公读书和习礼之所;中路是孔府的主体,以内宅门为界,前为官衙,后为内宅和花园。府内收藏了大批历史文物以及元以来数以千计的衣冠剑履、袍笏器皿和内容浩繁的档案,具有极高的研究和观赏价值。

孔林是孔子及其后裔的专用墓园,是世界上规模最大、延时最久、墓葬最多、保存最完整的家庭古墓群。孔林占地约 2 平方千米,围墙长 7.25 千米。园内古木参天,共 2 万多株,四时不凋,形成了一处古老的人造园林。孔子墓,位于孔林中央,高 6 米,墓碑上刻有篆书"大成至圣文宣王墓",墓东侧为其子孔鲤墓,南为其孙孔伋墓。

### 3. 济南趵突泉

趵突泉位于济南市中心区,南靠千佛山,东临泉城广场,北望大明湖,面积 158 亩,是以泉为主的特色园林。今日之趵突泉正越来越为世人所瞩目,便有了"游济南不游趵突,不成游也"之盛誉。该泉位居济南七十二名泉之首,被誉为"天下第一泉",也是最早见于古代文献的济南名泉。趵突泉是泉城济南的象征与标志,与千佛山、大明湖并称为济南三大名胜。趵突泉水分三股,昼夜喷涌,水盛时高达数尺。所谓"趵突",即跳跃奔突之意,反映了趵突泉三窟迸发,喷涌不息的特点(图 6-12)。"趵突"不仅字面古雅,而且音义兼顾。不仅以"趵突"形容泉水"跳跃"之状、喷腾不息之势,同时又以"趵突"摹拟泉水喷涌时"卜嘟卜嘟"之声,可谓精妙绝佳。趵突泉附近还有金线泉、漱玉泉、马跑泉、柳絮泉等 30 余眼名泉。

### 4. 大明湖

大明湖位于市中心偏东北处、旧城区北部,是济南三大名胜之一,是繁华都市中一处难得的天然湖泊,也是泉城重要的风景名胜和开放窗口。大明湖是一个由城内众泉汇流而成的天然湖泊,面积甚大,几乎占了旧城的四分之一。市区诸泉在此汇聚后,经北水门流入小清河。现今湖面 46 公顷,公园面积 86 公顷,湖面约占 53%,平均水深 2 米左右,最深处约 4 米。蛇不见,蛙不鸣;淫雨不涨,久旱不涸是大明湖两大独特之处。

大明湖景色优美秀丽,湖上鸢飞鱼跃,荷花满塘,画舫穿行,岸边杨柳荫浓,繁花似锦,

图 6-12 趵突泉

游人如织,其间又点缀着各种亭、台、楼、阁,远山近水与晴空融为一色,犹如一幅巨大的彩色画卷。大明湖一年四季美景纷呈,尤以天高气爽的秋天最为宜人。春日湖上暖风吹拂,柳丝轻摇,微波荡漾;夏日湖中荷浪迷人,葱绿片片,嫣红点点;秋日湖中芦花飞舞,水鸟翱翔;冬日湖面虽暂失碧波,但银装素裹,分外妖娆。主要名胜有历下祠、名士轩、铁公祠、稼轩祠、南丰祠等,其中历下祠最为著名。

5. 千佛山

千佛山峰峦起伏,林木森森,恰似济南的天然屏障,是济南三大名胜之一。据今人研究,千佛山是泰山余脉。距今 5 亿年前济南地区为海域,18 000 万年前发生了燕山运动,沉积的石灰岩跟泰山一起上升,造成了巨大穹窿构造,于是形成了千佛山。千佛山原称历山,春秋称靡笄山,战国称靡山,南北朝称舜山、庙山、舜耕山。隋开皇年间,依山势凿窟,镌佛像多尊,始称千佛山,并建"千佛寺"。唐贞观年间,重新修葺,将"千佛寺"改称"兴国禅寺",千佛山遂成为香火胜地。自元代始,每年"九九重阳节"举办庙会。1959 年辟建为公园。千佛山公园位于济南市区南部,因千佛山而得名,面积 166.1 公顷,海拔 285 米。

千佛山东西横列,奇伟深秀,山腰处建有"兴国禅寺""历山院"。除此之外,还散落着"唐槐亭""齐烟九点"和"云径禅关"坊等。

### 6. 崂山

崂山是山东半岛的主要山脉,最高峰崂顶海拔1133米,它耸立在黄海之滨,高大雄伟。当地有一句古语说:"泰山虽云高,不如东海崂。"山海相连,山光海色正是崂山风景的特色。当你漫步在崂山的青石板小路上,一边是碧海连天,惊涛拍岸;另一边是青松怪石,郁郁葱葱,你会感到心胸开阔,气舒神爽。因此古时有人称崂山为"神仙之宅、灵异之府"(图6-13)。传说秦始皇、汉武帝都曾来此求仙,这些活动给崂山涂上了一层神秘的色彩。蒲松龄的《崂山道士》《香玉》等文更使崂山名扬天下。崂山是我国著名的道教名山,过去最盛时有"九宫八观七十庵",全山有上千名道士。著名的道教人物丘长春、张三丰都曾在此修炼。原有道观大多毁坏,保存下来的以太清宫的规模最大,历史也最悠久。崂山上多奇峰异石,古树清泉。崂山的山有多高,水就有多高,名泉胜水是崂山一大特色。巨峰顶上的"天乙泉"、太清宫的"神水泉"、上清宫的"圣水洋"等都是崂山名泉。

图6-13　崂山

7. 青岛海滨

青岛位于山东半岛南端,胶州湾东南岸,是一个三面环海,港阔水深,冬季不冻的优良海港。青岛气候宜人,环境整洁优美,景色秀丽,是我国著名的海滨旅游避暑胜地。青岛海滨的主要游览景点有栈桥、第一海水浴场、八大关等。

栈桥位于青岛市南海湾,桥长 400 多米,宽 8 米。深入茫茫大海的栈桥及桥头的"回澜阁"是青岛十景之一。漫步于海滨,但见栈桥长虹卧波,双层飞檐八角的"回澜阁"熠熠生辉,风景十分迷人。

第一海水浴场即汇泉海水浴场,位于青岛汇泉湾内,号称"东亚第一海水浴场"。这里地理位置得天独厚,海滩宽达 40 多米,浪高仅为 1 米多,湾深、波缓、水清、沙细、浪少,且设备齐全,是盛夏避暑的好去处,也是我国目前著名的海水浴场之一。

八大关位于青岛市区东南部,西邻汇泉湾,东到太平角,是青岛著名的旅游疗养区。区内环境清幽,绿树花丛中掩映着 200 余栋风采各异的别墅,故有"万国建筑博物馆"之称。道路两旁的花木也各具特色——"一路一木",如正阳关路全是紫薇,紫荆关路是一色的雪松等。

(六)山西次旅游区

山西省,简称"晋",位于黄土高原东部,面积 15 万多平方千米,因地处太行山以西而得名。山西省历史悠久,文化灿烂,是中华民族的发祥地之一,炎帝、尧、舜、禹都曾在此活动并建都立业,中国第一个奴隶制国家夏朝也建立在此。山西旅游资源尤以"古"见长,素有"中国古建筑博物馆"之称。其中著名的历史古迹有:全国最古的木结构建筑——南禅寺、佛光寺;全国最高的木结构建筑——应县木塔;宋代古建筑晋祠;世界文化遗产云冈石窟和平遥古城;全国现存最大、内容最丰富的元代壁画——芮城永乐宫壁画;全国规模最大的武庙——解州关帝庙等。

1. 云冈石窟

云冈石窟位于山西省大同市西郊,是我国古代雕刻艺术的瑰宝,也是世界著名的大型石窟群之一。云冈石窟开凿于北魏和平年间(公元 460—465 年),距今已有 1500 多年的历史。整个石窟依山开凿,东西延绵 1000 米,现存主要洞窟 53 个,大小造像 51 000 多个。石窟可分为东、中、西三部分,中部石窟(编号 5~20)是云冈石窟的主体部分和精华。位于第 5 号石窟中央的三世佛坐像,是整个石窟中最大的佛像,高达 17 米。佛像形态端庄,是中原文化传统的表现手法;但其脸部形象:额宽、鼻高、眼大而唇薄,却具有外域佛像文化的某些特征。此外,第 20 号石窟中的释迦坐像,高 13.7 米,面部丰满,两肩宽厚,造型雄伟,气魄浑厚,为云冈石窟雕刻艺术的代表作。

## 2. 五台山

五台山位于山西省五台县东北部,绕周250千米,因五座山峰高耸而峰顶平坦如台,故有此名。五台山为我国四大佛教名山之一,在我国佛教史上具有重要的地位,隋唐时即已名播诸方,至今完整地保存着唐以来各代木结构建筑,素有"古建宝库"之称,南禅寺、佛光寺、延庆寺、广济寺、菩萨顶、尊胜寺等八座寺宇可称为古代木结构建筑的代表,其中南禅寺、佛光寺是我国现存最早的两座木结构建筑,被国内外建筑学家称为"千年瑰宝"。五台山现存寺庙58座,塔数百座,又分青、黄庙。青庙住和尚,黄庙住喇嘛,是我国唯一兼具汉地佛教和喇嘛教的佛教道场。塔院寺内有一座舍利白塔,高60米,基座高厚,为尼泊尔式,现已成为五台山的标志性建筑(图6-14)。

**图6-14　五台山**

## 3. 晋祠

晋祠位于太原市西南郊25千米处的悬瓮山麓,是全国重点文物保护单位之一。晋祠原为纪念晋国开国君王唐叔虞而建,创建年代已不可考证。晋祠的文物古迹很多,比较著名的有圣母殿和 42 尊侍女像、造型优美的"鱼沼飞梁"、齐年柏和难老泉等。圣母殿是晋祠的主体建筑,殿内有宋代彩塑 43 尊,主像圣母端坐木制神龛内,其余 42 尊侍女像分列两侧。侍女像身高与真人相仿,姿态自然,神情各异,真实地表现了被禁锢、受奴役者的精神面貌,是中国古代现实主义艺术的雕刻珍品,在中国美术史上占有十分重要的地位。

### 4. 永乐宫壁画

永乐宫位于山西芮城县境内,始建于元代。永乐宫布局疏朗,中轴线上由南至北分别为山门、龙虎殿、三清殿、纯阳殿和重阳殿。永乐宫是现存最早的道教宫观之一,也是目前保存最完整的一组元代建筑,宫内保存着举世闻名的元代壁画艺术,壁画面积达 960 平方米,三清殿和纯阳殿内的壁画尤为精美。永乐宫的主体建筑——三清殿内供奉着上清、太清、玉清神像故得此名。殿内四壁及神龛内均满绘彩画,描绘了近 300 个值日神像的《朝元图》,即诸神朝拜道教始祖元始天尊的图像。壁画以 8 个帝后主像为中心,四周有金童、玉女、天丁、力士、帝君、宿星、左辅和右弼等神像,一派仙境气息。如此众多的人物,高低错落,神态各异,构图极富变化,又有统一完整的艺术效果,被行家们认为是现有壁画中最为精彩的。

### 5. 平遥古城

平遥位于山西中部,始建于周宣王时期,是一座已有 2000 多年历史的古城。现存古城墙建于明洪武三年(1370 年),以筑城手法古拙、工科精良称誉。古城呈长方形,周长 6000 米,墙高 12 米左右,城外有宽、深各 4 米的护城河环绕。城墙上筑有垛口、敌楼、角楼、瓮城等,有垛口 3000 个,敌楼 72 座,应"孔子三千弟子,七十二贤人"之说,城内至今仍保存着多处明、清年代的民宅建筑。平遥古城内的主要游览景点有明代古城墙、中国第一家票号——日升昌票号、祁县的乔家大院、五代的镇国寺、金代的文庙大成殿和慈相寺、元代的清灵寺和城西南的双林寺等。

### 6. 恒山

恒山位于山西东北部浑源城外正南方向,东距云冈石窟 82 千米,南至五台山 140 千米,有"绝塞名山"之美誉。恒山山体延绵 200 千米,叠峰拔峙,横亘塞上,为我国"五岳"中的"北岳",又是道教圣地。早在西汉初年就有营建,之后历代均有修饰。到明、清已形成规模宏大的建筑集群,人称"三寺四祠九亭阁,七宫八洞十二庙"。恒山主峰关锋岭海拔 2017 米,是"五岳"中最高的一座,为石灰岩制断层山,山势雄伟,奇峰壁立。恒山的胜景主要有翠屏峰、金龙峡、姑嫂崖、飞石窟、千佛岭、悬空寺等,其中尤以悬空寺最为著名。

悬空寺始建于北魏后期,距今约 1400 多年,历代都重修,但原来的结构没有改变(图 6-15)。因寺建在金龙峡西岩峭壁上,遥望如悬在半空之中故得此名。悬空寺设计思想之绝,建筑艺术之高,可谓世间罕见。悬空寺最高的三教殿内,释迦牟尼(佛教)、老子(道教)和孔子(儒教)的塑像共集一室,是我国现存唯一的佛、道、儒三教合一的独特寺庙。建在崖壁上的殿堂进深都较小,殿内的塑像形体也相对缩小,但比例适度,表情丰富,颇具艺术价值。寺中共有殿室 40 余处,都是木结构,其位置部署,对称中有变化,分散中有联络。游人们在廊栏间行走,如入迷宫,甚至会找不到出路。这正是其建筑构思的一个特色,既不呆板,又不零乱,给人以曲折玄妙之感。

图 6-15　恒山悬空寺

### 7. 九龙壁

九龙壁位于山西省大同市城区和阳街,建于明代洪武年间(1368—1398 年),是明太祖朱元璋第十三子朱桂代王府前的琉璃照壁,距今已有 600 多年的历史,是国内现存最早、最大的九龙壁。壁高 8 米,厚 2.02 米,长 45.5 米,共由 426 块特制五彩琉璃构件拼砌而成。壁上均匀协调地分布着 9 条飞龙，以飞腾之势，跃然壁上，活灵活现。正中一条龙是九龙的中心，它龙头向前，龙尾摆动，黄色的主体，鳞光闪烁，主龙两旁的两条龙互相对称，构成了一幅生动的画面。壁面两侧为日月图案，间隙由山石、水草图案填充，互相映照、烘托。壁顶覆盖琉璃瓦，顶下由琉璃斗拱支撑。壁底为须弥座，高 2.09 米，敦实富丽，上雕 41 组二龙戏珠图案；腰部由 75 块琉璃砖组成浮雕，有牛、马、羊、狗、鹿、兔等多种动物形象，生动活泼，多彩多姿。

### 8. 应县木塔

应县木塔位于山西省应县城的西北角，始建于辽代清宁二年（1056 年），原名为佛宫寺释迦塔，是我国现存最高的木结构佛塔。应县木塔外形是八角形，高达 67.31 米，底层直径 30.27 米，外表看是五层六檐，但每层都设有一暗层，明五暗四，因此实际是九层。这座木塔除了石头基础外，全部用木头建造，各层用内外两圈木柱支撑梁架；而木柱之间，使用了 60 多种斜撑梁、木仿和短柱，规格和手法变化多样，组成了不同方向的浮梁式木架，使整个塔的构架连接成一个整体，既坚固，又美观。塔内每层都有塑像，是辽代雕塑的佳品，佛像的神态庄严、慈祥。

### （七）陕西次旅游区

陕西省，简称"陕"或"秦"，位于黄河中游，是中华民族的发祥地之一。全省地域南北长、东西窄，境内的秦岭是黄河流域和长江流域的主要分水岭，也是我国地理上南、北方的重要分界线之一。陕西省旅游资源富集，如有号称"世界第八大奇迹"的秦始皇兵马俑、五岳中的"西岳"——华山、距今 6000 年的母系氏族村落遗址——半坡仰韶文化遗址、号称"天下第一陵"的黄帝陵等。

### 1. 秦始皇兵马俑博物馆

秦始皇兵马俑博物馆位于距西安 37 千米的临潼区东面，南倚骊山，北临渭水，气势宏伟，是中国重点文物保护单位。秦始皇兵马俑在中国乃至世界都极具影响力，是中国最大的古代军事博物馆。俑阵经发掘对外开放后便轰动世界。

1974 年，在秦始皇陵东面发现三个大型陪葬的兵马俑坑，并相继进行发掘和建馆保护。三个坑成"品"字形，总面积 22 780 平方米，坑内置放与真人、真马一般大小的陶俑陶马共约 7400 余件。三个坑分别定名为一、二、三号兵马俑坑。其中一号坑最大，东西长 230 米，宽 621 米，总面积达 1426 平方米。在这个坑内埋有约 6000 个真人大小的陶俑，目前已清理出的有 1000 多个。这些陶俑高 1.8～1.97 米，一个个威武雄壮，令人望而生畏。还有如真马大小的陶马 32 匹，陶马 4 匹一组，拖着木质战车。

## 2. 西安碑林

西安碑林位于西安市的陕西省博物馆内,是北宋(1078 年)为保存唐代的"开成石经"而兴建的。现共收藏着汉、魏、隋、唐、宋、元、明、清各代碑石共 2300 余件,是我国历史上保存碑石最早的地方,也是我国现今最大的石质书库。由于碑石如林,故称"碑林"(图 6-16)。

图 6-16　西安碑林

在博物馆的第一陈列室内,陈列着 114 方两面刻文的石碑,计 65 万余字,因刻于唐开成二年故称为"开成石经",内容包括《周易》《尚书》《诗经》《周礼》《仪礼》《礼记》《春秋》《公羊传》《谷梁传》《论语》《孝经》《尔雅》等 12 部古代儒家学说经典著作,是我国现存唯一完整的一部石经。西安碑林所收藏的珍贵碑石,不仅可以作为文化艺术欣赏和学习书法的模本,而且还是研究我国古代政治、经济、军事、外交、哲学、宗教等方面的宝贵财富。西安碑林以其独有的特色成为中华民族历史文物宝库中的一个重要组成部分,1962 年被公布为中国第一批重点文物保护单位。

### 3. 大雁塔

大雁塔位于陕西省西安市南郊慈恩寺内,是全国著名的古代建筑,被视为古都西安的象征。西安市徽中央所绘制的便是这座气势恢宏、古朴雄伟的唐代著名古塔。此塔是玄奘大师从印度(古天竺)取经回来后,专门从事译经和藏经之处。因仿印度雁塔样式修建,故名雁塔。由于后来又在长安荐福寺内修建了一座较小的雁塔,为了以示区别,人们把慈恩寺塔叫作大雁塔,荐福寺塔叫作小雁塔,一直流传至今。大雁塔现高 64.5 米,共 7 层,呈方形角锥状。塔身为青砖砌成,各层壁面作柱枋、栏额等仿木结构,每层四面都有砖砌拱门。这种阁楼式砖塔,造型简捷,气势雄伟,是我国佛教建筑艺术的杰作。

### 4. 骊山·华清池

骊山是秦岭的一条支脉,海拔 1256 米,满山松柏青翠欲滴,远远望去,犹如一匹黑色骏马,故名"骊山"。华清池位于骊山北麓的唐华清宫故址,距西安 30 千米。"不尽温柔汤泉水,千古风流华清宫",骊山华清池现已成为闻名中外的游览沐浴胜地,是国家级风景名胜区和全国重点文物保护单位。

唐代华清池是帝王妃嫔游宴的行宫,每年十月到此,年终返回。据记载,唐玄宗从开元二年(714 年)到天宝十四年(755 年)的 41 年时间里,先后来此达 36 次之多。相传九龙汤、芙蓉池分别为唐玄宗、杨贵妃的沐浴之地。华清池现有 4 个泉眼,每小时总流量 112吨,水温 43 度,内含多种矿物质和有机物质,沐浴对理疗皮肤很有帮助。白居易在《长恨歌》中写道:"春寒赐浴华清池,温泉水滑洗凝脂。"

### 5. 华山

华山坐落在陕西省西安市东 120 千米的华阴县境内,属五岳之西岳,自古以来就以雄伟奇险闻名天下。这座山,处处是悬崖峭壁,山路险峻,素有"自古华山一条路"之说。落雁、朝阳、莲花、玉女、云台五峰并立,各具风姿。主峰落雁峰海拔 2154.9 米,下有惊险万状的长空栈。朝阳峰下有一悬崖,形如巨掌,著称"华岳仙掌"。莲花峰旁有一裂缝巨石,传为神话故事中沉香劈山救母之处。其他还有青柯坪、千尺幢、擦耳崖、苍龙岭等景点,如千尺幢,有石阶三百七十多级,仅容一人上下,由此仰望,仅见一线天开,俯视脚下,如临深渊,令人胆战心惊。华山松高大参天,多生长在海拔 1500 米以上的地带,与险峰奇石相得益彰(图 6-17)。

华山上庙宇名胜众多,从山麓至绝顶,处处可见。规模宏大的西岳庙位于华阴县城北,是历代帝王祭祀华岳的神庙。此外,还有玉泉院、仙姑观、金天宫、老君洞、翠云宫、玉女祠等名胜古迹。

图 6-17　华山

6. 黄帝陵

　　黄帝陵坐落在陕西省延安南部的黄陵县,是中华民族始祖轩辕黄帝陵墓的所在地。这里山清水秀,景色宜人,是著名的游览地和全国爱国主义教育基地之一。

　　黄帝陵冢高 3.6 米,周长 48 米,号称"天下第一陵"。陵冢四周古柏成林,幽静深邃。历代政府对保护黄陵古柏都很重视,宋、元、明、清都有保护黄陵的指示或通令。据黄陵县志记载,桥山柏林约 4 平方千米,63 000 余株。在桥山脚下,有轩辕庙一座。院内有古柏14 棵,其中有一株古柏树枝特别粗,像虬龙在空中盘绕,一部分树根露在地面上,叶子四季不衰,层层密密,像把巨大的绿伞,相传为轩辕氏所手植,此柏是目前全国最大的一株,称为"柏树之王"。

7. 榆林塞上风光

　　陕西榆林位于黄土高原和毛乌素沙漠的交界处,风光别具特色,素有"塞上江南,驼城榆林"的美誉。榆林塞上风光以明代古长城、红碱淖、红石峡等为主。

　　明代古长城以宁夏盐池为起点,呈东北—西南走向,斜贯于府谷、神木、横山、靖边和定边等地。其中榆林至神木一段,虽历遭自然灾害与战乱破坏,但仍连绵不断,一脉相连。沿线墩、台、堡、寨大部分保存完好,气势雄伟,犹如一条巨龙绵延于大漠之间,构成了榆林地区不可多得的旅游资源。

红碱淖是中国最大的沙漠淡水湖,水质清澈,景色宜人。湖中岛屿生态环境良好,有30余种野生禽类,鱼类品种繁多。湖东尔林兔草滩东西长 25 千米,南北宽 15 千米,有以沙柳为主的大面积固沙防风林带。湖西有 10 万亩的天然草场,水草丰盛,牛羊成群。景区夏季气候凉爽,是天然的大型游泳和避暑胜地,冬季是天然的大型滑冰场。

### 8. 宝鸡法门寺

法门寺位于宝鸡市东部的扶风县,素有"关中塔庙始祖"之称,始建于东汉,距今已有1700 多年的历史。相传印度的阿育王为使佛教发扬光大,将佛祖舍利分送给各地,凡得舍利处都要建造佛塔供奉,法门寺就是其中之一,而且是规模最大的一处。

图 6-18　宝鸡法门寺

法门寺在 1987 年重修宝塔时,使沉寂了 1113 年的 2000 多件大唐国宝重器和佛祖真身指骨舍利重回人间! 地宫内出土的稀世珍宝,不论在中国社会政治、经济、文化、科技,还是在中外文化交流等的研究上,都具有极其重要的价值。1988年,法门寺正式开放,并举办了国际性的佛指舍利瞻礼法会。海内外诸山长老及各界代表共300余人参加法会。十多年来,法门寺在前任方丈澄观、净一法师的住持下,相继建成了大雄宝殿、玉佛殿、禅堂、祖堂、斋堂、寮房、佛学院等仿唐建筑(图6-18)。另外,与法门寺相毗邻的法门寺博物馆,是一座以收藏、保护、展示和研究法门寺珍贵文物为主要内容的专题性佛教艺术博物馆,其充分体现了中国佛教文化的博大精深。

### 三、典型景点成因剖析

旅游景点的形成原因是多种多样的,因此其存在形式也是千变万化的。华北旅游资源区的景点成因极为典型,其中最具代表性的有三处,分别为山西的壶口瀑布、山东的蓬莱仙境和成语典故之乡——邯郸。

(一)壶口瀑布

1. 壶口瀑布概况

壶口瀑布是黄河中游流经晋陕大峡谷时形成的一个天然瀑布,是中国仅次于贵州省黄果树瀑布的第二大瀑布,是中国最美丽的六大瀑布之一。壶口瀑布景区面积约100平方千米,为山西省和陕西省共有的著名风景名胜区,1988年被定为国家重点风景名胜区,现为国家4A级景区(图6-19)。

2. 成因剖析

壶口瀑布的成因是黄河流经四川、甘肃、宁夏,在内蒙古托古县河口镇受吕梁山脉阻挡,转南进入晋峡谷到吉县龙王一带,被两岸苍山挟持,滔滔黄河水奔腾到此,犹如进入一个狭窄的瓶颈,河宽由500米缩窄为50余米,变得上宽下窄,河水从断层石崖上飞泻而下,形成落差30余米气势磅礴的瀑布,形若巨壶沸腾,故名"壶口瀑布"。这条瀑布的宽度随季节变化,通常在30多米,到汛期可扩展到50米。在冬季枯水期,秒流量最少时仅150~300立方米,这时河面冰封,细流涓涓,给人一种俊美之感;到4月初冰河解冻时,秒流量骤增到1000~8000立方米,这时河水夹着冰块,冲击而下,如狮吼虎啸,震天动地,景象极为壮观;在夏季时,秒流量在1000~2000立方米,这时由于下游水位下降,落差加大,浪花飞溅,瀑布又是一种姿态;金秋时节,河水秒流量增加到3000立方米以上,这时瀑布连成一片,洪波怒号,气贯长虹,景色瑰丽。

图 6-19　壶口瀑布

（二）蓬莱仙境

1. 蓬莱仙境概况

蓬莱位于胶东半岛最北端,濒临渤、黄海,传为我国三大海上仙山之一,素以"人间仙境"驰名中外,海市蜃楼幻境更令人神往。每年春夏、夏秋之交,空晴海静之日,时有海市蜃楼出现,海上劈面立起一片山峦,或奇峰突起,或琼楼叠嶂,时分时聚,缥缈难测,不由人不心醉神迷。千百年来,慕名而至的文人墨客络绎不绝,虽然大饱眼福的人不过十之一二,却留存了观海述景的题刻二百余处(图 6-20)。

2. 成因剖析

"海市蜃楼"奇景实为一种大气光学现象,其形成过程为:在海边或沙漠地区,无风或风力微弱的气候条件下,由于气温在垂直方向上的垂直变化,使空气密度的垂直分布产生显著变化,引起光线的折射和全反射现象,导致远处的地面景物在人眼前造成奇异的幻境,从而出现了人们所乐道的"海市蜃楼"。山东蓬莱由于其特殊的地理位置和气象变化,

图 6-20　蓬莱阁"海市蜃楼"

成为了我国乃至世界上出现蜃景最为频繁的地区之一,从而闻名中外。

（三）成语典故之乡——邯郸

### 1. 邯郸概况

邯郸位于河北省南部,是我国的历史文化古城,至今已有 2500 多年的历史。著名的旅游景点有新石器时期的慈山遗址、春秋战国时代的赵邯郸故都、魏晋时期的邺城遗址和三台遗址、赵武灵丛台、赵王城遗址、响堂山石窟、学步桥、蔺相如回车巷、黄粱梦吕祖祠以及娲皇宫等。

### 2. 成因剖析

邯郸战国时期曾为赵国都城,是赵文化、梦文化、陶瓷文化、太极文化的发祥地。邯郸是我国著名的成语典故之乡,中国盛传的上千条成语典故都源于此地,如"邯郸学步""完璧归赵""黄粱美梦""胡服骑射""负荆请罪""围魏救赵"等。位于河北省邯郸市内沁河上的学步桥,因成语典故"邯郸学步"而闻名天下。

图 6-21　邯郸学步桥

# 第三节　典型的旅游线路设计

## 一、旅游线路设计

旅游线路设计是一个技术性与经验性都非常强的问题。对于大多数旅游者来说，在舒适度不受影响或体力许可的前提下，能花较少的费用和较短的时间尽可能游览更多的风景名胜是他们最大的愿望。本节本着时间上安排紧凑、景点内容丰富、主题突出、线路不重复的原则，设计如下几条旅游线路供参考。

（一）北方皇家古典园林之旅

1. 线路安排

天安门广场——故宫——北海公园——天坛——颐和园——圆明园遗址——承德避暑山庄——外八庙

2. 线路特色

这一线路可谓是集我国北方皇家园林的精华于一身。旅游者不仅可以饱览我国具有世界之最的古建筑群,同时还可对比性地欣赏同类建筑的不同风格。北京市作为中国的首都,历史悠久,是一座有 3000 多年建城史、850 多年建都史的历史文化名城和古都。此线路可以使旅游者畅游北京及其周边的名胜古迹和历史遗存。

(二)名山古寺之旅

1. 线路安排

北京——天津——石家庄——太原——忻州——朔州——大同

2. 线路特色

此线路将古老的佛教文化与秀美的山水风光相结合,是人文景观与自然景观兼具的旅游线路。该线包含的主要旅游景点有云冈石窟、九龙壁、上下华严寺、善化寺、恒山悬空寺、应县木塔、崇福寺、净土寺、五台山南禅寺、佛光寺、塔院寺、显通寺、殊像寺、晋祠、香山、碧云寺、卧佛寺、西山八大处、潭柘寺、盘山、独乐寺、大悲院、苍岩山、嶂石岩、大佛寺等。

(三)古长城及帝王陵墓之旅

1. 线路安排

八达岭长城——慕田峪长城——司马台长城——明十三陵——清东陵——清西陵——金山岭长城——山海关——老龙头——黄崖关长城

2. 线路特色

长城作为中国古代最伟大的军事防御工程,蜿蜒横穿京、津、冀地区,从秦皇岛“老龙头”入海,号称“天下第一关”的山海关,扼守着华北通向东北的咽喉。该线路的长城景点都是观赏长城雄姿的最佳之地。游览此线路不仅可以领略到万里长城的雄伟和壮观,比较性地欣赏不同风格的古代长城,同时还可以见识豪华、独具风格的帝王皇陵。

(四)滨海旅游度假游

1. 线路安排

秦皇岛——蓬莱——烟台——威海——青岛

2. 线路特色

此线路主要以海滨风光为主,辽阔的海域和漫长的海岸线是该线路最具魅力之所在。沿途经过的旅游景点依次有山海关、老龙头、孟姜女庙、北戴河海滨、南戴河海滨、昌黎黄金海岸国际滑沙场、蓬莱阁、"小蓬莱"毓璜顶、烟台山、"海上乐园"长岛、"甲午战争纪念地"刘公岛、"太阳升起的地方"成山头、"海上仙山之祖"文登昆嵛山、威海影视城、崂山、栈桥、第一海水浴场、八大关等。

（五）齐鲁文化体验游

1. 线路安排

潍坊——淄博——济南——泰安——曲阜——济宁

2. 线路特色

该线路将悠久的齐鲁文化与旖旎的山水风光相结合,充分体现了山东次旅游区的魅力。这一线路包括的主要旅游景点有潍坊世界风筝博物馆、十笏园、杨家埠民间艺术大观园、梁山水泊遗址、"齐国故都"临淄、东周殉马坑、蒲松龄故居、趵突泉、大明湖、千佛山、泰山、孔府、孔庙、孔林、孟庙、孟府、孟林、汉鲁王墓、明鲁王墓等。

（六）黄河风情探险之旅

1. 线路安排

临汾——三门峡——洛阳——郑州——东营

2. 线路特色

此条线路的设计不仅可领略"母亲河"的磅礴气势和峡谷平湖胜景,更能饱览沿途的名胜古迹,体验独特的中原民俗,探究华夏民族之源。该线极具挑战性,是探险者和勇敢者的首选行程。沿线可游览到的旅游景点有壶口瀑布、广胜寺、洪洞大槐树、芮城永乐宫、三门峡水电站、函谷关、秦时储箭井、太楚宫、黄河小浪底风景区、黄河风景名胜区、大河村遗址、黄河三角洲等。

（七）古都古城文化探秘之旅

1. 线路安排

晋中——邯郸——安阳——开封——郑州——洛阳——西安

2. 线路特色

此线路以中原古老、充满神秘色彩的历史文化为主题,是一条文化探秘旅游线路。该线路是旅游者体验华夏文明的最佳之选,拥有的旅游景点有赵武灵王丛台、赵王城遗址、响堂山石窟、学步桥、蔺相如回车巷、平遥古城、日升昌票号、乔家大院、安阳"殷墟"、红旗渠、文王庙、禹王台、铁塔、龙亭、大相国寺、轩辕黄帝故里、裴李岗文化遗址、大河村遗址、商城遗址、嵩山少林寺、塔林、中岳庙、白马寺、龙门石窟、关林、周公庙、秦始皇陵、秦始皇兵马俑博物馆、西安碑林、西安古城墙等。

（八）关中历史古迹之旅

1. 线路安排

古城墙——西安碑林——大小雁塔——大唐芙蓉园——秦始皇陵——秦始皇兵马俑博物馆——半坡遗址——骊山·华清池——黄帝陵——法门寺

2. 线路特色

这条线路汇聚了陕西次旅游区的精品景点。其中作为十三朝古都的西安,历史悠久、文化积淀厚重,无疑是关中历史古迹游的重点。西安是华夏文明的发源地之一,故其名胜古迹众多。西安古城墙系明初在唐长安城里城的基础上建筑的,为我国现存年代最久、保存最完整的古城墙。半坡遗址为6000年前的黄河流域母系氏族公社遗址。

（九）民俗节庆风情游

1. 线路安排

北京四合院——北京胡同——天津"皇会"——沧州武术节——吴桥杂技艺术节——潍坊国际风筝节——曲阜孔子文化节——泰山岱下民俗风情——洛阳牡丹花会——黄河文化风情——晋祠古庙会——西安古文化艺术节

2. 线路特色

此线路将华北旅游资源区著名的民俗节庆汇集于一条线路中,可以让旅游者尽情地体会该区的风土人情和丰富多彩的节庆活动,使人游而不厌。同时,这条旅游线路的参与性很强,旅游者可以在与当地居民的互动中更加身临其境地体验旅游目的地的独特民俗文化。

**二、该区今后旅游业发展方向和重点**

该旅游资源区以璀璨的华夏古文明驰誉世界,丰富的文化遗产构成本区旅游资源的突出特点。因此该区今后旅游业的发展方向和重点是推出以"古"见长的旅游精品线路。

北京作为中国的七大古都之一,荟萃了灿烂的文化艺术,留下了许多名胜古迹和人文景观。所以本区旅游业首要发展的重点是以京都名胜古迹为代表的旅游精品,辅以开发现代都市旅游产品。在以北京为中心的京津冀,既可游览历史文化遗迹,如享誉世界的万里长城、故宫、周口店北京猿人遗址、明十三陵、颐和园、天坛、北海公园、圆明园遗址、卢沟桥、承德避暑山庄及外八庙、清东陵、清西陵等;又可欣赏秀丽的自然风光,如香山、盘山、苍岩山、嶂石岩、山海关、老龙头、秦皇岛、北戴河、野三坡等。由于北京现为中国的首都,因此该区不仅是接待国内旅游者最多的地区之一,同时也是国际访华游客的热点,全国重要的创汇旅游目的地之一。

黄河,我国第二大河,宛若一条黄色巨龙奔腾横亘在中原大地上,孕育了辉煌的华夏文化。黄河流域是"华夏文化的摇篮",在相当长的历史时期内一直是我国政治、经济、文化中心,因此为后人留下了许多古文化遗址、古建筑、文物和名胜古迹。历史上著名的七大古都,位于本区的有5座,即北京、洛阳、开封、安阳、西安。可见,该区今后旅游业发展的另一个方向是围绕以黄河、五岳名山为主要特色,开发弘扬华夏文明精髓的旅游精品。旅游者在该区不仅可观赏已被列入《世界遗产名录》的安阳"殷墟"、龙门石窟、云冈石窟、曲阜孔庙、泰山岱庙、秦始皇陵、秦始皇兵马俑等,同时还可领略黄河流域独特的"地上悬河"、壶口瀑布等奇观。本区山岳旅游资源十分丰富,"五岳"名山该区占其四,泰山之"雄"、华山之"险"和嵩山少林拳术等闻名中外,"五岳归来不看山"是对"五岳"之美最准确的描述。此外,著名的山岳景观还有青岛崂山、山西五台山、河南鸡公山、陕西太白山等,众多山岳景观吸引着无数中外旅游者。

## 练 习 题

1. 本区的旅游地理环境有哪些特征?
2. 本区的旅游资源有哪些特点?
3. 举例说明本区有哪些著名的人文旅游资源?
4. 本区典型旅游景点有哪些? 简述其成因或者历史渊源?
5. 本区主要的经典旅游线路有哪几条? 它们包括哪些重要旅游景点(区)?

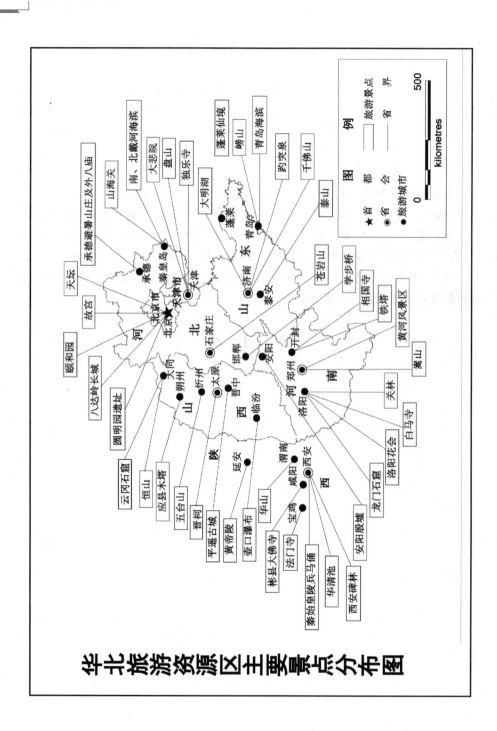

图例

旅游景点

省　界

★　首　都

◎　省　会

●　旅游城市

0　　　　500

kilometres

承德避暑山庄及外八庙

山海关

南、北戴河海滨

大悲院

盘山

独乐寺

蓬莱仙境

崂山

青岛海滨

天坛

承德

秦皇岛

天津市

大明湖

蓬莱

青岛

趵突泉

千佛山

泰山

故宫

天津

苍岩山

颐和园

河

北京市

北京

北

济南

山

泰安

学步桥

相国寺

铁塔

八达岭长城

石家庄

东

南

邯郸

安阳

开封

黄河风景区

嵩山

圆明园

大同

朔州

忻州

太原

晋中

临汾

河

郑州

南

关林

山

西

洛阳

白马寺

云冈石窟

恒山

应县木塔

五台山

晋祠

陕

延安

渭南

西安

洛阳花会

龙门石窟

平遥古城

黄帝陵

壶口瀑布

华山

咸阳

西

安阳殷墟

彬县大佛寺

法门寺

宝鸡

秦始皇陵兵马俑

华清池

西安碑林

华北旅游资源区主要景点分布图

# 第七章

# 内蒙古旅游资源区

内蒙古旅游资源区地处我国北部边疆,幅员辽阔,横跨"三北"(东北、华北、西北),靠近京津,与蒙古国、俄罗斯接壤,边境线长 4200 千米,全区总面积 118.3 万平方千米,约占全国总面积的 1/8,是我国北疆一块神奇壮丽的土地。本区大部分属地势高而平坦的蒙古高原,为蒙古族的主要聚居区。就旅游而言每年 6—9 月最适于旅游,以坦荡的高原风光、绚丽的草原景观、古朴醇厚的蒙古民族风情著称。

## 第一节　区域环境与经济发展概况

### 一、自然地理特征

内蒙古旅游资源区大部分地区属于内蒙古高原,气候为温带大陆性气候,一派典型草原景象。它东起茫茫的大兴安岭,西至阿拉善戈壁,东西蜿蜒 2400 多千米,是我国跨经度最大的省区。

（一）典型的高原地貌,地势高而平坦

内蒙古旅游资源区以高原地形为主,除内蒙古东北部属大兴安岭外,全区基本上都处于内蒙古高原境内,西部还有阴山、贺兰山、乌拉山和大青山,高原东部多有宽浅的大盆地。内蒙古高原地表开阔坦荡、起伏和缓,大多在海拔 1000 米上下。全区大部地区水草丰美,是我国优良的牧场。整个高原可分为呼伦贝尔高原、锡林郭勒高原、昭乌达盟高原、乌兰察布高原、巴彦淖尔高原和阿拉善高原等几部分,西部戈壁、沙漠面积较大,局部地区有流沙、风蚀残丘分布,地表起伏和缓,多宽浅盆地,当地称为"塔拉"。

**(二)黄河贯穿,河湖纵横**

内蒙古旅游资源区绝大部分为内流区,河流较少且多为时令河,常在下游洼地积水,形成大大小小的咸湖。黄河为本区最重要的外流河,流经本区南部,流量大、流势缓,泥沙含量远比下游小,干、支流均为灌溉之利。区内湖泊较多,多为干旱地区的咸水湖,呼伦湖是本区最大的淡水湖,为构造湖,蒙古称"达赉湖",意为海湖。该湖平均面积为 2315 平方千米,盛产多种鱼类,呼伦贝尔草原由呼伦湖、贝尔湖而得名,其他湖泊还有岱海、乌梁素海、查干诺尔、达来诺尔等。

**(三)温带大陆性气候,旅游气候条件不够优越**

内蒙古自治区地域广袤,所处纬度较高,高原面积大,距离海洋较远,边沿有山脉阻隔,气候以温带大陆性季风气候为主,有降水量少而不均、风大、寒暑变化剧烈的特点。全年平均气温在 $-1\sim10℃$ 之间,一月 $-23\sim-10℃$,七月 $17\sim26℃$,北部气温偏低,西部气温年较差、日较差很大。极端最低气温 $-39.6℃$,极端最高气温 $39.6℃$。大兴安岭北段地区属于寒温带大陆性季风气候,巴彦浩特—海勃湾—巴彦高勒以西地区属于温带大陆性气候。总的气候特点是春季气温骤升,多大风天气;夏季短促而炎热,降水集中;秋季气温剧降,霜冻往往早来;冬季漫长严寒,多寒潮天气。内蒙古的这种气候特征,在一定程度上缩短了内蒙古的旅游旺季,制约了旅游业的发展。

**(四)植被以草原草甸为主,极具旅游吸引力**

内蒙古境内的植被由种子植物、蕨类植物、苔藓植物、菌类植物、地衣植物等不同植物种类组成,植物种类较丰富,但分布不均衡,山区植物种类最丰富。具体而言,内蒙古境内的草原植被由东北的松辽平原,经大兴安岭南部山地和内蒙古高原到阴山山脉以南的鄂尔多斯高原与黄土高原,组成了一个连续的整体。荒漠植被主要分布于鄂尔多斯市西部、巴彦淖尔盟西部和阿拉善盟,主要由小半灌木盐柴类和矮灌木类组成,共有种子植物1000 多种,植物种类虽不丰富,但地方特有种类的优势作用十分明显。

## 二、人文环境特色

**(一)浓郁的蒙古族风情**

特色鲜明的蒙古族风情是本区民族风情旅游的灵魂。蒙古族人民热情好客,若有客人来访,他们按照民族形式,以奶茶、烤全羊、扒羊肉、涮羊肉、马奶酒、奶干、炒米和歌舞等盛情款待。

那达慕,蒙古语为"娱乐"或"游戏"之意,是蒙古族传统的群众性集会。那达慕开始以单纯的歌舞娱乐形式为主,后来增添了摔跤、射箭、赛马等比赛项目,场面隆重,气氛热烈。旅游节期间,游人可住在蒙古包品尝奶茶、还可以参与到骑射歌舞等节目中,充分体验草原民族的豪放自然的民族风情。

祭敖包是蒙古族最为隆重热烈而又普遍的祭祀活动,敖包在蒙古语中是"石堆"或"鼓包"的意思,在游牧地域分界之处或在辨识方向的地点垒石为记,谓之敖包。祭敖包多在7—8月份举行,祭祀时敖包上插有悬挂着经幡的旗杆或树枝。在祭典结束后,还将举行传统的赛马、摔跤等活动。在漫长的历史发展过程中,敖包已逐步演变成祭祀祖先和神灵的地方。

（二）十分丰富的物产

内蒙古自治区地大物博,物产丰盈,其中生物资源别具特色,在我国的生物资源宝库中占有十分重要的地位。境内有野生经济植物1000多种,其中甘草、麻黄、黄芪、苁蓉、枸杞等独具"塞外特色"的名贵中草药材有600多种,鄂尔多斯市所产的"梁外甘草"、锡林郭勒盟和乌兰察布盟所产的"内蒙古黄芪"中外驰名。全区野生脊椎动物众多,总计712种,主要有圆口纲1种、鱼纲100种、哺乳纲138种、鸟纲436种、爬行纲28种、两栖纲9种。其中,列入国家重点保护动物116种,一级保护动物26种,二级保护动物90种,主要有马鹿、驼鹿、驯鹿、獐子、盘羊、雪豹、白鼬、狐狸、兰鸡、岩鸡、黄羊、鹅喉羚羊、旱獭、赤狐、獾、野驴、野马、野骆驼、百灵鸟、天鹅、丹顶鹤以及各种雁、鸭、骨顶鸡等。同时区内较为著名的特色产品有纯毛毛线、纯毛仿古地毯、羊绒制品;手工制品有银器、多伦马鞍、马靴;农副产品有发菜、口蘑、黄河大鲤鱼;风味美食有烤全羊、奶豆腐、马奶酒等。

（三）日臻完善的交通系统

改革开放以前,内蒙古的交通条件落后,严重阻碍了旅游业的发展。改革开放特别是"九五"计划实施以来,该区交通运输业取得了长足发展。在"十二五"期间,国家重点支持内蒙古公路建设及有利于内蒙古综合运输体系发展的综合运输枢纽的建设。2015年,内蒙古自治区公路建设完成投资760.9亿元,公路总里程突破17.5万千米,其中高速公路5016千米、一级公路6010千米、二级公路14 771千米,高级、次高级路面达到106 915千米,实现了全部乡镇(苏木)通油路,76%行政村(嘎查)通公路。2015年,全区公路运输完成营业性客运量13 017万人,旅客周转量155亿人·千米;货运量141 998万吨,货物周转量2377亿吨·千米。

此外,内蒙古自治区的铁路运输业发展得也较为迅速。2015年全区铁路运输业完成货运量6.67亿吨,比上年同期下降14.1%;货物周转量2023.90亿吨,下降17.3%;完成客运量5117.04万人,增长6.7%;旅客周转量210.92亿人·千米,增长4.5%。航空运输方面,截至2015年底,内蒙古辖区正式运营的运输机场为14个,通勤通用机场6个,基地运输航空公司2家。国内首个通勤航空试点项目——阿拉善通勤机场已投入运行,呼伦贝尔拓展通用航空服务领域试点工作已转入试点经验推广阶段。扎兰屯机场、霍林郭勒机场、新巴尔虎右旗通用机场、莫旗通用机场正在建设中,林西机场、东乌旗机场、阿鲁科尔沁旗通用机场、满归通用机场等正在规划筹建中。呼和浩特机场机坪监控系统改造工程、乌兰浩特机场航站区扩建工程、赤峰机场机坪扩建工程等已顺利完工并投入使用。呼和浩特机场飞行区除冰雪车库外网改造工程、呼伦贝尔机场站坪扩建工程、包头机场全向信标台及仪表着陆系统更新改造工程、二连浩特机场飞行区扩建工程等正在进行。2015年,内蒙古地区旅客吞吐量达到16 860 460人次,货邮吞吐量达到83 334.4吨。可见,日趋完善化的交通系统会给该区旅游业的发展带来无限的商机。

### 三、区域经济发展概况

#### (一)区域经济发展现状

内蒙古自治区的地区经济可谓是快速健康协调发展。由表7-1可知,无论是地区生产总值,还是第三产业生产总值都保持着持续快速的增长。经济总体发展实现了稳中有进、稳中有好、进中有创、创中提质的良好态势,经济结构调整出现积极变化,例如工业结构逐渐优化、经济效益逐步提高、农牧业进一步多元化等等。同时随着改革开放不断深化,内蒙古经济的各方面发展迈上新台阶,实现了"十二五"圆满收官,为"十三五"经济社会发展、决胜全面建成小康社会奠定了坚实基础。

表7-1　该区地区生产总值及第三产业生产总值　　　　　　　　　(单位:亿元)

| 年份 | 地区生产总值/亿元 | 增长率/(%) | 第三产业生产总值/亿元 | 增长率/(%) |
| --- | --- | --- | --- | --- |
| 2013 | 16916.5 | 6.5 | 6236.66 | 10.7 |
| 2014 | 17770.19 | 5.04 | 7022.55 | 12.6 |
| 2015 | 18032.8 | 7.7 | 7213.5 | 8.1 |

资料来源:内蒙古自治区年国民经济和社会发展统计公报(2013—2015)(数据不包含港澳台地区)

#### (二)区域旅游经济发展现状

内蒙古旅游业作为一项社会事业乃至第三产业中的重要产业、先行产业,起步于改革开放后的1979年。经过三十多年来突飞猛进的发展,该区旅游接待设施日益完善,旅游产业规模逐步扩大。近年来,随着改革开放的不断深入,边境贸易的开放搞活,本区旅游业有了长足发展,具体情况见表7-2。截至2014年年底,该区入境旅游人数及国际旅游外汇收入呈稳步增长趋势。而2015年该区入境旅游人数为160.8万人次,下降3.8%;旅游外汇收入 9.6 亿美元,下降 4.0%,相对往年略有下降。但是 2015 年旅游收入对国内生产总值的综合贡献率达到 11.8%,旅游业成为内蒙古发展速度较快的特色优势产业,在经济发展中的作用和地位日益突出。

表 7-2　该区入境旅游人数及国际旅游外汇收入

| 年份 | 入境旅游人数/万人次 | 增长率/(%) | 国际旅游外汇收入/亿美元 | 增长率/(%) |
|---|---|---|---|---|
| 2013 | 161.61 | 1.5 | 9.62 | 24.6 |
| 2014 | 167.12 | 3.4 | 10.02 | 4.2 |
| 2015 | 160.8 | −3.8% | 9.6 | −4.0 |

资料来源:内蒙古自治区年国民经济和社会发展统计公报(2013—2015)(数据不包含港澳台地区)

## 四、区域旅游特色

（一）广袤的草原景观

内蒙古草原,鲜碧如画,一望无际。辽阔无边的大草原像是一块天工织就的绿色巨毯,步行其上,那种柔软而富于弹性的感觉非常美妙。"天苍苍,野茫茫,风吹草低见牛羊"的草原景观,让人痴迷。较为著名的草原有呼伦贝尔草原、锡林郭勒草原、希拉穆仁草原、鄂尔多斯草原等,它们都是领略草原风光的极好去处。

内蒙古草原的独特之处主要表现在其具有明显的经度地带性,可以说是奇花异草共生,珍禽异兽共存。这种以草原风貌为主,森林、河湖、沙漠兼具的组合特征,给人以极美的感官享受。与我国其他景观组合相比,本区具有特殊的吸引力,特别对生活在现代都市的旅游者来讲,这种宽广、辽阔、天人合一的感觉,会让他们对大自然有一种全新的认识和理解。

（二）崭新的边境旅游

近年来,随着国际关系的发展,我国改革开放政策进一步完善,与各邻国的睦邻友好关系不断发展,漫长的边境线为本区发展边境贸易,开展入境旅游提供了得天独厚的有利条件。由于内蒙古与俄罗斯、蒙古国接壤,边境线长达 4200 千米,因此该区可开辟中俄、中蒙两条跨国旅游线:第一,以呼伦贝尔的满洲里、黑山头等一类口岸为主,开通满洲里至红石、赤塔、乌兰乌德、伊尔库茨克;海拉尔至赤塔、乌兰乌德、伊尔库茨克、莫斯科;拉布达林至普里阿尔贡斯克、红石、赤塔、乌兰乌德等中俄旅游线路。第二,以锡林郭勒盟的二连浩特一类口岸为主,开通二连浩特至扎门乌德、乌兰巴托、伊尔库茨克等的中蒙、中俄旅游线路。

## 第二节　主要旅游资源与旅游目的地

### 一、主要旅游资源分类

内蒙古旅游资源区的旅游资源可谓是独具特色。草原、古迹、沙漠、湖泊、森林、民俗"六大奇观"构成了该区独特的旅游胜景。内蒙古辽阔的大草原,富饶美丽。大兴安岭的莽林风光,吸引着无数国内外游客。蒙古族歌舞是一颗世界文化艺术宝库中的璀璨明珠,赛马、摔跤、射箭被视为蒙古族的"男儿三艺",蜚声中外。名胜古迹星罗棋布,如五塔寺、大召、昭君墓、五当召、美岱召、成吉思汗陵园、嘎仙洞遗址等。该区旅游资源具体情况列于表7-3。

**表7-3　内蒙古旅游资源区旅游资源分类表**

| 主类 | 亚　类 | 基本类型 |
|---|---|---|
| A<br>地<br>文<br>景<br>观 | AA 综合自然旅游地 | 阿尔山、大兴安岭、阴山、阿拉善盟贺兰山、包头市石门风景区、赤峰红山公园、赤峰大黑山、锡盟平顶山、赤峰罕山、乌兰察布苏木山、乌拉山 |
| | AB 沉积与构造 | 通辽怪山 |
| | AC 地质地貌过程形迹 | 响沙湾、阿斯哈图花岗岩石林、库布齐沙漠、赤峰勃隆克沙漠、呼和浩特晋陕大峡谷、布日敦沙漠、兴安盟三潭峡、哈不茨盖怪石林、西部梦幻大峡谷、海森楚鲁怪石林、额日布盖大峡谷、巴丹吉林沙漠、腾格里沙漠、库布齐沙漠、浑善达克沙地、乌兰布和沙漠、毛乌素沙漠、科尔沁沙地、勃隆克沙漠 |
| | AD 自然变动遗迹 | 大青山冰臼群、兴安盟石塘林 |
| B<br>水<br>域<br>风<br>光 | BA 河段 | 黄河、额尔古纳河、锡盟夏牧场乃林河、莫儿格勒河 |
| | BB 天然湖泊与池沼 | 兴安盟天池、月亮湖、哈素海、达里诺尔、呼伦湖(达赉湖)、乌梁素海、呼伦贝尔乌兰泡、乌兰察布永兴湖、玉龙沙湖、呼伦贝尔美人湖、鹿鸣湖、居延海、翰嘎利湖、玛玥湖、杜鹃湖、额吉淖尔湖、查干淖尔湖、达尔滨湖、天池、吉兰泰湖、岱海、紫蒙湖、翁牛特旗红山湖 |
| | BC 瀑布 | 赤峰响水玉瀑、兴安盟杨树沟地下瀑布群 |
| | BD 泉 | 赤峰热水塘温泉、阿尔山海神圣泉、阿尔山温泉、克什克腾温泉、赤峰宁城温泉、敖汉温泉 |

（续表）

| 主类 | 亚类 | 基本类型 |
|---|---|---|
| C 生物景观 | CA 树木 | 阿尔山森林公园、乌素图国家森林公园、哈达门国家森林公园、海拉尔国家森林公园、黑大门国家森林公园、呼伦贝尔红花尔基森林公园、马鞍山国家森林公园、白音敖包、鄂尔多斯油松王、黄岗梁国家森林公园、柴河森林公园、达尔滨湖国家森林公园、达拓跋泰森林公园、赤峰植物园、额济纳胡杨林景区、苏木山国家森林公园、大兴安岭莫尔道嘎森林公园、呼伦贝尔上护林景区、额尔古纳白桦林区 |
| | CB 草原与草地 | 阿古拉草原、呼伦贝尔大草原、辉腾锡勒草原、鄂尔多斯草原、珠日河草原、格根塔拉草原、锡林郭勒草原、希拉穆仁草原、赤峰灯笼河草原、呼和诺尔草原、巴彦呼硕草原、成吉思汗草原生态园、贡格尔草原、白音呼硕草原、乌兰毛都草原、阿拉善通湖草原、乌兰布统草原、苏泊罕草原 |
| | CD 野生动物栖息地 | 兴安盟科尔沁珍禽自然保护区、鄂尔多斯世珍园、九峰山自然保护区、赤峰赛罕乌拉自然保护区 |
| D 天象与气候景观 | DA 光现象 | 沙漠的"海市蜃楼" |
| E 遗址遗迹 | EA 史前人类活动场所 | 红山文化遗址、大窑文化遗址、包头阿善遗址、乌兰察布岱海遗址群、鲜卑族嘎仙洞遗址、乌盟庙子沟遗址、赤峰大井古铜矿遗址、居延文化遗址 |
| | EB 社会经济文化活动遗址遗迹 | 乌兰布通古战场、辽上京遗址、辽中京遗址、黑山头遗址、和林格尔土城子遗址、应昌路古城遗址、呼和浩特唐单于都护府城遗址、兴安盟金界壕、辽祖州城遗址、呼和浩特赵长城、汉代麻池古城遗址、黑城遗址 |
| F 建筑与设施 | FA 综合人文旅游地 | 五当召、大召寺、美岱召、贺兰山南寺、成吉思汗庙、巴林左旗召庙、赤峰根丕庙、包头召、昆都仑召、包头清真大寺、百灵庙、真寂之寺、兴安盟葛根庙、赤峰梵宗寺、席力图召、喇嘛洞召、五塔寺、荟福寺、乌兰察布蒙古庙、巴彦淖尔阿贵庙、贝子庙、龙泉寺、普会寺、飞来寺、呼和浩特清真大寺、巴拉奇如德庙、灵悦寺、兴源寺、贺兰山福音寺、广宗寺、阿拉善延福寺、东风航天城 |
| | FB 单体活动场所 | 内蒙古博物馆、包头博物馆、巴林奇石馆、鄂伦春博物馆、鄂温克旗博物馆、呼伦贝尔民族博物馆、呼和浩特敕勒川民俗博物馆 |
| | FC 景观建筑与附属型建筑 | 万部华严经塔、阿尔丁广场、友谊广场、辽大明塔、辽庆州白塔、金刚座舍利宝塔、鄂尔多斯阿尔塞石窟、赤峰后召庙辽石窟、呼和浩特蒙古文天文图石刻、锡盟洪格尔岩画壁、宝山壁画、曼德拉山岩画、内蒙古桌子山岩画、赤峰释迦佛舍利塔 |
| | FD 居住地与社区 | 绥远城将军衙署、喀喇沁王府、乌兰夫故居、奈曼王府、呼和浩特清公主府、阿拉善奇石街、蒙古包 |

（续表）

| 主类 | 亚　类 | 基本类型 |
|---|---|---|
| F<br>建筑<br>与<br>设施 | FE 归葬地 | 昭君墓、成吉思汗陵、世界反法西斯战争海拉尔纪念园、苏联红军烈士陵园、辽太祖陵、辽庆陵、赤峰耶律羽之墓群、荣宪公主墓、宝山罕苏木墓群 |
| | FF 交通建筑 | 黄河大桥、呼伦贝尔扎兰屯吊桥 |
| | FG　水　工建筑 | 呼和浩特万家寨水库、昆都仑水库、打虎口水库、鄂尔多斯百眼井、内蒙古黄河三盛公国家水利风景区 |
| G<br>旅游<br>商品 | GA 地方旅游商品 | 莜麦片、蒙古族银器、鹿茸、驼毛、马靴、蒙古袍、蒙古刀、发菜、内蒙古地毯、山羊绒、白虾、白蘑、桦树皮制品、蓝莓饮料、奶制品、马奶酒、奶酪、艺术挂毯、包头油篓、黄河美鲤、河套蜜瓜、中华麦饭石、巴林彩石、牛角、工艺羊头、牛皮画、三蓝地毯、柿子铜壶、胡麻纸、俄罗斯工艺品、牛羊肉 |
| H<br>人<br>文<br>活<br>动 | HB 艺术 | 马头琴表演、蒙古民歌、蒙古族舞蹈(如格根塔拉草原旅游中心艺术团的民族歌舞) |
| | HC　民　间习俗 | 那达慕盛会、风马习俗、祭"腾格里"、祭火、祭敖包、献哈达、鲁班节、燃灯节 |
| | HD　现　代节庆 | 内蒙古草原旅游节、草原旅游那达慕大会、红山文化旅游节、包头南海湿地风情节、内蒙古国际马术节 |

## 二、次旅游区及主要旅游景区(点)

### (一)内蒙古东部旅游区

内蒙古东部旅游区包括赤峰市、通辽市、呼伦贝尔市等主要城市,以悠久的北方游牧民族文化和广阔的草原风光吸引着天下游客。

#### 1."中华龙的故乡"——赤峰市

赤峰市蒙语译为乌兰哈达,位于内蒙古自治区的东部,它因城区东北部这座赭红色山峰而得名,总面积 90 021 平方千米,地理环境复杂多样,山地、高原、丘陵、盆地、平原俱全。赤峰市历史悠久,文物古迹众多,是举世闻名的红山文化、契丹文化、辽文化的发祥地。现有各类历史文化遗址 6800 余处,其中全国重点文物保护单位 24 处。赤峰市自然旅游资源也十分丰富,著名的有贡格尔草原、乌兰布统草原、巴林草原等,夏季绿草如茵,畜群如织;高原湖泊达里诺尔以盛产瓦氏雅罗鱼著称;克旗、宁城、敖汉热水温泉水温高,疗效好,适宜疗养度假;第四纪冰川遗迹——冰臼群、阿斯哈图石林数量众多,分布广泛,在国内外实属罕见;喀喇沁石灰岩溶洞是内蒙古自治区首次发现的溶洞,开发前景广阔。

（1）白音敖包自然保护区

白音敖包国家级自然保护区位于赤峰市克什克腾旗西北部，是以保护沙地上生长的红皮云杉为主的森林自然保护区，保护区总面积为 13 862 公顷。红皮云杉林是世界珍稀植物群落，白音敖包沙丘上有大面积的天然原始林分布，这在国内外均属罕见。红皮云杉林随沙丘地形的变化而变化，常以多株至几十株小片错落分布，林相整齐，形成独特的干旱半固定沙丘上的森林草原景观（图 7-1）。

图 7-1　白音敖包自然保护区

保护区独特的地理位置和生态地理环境，形成了别具一格的自然景观和人文景观，沙、水、林三为一体，高耸的云杉生机盎然，是镶嵌在内蒙古草原上的一颗明珠。保护区内白音敖包山（汉译为富饶的山）是克什克腾旗五大敖包之一，是贡格尔草原上蒙古族祭祀的圣地。

（2）辽中京遗址

辽中京遗址位于内蒙古自治区宁城县境内，始筑于辽统和二十一年（1003 年），号大定府，是辽代五京之一。辽中京是辽的政治、经济、文化中心之一，其规模样式仿照北宋都城汴梁而建,整个城市为方形布局,东西长 4000 米,南北宽 7500 千米。辽中京包括外城、内城和宫城,城墙全部为夯土版筑。外城呈长方形,周长 15 000 米,四角建角楼,城门有瓮城。从正南门朱夏门到内城南门阳德门有一条中心大道,两侧对称布置街道网。城北部为寺庙、廊舍、驿馆和官署区。城南部保存着传说建于辽圣宗时期的大明塔,高 81.39 米,为八角十三层密檐式塔。内城在外城中央偏北,亦呈长方形,城墙上筑马面。从阳德门有一条大道直通宫城,与一条东西向道路相交。宫城位于内城中间北端,正方形,中心有一处宫殿基址,其他宫殿对称安排。

(3)辽祖州城遗址和太祖陵

辽祖州城为辽太宗耶律德光公元 927 年所建,位于内蒙古巴林左旗林东镇西南,是辽祖陵的奉陵邑。该城三面环山,地势险峻,分内外两城。在内城西北角有一座用七块花岗岩大石板砌筑的石房子,高约 4 米、宽约 7 米、进深约 5 米,石板有一尺多厚。这座石房子的左、右、后墙、房顶及地面都各用一整块石板,前墙左右各一块,并留出门龛。石壁连接处以刻凿的凸齿嵌入凹槽中,四角有铁钜连接痕迹,这种结构独特的石房子是我国古代建筑物中的孤例。

城西北 2000 米的山谷中筑有辽太祖耶律阿保机的陵墓。祖陵建在深山幽谷中,山峰陡立,筑有土墙和守卫建筑。谷内林木参天,泉水四季不歇,环境雅致优美,还有不少珍禽异兽出没。石块垒砌的陵墓地宫墙身遗迹已经暴露地表,山坡下尚有宫殿遗址。谷口东侧小山顶有石雕大龟趺一个,在附近的残碑上刻有工整秀丽的契丹文字,是研究契丹史的重要资料。

2."内蒙古粮仓"——通辽市

通辽市蒙古语意为马鞍吊带,位于内蒙古自治区东部,地处松辽平原西端,平原面积较大,土地肥沃,是自治区重要的产粮区,被誉为内蒙古粮仓。通辽市历史悠久,是蒙古民族的发祥地之一,也是中华民族璀璨的富河文化的发祥地。通辽旅游资源丰富,北部有茫茫草原、中部有沃野绿洲、南部有浩瀚沙海。著名的旅游景点有"沙漠大峡谷"之称的国家级自然保护区——大青沟、亚洲最大的沙漠水库——莫力庙水库、美丽的珠日河草原旅游区等自然景观,还有燕国北长城、金代界壕等人文景观。每年一度的"8·18宝马节"及草原盛会那达慕吸引着众多国内外游客。

(1)大青沟

大青沟自然保护区位于科尔沁草原西北部,总面积 83.33 平方千米,是我国珍贵的阔叶林自然保护区。保护区由大、小青沟组成,呈"人"字形分布,沟内各有一条小河,清水潺潺常年不断,沟四周是波状起伏的沙地草原地带。大青沟峰奇水秀,林茂花繁,享有"塞外桂林"的美誉(图 7-2)。

**图 7-2　大青沟自然保护区**

大青沟内景色宜人,季季不同:春季沟外的植物刚刚吐绿,沟内早已是一片花的海洋;夏季草木葱郁,繁花异木争奇斗艳;秋季红叶似火,累累果实压弯了枝头;冬季沟外雪花飘飘,沟内云腾雾绕,波澜壮阔。大青沟不仅景观奇特,而且还是植物繁茂、动物乐于栖息的动植物王国。就植物而言,这里共有木本、草本植物多达 500 余种,珍贵的水曲柳、黄菠萝、紫椴、白皮柳、黄榆以及稀有的药用植物金花忍冬(金银花)、北五味子、东北天南星、桃叶卫等分布林间。野生动物中,黄羊、狐狸、花鼠、水獭等出没于沟间溪畔,无论飞禽走兽,均是其理想的栖身天堂。虽处沙漠之边,依然绿意浓浓,佳景多多,真可谓是"沙漠中的江南"。

(2) 莫力庙水库

莫力庙水库位于通辽市城区西南 45 千米处,是亚洲最大的沙漠水库。库区占地总面积 120 平方千米,库容 1.92 亿立方米,水面 40 平方千米。旅游区内长 11 000 米、底宽 100 米的人工沙坝堪称世界之最。这里水草丰美,风光秀丽,被誉为沙海明珠。莫力庙沙湖旅游区的"沙湖八景"(包括莫力殿、八柳坪、碧莲池、响水桥、龟池岛、南洋半岛、燕窝群岛和莫力塔拉)韵味独特,令人心旷神怡。自产名贵鱼种大银鱼、甲鱼、河蟹等均为品质优良的天然绿色美味。

### (3) 库伦辽代古墓

库伦辽墓位于内蒙古自治区库伦旗前勿力布格屯西南1500米漫岗之上,真实地再现了契丹民族当年的辉煌。这一大型砖室壁画墓深入地下达9米,全墓由墓道、天井、墓门、甬道、南北耳室、墓室7部分组成。库伦辽代古墓的最主要发现当为满布于墓道和墓室内的壁画。这里的壁画,一须一发,一枝一叶,都力求准确,富于写实精神。人物画结构准确而富于表情,非常形象,整幅又浑然一体,完全是宋人画风。外层壁画,运笔流畅自如,浑厚有力,绝无添改生硬痕迹,水平之高,令人叹服。现存壁画分布在长近30米的墓道两壁、天井周围及门侧两壁,面积约180余平方米,所绘内容包括墓主出行、归来、山水花鸟等,不但具有契丹民族的特色,在题材内容、艺术风格及制作上,又和唐宋壁画有着一脉相承的关系。其中墓道北壁的墓主出行图,南壁的归来图,人物众多,动作传神,细腻入微,色彩匀称,无论题材和技艺都有许多独到之处,可称得上是经典之作。

### (4) 库伦大漠

在通辽市库伦旗,你能尽情地领略大漠风光,号称八百里瀚海的塔敏查干大沙带像一条巨蟒横卧东西,一堆堆风蚀蘑菇,似一座座风蚀城堡在这里零星散落。品味大漠的美,既在于它整体的壮观,又在于它处于风和日丽时表现出的个性。

驻足高高的沙岭,你会豪情无限,思绪如万马奔腾,情不自禁地想起远古的荒凉,抑或是那充满诱人气息的驼铃声,余音缭绕,一队队"沙漠之舟"缓缓前行。眼前的沙漠且又多与绿洲相伴,时而会看到从树丛中窜出的狐狸、獾子、野兔或沙鸡等飞禽,惊慌地向游人打个照面,箭一样地向大漠深处逃去,或直冲天宇。如果你运气好,还会观赏到大漠"海市蜃楼"奇观,楼台殿阁、都市风光或山川锦绣奇迹般地浮现在你的眼帘,当你试图靠近时,她又像朦胧的含羞女子半遮容颜离你而去,使你恍入仙境。

### 3. "雄鸡冠上的明珠"——呼伦贝尔市

呼伦贝尔市位于内蒙古自治区的东北部,总面积26万多平方千米,全市地域辽阔,风光旖旎。这里夏季气候宜人,是避暑胜地;冬季银装素裹,一派北国风光。呼伦贝尔市是自治区旅游资源最丰富的地区,这里的草原被誉为"世界上最美的草原"。各具特色的风土人情,丰富珍贵的历史古迹,为美丽富饶的呼伦贝尔增添了独特的魅力,现已被列为全国旅游二十胜景之一和全国六大景区之一,是全国唯一的国家草原旅游区。

（1）鲜卑的发源地——嘎仙洞

嘎仙洞位于呼伦贝尔市鄂伦春自治旗阿里河镇西北 10 千米处，是鲜卑族人的发祥地。"嘎仙"是鄂伦春语，"猎民之仙"的意思。鲜卑族是中国古代东北的少数民族之一，世居中国北方。居住在嘎仙洞的拓跋鲜卑部落创建了北魏王朝，成为中华民族历史上第一个入主中原的少数民族。

大兴安岭北段顶巅，峭壁嶙峋，草木满山，溪水盈盈，嘎仙洞就坐落在这里一座高百米、长约千米的花岗岩峭壁上。沿人造梯而上，登高约 25 米就到了洞口。洞口高 12 米、宽 19 米，洞内南北长 92 米，东西宽 27～28 米，穹顶高 20 余米，犹如大厅，可容数千人。洞内正中有一块被称为"石桌"的天然石板，是用来祭祖的。洞府是部落成员聚会的地方，洞内地面杂陈着碎石兽胃，有明显的火烧痕迹。洞内西壁上有北魏太武皇帝拓跋焘派遣中书侍郎李敞来祭祖时刻的铭文。现在嘎仙洞已辟为旅游景点，并修建了陈列室，以帮助游客进一步了解鲜卑族的历史。

（2）呼伦贝尔草原

呼伦贝尔草原是内蒙古草原风光中最为绚丽的，其地势东高西低，海拔 650～700 米，总面积约 9.3 万平方千米，地域辽阔，景色宜人。呼伦贝尔草原以干草原为主体，兼有森林草原和草甸草原的特征。东部的大兴安岭林区是我国最大的原始森林，林木茂密，生长旺盛，种类繁多，同时林区内还栖息着许多珍贵的野生动物。大兴安岭林区以西森林渐少，草地面积增加，逐步过渡为呼伦贝尔草原。这里自然条件优越，地势平坦，水草丰美，是我国最好的草原。碧空万里，绿茵如水，一群群牛羊好像天上的云朵，一座座白色的蒙古包好像盛开的芍药；晚归的牧人映着落日策马奔驰，在晚霞中放歌，牧歌缭绕，在草原上久久回响。美丽的呼伦贝尔是一个童话世界，走进去就不想再出来（图 7-3）。

（3）呼伦湖

呼伦湖位于呼伦贝尔市，呼伦湖水域与周边湿地总面积达 7680 平方千米，碧波万顷，像一颗晶莹硕大的明珠镶嵌在呼伦贝尔草原上。呼伦湖也称呼伦池、达赉湖，是中国四大淡水湖之一，是中国第五大湖，也是内蒙古第一大湖。

呼伦湖属富营养型湖泊，共有鱼类 30 多种，主要有鲫鱼、鲤鱼、鲇鱼等经济鱼类，此外湖中还盛产白虾。呼伦湖水域宽广，沼泽湿地连绵，草原辽阔，食饵丰富，鸟类栖息环境佳良，是我国东部内陆鸟类迁徙的重要通道，春秋两季，南来北往候鸟种类繁多。据初步统计，呼伦湖地区共有鸟类 17 目 41 科 241 种，占全国鸟类总数的五分之一，主要有天鹅、雁、鸭、鹭等，其中不少属珍稀禽类。可以说呼伦湖地区是内蒙古少有的鸟类资源宝库之一，是一座天然的鸟类博物馆。

**图 7-3　呼伦贝尔草原**

### (二)内蒙古中部旅游区

内蒙古中部旅游区包括呼和浩特、包头、鄂尔多斯、乌兰察布、锡林郭勒盟等盟市,是今天内蒙古政治、经济、文化活动的中心地带,也是内蒙古主要的旅游集散地。

### 1. 呼和浩特市

呼和浩特蒙古语意为"青色的城",位于内蒙古自治区中部,是华夏文明的发祥地之一。在汉唐时期这里就是中原地区开展对外交往的重要通道,是"草原丝绸之路"的重要枢纽。无论是远古时期的"大窑文化"遗址,还是战国时期的"云中古城"遗址,或是明清时期的召庙艺术等,都真实地记录了呼和浩特的悠久历史,显示了塞外名城的古老神韵。

### (1)大召

大召蒙古语为"伊克召",意为"大庙"。大召占地 2.9 万多平方米,位于呼和浩特旧城南部。大召 1580 年建成,距今已有四百余年的历史,是呼和浩特最早兴建的喇嘛教寺院。由于召中供奉银制释迦牟尼像,所以当时也称银佛寺。银佛、龙雕、壁画被称为"大召三绝"。大召寺院建筑考究,大殿是常见的藏汉式喇嘛庙形制,其余部分则是依照传统中式庙宇的式样而建,其建筑从南到北依次为山门、天王殿、菩提过殿、经堂、佛殿、九间楼以及东西配殿,是呼和浩特现存最大、最完整的木结构建筑。

（2）金刚座舍利宝塔

金刚座舍利宝塔蒙语称"塔奔·斯普日嘎",俗称"五塔寺",位于呼和浩特市玉泉区五塔寺后街,始建于清雍正五年(1727 年)。宝塔原是喇嘛教召庙"慈灯寺"内的一座建筑,塔体总高 16.5 米,为金刚宝座式,由塔基、金刚座、塔顶三部分组成。金刚座顶部置五座玲珑小塔,直入云霄,造型特殊,端庄秀丽。整个塔体有浮雕佛像 1560 余尊,故又称"千佛塔",此外还雕有菩萨、天王、罗汉、天女、神鸟、神兽、菩提树、金刚杵以及蒙、藏、梵经文等图案。塔后山墙存有石刻图三幅,其中蒙文石刻天文图尤为珍贵,金刚座舍利宝塔不仅是一座建筑物,而且还是一座巨大的雕刻艺术品。

（3）昭君墓

昭君墓位于呼和浩特市南部 9000 米的大黑河南岸,占地约 0.013 平方千米,坟冢用土夯筑,高达 33 米,虽已历经千年风雨,夯筑的层次却依然清晰可见。王昭君名嫱,出生于湖北省兴山县城南郊宝坪村,汉元帝时昭君被选入宫。西汉竟宁元年(公元前 33 年)匈奴呼韩邪单于(国王)入朝求和亲,昭君自愿请行远嫁匈奴,昭君来到塞外,被封为宁胡阏氏(王后)。她在这里住穹庐、被毯裘、食畜肉、饮熏酪,十分尊重当地人们的习俗,做了许多和睦两族关系的事情,深受当地人民的爱戴。后世人为了纪念她,挑土为她夯筑了这座墓(图 7-4)。昭君墓周围景色宜人,加上晨曦或晚霞的映照,墓地的景色似乎时时都有变化。民间传说昭君墓一日三变,"晨如峰,午如钟,酉如纵",更增添了昭君墓这一塞外孤坟的神秘色彩。在一片翠郁青葱的丛林掩映下,远远望去,兀立平原的青冢显现出"黛色朦胧,若泼浓墨"的景象,被誉为"青冢拥黛"。

（4）席力图召

席力图召是呼和浩特市规模最大的寺庙,汉名延寿寺,为康熙所赐。位于呼和浩特市玉泉区石头巷北端,建筑采用中原传统的布局。"席力图"蒙古语意为"法座""首席",为西藏三世、四世达赖传教寺,寺庙因四世达赖的老师长期主持此庙而得名。

召庙建筑面积 5000 平方米,组成中轴线的建筑物有牌楼、山门、过殿、大经堂、大殿。大殿采用藏式结构,四壁用彩色琉璃砖包镶,殿前的铜铸鎏金宝瓶、法轮、飞龙、祥鹿与朱门彩绘相辉映,富有强烈的艺术效果。大经堂广厦 7 楹,金碧辉煌,是席力图召的主体建筑,由前廊、经堂、佛殿三部分组成。前廊为七开间,下层用装饰华丽的藏式柱,上层左右两开间及前廊左右两幅墙彩均用孔雀蓝琉璃砖贴面,并加镀金银饰。经堂高两层,面宽和进深都是九间,是喇嘛集体诵经之地,后部是佛殿。席力图召是内蒙古自治区重点文物保

图 7-4　昭君墓

护单位，近几年几次进行修葺彩画，已成为重要名胜古迹之一。

（5）万部华严经塔（白塔）

万部华严经塔位于呼和浩特市东部 17 千米处，相传为辽圣宗时期所建的藏经塔，是用来收藏一万部佛教经典《华严经》的秘密之所。塔高 55.5 米，为八角七层楼阁式的砖木塔。整个塔体，结构严谨，浑然一体。塔身表面浮雕有精美的佛像，菩萨、金刚、力士像及蟠龙柱等，造型完美，栩栩如生。塔内壁上保存有金代石碑 6 块和历代游人用汉、契丹、女真、巴思八、蒙、藏、古叙利亚文字及古波斯等多种文字写的题记 200 余条，详实地记载了丰州城当时的情况，是研究该地区历史文化的重要资料。塔内有旋转式阶梯走道，游人可攀登远眺山川景色。该塔是中国现存辽塔中最精美的一座，因其通体洁白又称“白塔”。它是具有光辉历史的古“丰州城”的结晶。

（6）和林格尔汉壁画墓群

和林格尔东汉壁画墓群位于和林格尔县东南 40 千米堵塞新店子村的红河北。该墓由墓道、甬道、前室、中室、后室和 3 个耳室组成，全长 19.85 米。砖铺地，方砖和长条砖兼用,在前室和中室甬道以及中室的铺地方砖表面,印有突起的菱形花纹,中间印有两行隶书"子孙繁昌,富乐未央"字样。挖掘该墓最为重要的文物是它的壁画,整个墓室四壁、甬道两侧及墓顶都绘满了彩色壁画,这些壁画除因年久脱落、盗掘破坏、个别地方烟熏模糊不清外,保存基本完好(图7-5)。壁画多达50余组并附以榜题文字,所绘人物、车马、鸟兽、城垣、建筑等,场面宏伟,内容丰富,造型生动,技法娴熟,为壁画艺术之佳品。

**图7-5　和林格尔汉壁画墓群**

### 2. 包头市

包头市是蒙语"包克图"的谐音,意为"有鹿的地方"。包头市为内蒙古自治区第一大城市,也是最大的工业城市,被称为"草原钢城"。包头市矿产资源丰富,蕴藏有稀土、铁、煤炭、铝、金、铌等。其中最为著名的白云鄂博矿山,是举世罕见的金属共生矿山,铁的探明储量约为10亿多吨,铌的储量居全国之首,稀土储量居世界之最,是名副其实的"稀土之乡"。

(1)美岱召

美岱召位于包头市土默特右旗东25千米处,是全国重点文物保护单位、国家4A级旅游景点。美岱召始建于明代中期,是明朝隆庆五年(1571年),被明朝封为顺义王的成吉思汗第十七世孙阿拉坦汗,统领蒙古土默特部居住的古城寺庙。寺周围筑有围墙,土筑石块包砌,平面呈长方形,周长681米,总面积约4000平方米,四角筑有外伸约11米的墩台,上有角楼。进入泰和门,迎面就是"大雄宝殿",佛殿的墙壁上有色彩斑斓的壁画,生动逼真,有很高的艺术价值。美岱召是喇嘛教传入蒙古时一个重要的弘法中心,它在研究明代蒙古史、佛教史、建筑史、美术史上都有重要的价值。

(2)五当召

五当召位于包头市石拐区东北约45千米处,始建于清康熙年间(1662—1722年),乾隆十四年(1749年)重修,赐汉名广觉寺。"五当"蒙古语意为"柳树",因召庙建在五当沟的一座叫做敖包山的山坡上,所以人们通称其为五当召(图7-6)。

图7-6　五当召

五当召的主体建筑由八大经堂(现存六座)、三座活佛邸和一幢安放本召历世活佛舍利塔的灵堂组成;另有僧房六十余间以及塔寺附属建筑,全部房舍共 2500 余间,占地 300 多亩。这些殿宇规模宏大,均为曲型的藏式建筑群。历史上五当召曾是蒙古地区最有影响的寺庙之一,今已列为内蒙古自治区重点文物保护单位。五当召地区老松盘曲,清溪潺潺,与白壁朱门的庙宇互相辉映,风景十分优美,吸引着四面八方慕名而来的游客。

（3）希拉穆仁草原

希拉穆仁草原位居内蒙古自治区达尔罕茂明安联合旗东南部,是蜚声海内外的旅游避暑胜地。希拉穆仁蒙语意为"黄河",俗称"召河",因在希拉穆仁河畔有一座清代喇嘛召庙"普会寺"而得名。希拉穆仁草原是内蒙古开辟最早的一处体验草原牧民生活的草原旅游胜地。在这里每年都要举行盛大的草原那达慕活动。游客既可以看到草原健儿的精湛表演,也可以亲自披挂上阵,大显身手,一抒豪情。同时,在希拉穆仁草原上,游客还可以参观隆重的"祭敖包"仪式,享用草原民族典型的风味饮食,体会独特浓郁的蒙古族文化风情。

3. 鄂尔多斯市

鄂尔多斯市位于内蒙古自治区西南部,西、北、东三面被黄河环绕,属黄河上中游地区。南以长城为界,与山西、陕西接壤,西与宁夏回族自治区毗邻,形成秦晋文化与草原文化南北交融的"歌海舞乡"。鄂尔多斯历史悠久,是人类文明的发祥地之一,萨拉乌苏文化、青铜文化源远流长。35 000 年前古"河套人"就在这块广袤的土地上繁衍生息,并创造了著名的"河套文化"。十三世纪一代天骄成吉思汗亲征西夏,途经鄂尔多斯,被这里美丽的景色所打动,选其为长眠之所。

（1）鄂尔多斯草原

鄂尔多斯草原旅游区地处鄂尔多斯市杭锦旗境内,距杭锦旗人民政府所在地锡尼镇9000 米,东距世珍日旅游区 70 千米,北距夜鸣沙旅游区 80 千米,自然形成黄金旅游一条线。鄂尔多斯大草原视野面积长 40 千米,宽 30 千米,总面积 1200 平方千米。核心区是由一个大蒙古包和多个蒙古包组成的蒙古包群,设计独特,别具一格,其中有 189 顶豪华蒙古包,4 顶超豪华总统蒙古包和 50 顶传统蒙古包。在碧野茫茫的鄂尔多斯大草原上,旅游者既可以欣赏到内蒙古草原的绮丽风光,也可以到牧民家中领略蒙古族牧民的风情,还可以看到现代畜牧业发展的巨大变化。

（2）成吉思汗陵

成吉思汗陵位于鄂尔多斯市伊金霍洛旗境内,距东胜市 65 千米、离包头 185 千米,陵园总建筑面积达 5.5 万平方米。1227 年成吉思汗出猎坠马身亡,其遗体被运到这里安葬,从此这里被叫做"伊金霍洛",意为"主人的陵园"。陵园分正殿、寝宫、东殿、西殿、东廊、西廊6部分。正殿高26米,双层屋檐,为成吉思汗纪念堂,正中矗立着成吉思汗的汉白玉雕像,高5米,神态威严。正殿后部的寝宫里有三个用黄缎子覆盖的蒙古包,正中安放着成吉思汗和夫人孛尔贴·兀真的灵柩,两侧是第二夫人呼伦和第三夫人伊绪的灵柩。东西殿高23米,单层屋檐;后殿和走廊高20米。从高处下望,整个大殿像一只雄鹰,正殿像鹰的头和身子,两个侧殿则似雄鹰展开的双翼(图7-7)。

图7-7　成吉思汗陵

每年的农历三月二十一日,在正殿举行春祭仪式。这一天人们从四面八方来到这里,献哈达、供祭品,场面极其隆重,祭奠结束后,还要举行赛马、射箭、摔跤等传统活动。

4. 乌兰察布市

乌兰察布市位于内蒙古中部,幅员辽阔,风光旖旎,历史悠久,古文化遗址众多,是距北京最近的草原旅游度假风景胜地。葛根塔拉旅游中心是国家4A级旅游景点,具有典型的草原风貌。辉腾锡勒草原是世界上少有的高山草甸草原,鲜花遍野,草原上有星罗棋布的天然湖泊,素有"九十九泉"的美称,并有亚洲最大的风力发电场。乌兰察布市具备了以草原民族风情和历史文化旅游为主,集观光、休闲、度假和生态旅游为一体的特色旅游区的基本条件,近年来旅游业已成为该市新的投资热点。

辉腾锡勒蒙古语意为"寒冷的高原",辉腾锡勒草原位于乌盟察右中旗中南部,距集宁市 80 千米,距呼和浩特 135 千米。这里冬季寒冷,夏季凉爽,平均最高温度为 18℃,海拔 1800 多米,东西长 100 千米。在辉腾锡勒草原上点缀着 99 个天然湖泊,既有牧区草原苍茫雄浑的格调,又有江南水乡明媚清秀的色彩。这里青山秀水,瑰丽多姿,每年五月至九月,鲜花遍地,成为花的海洋。草原活动丰富多彩,其项目有:骑马、乘驼、射箭、射击,参观蒙古式摔跤,登敖包山,到牧民家作客,品尝民族风味的奶食和奶茶、吃手扒肉、喝马奶酒等。

5. "草原博物馆"——锡林郭勒盟

锡林郭勒盟蒙语意为丘陵地带河,位于中国的正北方,内蒙古自治区中部,总面积 20 多万平方千米。这里地域辽阔,自古以来就是我国北方各族人民劳动、生活、繁衍的地方。

古老神奇的锡林郭勒草原天高地阔,风卷云舒,旅游资源极为丰富。境内有我国第一个国家级草原自然保护区——锡林郭勒草原、国家级重点文物保护单位元上都遗址和汇宗寺、内蒙古四大庙宇之一的贝子庙、恐龙化石"通古尔"盆地等等。依托丰富的草原旅游资源,锡盟先后开发了骑马、骑骆驼、坐勒勒车、祭敖包、体验牧户生产生活等旅游项目,推出了"乌珠穆沁草原民俗风情游""草原婚礼游""森林、沙漠、雪地探险游"等多种专项旅游,旅游活动项目独具特色,丰富多彩。

(1) 锡林郭勒草原

锡林郭勒草原(图 7-8)位于内蒙古中部、大兴安岭西麓、锡林浩特境内,是为数不多的地球上至今还保留着典型草原自然景观的地方之一,已列入国际生物圈自然保护区网,也是我国第一个草原自然保护区。自然植被以大面积的典型草原为主,还有草甸草原、草甸与沼泽及沙地疏林草原;地形平坦开阔,是内蒙古最典型的草原风情区域。牧草种类齐全、草质优良,著名的"锡林郭勒马"、"草原红牛"以及内蒙古细毛羊均产在这里。草原上还栖息生活着多种野生动物,其中野驴已列为国家一类保护动物。

锡林郭勒草原上河流纵横,湖泊广布。阿巴嘎西南部的查干诺尔湖形似葫芦,湖水清亮透明,鱼儿游弋穿梭自得其乐,别有一番情趣。桌勒乌拉山的锡林河,萦回曲折,河水清碧,鱼类众多。两岸茂盛的芦苇丛是多种鸟禽的栖身之所,白天鸟儿忙着捕鱼觅食,一到傍晚,便纷纷飞回巢穴,一时间众鸟齐飞,鸣唱不绝,蔚为壮观,一派生机勃勃的繁荣景象。

图 7-8　锡林郭勒草原

（2）贝子庙

贝子庙位于内蒙古自治区锡林浩特市北区额尔敦敖包南麓,原名为"班迪德格葛黑特",当地称"大庙"。贝子庙占地面积为 1.2 平方千米,沿袭黄教传统建筑格式,结构独特,雕刻精细美观。由主庙、属庙、家庙、佛塔及众多僧房组成,整体布局上共分七座高工墙寺院。贝子庙的西庙亦称活佛仓,是一座规模宏丽壮阔的四合式院落,为全庙建筑的精华。

贝子庙大小法会不胜枚举,可分年读经会、月读经会、日读经会及早晚读经会等。每年的正月初一早晨到腊月除夕,几乎不间断地进行。此外,还有全庙性的纪念宗喀巴诞生日、本庙历世活佛降生日、圆寂日读经会等,而日期最长的则是却日经会,一年里通常进行160 多天。2006 年 5 月 25 日,贝子庙作为清代古建筑,被国务院批准列入第六批全国重点文物保护单位名单。

（3）元上都遗址

元上都遗址位于内蒙古自治区锡林郭勒盟正蓝旗旗政府所在地东北约 20 千米处、闪电河北岸,属全国重点文物保护单位,是中国元代都城遗址。全城由宫城、皇城、外城三重城墙和关厢组成,城墙用黄土夯筑,宫城、皇城城墙还用砖、石包砌,外城方形,每面长2200米,开四门,有瓮城。宫城是全城的核心,有东华、西华、御天三门,城墙用砖包镶,其中南边的御天门最为重要,它与皇城南门明德门在一条中轴线上,是出入的主道。皇帝所下达的诏旨,都要在御天门上发布,再送往大都,然后转发全国各行省。由我国北方骑马民族创建的这座草原都城,被认定是中原农耕文化与草原游牧文化奇妙结合的产物,被史学家称誉为可与意大利古城庞贝媲美。

(三)内蒙古西部旅游区

内蒙古西部旅游区给人印象最深的就是大漠和绿都。著名的巴丹吉林沙漠、腾格里沙漠、乌兰布和沙漠横贯全境,在大漠深处,悠远的丝绸之路穿境而过,留下了千百年来各色人物的历史足迹,令人流连。

阿拉善盟位于内蒙古自治区西部,是全区最大的盟。走进阿拉善,仿佛置身于神秘、奇特、雄浑、古老的畅想与惊奇之中。素享世界沙漠"三最"(最高沙丘、最大响沙区、最密集沙漠湖群)之美誉的阿拉善沙漠,使您领略浩瀚的大漠风光;巍峨的贺兰山森林景观、珍稀的额济纳河谷胡杨、壮观的吉兰泰盐湖,使您走进中国西部独特的诗情画卷中来;世界三大宇航中心之一的东风航天城,共同遨游在宇宙之间;久负盛名的黑城遗址等历史遗产景点和"八大寺"展示的佛教文化,让您流连忘返。

(1)黑城遗址

黑城是西夏时期的古城池,位于内蒙古境内额济纳河下游,今额济纳旗首府达来呼布镇南约20千米处,相传为西夏黑山威福军司所在地,是当时河西走廊通往岭北各行省的重要驿站。

黑城遗址呈长方形,东西长434米、南北宽384米、周长约1000米。残留的城墙高约10米,城内排列着整齐的街道以及房屋的残垣和木头桅柱,还坐落着许多建筑精美的佛塔和庙宇。城外西南方向耸立着一座穹庐顶、壁龛式的清真寺;西北角建有一座覆钵式的喇嘛塔,其形式为同时期建筑所独有。城内曾出土过大量汉文、波斯文和西夏文的文书手稿及书册等,是研究我国西夏和元朝历史的珍贵资料。城墟附近还分布着成片的村落遗址及佛教建筑群落,附近的古河床上还依稀可辨认出一条条灌溉支渠流经各村舍之间的痕迹。

(2)巴丹吉林沙漠

巴丹吉林沙漠位于内蒙古西部,雅布赖山以西,北山以北,弱水以东,是中国第三大沙漠、内蒙古第一大沙漠。沙漠东西长约270千米,南北宽约220千米,总面积约4.7万平方千米,海拔高度1200~1700米,沙山相对高度500多米,堪称"沙漠珠穆朗玛峰",以高、陡、险、峻著称于世。奇峰、鸣沙、湖泊、神泉、寺庙堪称巴丹吉林"五绝"。沙峰、沙峭、沙脊、沙谷与星罗棋布的湖泊交相辉映,编织出一幅幅美丽的沙漠画卷。巴丹吉林沙漠拥有全国最大的响沙区和最密集的湖泊群,被国家旅游局和中国科学探险协会推荐为全国 17 个最具代表性的探险旅游目的地之一。

图 7-9　巴丹吉林沙漠

（3）贺兰山原始森林

贺兰山位于内蒙古高原西南端,华北黄土高原西北侧,西南邻近青藏高原东北部,是我国西北第一大南北走向的山脉,根属阴山山系,海拔 3556 米。贺兰山原始森林花草芬芳,山壁陡峭,气势雄伟。登上极峰,如走云天、宛履霞雾、情趣别具,在这里可以领略到沙漠的浩瀚、戈壁的宽广,而且还可以欣赏到"大漠落日"、"沙市蜃楼"的奇特景观。俯览群山,峰峦叠翠,林海滔滔,惊险、神秘、粗犷、神奇的感觉涌上心头。在贺兰山深处,奇石倚古洞,神泉见圣水,岩画融峭壁,古寺立石刹。广宗寺、福音寺两座内蒙古西部最大的藏传佛教寺庙坐落山中。自清朝乾隆二十一年(1756 年)建成后,经声不绝、香烟袅袅,盛行近两个半世纪。寺内空气清爽,风光旖旎,塔、亭、堂、殿、阁遥遥相对,又与苍松翠柏、崇山峻岭交相辉映,构成了一幅幽静、清新、圣洁的自然景观(图7-9)。

（4）人间仙境——月亮湖

美丽奇幻的月亮湖位于内蒙古西部阿拉善盟境内的腾格里沙漠,俯瞰月亮湖,只见湖光沙色,交相辉映,碧水蓝天,浑然一体,恍如梦境一般。在粗犷、豪放、宁寂的大漠中,月亮湖犹如一叶扁舟和一面明镜,集灵动、轻柔和明静于一身,充分展现出一种原始的、自然的、未经人工刻意雕琢的原生风貌。漫步月亮湖畔,轻风微拂,芦苇摇曳,鸟儿嬉戏,游人与天鹅结伴,灰鹤啾啾觅食,百灵鸟脆鸣歌唱,一派人间仙境的景象。

月亮湖有"三奇":一奇,形状酷似中国地图,站在高处沙丘放眼望去,一幅完整的中国地图展现在眼前,芦苇的分布更是将各省区一一标明;二奇,湖水呈天然药浴配方,湖水中富含钾盐、锰盐、少量芒硝、天然苏打、天然碱、氧化铁及其他微量元素,与国际保健机构推荐药浴配方极为相似;三奇,千万年黑沙滩,掀开沙滩表层,下面是厚达十多米的纯黑沙泥,其质地远远超过死海的黑泥,是天然泥疗的宝物。

### 三、典型景点成因剖析

内蒙古旅游资源区的旅游景点极具特色,因此其成因也是十分独特。其中最具代表性的景点有三处,分别为阿尔山、银肯响沙湾和成吉思汗庙。

（一）阿尔山

1. 阿尔山概况

阿尔山位于兴安盟,是内蒙古旅游区内著名的矿泉疗养旅游胜地。阿尔山不是山,"阿尔山"是蒙古语的音译,全称为哈伦·阿尔山,其意思为热的圣泉。依据中国地质科学院专家研究确定,阿尔山是中国境内的第七处活火山群,并被审批为国家森林公园、火山博物馆。据探明,在阿尔山-柴河地区拥有200多平方千米保护完好的亚洲最大的火山熔岩地貌,这里的一些火山熔岩景观是亚洲仅有的独特熔岩形态,存在着很高的地理、科学和观赏价值。走进阿尔山,你可以欣赏到壮观的天池群、堰塞湖群等景观,感受到大自然的伟大和神奇(图7-10)。

2. 成因剖析

阿尔山的地下冷热泉水储量十分丰富,矿泉水中矿物质含量较高,是一处天然资源宝库。阿尔山矿泉是世界最大的功能型矿泉之一,经中科院、中国地质大学联合进行的火山科考认定,阿尔山周围有冷泉、温泉、热泉、高热泉等温度不同、功能各异的饮用和洗浴矿泉逾百眼。距市中心五华里处的五里泉矿泉为天然优质饮用矿泉水,富含锂、锶、硒等人体必需的微量元素和宏量元素,每天自涌量为1054吨,被矿泉水专家赞为"天下第一奇特

**图 7-10　阿尔山天池**

大泉"。经中国预防医学会论证，阿尔山地区原住地居民没有患心脑血管疾病和癌症病例。

### （二）银肯响沙湾

#### 1. 银肯响沙湾概况

银肯响沙湾居中国响沙之首，堪称响沙之王，位于内蒙古鄂尔多斯市达拉特旗中部，为新月形丘链或格状丘地貌。沙高 110 米，宽 200 米，坡度为 45 度，呈弯月状的巨大沙山回音壁缀在大漠边缘，是一处珍稀、罕见、宝贵的自然旅游资源。沙子干燥时，游客攀着软梯或乘坐缆车登上"银肯"沙丘顶，往下滑溜，沙丘会发出轰隆声，轻则如青蛙"呱呱"的叫声，重则像汽车、飞机轰鸣。响沙声令人精神振奋，妙趣横生（图 7-11）。

#### 2. 成因剖析

银肯响沙的传说很多。传说之一是：当年八仙之一的张果老骑驴驮着沙袋子不慎解口，一夜之间沙子埋没了这里的一座寺庙。人们滑沙听到的响声，好像是喇嘛们在地下奏乐和诵经的声音。这个传说普遍地代表了当地蒙古族聚集所产生的文化效应。传说固然美丽,但不能揭开响沙之谜,近年来科学工作者进行过多次科学考察,他们得出的理论有筛匀汰净理论、摩擦静电说、地理环境说、"共鸣箱"理论等等,响沙之谜还在探索之中。

**图 7-11　银肯响沙湾**

响沙大漠如梦如画,晨曦时波光粼粼,五彩纷呈,夕阳下大漠孤烟,美不胜收。中国目前发现的响沙有三处,除"银肯"外,还有宁夏中卫沙坡头响沙和甘肃敦煌鸣沙山响沙。这三处响沙都位于内陆区,沙丘高大,沙坡背风向阳,沙丘前有水渗出或有流水经过,因此响沙是沙丘处在特殊地理环境下发生的一种自然现象。

（三）成吉思汗庙

1. 成吉思汗庙概况

成吉思汗庙位于兴安盟乌兰浩特市罕山之巅,始建于 1940 年,从正面看是"山"字形。正殿当中有 16 根粗大的红漆明柱,四周绘有反映成吉思汗业绩的精美图案,中央为 2.8 米高的成吉思汗铜像;两偏殿陈列着元代的兵器、服装和瓷器等复制品,山门到正殿铺有宽 10 米、长 158 米用花岗岩砌成的 81 级台阶。成吉思汗庙院落占地 6.8 万平方米,院内遍植青松、翠榆和山杏等树木,浓郁葱茏。在其不远处,还安放着 8 匹铜塑骏马,造型各异、神态逼真,据传为成吉思汗创业前家中的心爱坐骑(图 7-12)。

图 7-12　成吉思汗庙

2. 成因剖析

　　成吉思汗是蒙古杰出的军事家、政治家,他在统一蒙古诸部后于 1206 年被推为大汗,建立了蒙古汗国。他即位后展开了大规模的军事活动,版图扩展到中亚地区和南俄,1226年率兵南下攻打西夏,次年在西夏病死。元朝建立后成吉思汗被追尊为元太祖,后人为纪念他,便建造了这座庙宇——当今世界上纪念成吉思汗的唯一寺庙。成吉思汗庙融蒙、汉、藏三个民族的建筑风格于一体,采取古代汉族建筑中惯用的中轴对称布局手法,建筑主体圆顶方身,绿帽白墙,具有典型的蒙、藏建筑特色。

# 第三节　典型的旅游线路设计

## 一、旅游线路设计

在不断的发展过程中,内蒙古旅游资源区已形成了以草原风光、民族风情为主题,北京至呼和浩特、海拉尔、赤峰、锡林浩特的草原民俗风情旅游线路。本节本着旅游景点内容丰富、时间安排合理等原则,具体设计了以下几条旅游线路:

（一）蒙古草原观光深度游

1. 线路安排

（1）包头——呼和浩特——乌兰察布——锡林浩特——海拉尔

（2）赤峰——乌兰布统——锡林浩特——海拉尔

2. 线路特色

此线路可谓是集内蒙古草原风光的精华于一体。游览该旅游线路,旅游者可以饱览草原的美丽景色。包括的主要旅游景点有希拉穆仁草原、大召、昭君墓、辉腾锡勒草原、锡林郭勒草原、贝子庙、乌兰布统草原、阿尔山、呼伦贝尔草原、呼伦湖等。

（二）蒙古历史古迹游

1. 线路安排

（1）呼和浩特——包头——乌海——阿拉善左旗

（2）包头——呼和浩特——乌兰察布——赤峰——通辽——呼伦贝尔

2. 线路特色

内蒙古的历史文化源远流长,名胜古迹众多。此线路的最大特点是将人文景观与自然景观相结合。旅游者不仅可以观赏到内蒙古独特的风光,还可以欣赏到内蒙古经典的古建筑。该线路包括的主要旅游景点有黑城遗址、贺兰山原始森林、五当召、美岱召、大召、金刚座舍利宝塔、万部华严经塔、席力图召、和林格尔汉壁画墓群、辽中京遗址、辽祖州城遗址和太祖陵、库伦辽代古墓、呼伦贝尔草原、嘎仙洞遗址等。

（三）冰雪温泉度假游

1. 线路安排

包头——阿拉善左旗——乌兰察布——赤峰——兴安盟——满洲里

2．线路特色

该线路将给旅游者展现梦幻般的蒙古冰雪和珍贵的温泉资源。这是一条旅游者可以充分参与体验的行程。沿途游览的主要旅游景点有贺兰山原始森林、月亮湖、岱海及温泉疗养院、大兴安岭原始森林、克旗温泉疗养院、海神阿尔山圣泉疗养院、东山滑雪场、国门、达赉湖(呼伦湖)等。

（四）草原风光摄影游

1．线路安排

（1）呼和浩特——鄂尔多斯——包头——阿拉善左旗

（2）呼和浩特——乌兰察布——锡林浩特——海拉尔——满洲里

（3）呼和浩特——乌兰察布——赤峰——乌兰浩特——海拉尔——满洲里

2．线路特色

此线路将内蒙古草原的无限美景展现得淋漓尽致，主要旅游景点有巴丹吉林沙漠、月亮湖、贺兰山原始森林、鄂尔多斯草原、希拉穆仁草原、昭君墓、辉腾锡勒草原、锡林郭勒草原、乌兰布统草原、大青沟自然保护区等，是一条极具特色和吸引力的旅游线路，是摄影爱好者的最佳之选。

（五）沙漠戈壁探险游

1．线路安排

乌海——阿拉善左旗——巴彦淖尔——鄂尔多斯——乌兰察布——通辽

2．线路特色

该线路以内蒙古高原神秘的沙漠戈壁风光为主题，是一条勇敢者的探险之旅。沿途所经过的景点依次为巴丹吉林沙漠、腾格里沙漠、贺兰山原始森林、乌兰布和沙漠、毛乌素沙漠、银肯响沙湾、库布齐沙漠、库伦大漠、莫力庙沙湖、大青沟自然保护区等。

（六）草原休闲度假游

1．线路安排

呼和浩特——乌兰察布——赤峰——锡林浩特

2．线路特色

该线路以内蒙古苍茫雄浑的牧区草原风光为主题，是一条尽情享受游牧生活的绝佳之旅。沿途所经辉腾锡勒草原、白音乌拉游牧文化区、锡林郭勒大草原、贝子庙、白音锡勒草原等，这条线路将内蒙古纯朴的蒙古族风情，原生态的生产生活方式、饮食文化等体现得淋漓尽致,是休闲体验的最佳去处。

## 二、该区今后旅游业发展方向和重点

本区原生态的高山、草原、森林、沙漠、戈壁、湖泊、温泉、冰雪等特殊自然资源与蒙古族等为代表的北方少数民族风情资源都是周边地区和东部各省所不具备的,这说明本区旅游资源是十分独特和稀有的。所以本区旅游业今后的发展方向应着眼于"特",突出其"稀"。旅游发展重点应以开发沙漠观光探险、历史文化探秘为主,发展古城遗迹游、沙漠戈壁探险游、民俗风情体验游、草原观光摄影游、历史名胜古迹游等独具特点的旅游产品和优势项目。

内蒙古旅游资源区不仅拥有辽阔的大草原和茂密的原始森林,同时还有大面积的沙漠,著名的有毛乌素沙漠、乌兰布和沙漠、巴丹吉林沙漠、腾格里沙漠、库布齐沙漠等。沙漠之行,或徒步进行、或骑驼漫游、或乘汽车冲浪、或坐滑翔机俯瞰,漫漫沙海会给您不同的感受。登上沙山沙峰,品味如版画刻就的沙漠波纹图案,大自然的鬼斧神工令人折服。滑动中聆听沙响,如汽车轰隆,似飞机轰鸣,这里的沙漠会唱歌。探奇沙海秘境,沙漠中居然会看到绿绿的青沟、金色的胡杨,大自然就是这样的神奇。

内蒙古悠久灿烂的历史文化,成就了内蒙古独具特色、又异彩纷呈的旅游优势。从古生物时代到早期的人类活动,内蒙古的文物古迹遍布全区各地。大型恐龙化石、猛犸象化石的发现使内蒙古在中国古生物学上占有重要一席。大窑文化、萨拉乌苏文化、红山文化等反映了早期人类在内蒙古的活动。历代长城、岩画、王昭君墓、嘎仙洞、辽遗迹、成吉思汗陵、喇嘛教寺庙等古迹充分反映了北方少数民族的发展历史和各民族交往的历史,深厚的文化底蕴成为内蒙古旅游茁壮成长的沃土。所以以上一切都为本区的历史文化探秘之旅提供了广阔的发展空间和丰富的旅游资源。

## 练 习 题

1. 简述内蒙古旅游区的地理概况?
2. 简述蒙古族的传统节日"那达慕"大会?
3. 根据你的了解,谈谈内蒙古旅游区旅游业发展中存在的问题?
4. 根据你对内蒙古旅游区的了解,设计几条经典旅游线路?
5. 谈谈你对蒙古族民俗的了解,并举例说明蒙古族的饮食习惯?

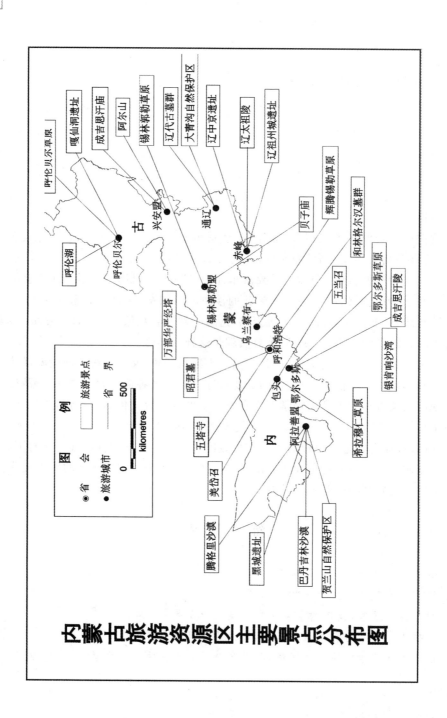

内蒙古旅游资源区主要景点分布图

# 第八章

# 西北旅游资源区

西北旅游资源区位于我国西北部,包括甘肃、宁夏、新疆三省区。东连华北旅游区,北邻内蒙古旅游区、蒙古国、俄罗斯,南与西南及青藏两大旅游区相连,西与哈萨克斯坦、吉尔吉斯斯坦、塔吉克斯坦、阿富汗、巴基斯坦等国接壤,有利于发展边境旅游。第二亚欧大陆桥的贯通,为加强旅游区间的横向联合与区际合作提供了有利条件。

本区面积广大,民族众多,是我国少数民族分布较多的区域。本区自然旅游资源丰富,文化底蕴深厚,历史文物古迹众多,少数民族风情浓郁,旅游资源以荒漠草原、戈壁绿洲、丝路文化、西夏文化、民族风情为特色,旅游开发前景广阔。但总体看来,本区深居内陆,距离主要客源市场较远,交通不太便利,经济发展水平相对较低,这些都在一定程度上制约旅游业的进一步发展。

## 第一节 区域环境与经济发展概况

### 一、自然地理特征

(一)高山与盆地相间

高耸山地与巨大盆地相间分布,构成了本地区地表结构的基本特征。南部有昆仑山脉,北部有阿尔泰山,中部横亘着天山、阿尔金山,东南部有祁连山。阿尔泰山与天山之间为准噶尔盆地,天山与昆仑山、阿尔金山之间为我国最大的内陆盆地——塔里木盆地。北山山地以北为阿拉善高原,北山与祁连山之间为河西走廊。除上述高大山地以外,还有准噶尔西部山地、麻扎塔格、北塔山、马鬃山、雅布赖山等耸立在盆地边缘或盆之中,这些块状隆起的中山或低山,高度大都不超过 2500 米,多属石质荒漠性山地。

（二）典型的温带大陆性荒漠气候

西北地区深居内陆,有典型的温带大陆性荒漠气候特征。本区云量稀少,日照时数较长,全年实际日照时数达 2555～3500 小时,光照资源在全国仅次于青藏高原,热量资源丰富,风大沙多,气温变化大且具有明显的季节差异,即便在一天当中,也有"早穿皮袄午穿纱,围着火炉吃西瓜"之说;降水稀少,相对湿度小,形成我国最干旱的地区。我国最热、最干旱、风力最大和降水最少的地方均分布在这里。位于新疆天山东部山间盆地中的吐鲁番是公认的我国最热的地区,被称为"火洲"。1975 年在此测得 49.6℃,创历史上最高气温纪录,而地表最高温度竟达 82.3℃。当地民间流传着"沙窝里蒸鸡蛋,石头上烤面饼"的说法。七角井、阿拉山口、达坂城、瓜州(原甘肃安西县)等都是著名的风口,瓜州有世界"风库"之称。吐鲁番盆地托克逊南部的觉罗塔格,终年难见滴雨,成为全国降水最稀少的中心。

（三）戈壁荒漠与绿洲交错

本区境内大部分属于干荒漠,东西两侧边缘地区属于荒漠草原。植被上有温带草原、荒漠草原和荒漠的差别。我国是世界上沙漠戈壁分布最多的国家之一,其中 90% 以上集中在西北干旱区,尤以新疆维吾尔自治区分布最广。如准噶尔盆地的古尔班通古特沙漠,我国最大的沙漠——塔克拉玛干沙漠。沙漠地区由于风力大,形成了独特的风蚀、风积地貌。西北地区高大山地的迎风坡面可以获得较多的降水,形成荒漠中的"湿岛",此外,在山麓冲积-洪积扇下部常有泉流、河发育。盆地边缘,山地与平原之间大多有宽度不同、水量不等的流河溢出带,受两侧高山冰雪融水滋润,从而形成大小不等、水草丰美、农业发达的绿洲。密集的绿洲沿河西走廊和天山山脉南北两麓呈串珠状分布,形成了本区绿洲与沙漠紧密相连的奇特风光。

## 二、人文环境特色

（一）积淀深厚的历史文化

本区历史悠久,是中华民族和华夏文明的发祥地之一,各个历史时期的文化遗存十分丰富。1920 年于甘肃庆阳泥河湾发现了中国第一块旧石器时代的石制品,证实了中国是人类早期文明的发源地之一;在甘肃天水大地湾保存有 7800 年前的人类遗址,将华夏文明的出现提前了近 3000 年;有关伏羲、女娲、西王母、黄帝、炎帝等神话传说在此广泛流传;羲皇故里——甘肃天水,岐黄故里和农耕文明发源地——甘肃庆阳都位于本区。

特殊的地缘环境使本区边塞文化格外璀璨。西北地区,特别是甘肃、宁夏,历史上一直位于中原政权的边疆地区,处在北方政权与中原政权交流与冲突的最前缘,充满神秘色彩的西夏王朝也曾雄踞于此。本区境内不仅分布有多处古战场、边关要塞、古城遗址,还有着天水、银川、武威、敦煌、张掖、喀什、吐鲁番、特克斯县等众多历史文化名城。本区是长城所经的重要路段,世界文化遗产长城遗址延绵于此数千千米。甘肃是现存长城长度最长、保存遗迹最多、形态结构最复杂的地区,其境内的嘉峪关是明长城的最西端,为万里长城全线中保存最完整、规模最宏大的关城,享有"天下第一雄关""边陲锁钥,长城主宰"的美誉。宁夏境内遗存有从战国长城、秦、汉到明的历代长城,被誉为"中国长城露天博物馆"。此外,源于特殊历史环境,产生了许多诸如反映历史事件、歌颂英雄人物、抒发壮志豪情的边塞诗,并涌现出高适、岑参、王昌龄、李颀等一大批边塞诗人。

本区在中国近代史上同样也谱写了光辉的篇章,庆阳是中国西北红军的摇篮、第二次国内革命战争后期全国"硕果仅存"的西北革命根据地中心,又是抗日战争出发地。河西走廊留下西路军可歌可泣的悲壮史诗,更有六盘山长征纪念亭、会宁红军会师纪念地、兰州八路军办事处等众多红色革命遗址,悠久的历史和深厚的文化为本区旅游的快速发展营造了浓厚的人文氛围。

(二)开放、兼容的丝路文化

漫长的丝绸之路是世界最早的国际贸易和文化交流通道,是我国中东部腹地通往中亚及其他地区的走廊,从公元前2世纪到公元15世纪,这条长达7000多千米的古代东西方交通干道及其支路是亚欧大陆各国联系的纽带。古老的华夏文明与两河流域文明、地中海文明等在此汇流,兼容并蓄,使之成为多元文化的核心地带。

总体来看,丝绸之路的主要路段均位于中国境内,而核心路段则在西北地区,且基本沿着供水条件较好的绿洲穿行而过,促进了沿线经济、宗教、文化的交流与发展。历代丝绸之路途经的主要区域一直是中国北方少数民族居住地区,丝路的文化交流与商贸往来对少数民族文化发展有着重要影响,而他们的文化、习俗也由此传入中原地区。唐代盛行的胡舞、胡乐等都是从西域少数民族舞蹈和音乐演化而来。由于历史的发展和环境变迁,丝绸之路上的许多繁华古城或被战争破坏,或被风沙掩埋,成为千古之谜。而留存至今的嘉峪关、阳关、玉门关、秦长城、楼兰古城、米兰古城、高昌古城、交河古城、敦煌莫高窟、麦积山石窟、榆林窟和克孜尔千佛洞等遗物遗址,则是古代丝绸之路繁荣昌盛的历史见证。这些古城遗址往往与当地民俗风情相结合,屹立于祖国大西北,尽显曾经的辉煌及环境变迁过程,是科考及文化探秘、寻古旅游的重要题材。

(三)风格迥异的少数民族文化

本区是我国少数民族聚居的地区,生活着40多个少数民族,尤其是新疆,汉族人口仅占总人口的 39%,被称为"中国民族的橱窗"。除汉族外,本区人口在百万以上的民族有维吾尔、哈萨克、回族;在 10 万以上的有柯尔克孜族、东乡族;在 1 万以上有保安族、裕固族、俄罗斯族、塔吉克族等。这些民族在分布上呈大分散、小集中的特点。长期往来,各少数民族同汉族联系密切,形成了独具一格、绚丽多姿的民族风情。游客无论是在甘南高原体验藏族民俗,在祁连山肃南感受裕固族风情,在宁夏倾听回族"花儿",还是在新疆欣赏维吾尔等族热情奔放的歌舞,都会被风格迥异的少数民族风情所吸引。

### 三、区域经济发展概况

#### (一)区域经济发展现状

本区经济基础相对较弱,总体处于工业化初、中期阶段,与东部地区相比还有较大差距。2015 年,甘肃省全年实现生产总值 6790.32 亿元,比上年增长 8.1%;全省人均生产总值 26 165 元,比上年增长 7.7%。宁夏回族自治区全年实现生产总值 2911.77 亿元,比上年增长 8.0%;人均生产总值 43 805 元,增长 6.9%。新疆维吾尔自治区全年实现地区生产总值 9324.80 亿元,比上年增长 8.8%;人均生产总值 40 034 元,增长 6.6%。近年来,随着经济的快速发展,交通、邮电等基础设施建设有了一定的提高,人民生活水平及地区旅游业不断发展。但在发展过程中也伴随一些问题,如工业规划管理工作薄弱,无序开采和盲目开采没有得到有效遏制,使大量贵重有色金属被浪费。资源的开发利用在一定程度上以生态环境破坏为代价,导致本区生态环境不断恶化。

#### (二)区域旅游经济发展现状

##### 1. 初具规模的旅游业

本区旅游业及基础设施已具一定规模,但尚欠发达,旅游业整体水平较为低下;且地处西北边陲,远离市场,受外部因素制约较大。2015 年甘肃省接待国内游客 15 632.9 万人次,国内旅游收入 974.5 亿元,增长 25.0%;接待境外旅游人数 5.5 万人次,增长 11.81%;旅游外汇收入 1418.1 万美元,增长 39.4%。宁夏回族自治区全年接待国内外旅游者 1839.48 万人次,比上年增长 9.8%,国内旅游收入 160.01 亿元,增长 13.0%;旅游外汇收入 2083.86 万美元。新疆维吾尔自治区旅游总人数 6097 万人次,增长 23.1%;旅游总消费 1022 亿元,其中,国内旅游消费 985 亿元,入境旅游消费 6.08 亿美元。本区五星级饭店仅为 9 家(甘肃 1 家,新疆 8 家,全国 369 家)。旅游业整体水平较低,不能适应旅游者的需求,另外,经济落后也制约了本区居民的出游率。在"西部大开发"政策和"一带一路"政策引领下,本区旅游业得到较好发展,除宁夏旅游同比增长较弱外,其他两区旅游业发展迅猛(表 8-1)。

表 8-1 2015 年本区旅游接待情况

| | 接待人数 /万人次 | 同比增长 /(%) | 接待人数构成/万人次 | | 占全国 百分比/(%) |
|---|---|---|---|---|---|
| | | | 国内游客 | 入境游客 | |
| 总计 | 23 574.88 | 18.8 | 23 397.65 | 177.59 | 6 |
| 甘肃 | 15 638.4 | 23.5 | 15 632.9 | 5.5 | 4 |
| 宁夏 | 1839.48 | 9.8 | 1835.75 | 3.73 | 0.5 |
| 新疆 | 6097 | 23.1 | 5929 | 168.36 | 1.5 |

数据来源:中国旅游网.http://www.cnta.com.

### 2. 基础设施逐步改善

随着旅游业的发展,本区交通和旅游接待条件得到明显改善。本区交通结构以铁路运输为主,目前陇海、宝成、包兰、兰青铁路与全国旅游网线相连,北疆铁路与哈萨克斯坦铁路相连。公路形成了以各省会城市为中心,辐射各地、市、县的公路运输网,区内主要干线有天水——兰州——乌鲁木齐——霍尔果斯——阿拉山口,新疆公路等。航空运输也是本区不可缺少的重要交通运输环节。就宁夏而言,"十一五"期间,国家民航总局投入大量资金进行建设,银川河东机场改扩建项目顺利完成,中卫沙坡头旅游机场于 2009 年 10 月投入使用,固原机场 2010 年投入使用。至 2008 年,甘肃已形成以兰州为轴心,辐射各省会城市、沿海开放城市和著名旅游景点的"轮辐式支线航空网络"以及以兰州为中心,辐射敦煌、嘉峪关、张掖、天水、庆阳、甘南夏河、陇南成县等 8 个支线机场的"中枢-辐射"式航线网络。到 2012 年,甘肃省 14 个市州中会有 10 个机场建设完成,将形成以兰州市中川机场为中心,东西部机场群为两翼,辐射甘肃省大部市州的网络群,极大地方便游客的出行。新疆则有乌鲁木齐、喀什、和田、伊宁、阿勒泰、塔城等城市机场,至 2008 年,新疆民航引入 7 家国内外航空公司,在新疆航空市场运营的航空公司达到 39 家,开通航线 112 条,运营里程达到 14 万千米。截至 2015 年,已新增开通喀什—和田、伊宁—克拉玛依支线航班。随着全国铁路旅游"引流入疆"会议召开,自治区旅游局会同铁路部门全面规划了"坐着火车游新疆"品牌战略,至 2016 年,开行进疆和疆内专列各 100 列,坐火车进疆旅游人数将近 10 万人。

### 3. 存在问题

由于投入旅游开发的资金不足,导致许多精品旅游资源"隐在深闺人未识"。一些旅游项目由于促销资金不足、力度不够,致使打造的旅游形象不够鲜明、生动,且缺乏持续性和轰动效应。另外,省区之间也缺乏统一的规划与协调,难以形成区域旅游资源的整体开发优势。面对当前信息经济的兴起和自助式旅游及散客化、个性化的趋势,缺乏积极的应对策略和措施,一些景区、景点的管理和信息发布,很少选用现代化信息手段。此外,在开发、经营过程中旅游资源保护意识淡薄,缺乏长远意识,导致旅游资源开发不当,一定程度上对生态环境和本土文化带来了负面影响。近年来,随着各省对旅游产业的日渐重视,加之"一带一路"战略的实施,逐渐形成"丝绸之路"精品旅游线路。

### 四、区域旅游特色

#### (一)旅游资源具有文化性和多样性

旅游资源的文化性和多样性源于本区多元的文化环境和复杂的地理环境。本区历史文化、丝路文化、草原文化、绿洲文化及多种民族文化相互融合,积淀深厚,灿烂辉煌。区域地理环境内部变化显著:气候上有半湿润、半干旱、干旱与极干旱之分;植被上有温带草原、荒漠草原和荒漠的差别;地表类型复杂多样,有我国最平坦的高原、最大的内陆盆地、最浩瀚的沙漠和戈壁。这些为本区形成文化积淀深厚、多元兼容、丰富多彩、独具特色的旅游资源奠定了基础,使本区拥有沙漠、冰川、戈壁、高山、绿洲、高原等多类型的自然旅游资源,同时还拥有石窟、古塔及绚丽多彩的少数民族风情等人文旅游资源,自然与人文旅游资源完美结合,形成中国西部独具魅力的景观。

#### (二)旅游资源具有组合优势

人文旅游资源和自然旅游资源组合良好。本区旅游资源多为复合型,许多名山大川为宗教名山,有着深厚的文化内涵;森林、草原和绿洲地区多为少数民族聚居区,充满异域风情;戈壁荒漠中保存着众多历史遗存,体现着丝路文化的古韵。

旅游季节与气候组合良好。5—10月是本区气候条件最好的时节,此时正是本区降水最多,植物生长最旺盛,自然景观最丰富的季节。如荒漠地区的干旱植物红柳,从5月起不同品种相继开花,粉色、金黄色的花穗与绿色树叶及红色树枝相互映衬,色彩持续变化,一直到10月底,连沙漠都变得生机勃勃,更不要说绿洲上参天的白杨树、绿色的农田了。8月以后,天气逐渐凉爽,风景区的植物开始呈现出醉人的金色,种类繁多、香甜可口的瓜果也已成熟,对于远道而来的游客具有极强的吸引力。而一些民俗和节事活动也聚集在此时,如新疆哈萨克草原上的赛马大会、甘肃武威的葡萄酒节、临夏的花儿会、宁夏的国际摩托车旅游节、国际沙漠旅游节等。这些活动与各族旅游资源相得益彰,增强了旅游吸引力。

空间上,地理环境过渡区,景观变化度大,但这种变化却随空间尺度的缩短而减弱。就大尺度区域而言,旅游资源类型与功能的区域匹配较为合理,构成了这些地区有别于其他区域鲜明的主题。主体旅游资源之间的小尺度区域同质性不可避免;中尺度景观最为丰富,变化最典型,区域旅游和长线旅游皆宜。

## 第二节　主要旅游资源与旅游目的地

### 一、主要旅游资源分类

缘于本区独特的地理环境,西北旅游资源区内的旅游资源种类齐全,丰富多样,品味较高,差异显著,互补性强,具体情况见表8-2。

表8-2　西北旅游资源区旅游资源分类

| 主类 | 亚类 | 基本类型 |
|---|---|---|
| A 地文景观 | AA 综合自然旅游地 | 天水麦积山、平凉崆峒山、榆中兴隆山、漳县贵清山、祁连山、天山、阿尔泰山、贺兰山、六盘山、子午岭、雅丹黑戈壁 |
| | AB 沉积与构造 | 阿尔金山断裂带、河西走廊北缘断裂带、甘肃黄河剑齿象化石、庆阳环江翼龙发掘地、临夏古生物化石、和政古生物化石、宁夏灵武恐龙化石、同心古生物化石、南华山微体古植物化石、硅化木、新疆农五师怪石峪 |
| | AC 地质地貌过程形迹 | 景泰黄河石林、奎克乌苏石林、塞外石林、盘吉尔怪石林、永靖黄河三峡、官鹅沟峡谷群、麦积区曲溪峡谷群、民乐扁担口峡谷、敦煌雅丹地质公园、新疆雅丹龙城、武都万象洞(岩石洞与岩穴)、沙坡头、鸣沙山(沙丘地) |
| | AD 自然变动遗迹 | 党家岔堰塞湖、海原大地震遗迹、祁连山冰川侵蚀遗迹、克孜里塔司山冰白遗迹 |
| B 水域风光 | BA 河段 | 玛曲"九曲黄河第一湾"、兰州百里黄河风情线、宁夏黄沙古渡、塔里木河古河道、和硕金沙滩 |
| | BB 天然湖泊与池沼 | 文县天池、天山天池、赛里木湖、喀纳斯湖、罗布泊、艾丁湖、博斯腾湖、乌伦古湖、艾比湖、布伦托海、阿其克库勒湖、吉力湖、若尔盖湿地、尕海湿地、甘海子湿地、鸣翠湖、阅海、沙湖、宝湖、星海湖、玛曲沼泽 |
| | BD 泉 | 月牙泉、清水温泉、五泉山(甘露、掬月、摸子、惠、蒙) |
| | BF 冰雪地 | 肃南"七一"冰川、透明孟轲冰川、木扎特冰川、天山一号冰川 |

（续表）

| 主类 | 亚类 | 基本类型 |
|------|------|---------|
| C 生物景观 | CA 树木 | 胡杨林、红柳、阿坝亚热带林地、伏羲庙八卦古柏、森林公园 |
| | CB 草原与草地 | 祁连山草原、甘南草原、格桑花草原、玛曲草原、那拉提草原、禾木草原、巴音布鲁克草原、唐布拉草原、伊犁草原、鹿角湾草场、喀拉峻草原 |
| | CD 野生动物栖息地 | 森林公园、自然保护区等（详见附表1：西北旅游资源区国家级森林公园与自然保护区名录） |
| D 天象与气候景观 | DA 光现象 | 沙漠海市蜃楼 |
| | DB 天气与气候现象 | 高山避暑地、中国最干旱、最炎热的地方、乌尔禾风城 |
| E 遗址遗迹 | EA 史前人类活动场所 | 马家窑文化遗址、居延烽燧遗址、秦安大地湾遗址、火烧沟遗址、水洞沟遗址、吐鲁番盆地史前文化遗址、塔里木盆地南缘史前文化遗址、贺兰山岩画 |
| | EB 社会经济文化活动遗址遗迹 | 嘉峪关、阳关、玉门关、三关口长城、昌吉古城、麻扎塔格古城堡、唐明墩古城、买力克阿瓦提古城、阿克斯皮力古城、曲惠古城、硝尔墩旧城、卓果特沁古城、亚尕其乌依吕克古城、唐王城（废城与聚落遗迹）、甘边区苏维埃政府旧址、俄界会议遗址、腊子口战役遗址、哈达铺红军干部会议遗址、会宁会师遗址、八路军驻兰州办事处旧址、抗日军政大学第七分校校部旧址（军事遗址与古战场） |
| F 建筑与设施 | FA 综合人文旅游地 | 夏河拉卜楞寺、碌曲郎木寺、同心清真寺、艾提尕尔清真寺、天水伏羲庙（宗教与祭祀活动场所）、中国彩棉科技园、锡伯民俗风情园、库车龟兹绿洲生态园、红山公园（主题公园） |
| | FB 单体活动场所 | 镇北堡西部影视城（中国古代北方小镇）、中华回乡文化园、兰州国际博览中心、敦煌博物馆、酒泉卫星基地历史博览馆、宁夏国际会展中心、宁夏科技馆、克拉玛依矿史陈列馆、新疆大漠土艺馆 |
| | FC 景观建筑与附属型建筑 | 敦煌石窟、庆阳北石窟寺、平凉南石窟寺、须弥山石窟、克孜尔千佛洞、海宝塔、拜寺口双塔、青铜峡一百零八塔、苏公塔、陇西威远楼、银川钟鼓楼、米拉日巴佛楼阁（楼阁）、阿克苏多浪河广场、宁夏光明广场（广场） |
| | FD 居住地与社区 | 毛主席旧居、邓小平旧居、刘巧儿旧居、库车王府、满汗王府（名人故居与历史纪念建筑）、纳家户回族村（特色社区）、庆阳窑洞民居、喀什高台民居（传统与乡土建筑）、艾提尕黄金首饰一条街（特色街巷） |
| | FE 归葬地 | 西夏王陵、香妃墓、莎车王墓、武威雷台汉墓、嘉峪关魏晋墓、黄帝冢、切木尔切克墓、姜维墓、阿日夏特石人石堆墓、阿斯塔那古墓群、华林坪烈士陵园、高台烈士陵园 |
| | FG 水工建筑 | 兰州中山桥、渭源灞陵桥、伊犁河大桥、刘家峡水电站、赤金峡、青铜峡黄河库区、新疆坎儿井、黄河水车、英艾日克水库、乌鲁瓦提水利枢纽工程 |

（续表）

| 主类 | 亚　类 | 基本类型 |
|---|---|---|
| G<br>旅游商品 | GA 地方旅游商品 | 清真系列食品、敦煌夜光杯、庆阳香包、天水根雕、卓尼洮砚、和田玉、宁夏五宝（枸杞、甘草、贺兰石、二毛皮、太西煤（发菜①））、兰州百合、苦水玫瑰、新疆哈密瓜、库尔勒香梨 |
| H<br>人文活动 | HA 人事记录 | 大禹治水、人文始祖伏羲氏、黄帝、皇甫谧《针灸甲乙经》、张骞出使西域、岑参等边塞诗人、西夏王朝建立者李元昊 |
| | HB 艺术 | 舞剧《丝路花雨》、宁夏花儿、新疆民歌、维吾尔十二木卡姆、陇剧、皮影 |
| | HC 民间习俗 | 拉卜楞寺大法会、甘南香浪节、开斋节（肉孜节）、古尔邦节、初雪节（民间节庆）、穆斯林清真饮食习俗、藏族服饰 |
| | HD 现代节庆 | 甘肃黄河旅游文化节、武威葡萄美酒节、庆阳香包民族文化节、丝绸之路民族风情旅游文化节、宁夏摩托车汽车旅游节、新疆和田玉石文化节 |

## 二、次旅游区及主要旅游景区（点）

本区分为三个次旅游区，即甘肃次旅游区、宁夏次旅游区和新疆次旅游区。三个次旅游区内旅游景点内容丰富多样，同时它们还是中国旅游活动最活跃、后续发展潜力最大的地区之一，在全国旅游业中居于重要的地位。下面分别介绍各次旅游区内的景区（点）。

（一）甘肃次旅游区

甘肃省，简称"甘"或"陇"，位居祖国西北内陆腹地，位于黄河上游，东邻陕西省，北接宁夏回族自治区、内蒙古自治区，并与蒙古国接壤，西连青海省、新疆维吾尔自治区，南与四川省毗邻，省会兰州市。甘肃地貌复杂多样，山地、高原、平川、河谷、沙漠、戈壁交错分布。地势自西南向东北倾斜，土地总面积 45.37 万平方千米，东西长 1665 千米，南北宽约 530 千米，最窄处仅 25 千米，从西北到东南呈狭长的哑铃状。

全省常住人口为 2599.55 万人（截至 2015 年），少数民族人口 241.05 万，占全省人口的 9.43％。甘肃是多民族聚居省份，自古以来就是汉族与少数民族交汇融合之地。全省现有 45 个少数民族成分，多信仰伊斯兰教和藏传佛教。世居本省、人口在千人以上的有回、藏、东乡、土、满、裕固、保安、蒙古、撒拉、哈萨克等 16 个少数民族，其中东乡族、裕固族和保安族是甘肃独有的 3 个民族。

---

① 从 20 世纪 80 年代初至今，我国北方草原地区搂发菜、滥挖甘草和麻黄草的问题越来越严重，给生态环境和社会安定造成了极大的危害。国务院于 2000 年 6 月 14 日下达文件（国发〔2000〕13 号）《国务院关于禁止采集和销售发菜制止滥挖甘草和麻黄草有关问题的通知》，故黑宝由发菜改为太西煤。

　　甘肃省地处青藏高原、内蒙古高原和黄土高原三大高原交汇地带,横跨西北、青藏和西南三大旅游区。历史文化积淀深厚,有着八千年的悠久文明,名胜古迹众多,多民族交融,丝绸之路东西方文化荟萃,现代科技成就巨大。边缘过渡性的地理位置和灿烂的文化环境造就了甘肃省多样化、复杂的自然旅游资源和丰富多彩的文化旅游资源,奠定了其旅游开发的独特优势。

　　目前,甘肃省已形成了以兰州、敦煌、天水三座旅游城市为依托的一线两翼的旅游格局;即以"丝绸之路"为主线;南翼以宁夏回族风情、黄河风光,甘南藏族风情、草原风光为主体;北翼以白银黄河石林、农家体验,平凉崆峒山道教圣地,庆阳农耕民俗、黄帝冢为主体。形成了甘肃东南部生态游——纵情山水游、黄土风情线——纵横陇东游、黄河风情游——悠游黄河游、寻梦香巴拉——大九寨旅游线、丝绸之路全景游——豪迈丝路游等五大经典旅游线路。

　　截至 2016 年 6 月,全省共有世界文化遗产 1 处(敦煌莫高窟),A 级景区 231 处,其中5A 级景区 4 处,4A 级景区处 81 处(见表 8-3);国家级风景名胜区 3 处(天水麦积山风景名胜区、平凉崆峒山风景名胜区、敦煌鸣沙山-月牙泉风景名胜区);国家级森林公园 23 处(见表 8-4);国家级文物保护单位 72 处;国家级历史文化名城 4 座(张掖、武威、敦煌、天水);省级历史文化名城 7 座(酒泉、会宁、临夏、灵台、庆阳、夏河、陇西);中国优秀旅游城市 8 座(敦煌、嘉峪关、天水、兰州、张掖、武威、酒泉、平凉)。

**图 8-3　甘肃省 5A、4A 级旅游景区名录**

| 级　别 | 序　号 | 名　　称 | 所在地 |
|---|---|---|---|
| 5A | 1 | 嘉峪关文物景区 | 嘉峪关市 |
| | 2 | 平凉崆峒山风景名胜区 | 平凉市崆峒区 |
| | 3 | 天水麦积山风景名胜区 | 天水市麦积区 |
| | 4 | 酒泉敦煌鸣沙山月牙泉风景名胜区 | 酒泉市敦煌市 |
| 4A | 5 | 兰州水车博览园 | 兰州市城关区 |
| | 6 | 兰州五泉山公园 | 兰州市城关区 |
| | 7 | 榆中兴隆山自然护区 | 兰州市榆中县 |
| | 8 | 永登吐鲁沟森林公园 | 兰州市永登县 |
| | 9 | 榆中青城古镇景区 | 兰州市皋兰县青城镇 |
| | 10 | 皋兰什川古梨园景区 | 兰州市皋兰县什川镇 |
| | 11 | 东湖生态旅游景区 | 嘉峪关市 |
| | 12 | 紫轩葡萄酒庄园 | 嘉峪关市 |
| | 13 | 嘉峪关市中华孔雀苑景区 | 嘉峪关市峪泉镇 |
| | 14 | 嘉峪关市方特欢乐世界景区 | 嘉峪关市南市区 |

（续表）

| 级 别 | 序 号 | 名 称 | 所在地 |
|---|---|---|---|
| | 15 | 伏羲庙 | 天水市秦州区 |
| | 16 | 南郭寺 | 天水市秦州区 |
| | 17 | 玉泉观 | 天水市秦州区 |
| | 18 | 甘谷大象山 | 天水市甘谷县 |
| | 19 | 武山水帘洞景区 | 天水市武山县 |
| | 20 | 秦安县凤山景区 | 天水市秦安县 |
| | 21 | 张家川回乡风情园景区 | 天水市张家川县 |
| | 22 | 景泰黄河石林风景旅游区 | 白银市景泰县 |
| | 23 | 会宁红军会宁会师旧址 | 白银市会宁县 |
| | 24 | 武威文庙（凉州区博物馆） | 武威市凉州区 |
| | 25 | 武威雷台旅游区 | 武威市凉州区 |
| | 26 | 武威神州荒漠野生动物园 | 武威市凉州区 |
| | 27 | 武威沙漠公园 | 武威市凉州区 |
| | 28 | 武威市天祝祁连冰沟河 | 武威市凉州区 |
| | 29 | 武威市凉州白塔寺景区 | 武威市凉州区 |
| | 30 | 金昌市永昌骊靬古城景区 | 金昌市永昌县 |
| | 31 | 金昌市金水湖景区 | 金昌市金川区 |
| 4A | 32 | 金昌市紫金花城景区 | 金昌市金川区 |
| | 33 | 张掖大佛寺（甘州区博物馆） | 张掖市甘州区 |
| | 34 | 肃南马蹄寺风光旅游区 | 张掖市肃南县 |
| | 35 | 焉支山森林公园 | 张掖市山丹县 |
| | 36 | 祁丰文殊寺石窟群旅游景区 | 张掖市肃南县 |
| | 37 | 张掖国家湿地公园 | 张掖市甘州区 |
| | 38 | 张掖丹霞地质公园 | 张掖市临泽县 |
| | 39 | 张掖市山丹县大佛寺景区 | 张掖市山丹县 |
| | 40 | 张掖市高台西路军纪念馆 | 张掖市高台县 |
| | 41 | 肃南裕固风情走廊 | 张掖市肃南县 |
| | 42 | 张掖市大湖湾景区 | 张掖市高台县 |
| | 43 | 张掖市玉水苑景区 | 张掖市甘州区 |
| | 44 | 张掖市民乐扁都口景区 | 张掖市民乐县 |
| | 45 | 张掖市肃南冰沟丹霞景区 | 张掖市肃南县 |
| | 46 | 张掖市高台月牙湖景区 | 张掖市高台县 |
| | 47 | 张掖市肃南裕固族民俗度假景区 | 张掖市肃南县 |
| | 48 | 酒泉西汉胜迹 | 酒泉市肃州区 |
| | 49 | 敦煌阳关文物旅游景区 | 酒泉市敦煌市 |
| | 50 | 敦煌雅丹地质公园 | 酒泉市敦煌市 |

（续表）

| 级 别 | 序 号 | 名 称 | 所在地 |
|---|---|---|---|
| | 51 | 酒泉玉门市赤金峡风景区 | 酒泉市玉门市 |
| | 52 | 酒泉富康梦天堂景区 | 酒泉市肃州区 |
| | 53 | 酒泉市瓜州锁阳城景区 | 酒泉市瓜州县 |
| | 54 | 瓜州草圣故里文化产业园景区 | 酒泉市瓜州县 |
| | 55 | 酒泉市金塔沙漠胡杨林景区 | 酒泉市金塔县 |
| | 56 | 崇信龙泉寺风景名胜区 | 平凉市崇信县 |
| | 57 | 泾川大云寺-王母宫 | 平凉市泾川县 |
| | 58 | 灵台古灵台-荆山森林公园 | 平凉市灵台县 |
| | 59 | 庄浪云崖寺 | 平凉市庄浪县 |
| | 60 | 泾川田家沟水土保持生态风景区 | 平凉市泾川县 |
| | 61 | 平凉市华亭莲花台景区 | 平凉市华亭县 |
| | 62 | 庆城周祖陵 | 庆阳市庆城县 |
| | 63 | 庆阳市华池南梁红色旅游景区 | 庆阳市华池县 |
| | 64 | 庆阳市天富亿生态民俗村景区 | 庆阳市西峰区 |
| | 65 | 漳县贵青山-遮阳山旅游景区 | 定西市漳县 |
| | 66 | 定西市渭源渭河源景区 | 定西市渭源县 |
| | 67 | 和政松鸣岩风景名胜区 | 临夏州和政县 |
| 4A | 68 | 永靖黄河三峡风景名胜区 | 临夏州永靖县 |
| | 69 | 康乐莲花山 | 临夏州康乐县 |
| | 70 | 和政古动物化石博物馆 | 临夏州和政县 |
| | 71 | 夏河拉卜楞寺 | 甘南州夏河县 |
| | 72 | 临潭治力关风景区 | 甘南州临潭县 |
| | 73 | 卓尼大峪沟景区 | 甘南州卓尼县 |
| | 74 | 拉尕山 | 甘南州舟曲县 |
| | 75 | 合作当周草原旅游风景区 | 甘南州合作市 |
| | 76 | 碌曲则岔石林旅游景区 | 甘南州碌曲县 |
| | 77 | 成县《西峡颂》风景区 | 陇南市成县 |
| | 78 | 武都万象洞 | 陇南市武都区 |
| | 79 | 陇南市西和晚霞湖景区 | 陇南市西和县 |
| | 80 | 陇南市秦文化博物馆景区 | 陇南市礼县 |
| | 81 | 宕昌官鹅沟风景区 | 陇南市宕昌县 |
| | 82 | 康县阳坝自然风景区 | 陇南市康县 |
| | 83 | 陇南市金徽酒文化生态旅游景区 | 陇南市徽县 |
| | 84 | 陇南市两当云屏三峡旅游景区 | 陇南市两当县 |
| | 85 | 陇南市两当兵变红色旅游景区 | 陇南市两当县 |

数据来源:甘肃省旅游政务网 http://www.gsta.gov.cn.

**表8-4 甘肃省国家级森林公园名录**

| 序 号 | 景区名称 | 所在地 |
|---|---|---|
| 1 | 吐鲁沟国家森林公园 | 甘肃省永登县 |
| 2 | 兴隆山国家森林公园 | 甘肃省榆中县 |
| 3 | 石佛沟国家森林公园 | 甘肃省榆中县 |
| 4 | 松鸣岩国家森林公园 | 甘肃省和政县 |
| 5 | 云崖寺国家森林公园 | 甘肃省庄浪县 |
| 6 | 徐家山国家森林公园 | 甘肃省兰州市 |
| 7 | 贵清山国家森林公园 | 甘肃省漳县 |
| 8 | 遮阳山国家森林公园 | 甘肃省漳县 |
| 9 | 麦积山国家森林公园 | 甘肃省天水市 |
| 10 | 鸡峰山国家森林公园 | 甘肃省成县 |
| 11 | 渭河源国家森林公园 | 甘肃省定西市 |
| 12 | 天祝三峡国家森林公园 | 甘肃省天祝县 |
| 13 | 冶力关国家森林公园 | 甘肃省临潭县 |
| 14 | 文县天池国家级森林公园 | 甘肃省文县 |
| 15 | 莲花山国家森林公园 | 甘肃省康乐县 |
| 16 | 寿鹿山国家森林公园 | 甘肃省白银市 |
| 17 | 周祖陵国家森林公园 | 甘肃省庆城县 |
| 18 | 小陇山国家森林公园 | 甘肃省天水市 |
| 19 | 阳关沙漠国家森林公园 | 甘肃省敦煌市 |
| 20 | 大河坝-官鹅沟国家森林公园 | 甘肃省宕昌县 |
| 21 | 大峡沟-沙滩国家森林公园 | 甘肃省舟曲县 |
| 22 | 腊子口国家森林公园 | 甘肃省迭部县 |
| 23 | 大峪沟国家森林公园 | 甘肃省卓尼县 |

数据来源:甘肃省旅游政务网 http://www.gsta.gov.cn.

### 1. 兰州的百里黄河风情线

兰州是全国唯一一座黄河穿城而过的大型城市。依托黄河两岸风光和名胜古迹形成西起西固工业区西柳沟,东至城关区桑园峡,东西长40千米,流域面积27.44平方千米的独特"百里黄河风情线"。整个风情线形成了"三季有花,四季常青,水映城郭,树伴流水"的美丽风貌,被中外游客和兰州市民誉为兰州市的"外滩"。

　　主要景观有滨河绿色长廊、"天下黄河第一桥"中山桥、白塔山公园、兰州碑林、河心小岛等景点和"黄河母亲"、龙源等雕塑（图8-1）。其中4A级旅游景区——兰州水车博览园，以12轮兰州水车为主景，是展现水车文化的主题公园。沿线还可以乘坐羊皮筏子漂流或游船览胜。

图8-1　黄河母亲

### 2. 景泰黄河石林

　　黄河石林位于甘肃省景泰县东南部的中泉乡龙湾村，北距景泰县城70千米，南距白银市70千米，占地面积34平方千米，其中石林面积10平方千米。原为甘肃省级自然保护区，2004年1月被批准为国家地质公园，2007年11月被国家旅游局评为国家4A级景区。黄河石林生成于距今四百万年前第三纪末和第四纪初的地质时代。由于燕山运动、地壳上升、河床下切，加之风化、雨蚀、重力坍塌形成了以黄褐色河湖相砂砾岩为主的石林地貌奇观，是一座集地貌地质、地质构造、自然景观和人文历史于一体的综合型地质公园，它巧妙地将古石林群、黄河、沙漠、绿洲、戈壁、农庄结合在一起，完美呈现了一派世外桃源景象。

### 3. 敦煌石窟

敦煌地处甘肃省境内,河西走廊西端,历史上是中原通往西域的交通要冲,也是"丝绸之路"上的重要驿站,"敦煌"即"非常兴盛"之意。敦煌石窟由莫高窟、西千佛洞、安西榆林窟和小千佛洞组成,其中以莫高窟为最盛。敦煌石窟是一处由建筑、绘画、雕塑组成的博大精深的综合艺术殿堂,是世界上现存规模最宏大、保存最完好的佛教艺术宝库,被誉为"东方艺术明珠"。1961年被公布为全国重点文物保护单位。1987年12月列为世界文化遗产。

莫高窟位于敦煌市东南25千米处鸣沙山东麓的断崖上,是世界现存规模最庞大的"世界艺术宝库"。高低错落,上下共五层,南北长1600多米。现存洞窟492个,壁画4500多平方米,彩塑2450尊,唐、宋木构建筑5座,莲花柱石和铺地花砖数千块。莫高窟始建于前秦建元二年(公元366年),据说当年乐僔和尚西行求法路过三危山,时值黄昏,夕阳照射在山上赭红色的砂砾岩上发出烁烁金光,以为有灵异,便在此营造石窟;后又经北魏、西魏、北周、隋唐、五代、西夏数代营造修建,规模宏大,气势磅礴。敦煌艺术以佛教内容为主,同时还有大量以道教与儒教故事及人物、中国上古神话及重大历史事件等为题材的壁画,展示了佛教文化同中国传统文化相融合的过程。

### 4. 鸣沙山月牙泉

鸣沙山月牙泉风景名胜区,位于甘肃省敦煌市城南5000米。古往今来以"山泉共处,沙水共生"的奇妙景观著称于世,被誉为"塞外风光之一绝",1994年被定为国家重点风景名胜区。2000年被评定为全国4A级旅游区(点),并荣获"全国风景名胜区先进单位"等光荣称号。2015年被评定为全国5A级旅游区(点)。鸣沙山、月牙泉与莫高窟艺术景观融为一体,是敦煌城南一脉相连的"二绝",成为中国乃至世界人民向往的旅游胜地(图8-2)。

鸣沙山,因沙动有声而得名。古称"沙角山""神沙山"。山有流沙积聚而成,东西长约40千米,南北宽约20千米,最高海拔1715米。其山沙垄相衔,峰如刀刃,远看连绵起伏如虬龙蜿蜒,又似大海中的波涛涌来荡去,甚为壮观。沙粉红、黄、绿、白、黑五色,晶莹闪光不沾一尘。如遇摩擦振动,便会殷殷发声,轻若丝竹,重如雷鸣,故"沙岭晴鸣"为敦煌"八景"之一。

月牙泉处于鸣沙山环抱之中,因其形酷似一弯新月而得名。面积8800平方米,平均水深约3米,水质甘冽,清澈如镜。千百年来沙山环泉而不被掩埋,地处干旱沙漠而泉水不浊不涸,实属罕见,有"沙漠第一泉"之称。

图 8-2　鸣沙山月牙泉

### 5. 雅丹国家地质公园

敦煌雅丹国家地质公园位于敦煌市西北约 180 千米处,面积 400 多平方千米,属于古罗布泊的一部分。由于岩层产状水平,垂直节理发育,较松软岩层在大自然狂风暴雨的漫长风化中,导致了各种雅丹风蚀地貌的形成。地质公园是世界规模最大、地质形态发育最成熟、最具观赏价值的风蚀雅丹地貌群落,它以其独特的大漠风光、形态各异的地质奇观、古老的民间传说,吸引了无数探险者前来探寻大自然的奥秘。夜幕降临,尖厉的劲风发出恐怖的啸叫,犹如千万只野兽在怒吼,令人毛骨悚然,也因此得名“魔鬼城”。2002 年,被国土资源部命名为“敦煌雅丹国家地质公园”。2006 年,被国家旅游局评为国家 4A 级旅游景区。

### 6. 嘉峪关关城文化景区

位于嘉峪关市区西 5000 米处,景区包括嘉峪关关城、长城第一墩、悬臂长城、长城博物馆等景点。嘉峪关关城由内城、外城、城壕三道防线成重叠并守之势,以明墙连接第一墩,以暗臂连接悬壁长城,形成明代万里长城军事防御体系的最西关隘,有“天下第一雄关”“边陲锁钥”之称。整个建筑布局精巧,气势雄浑,与长城东起点山海关遥相呼应。1987 年,作为万里长城的杰出代表被列入《世界遗产名录》,与敦煌莫高窟同为甘肃仅有的两处世界遗产;1961 年被国务院公布为首批国家重点文物保护单位;2006 年 5 月被评定为 5A 级景区,使之成为中国旅游的一大名片。

### 7. 张掖丹霞地貌

集中分布在张掖临泽、肃南两县境内,是目前中国发育最好的窗棂状和宫殿式丹霞地貌,这种地貌只有在甘肃和青海的干旱区才有发育,是中国干旱地区最典型和面积最大的丹霞地貌景观之一,还是国内唯一的丹霞地貌与彩色丘陵景观复合区,不同色彩的岩层错落交替、岩壁陡峭、气势磅礴、形态丰富、色彩斑斓。被《中国国家地理》杂志评为"中国最美丹霞"第六名,入围"奇险灵秀美如画——中国最美的六处奇异地貌"之一,并赢得"张掖宫殿式典型地貌全国第一,彩色丘陵色彩之缤纷,观赏性之强冠绝全国"之评价(黄进,2005)(图 8-3)。

**图 8-3　张掖丹霞地貌**

### 8. 张掖大佛寺

大佛寺位于甘肃省张掖城西南隅,是丝绸之路上一处重要的名胜古迹群,又是历史文化名城张掖的标志性建筑。因寺内有中国最大的室内涅槃卧佛像而得名。寺院始建于西夏崇宗永安元年(1098 年),历时五载,至西夏贞观三年(1103 年)竣工,历经明、清两朝扩

建,至今已有九百多年的历史。1996 年,张掖大佛寺被国务院公布为全国重点文物保护
单位。2002 年被评定为国家 4A 级景区。在历史上大佛寺曾是西夏的皇家寺院,又与元
朝王室有着密切关系。寺内古建林立,古树参天,碧草如茵,环境优美。室内卧佛涅槃像
长 34.5 米,金装彩绘,形态逼真,视之若醒,呼之则寐。卧佛身后塑十大弟子,两侧廊房塑
十八罗汉。藏经阁内珍藏有明英宗颁赐的六千多卷佛经,部分以金银粉书写,保存完好,
为佛门稀世珍宝,还有数以千计的馆藏精品文物。作为西北内陆久负盛名的佛教寺院,素
有"塞上名刹,佛国胜境"之称。此外,附近还有隋代的万寿木塔、明代的弥陀千佛塔、钟鼓
楼以及名扬西北的清代山西会馆等景点。

9. 武威雷台汉墓景区

汉墓景区位于武威市北门外的雷台,因高台之上建有飞檐斗拱、巍峨壮观的"雷神庙"
而得名。1969 年被发掘,是一座东汉晚期的大型砖石墓葬,有 1800 多年的历史。2006 年
被评为国家级重点文物保护单位,2005 年被评为国家 4A 级旅游景区(图 8-4)。

**图 8-4　武威雷台汉墓**

墓内出土有金、银、铜、铁、玉、骨、石、陶器共 221 件。其中有铸造精致的铜车马武士
仪仗俑 99 件。出土的青铜器"马超龙雀"(又名马踏飞燕),铸造技巧精湛,堪称青铜艺术

之极品,是中国古代艺术作品的高峰,被国家旅游局定为"中国旅游标志"。雷台旁侧的雷台湖,在干涸20多年后,又自然复苏,重放光彩:泉水叮咚,碧波粼粼,溪流潺潺,四周绿茵漫地,柳杨婆娑。天地之造化加上武威人民的辛勤建设,使雷台这个铜奔马的出土地旧貌新颜交相辉映,引得大批中外学者、游客流连忘返。

10. 玛曲黄河首曲

黄河首曲位于甘肃省甘南藏族自治州的玛曲县。玛曲湿地自然保护区,2008年1月与素有"中华第一水塔"之称的尕海入选国际重要湿地保护名录。在藏语中"玛曲"即"黄河"。民间素来就有"九曲黄河十八弯"之说。黄河由巴颜喀拉山发源后,自青藏高原一路向东南流去。行至玛曲时,遇到了来自四川北部高山的阻挡,于是河水掉头流向西北,形成了罕见的180度大转弯,重新回归青海省。所以这里被称作黄河第一曲,玛曲也就被称为"黄河首曲"(图8-5)。黄河两岸高山草甸草原、原始植被保存完整,既是黑颈鹤等众多候鸟前来栖息繁衍的良好场所,也是一些高原特有动物的栖息地。已知兽类有42种,鸟类70种,两栖类3种,鱼类10余种。属国家重点保护的有雪豹、猞猁、水獭、豺、西藏野驴等。

**图8-5　玛曲黄河首曲**

贡赛尔喀木道景区是黄河首曲湿地的重要组成部分,河曲蜿蜒,碧草接天,神山环绕,刚柔相济,旷远神秘而又不失秀美;冬季冰山雪原,夏季温凉湿润,悠久神秘的格萨尔文化、至真至纯的藏族风情和博大精深的藏传佛教文化相互交融,和谐交织,2005 年被美国最具权威的旅游杂志《视野》《探险》评为"让生命感受自由"的世界 50 个户外天堂,被誉为"首曲之心"。

### 11. 夏河拉卜楞寺

拉卜楞寺位于甘肃夏河县城西,1710 年第一世嘉木样活佛创建,为藏传佛教格鲁派(黄教)六大宗主寺之一,现已成为世界最大的藏传佛教学府,甘、青、川地区最大的藏传佛教文化中心。1980 年拉卜楞寺对外开放,1982 年被评为全国重点文物保护单位,2005 年被评为中国 4A 级旅游景区。

寺院占地 1234 亩,拥有经堂 6 座,佛殿 84 座,佛宫 30 院,僧舍 1 万余间。寺院以精湛的建筑艺术和辉煌的宗教文化而著称。寺内藏有各类经卷 6 万余册,分全集、哲学、密宗、医药、声明、缀韵、历史、宗教、传记、工巧、数学、诗词 12 类,成为藏书最多的寺院。拉卜楞寺每年有七次规模较大的法会,其中以正月毛兰姆法会、七月柔扎法会和九月时轮法会规模最大,最为隆重。

### 12. 天水麦积山景区

麦积山景区位于甘肃省天水市区东南 45 千米处,又名麦积崖,为典型丹霞地貌。因山形似麦垛而得名"麦积山"。1961 年被国务院公布为第一批全国重点文物保护单位。1982 年被国务院审定公布为首批国家级风景名胜区。2001 年评定为国家 4A 级旅游景区。2007 年荣获"最具潜力的中国十大风景胜区"和"国家级风景名胜区综合整治工作优秀单位"称号。2011 年评定为国家 5A 级旅游景区。

麦积小景区包括麦积山、仙人崖、石门、曲溪四大景区。麦积山石窟始建于公元 5 世纪初,历经西秦、北魏到明、清 10 余个封建王朝 1600 余年的营建与修缮,在悬崖峭壁上保存了 209 座洞窟、7866 身泥塑石雕、上千平方米壁画,壁画题材丰富,艺术精湛。石窟造像以石胎泥塑为主要艺术形式而闻名于世,是中国唯一保存北朝造像体系最为完整的石窟,被誉为"东方雕塑艺术陈列馆"(图 8-6)。

麦积山景区地处秦岭山脉西段,森林密布,山峦起伏,形态各异,如麦垛,如石门,如罗汉,如天柱,如五指,天造地设,千姿百态。谷中无处不水,波光粼粼,溪流潺潺,清澈见底,九曲回转,川流不息。被列为珍稀动物的牛羚、大鲵、斑羚、林麝、猕猴、红腹锦鸡、鸳鸯等常出没于山林溪水间。景区生长的各种植物多达 2651 种,在我国同纬度地区首屈一指。

图 8-6　天水麦积山

### 13. 天水伏羲庙

伏羲庙位于天水市秦城区,是目前我国规模最宏大、保存最完整的纪念上古"三皇"之一伏羲氏的明代建筑群,也是海内外华夏子孙朝觐寻根的圣地。1963 年被评为甘肃省重点文物保护单位。1992 年 8 月,时任中共中央总书记江泽民视察天水,题词"羲皇故里"。2001 年 6 月,被公布为第四批全国重点文物保护单位。2005 年 7 月,公祭伏羲大典升格为"省祭"。同年,被评为"中国最具发展潜力的十大节庆之一"。2006 年 6 月,太昊伏羲祭典荣列国务院公布的首批国家级非物质文化遗产名录。

伏羲庙临街而建,院落重重相套,四进四院,宏阔幽深。庙内包括牌坊、太极殿、钟楼、鼓楼等古建筑 10 座;朝房、碑廊、展览厅等新建筑 6 座。整个建筑群坐北朝南,沿轴线对称分布,具有鲜明的中国传统建筑艺术风格。伏羲庙各院内遍布古柏,为明代所植,原有 64 株,象征伏羲六十四卦之数。大门内侧东西墙角原有古槐两株,现存仅东边 1 株,树干中空,经鉴定为唐代所植。

每逢正月十六伏羲诞辰日,周边群众扶老携幼,纷纷前来朝拜祭祀。一时,宝烛辉煌,香烟缭绕,钟鼓鸣天,善男信女异常虔诚,庙内一派庄严肃穆的景象。

### (二)宁夏次旅游区

宁夏回族自治区,简称"宁",是中国五个少数民族自治区之一,首府银川市。自治区地处黄河中上游,素有"天下黄河富宁夏"之说。东邻陕西,北接内蒙古,南与甘肃相连。面积6.64万平方千米。常驻人口667.88万人,其中回族人口占35.5%(2015年末),区内共有清真寺3000多座,被称为中国的穆斯林省。宁夏是中华文明的发祥地之一,境内灵武水洞沟遗址表明,早在3万年前的旧石器时代,人类就在此繁衍生息。公元11世纪初,党项族在此建立大夏国,定都兴庆府(今银川),与宋、辽、金鼎足而立近200年,创造了灿烂的西夏文化。

目前,宁夏已形成了以银川回乡文化园、银川南关清真寺、同心清真大寺为代表的回族风情体验,以西夏王陵景区为代表的西夏文化探秘,以沙湖、阅海湿地、鸣翠湖湿地、沙坡头景区和六盘山景区为代表的自然生态三大类旅游产品,相继举办了冰雪旅游节、六盘山山花旅游节(国际攀岩节)、国际沙雕节、国际摩托车旅游节等一系列旅游节事活动。截至2015年底,全区共有A级以上景区58家,其中5A级景区4处(沙湖生态旅游区、沙坡头旅游区、镇北堡西部影城、水洞沟旅游区),4A级景区16处(苏峪口国家森林公园、六盘山旅游区、西夏王陵、固原博物馆、中华回乡文化园、贺兰山岩画、黄沙古渡原生态旅游区、鸣翠湖、宁夏科学技术馆、须弥山石窟旅游区、青铜峡黄河大峡谷、中华黄河坛旅游区、火石寨国家地质公园、腾格里沙漠湿地旅游区、银川黄河军事文化博览园、宁夏张裕摩塞尔十五世酒庄);国家级湿地公园4处(黄沙古渡原生态旅游区、鸣翠湖、腾格里沙漠湿地旅游区、阅海国家湿地公园),国家森林公园4处(沙湖生态旅游区、苏峪口国家森林公园、六盘山旅游区、火石寨国家地质公园),国家级自然保护区3处(沙湖生态旅游区、沙坡头旅游区、火石寨国家地质公园)。

### 1. 沙湖

沙湖旅游区位于距银川市西北56千米的平罗县境内。1990年开发建设,是一处融江南水乡与大漠风光为一体的著名景区。景区拥有万亩水域、5000亩沙丘、2000亩芦苇、千亩荷池,盛产鱼类、鸟类,栖居着白鹤、黑鹤、天鹅等十数种珍鸟奇禽,还盛产各种鱼,在湖南岸的水族馆里,可以看到几十种珍稀鱼类,包括北方罕见的武昌鱼、娃娃鱼(大鲵)和体围1米多的大鳘。沙湖南畔为浩瀚无边的腾格里沙漠,沙丘绵延起伏,如腾细浪,北依巍峨贺兰山山脉,东北方是广阔的万亩良田,"沙、水、苇、鸟、山、荷"六大景源有机结合,构成独具特色的秀丽景观(图8-7)。沙湖有滑沙、骑驼、骑马、游泳、垂钓、滑翔、沙滩排球、足球等游乐设施,水上摩艇、冲浪、水上降落伞等特色水上运动项目,还有旅游飞机空中观光节目。1994年被列为全国35个王牌旅游景点之一;2000年被确定为"全国文明风景旅游区示范点";2001年顺利通过了中国进出口质量中心ISO9001及ISO14001两项国际认证;2007年评定为国家5A级景区。游客接待量连续10年位居西部地区生态观光游的前茅,成为西北地区颇负盛名的旅游热点。

**图8-7 沙湖**

### 2. 沙坡头

沙坡头位于宁夏回族自治区中卫市区16千米处,国家级沙漠生态自然保护区。1984年建立,面积1.3万余公顷,主要保护对象为腾格里沙漠景观、自然沙尘植被及野生动物。以沙漠生态治理与旅游胜地闻名于世。

该保护区是中国第一个具有沙漠生态特点,并取得良好治沙成果的自然保护区,是干旱沙漠生物资源"储存库",具有重要的科学研究价值。丰硕的治沙成果于1994年被联合国授予"全球环保500佳单位"的光荣称号,同年被国务院授予"科技进步特别奖",被世人称为"沙都"。2004年被国家体育总局授予"全民健身二十个著名景观"之一,同年10月又被中央电视台评为"中国十大最好玩的地方"之一。2005年10月被《中国地理杂志》评为"中国五大最美的沙漠"之一。2007年5月被国家旅游局评为5A级旅游区。

沙坡头地处腾格里沙漠东南缘，是草原与荒漠、亚洲中部与华北黄土高原植物区系交汇地带，区内生物资源丰富，其中植物422种，野生动物150余种，充分展示出一个以亚洲中部北温带向荒漠过渡的生物世界。

沙坡头集"大漠、黄河、高山、绿洲"为一处，被旅游界专家称之为"世界垄断性的旅游资源"。在这黄河与沙漠交汇的地方，因独特的自然景观和人文景观驰名中外。徒步腾格里沙漠探险、乘空中索道飞越黄河，在"沙坡鸣钟"滑沙，乘古老的羊皮筏子漂流黄河，骑"沙漠之舟"——骆驼或乘坐沙漠冲浪车遨游"沙海"等特色旅游项目，吸引了无数中外游客。

### 3. 西夏王陵景区

景区位于宁夏银川市西郊约35千米贺兰山东麓中段，为西夏王朝的皇家陵园。53平方千米的陵区内，9座帝陵布列有序，253座陪葬墓星罗棋布，是中国现存规模最大、地面遗址最完整的帝王陵园之一，被世人誉为"神秘的奇迹"、"东方金字塔"。1988年被国务院公布为全国重点文物保护单位、国家重点风景名胜区。2006年2月被列入首批国家自然与文化双遗产预备名录（图8-8）。

帝陵是西夏陵区内的主要建筑，现存裕陵、嘉陵、泰陵、安陵、献陵、显陵、寿陵、庄陵、康陵9座帝陵，坐北面南，按昭穆（古代宗法制度）宗庙次序，形成东西两行。规模宏伟，布局严整，每座帝陵以夯土为主体，夯土之外包砌砖和石灰面，屋檐挂瓦，屋脊饰有各种琉璃和灰陶的装饰物，由阙台、神墙、碑亭、角楼、月城、内城、献殿、灵台等部分组成。这些建筑今天虽已成为废墟，但陵台夯土仍高高耸立，高者达20余米；残砖断瓦俯首可拾，堆积厚处近1米。夯土城墙断续相连，陵园布局清晰可辨。

### 4. 鸣翠湖国家湿地公园

景区位于银川市兴庆区东侧，西距市区9000米，东临黄河3000米，总规划面积6.67平方千米，为银川市东部最大的自然湿地保护区，是集生态保护、旅游观光、会议度假、休闲娱乐为一体的生态示范园区。2005年被自治区政府列为宁夏回族自治区湿地公园，2006年被国家林业局确定为国家湿地公园。2009年1月位居"中国最美的六大湿地公园"排行榜第二。

鸣翠湖是黄河古道东移鄂尔多斯台地西缘的历史遗存，是明代长湖的腹地，历史上是银川市"七十二连湖"的组成部分。湖中有自然植物109种，鸟类97种，最著名的有黑鹳、中华秋沙鸭。每逢春夏，成千上万只鸟在这里繁衍栖息，形成了一个较为完整的生物多样性综合体，是我国荒漠化湿地中具有独特属性的生态环境区。公园旅游资源丰富、类型多

图 8-8　西夏王陵

样,其中有"道祖庙"遗址,有见证鸣翠湖发展历史的生长近百年的老柳树,还有汉代、清代开挖的水利工程汉延渠、惠农渠和木制古黄河水车等。

（三）新疆次旅游区

新疆维吾尔自治区,简称"新",位于我国西北边疆,与蒙古、俄罗斯、哈萨克斯坦、吉尔吉斯斯坦、塔吉克斯坦、阿富汗、印巴克什米尔地区等国家和地区相邻。面积 166 万平方千米,常住人口 2360 万人（截至 2015 年末）,是中国面积最大的省级行政区。古称西域,汉置西域都护府,唐置安西、北庭两都护府,宋为西辽地,元设两行省,清属伊犁将军府,被称新疆,1884 年建新疆省,1955 年 10 月 1 日成立了新疆维吾尔自治区。新疆少数民族众多,其中维吾尔、哈萨克、回、柯尔克孜、乌孜别克、达斡尔和塔塔尔等族世居新疆。

新疆旅游资源总量大、类型多,居全国第一位。"丝绸之路"横贯新疆,举世闻名。新疆素有"歌舞之乡"、"瓜果之乡"的美誉,可以随处欣赏到丰富多彩的民间文娱活动,品尝到甘甜馥郁的瓜果。总体布局为提升一个世界级文化旅游品牌（丝绸之路文化旅游品牌）,打造两个世界级精品旅游区（喀纳斯、那拉提自然生态旅游区,喀什、吐鲁番民俗文化旅游区），形成三条丝绸之路旅游环线（丝绸之路北道神秘之旅环线、丝绸之路中道浪漫之旅环线、丝绸之路南道追寻之旅环线），完善四个名牌景区（天池自然风光旅游区、乌鲁木齐南山生态与滑雪旅游区、昌吉乡村旅游区、赛里木湖高山湖泊旅游区），培育五个重点旅游区（伊犁河谷草原文化旅游区、阿克苏龟兹文化旅游区、巴州大漠生态与特种旅游区、哈密丝路驿道文化旅游区、和田美玉之都旅游区），开发六大特色产品系列（冬季冰雪旅游、乡村及民俗风情旅游、边境旅游、特种旅游、红色旅游、工农业及商务旅游），完善十二座优秀旅游城市功能（乌鲁木齐、喀什、吐鲁番、伊宁、阿勒泰、哈密、库尔勒、阿克苏、克拉玛依、石河子、昌吉、博乐）。

截至 2016 年 6 月，新疆有国家级自然保护区 13 个，国家级森林公园 21 个。国家级风景名胜区 5 个，全国重点文物保护单位 113 个，国家 A 级景区 284 个，其中 5A 级景区 9 处（天山天池风景名胜区、吐鲁番葡萄沟景区、阿勒泰地区喀纳斯湖景区、那拉提旅游风景区、可可托海景区、泽普金胡杨景区、乌鲁木齐天山大峡谷、博斯腾湖景区、喀什噶尔老城），4A 级景区 64 处（乌鲁木齐西山老君庙、库车龟兹绿洲生态园、库车王府、察布查尔县锡伯民俗风情园、艾提尕民俗文化旅游风景、赛里木湖景区、国际大巴扎演艺大剧院、伊宁市喀赞其、江布拉克景区、克拉玛依魔鬼城景区、喀拉峻国际生态旅游区、帕米尔景区等），3A 级 100 家。5A 级景区数量位列西部地区第一。

## 1. 天山天池风景名胜区

天池位于天山山脉东部最高峰博格达峰脚下，是一典型的垂直自然景观带、悠久的瑶池西王母神话传说及浓郁的丝绸之路民俗风情相结合的风景区。1982 年被国务院公布为首批国家重点风景名胜区，1990 年确定为联合国教科文组织博格达峰人与生物圈保护区和国家级森林公园，2004 年被列入中国湿地保护区名录，2006 年 2 月被《环球游报》等全国 31 个省市都市报共同评选为"中国最值得外国人去的 50 个地方"，2006 年 12 月被国际强势旅游组织评为全国 15 家"中国最佳旅游去处"之一。2007 年被国家旅游局评为全国首批 5A 级风景旅游区。

天池景区旅游资源丰富，具有四个方面的世界级特性：一是从海拔 5445 米博格达高峰到 500 米的沙漠景区，在 80 千米直线距离内保存着几亿年完整的地质演变结构，这在中亚地区是唯一的，在世界范围内也是不多见的；二是海拔高度 1910 米的天池是在全国乃至世界都排在前列的第四纪高山冰碛湖；三是位于海拔 2800 米以上的马牙山景区由火山岩形成的高山石林，在世界范围内都是稀缺的；四是距今 3000 年左右的博格达峰岩画山是中国乃至世界上都罕见的远古先民创造的历史画卷。

天池景区展现的文化有五大类：一是以西王母瑶池神话为主旨形成的历代道观建筑、

历史记载和宗教故事积淀的道教文化；二是以博格达峰为背景的《七剑下天山》等天山剑侠小说为载体的武侠文化；三是以远古墓葬、岩画等草原历史文化为见证，以现代哈萨克族为代表展现鲜明地域特色的丝绸之路民族民俗文化；四是以独特的地质构造和生物多样性突显的科普文化；五是以历代名人游览留下诗赋书画和遗踪佳话而赋予天池新的神韵和内涵的名人文化。

### 2.喀纳斯湖景区

喀纳斯湖位于新疆维吾尔自治区布尔津县境内，面积 45.73 平方千米，是哈萨克斯坦、俄罗斯、蒙古和中国四国接壤的黄金地带。喀纳斯地处阿勒泰山的西段山区，受第四纪冰川和北冰洋气候的影响，形成特殊的自然景观和植被类型。区内森林、草原、草甸相间交错呈垂直分布，顶峰保存有完整的第四纪冰川(图 8-9)。区内的森林植被基本处于原始状态，其优势树种为西伯利亚特有种，是我国唯一的泰加林景观。本区的物种资源非常丰富，有列入国家重点保护物种的雪豹、盘羊、猞猁、紫貂、黑琴鸡、松鸡等。保护区自然生态系统保存完整，是我国唯一的欧洲-西伯利亚生物区系的代表，具重要的保护价值和科研价值。

图 8-9　喀纳斯湖

1980年经新疆自治区人民政府批准建立喀纳斯自然保护区,1986年晋升为国家级自然保护区,主要保护对象为寒温带针阔叶混交林生态系统和自然景观。2001年被评为全国旅游文明风景示范区,2003年又被命名为国家地质公园、国家森林公园、中国第八大摄影家创作基地、新疆十佳风景区之首、自治区级风景名胜区,2004年7月被录入《世界遗产地名录》。2005年入选"中国最美的五大湖泊之一""中国最美的六个古镇古村之一"和"中国西部十佳景区"。2006年4月荣获"中国最值得外国人去的50个地方"金奖。2006年7月喀纳斯景区入选首批《中国国家自然遗产、国家自然与文化双遗产预备名录》。

### 3. 那拉提草原旅游区

那拉提草原地处天山腹地,位于伊犁河谷东端。景区总面积1800平方千米,其中风景游览区面积180平方千米。那拉提草原是世界四大草原之一的亚高山草甸植物区,自古以来就是著名的牧场,具有平展的河谷、高峻的山峰,深峡纵横、森林繁茂、草原舒展交相辉映,并同当地哈萨克民俗风情结合在一起。此外,那拉提周边的草原山庄、草原部落、胡杨林风情园、天鹅湖等景点依然延续着的西域自然风光和哈萨克族民族风情,更是增添了景区的特色。

依托得天独厚的自然景观、浓郁的哈萨克族民俗风情及横贯南北疆的交通区位优势,2005年4月,那拉提草原以"哈萨克族人口最多的草原"入编上海吉尼斯世界纪录,10月被评为全国六大最美草原之一,同年12月被评定为国家4A级旅游风景区;2011年1月,又被评为国家5A级旅游风景区。

### 4. 火焰山、葡萄沟和坎儿井

火焰山(图8-10)长90余千米,由红色的砂岩组成,山上寸草不生,烈日照射下,远望犹如熊熊烈火,恰似一条火龙横卧在戈壁滩上,令人顿觉热浪难挡,只恨借不来铁扇公主的芭蕉扇!

然而火焰山西段南北走向河谷中的葡萄沟,却别有一番天地:沟的两侧山坡上虽寸草不生,但沟内却终日流淌着天山雪水,绿树成荫,葡萄架成片,潺潺流水,座座新房,一派旖旎风光。两面山坡上,梯田层层叠叠,葡萄园连成一片,到处郁郁葱葱,犹如绿色的海洋。其间点缀着桃、杏、梨、桑、苹果、石榴、无花果等各种果树,一幢幢粉墙朗窗的农舍掩映在浓郁的林荫之中,一座座晾制葡萄干的"荫房"排列在山坡下、农家庭院上,别具特色。每年8月,吐鲁番会举行吐鲁番葡萄节。届时,葡萄品尝、达瓦孜表演、木卡姆歌舞民俗活动、大型歌舞晚会等各种丰富多彩的活动会齐聚一堂,游人可以充分领略到葡萄之乡经典的维吾尔族风情。

葡萄沟是一条南北长约7000米、东西宽约2000米的峡谷,因盛产葡萄而冠名,有火

图 8-10　火焰山

洲"桃花源"的美誉。2007 年 5 月评定为国家 5A 级景区,包括葡萄庄园、阿凡提庄园、达瓦孜民俗风情园、王洛宾音乐艺术馆、葡萄沟游乐园等景点。

其实葡萄沟的兴盛离不开"坎儿井"的功劳。坎儿井是干旱区人民借助地势的高低,利用地下水的一种特殊引水渠道,已有 2000 多年的历史。仅吐鲁番盆地的坎儿井就有 1100 多条,总长度可达 3000 千米以上。工程浩大繁杂,密集的坎儿井在地下纵横交错,形成了一个复杂的地下水利网。地上是烈日戈壁,地下却是清水潺潺,不失为一道独特的风景线。

5. 库车王府

库车王府全称"库车世袭回部亲王府",位于新疆库车县城,是 1759 年乾隆皇帝为表彰维吾尔族首领对协助平定大小和卓叛乱的功绩而修建的。2004 年根据第十二代亲王达吾提·买合苏提的回忆,在原址上重建而成。现占地 4 万平方米,既有中原汉文化风格建筑,又有新疆维吾尔族特色建筑,还有俄罗斯式建筑,2006 年 3 月对外开放。2007 年 12 月晋升为国家 4A 级景区,使南疆从此告别无 4A 级景区的历史。

　　王府内有龟兹博物馆、库车王府文物馆、库车民俗展馆、末代"库车王"官邸清代城墙等展区,还有王府客栈、王府家访、篝火互动晚会、宴艺厅、旅游购物、王府歌舞团等配套设施和部门。游客可以通过文物展示、家族史介绍以及特色饮食等,了解十二代世袭"库车王"190年的历史生活。

　　6. 楼兰古城遗址

　　楼兰古城位于新疆罗布泊西北岸。楼兰是公元前2世纪以前西域三十六国中的一个,处于丝绸之路要道,西方使者商人来往众多,在当时西域诸国中是文化较先进的地方。后来由于塔里木河下游改道失去水源而逐渐废弃。

　　古城遗址呈正方形,总面积约108 240平方米。城墙高约4米,用泥土、芦苇和树枝相间夯筑。一条古河道贯穿城中,两岸分布许多建筑物遗址。城内分为寺院区、官署区和住宅区,房屋为木结构,庙堂内还残存不少直立或端坐的佛像。出土的文物极其丰富:猎箭、战箭、兵车、战具等各种武器;串珠、海贝、小铜器、铁器、鞍具等各种装饰品和日用品;大量的丝织品和中国古代钱币;甚至有从西亚和欧洲运来的玻璃杯和印度波斯式的狮头碗碟。更有价值的是出土了一大批带有汉文及其他民族文字的木简和文书,为研究古丝路和西域的历史文化以及楼兰兴衰提供了重要依据和线索。

　　7. 克孜尔千佛洞

　　景区位于新疆拜城县东南,距"丝路"古城库车只有约50千米。克孜尔千佛洞坐落在渭干河峡谷北岸、明屋达格山腰的岩壁上,开凿于东汉末年,比敦煌石窟、麦积山石窟等还要早上百年,是佛教文化经此传入内地的见证。现存洞龛236个,壁画总面积达1万平方米,是新疆洞窟最多、壁画保存最完整的石窟群,也是我国开凿最早、地理位置最西的大型石窟群。壁画以当地民族风格为主,也夹杂有汉族文化。画面色彩鲜明,层次分明,立体感强,绘画技法独特。壁画内容丰富,形式独特,题材多样,将每一个故事集中于一个菱形画面当中,每格以不同动作的人物或动物为主,衬托以奇花异禽,构成一幅完整的图案。石窟后壁上还存有大量古代龟兹文题记、铭刻,是研究壁画内容和绘制时代的重要文字依据。克孜尔千佛洞是研究龟兹历史、文化及当时中西关系的文库,也是石窟艺术中的精品,被列为全国第一批重点文物保护单位,其独特的艺术魅力和历史价值吸引着众多的专家学者和中外游客前来考察参观。

　　8. 艾提尕尔民俗文化旅游风景区

　　艾提尕尔民俗文化旅游景区位于新疆自治区喀什地区喀什市境内,为历史文化类人文风景旅游区,集古代建筑、文物、集市、手工艺品展示和民俗文化为一体,独具西域风情。

2007 年 11 月被评定为国家 4A 级旅游景区。

艾提尕旅游区主要依托于艾提尕清真寺及其周围的老城区潜在的旅游资源,景区主要包括艾提尕清真寺、艾提尕黄金首饰一条街、民俗产品一条街、艾提尕广场、观光塔、喀什噶尔民俗馆。

艾提尕清真寺位于喀什市中心,是我国最大的清真寺,是新疆伊斯兰教活动中心。清真寺始建于 1442 年,由礼拜殿、教经堂、门楼、水池等组成,总面积约 16 800 平方米,该寺糅合了当地独有的地方和民族色彩,是一座典型的中、西亚建筑艺术与维吾尔族传统方法以及中原建筑风格相融合的伊斯兰教古建筑群,已经成为喀什的代表建筑。

艾提尕黄金首饰一条街是喀什市最大的黄金首饰交易市场,可以目睹很多历史文物和特色产品,还可以亲自参与加工制作。艾提尕广场是喀什穆斯林日常活动的重要场所,集旅游、购物、休闲、娱乐、抗震疏散为一体。喀什噶尔民俗馆以大量的实物和图片,从民居建筑、婚丧礼俗、劳动生活、民间工艺、民族歌舞等方面向游客展示了"生活在马背上的民族"古老的传统民俗风情和历史文化。

### 三、典型景点成因剖析

#### (一)平凉崆峒山

1. 崆峒山发展概况

崆峒山位于甘肃省平凉市城西 12 千米处,东瞰西安,西接兰州,南邻宝鸡,北抵银川,是古丝绸之路西出关中之要塞。景区面积 84 平方千米,主峰海拔 2123 米,集奇、险、灵、秀的自然景观和古朴精湛的人文景观于一身,具有极高的观赏、文化和科考价值。自古就有"西来第一山""西镇奇观""崆峒山色天下秀"之美誉(图 8-11)。

目前,整个景区建筑面积达到 3 万平方米,基本恢复了九宫八台十二院四十二座建筑群的原貌,景区游览面积 8 平方千米。景区道路交通、用水、通信、环境卫生及公共服务设施等完备,游客量和经济收入年均增长 16% 以上。1994 年 1 月,被批准为国家重点风景名胜区;2002 年 10 月顺利通过 ISO9001、ISO14001 质量、环境管理体系国际认证;2004 年 3 月晋升为国家地质公园;2005 年 8 月,被批准为国家级自然保护区;2007 年 5 月晋升为国家 5A 级旅游景区,并相继荣获"中国顾客十大满意风景名胜区""中国旅游行业十大影响力品牌""中国最具吸引力的地方""中国最值得外国人去的 50 个地方"和首批"中国旅游文化示范地"等桂冠,成为古丝绸之路上的热点旅游景区和甘肃省黄金品牌旅游景区。

**图 8-11  崆峒山云海**

2. 成因剖析

崆峒山景区的快速发展,固然与其资源优势密不可分,但在很大程度上,旅游发展外围环境的改善和景区自身的开发策略起着更重要的作用。具体分析如下:

(1)独特的丹霞地貌和良好的生态环境造就了旖旎的自然山水

崆峒山的自然风光多姿多态,古人评价"崆峒山水甲于关塞",又评价"有北方山势之雄,又兼南方山色之秀"。

崆峒山属国内高海拔地区丹霞地貌类型,是黄土高原上独有的自然奇观。崆峒山为六盘山支脉,受差异风化、水冲蚀、崩塌等外力作用,形成了孤山峰岭,峰丛广布,怪石突兀,山势险峻,气势雄伟奇特的丹霞地貌景观。崆峒山生态环境良好,动植物资源丰富。已知的植物有 1000 余种,古树名木有紫果云杉、油松、园柏、五角枫、辽东栎、大果榆、丝棉木等近 60 棵;各类动物 300 余种,其中有金雕、雀鹰、鸱鸮、长耳号、白鹤、金钱豹等 70 多种野生珍稀动物。

（2）深厚的历史积淀营造了垄断性文化资源

崆峒山历史极为久远，文化内涵极为丰富。崆峒山是人文始祖轩辕黄帝登山问道于广成子的圣地，在《庄子·在宥》与《史记·五帝本纪》中均有详细记载。后世周穆王乘八骏访西王母于泾川瑶池，又西登崆峒；秦始皇、汉武帝、唐太宗等也都亲自登临过。

崆峒山不仅是天下道家第一名山，还是三教合一的宗教摇篮。佛教在崆峒山也有悠久的历史，唐代时，山上佛教活动已有相当规模。由于崆峒山悠久光辉的历史，加之雄秀幽奇的自然景观，因而吸引了历代文人、墨士、骚人、迁客。司马迁、王符、杜甫、白居易、赵时春、林则徐、谭嗣同等都留下了大量的诗词、华章、碑碣、铭文。这些佳篇妙章、画幅墨宝已成为崆峒山丰富的文化宝藏。

崆峒山也是中国武术发祥地之一。崆峒派武术是与少林、武当、峨嵋、昆仑齐名的五大武术流派之一。中国第一部辞书《尔雅》中记载："崆峒之人武"，李白在诗中赞道："世传崆峒勇"，杜甫也盛赞"崆峒足凯歌"。2001年5月第一届崆峒武术节在崆峒山隆重举行，著名武侠小说泰斗金庸先生欣然题词"崆峒武术，威峙西陲"以表示祝贺。

丰厚的历史积淀和文化内涵，使得崆峒山具备众多垄断性的旅游资源，为其旅游业开发奠定了良好基础。

（3）良好的外围环境为其提供了发展契机

西部大开发战略的稳步推进，有效地改善了西部地区交通等基础设施条件，增强了区域可进入性，缩短了与主要客源市场的距离。随着我国社会经济发展水平，特别是西部地区近年来社会经济的快速发展，我国居民旅游意愿和消费能力不断增强，西北地区居民出游率也逐年提高，区域旅游更为频繁。此外，近年来文化旅游和生态旅游的兴起，使中国传统文化重新受到重视，道教文化成为热点，崆峒山作为道家天下第一名山，具有不可替代的优势。这些都为崆峒山扩大客源市场带来了更大空间。

（二）镇北堡西部影视城——中国古代北方小镇

1. 景区概况

镇北堡影视城距离银川市区仅38千米，位于贺兰山沿山公路旁，且处在宁夏两大品牌景区西夏王陵与沙湖景区之间，目前银川——沙湖——镇北堡影视城——西夏王陵旅游线已经成为宁夏最经典的一日游线路。镇北堡古名为镇北口，因两座古代边防城堡遗址而得名。两座城堡一南一北，当地群众分称之"老堡"和"新堡"。据《嘉靖宁夏新志》记载，老堡始建于明弘治十三年（1500年），新堡始建于清乾隆五年（1740年）。

80年代以来，自谢晋导演，丛珊、朱时茂主演的影片《牧马人》在镇北堡拍摄成功，荣获"百花奖"后，影视奇才张艺谋还在这里执导影片《红高粱》，该片首次登上了"柏林金熊奖"的领奖台。滕文骥导演的影片《黄河谣》,又以古堡神秘魅力捧回了"蒙特利尔金奖"。此后,中国著名作家张贤亮在古堡开创了华夏西部影视城,《方世玉之英雄出少年》《黄河绝恋》《绝地苍狼》《嘎达梅林》《新龙门客栈》《书剑恩仇录》《东邪西毒》《大话西游》等 60 多部影视剧相继在此拍摄成功,已成为中国西部题材和古代题材的电影电视最佳外景基地之一(图 8-12)。

图 8-12 镇北堡西部影视城

镇北堡西部影视城在中国众多的影视城中以古朴、原始、粗犷、荒凉、民间化为特色,是中国三大影视城之一,也是中国西部唯一的著名影视城。在此摄制影片之多,升起明星之多,获得国际、国内影视大奖之多,皆为中国各地影视城之冠,享有"中国电影从这里走向世界"的美称,故被誉为"中国一绝"。目前,华夏西部影视城已逐步将单纯参观型的旅游点发展成既有观光价值,又有为游客制作影视片及餐饮、购物、陶艺、骑射等多样化服务的娱乐型旅游区,被评为 4A 级景区。

2. 成因剖析

镇北堡西部影视城是在一片荒凉,两座废墟,无水、无电、无路,只有几十家破旧羊圈的基础上,以极少的资金投入,在短短的时间里成长为中国西部最具规模、知名度最高的影视城及旅游胜地。从资源角度分析,镇北堡西部影视城无论在历史价值、稀缺性、美学价值等方面都毫无优势可言,类似的城堡在宁夏境内就有几十个,国内的影视城也不止上百家。但正是这样一个极其普通的城堡却被打造成充满魅力的 4A 级景区,镇北堡为西部旅游开发提供了一个成功的范例,故本章特对其进行剖析。

（1）销售荒凉——在旅游开发保持自己的独特性

为了保持其古朴、荒凉的原始风貌,景区内原有民居、羊圈都保存其原有特色,景区及周边严格禁止修建现代风格的建筑,新建的电影场景也与景区整体风格一致,镇北堡西部影视城的“荒凉”成为其最大特色,也使其在国内影视城中显得卓尔不群,可以说其成功即在于销售“荒凉”。

（2）文化装点——对影视文化深度挖掘

镇北堡西部影视城利用影视剧组留下的场景道具、服装,制作 MTV、影视短片、模仿秀表演,随团拍摄旅游录像片,录制成 DVD 光盘,在个人的家庭影院中欣赏,让每一位游客轻轻松松来旅游,快快乐乐当明星。同时景区还有古装摄影、骑射、姓名作诗等多种娱乐活动及捏面人、皮影、拉洋片、糖画、草编、泥塑、剪纸、活字印刷、烫画、布艺、刺绣、魔术表演、杂耍等民间艺术表演,配有免费全程讲解服务,使游客“在游乐中增长历史知识,在玩耍中领略古人生活”。2007 年镇北堡影视城转型为中国古代北方小镇,收集来自全国各地的真实古代建筑,严格地遵循古式建筑要求将原先的简陋建筑场景一一置换;同时还邀请来自全国各地的民间艺人,在这里现场为游客制作自己拿手的工艺品。游客在观赏的时候想收藏可以购买,如果有兴趣参与,还可以亲身体验。

通过这些文化产品的开发,镇北堡被赋予了更多的文化内涵,大大提高了可参与性与娱乐性,使其吸引了众多游客。正如张贤亮为影视城所题对联云“两座废墟经艺术加工变瑰宝,一片荒凉有文化装点成奇观”。

# 第三节　典型的旅游线路设计

## 一、旅游线路设计

本章根据不同的文化主题,结合本区旅游资源的特色,以旅游资源互补、热点与温冷点旅游地组合、中心城市及优势资源为依托的原则,设计了以下旅游线路:

（一）丝绸之路游

1. 线路安排

（1）西安——天水——兰州——武威——张掖——嘉峪关——瓜州——敦煌——哈密——吐鲁番——乌鲁木齐

（2）西安——天水——临夏——夏河——西宁——格尔木——敦煌——乌鲁木齐

2. 线路特色

丝绸之路旅游线是中国大西北最主要的旅游路线，经过十几年开发、建设，基础设施正在完善，已经成为中国诸多旅游产品中极具吸引力的一条主题线路。该线以丝路文化为主题，依托古丝路沿途重要中心城市将历史遗址、石窟艺术、山水风光、绿洲大漠景观、少数民族风情等旅游资源有机组合，构成一条涵盖资源众多、历史积淀深厚、文化多元并蓄、自然景观丰富多样的跨区域旅游线路。丝绸之路在中国境内所涵盖的地域跨越了中国的陕西、甘肃、宁夏、青海、新疆，沿丝绸古道陆路有西、南两条传统观光路线，游客可以根据需要随意选择组合。

沿线旅游资源主要有西安古城墙、大唐芙蓉园、被称为世界第八奇迹的秦始皇兵马俑、保存释迦牟尼佛骨的法门寺、麦积山石窟、仙人崖、兰州黄河风情线、雷台汉墓、张掖大佛寺、张掖彩色丹霞地貌、马蹄寺石窟、祁连山草原、戈壁大漠景观、绿洲景观、长城嘉峪关和汉代烽燧遗址、敦煌莫高窟、雅丹地貌、吐鲁番火焰山、葡萄沟、坎儿井、达坂城、天山天池、巴音布鲁克草原、丝路重镇高昌古城遗址、交河古城遗址、库车王府、罗布泊的雅丹地貌与楼兰古城遗址、克拉玛依的魔鬼城、喀纳斯湖等。

南线除以上旅游资源外，还有临夏回族风情、刘家峡水库、炳灵寺石窟、甘南草原、藏传佛教寺院拉卜楞寺、塔尔寺、日月山、青海湖、孟达自然保护区、茶卡盐湖、吐蕃古墓、察尔汗盐湖、万丈盐桥、大柴旦温泉、可鲁克湖等。

此外，丝路沿途居住着回、藏、保安、东乡、土族、撒拉、裕固、维吾尔、哈萨克等众多少数民族，他们热情好客，能歌善舞。不同民族有着不同的发展史，各自保留着其独特的民族特色、传统文化和宗教信仰。游客可体验当地民族生活，欣赏民族歌舞，品尝当地特色饮食，参加当地居民的婚礼，欢度节日，选购精美的民族手工艺品。

（二）黄土风情游

1. 线路安排

（1）西安——庆阳——平凉——兰州——临夏

（2）银川——吴忠——固原——平凉——庆阳——西安

2. 线路特色

本线是一条以黄土高原地区民俗风情为主题,结合黄土地貌、历史古迹、红色圣迹、自然山水等旅游资源,体验性、参与性较强的民俗旅游线路。主要旅游资源有黄土高原墚塬地貌、关中民俗风情、西安城市风貌、秦兵马俑、黄陵、陇东农耕民俗文化、庆阳黄帝冢、庆阳公刘庙、子午岭、秦直道遗址、平凉崆峒山、泾川王母宫、温泉、北石窟寺、兰州黄河风情线、黄河三峡、炳灵寺石窟、回族风情、西吉火石寨、固原须弥山石窟、吴忠市同心清真大寺、青铜峡金沙湾、银川城市风貌、南关清真寺、阅海湿地、沙湖、西夏王陵、镇北堡西部影视城等。

(三)香巴拉——大九寨寻梦之旅

1. 线路安排

兰州——临夏——夏河——合作——碌曲——玛曲——九寨沟

2. 线路特色

此线路不仅是一条著名的回、藏族民俗风情、宗教艺术旅游线,也是中国最美的湿地生态、草原风光旅游线。临夏回族自治州回族风情浓郁,州内星罗棋布、风格各异的2500余座清真寺既展示了中国古典建筑之艺术,又富有阿拉伯情调,其独特而精致的砖雕、木雕、彩绘艺术在全省乃至全国独一无二。甘南草原广袤无垠、藏传佛教文化古老神秘,藏民族风情淳朴独特。主要旅游资源有回、藏、东乡、保安族风情,红园、大拱北、拉卜楞寺、桑科草原、达久滩草原、郎木寺、莲花山、冶力关、禅定寺、大峪沟、尕海湖、八角城、腊子口、米拉日巴佛阁、黄河首曲湿地等。

(四)陇南山水生态游

1. 线路安排

兰州——天水——陇南成县——康县——武都——文县——九寨沟

2. 线路特色

此线路将甘肃东部有"小江南"之称的天水及东南部的"绿岛"陇南诸景点汇于一集,是一条经典的生态旅游线路。沿途所经主要景点有兰州百里黄河风情线、天水麦积山、天水伏羲庙、西狭颂、鸡峰山、梅园沟、宕昌官鹅沟、"华夏北方第一洞"武都万象洞、中国四大天池之一的文县洋汤天池。

(五)塞上江南回族风情游

1. 线路安排

(1)银川——沙湖——镇北堡西部影视城——西夏王陵——中卫沙坡头——同心清

真大寺——固原

（2）银川——沙湖——镇北堡西部影视城——西夏王陵

（3）银川——中卫——沙坡头——通湖草原

2. 线路特色

此线路集绿洲湿地、大漠风光与回族风情为一体，资源组合度好、内涵丰富。主要旅游资源有银川南关清真寺、银川中华回乡文化园、沙湖、西夏王陵、镇北堡西部影视城、贺兰山岩画、青铜峡 108 塔、中卫高庙、沙坡头、腾格里沙漠、黄河古渡、须弥山石窟、泾河源景区、六盘山红军长征纪念馆、胭脂峡、火石寨以及国际摩托车旅游节、国际沙雕节、六盘山山花节与攀岩节等节庆活动。游客可体验骑骆驼、滑沙、羊皮筏子漂流黄河、回族家访等活动。

（六）北疆天山风光、草原风情游

1. 线路安排

（1）乌鲁木齐——天山天池——布尔津（喀纳斯湖）——克拉玛依——精河——霍尔果斯口岸——伊宁——那拉提草原——巴音布鲁克天鹅湖

（2）乌鲁木齐——奎屯——博乐——伊宁——那拉提草原——巴音布鲁克天鹅湖——库尔勒——吐鲁番——乌鲁木齐

（3）哈密——木垒哈萨克自治县——富蕴——阿勒泰——克拉玛依

2. 线路特色

该线是一条自然风光与民族风情相融合的生态旅游线路。主要旅游资源有哈萨克风情、天池、拉麦里有蹄类保护区、古尔班通古特沙漠、火烧山、喀纳斯湖、阿尔泰山、额尔齐斯河、图瓦族人风情、赛里木湖、天山腹地果子沟风光、巩乃斯河谷原始森林、胡杨林、巴音布鲁克草原与天鹅湖、那拉提草原、吐鲁番火焰山、葡萄沟与坎儿井等。

（七）南疆历史文化大漠绿洲游

1. 线路安排

乌鲁木齐——库尔勒——轮台——库车——阿克苏——喀什——和田——吐鲁番

2. 线路特色

此线路历史古迹众多、文化内涵丰富、绿洲于大漠景观交错分布，是一条历史文化、绿洲文化和维吾尔民族文化集中的文化旅游线路。主要旅游资源有维吾尔风情、大小盐湖、博斯腾湖、龟兹故国遗址、克孜尔石窟、天山神木园、托木尔峰、塔克拉玛干大沙漠、喀什风情与大巴扎、香妃墓、艾提尔尔清真寺、高台民居、库车王府、帕米尔高原风光、卡拉库里湖、慕士塔格峰、金色戈壁、塔河胡杨林、轮台胡杨林、轮台古城遗址、交河故城、吐鲁番火焰山、葡萄沟及坎儿井、达坂城风貌等。

## 二、该区今后旅游业发展方向和重点

本区在旅游资源数量和品质方面具有绝对优势,但因区域经济发展水平滞后、旅游业起步较晚,资源知名度低,许多旅游产品仍停留在传统的观光层面,开发深度不够,加之地域广阔、线路较长、地形复杂、交通不便、远离主要客源市场,因此优势旅游资源难以发挥其竞争优势,故本区今后开发重点应放在改善旅游发展环境与基础条件以及资源深度开发、提升旅游产品竞争能力方面。

（一）改善旅游交通等基础设施,提高景区可进入性

交通"瓶颈"一直是西北部旅游业发展的最大制约因素,近年来,西北地区整体交通大环境虽有了较大改善,但景区外围的交通条件仍亟待提高。中心城镇至景区、景区与景区间通达性仍非常滞后,景区可进入性差,景区之间难以联动发展,造成虽然高品质旅游资源众多,但仅有个别资源得到有效开发,热点资源对其他资源带动性差。因此,提升旅游业发展环境,加大对交通等旅游业基础设施等的投资力度,尽快改善本区、特别是中小尺度的交通条件,是促进本区旅游业发展的基本前提。

（二）加大宣传促销力度

知名度的高低是影响旅游资源吸引力和辐射范围的重要因素。本区拥有众多具有垄断性的旅游资源,但除个别资源外,其他旅游资源知名度都很低。如入选 2003 年《中国国家地理》举办的"选美中国"的竞赛中,祁连山草原、透明梦柯冰川、张掖彩色丹霞地貌、银川鸣翠湖湿地等,对于大多数人来说都从未听闻。低知名度、形象模糊导致旅游产品缺乏竞争力,严重制约了旅游业的发展,因此,加大本区旅游宣传促销力度,提高其知名度,对开拓本区旅游客源市场有着积极的意义。

（三）提升旅游产品开发与策划能力

本区旅游资源优势突出,但目前旅游开发方式仍处于初级阶段,活动项目以传统的观光为主,少数民族风情体验也多为歌舞观赏,特别是夜间活动极为单调,参与性低,娱乐性差;旅游资源开发重点一直偏重历史文化资源,如传统的丝路观光旅游线,以石窟艺术、古城遗址等为主,而沿途的自然景观,特别是少数民族风情资源较少,产品组合度差。旅游资源的品质和组合优势没有实现有效转化。因此,本区应注重旅游资源的深层次开发和挖掘,提升产品开发与策划能力,促使资源优势向产品优势转化,增强旅游整体竞争力。

# 练 习 题

1. 简述本区旅游资源形成的区域地理环境。

2. 简述本区旅游资源的独特性表现在哪些方面。

3. 结合本区旅游资源的特征,分析旅游资源开发过程中的有利与不利因素。

4. 选择本区一两个具有代表性的景区(点)对其进行简介,包括开发现状、特色与成因剖析(自然景点)或历史渊源(人文景点)等。

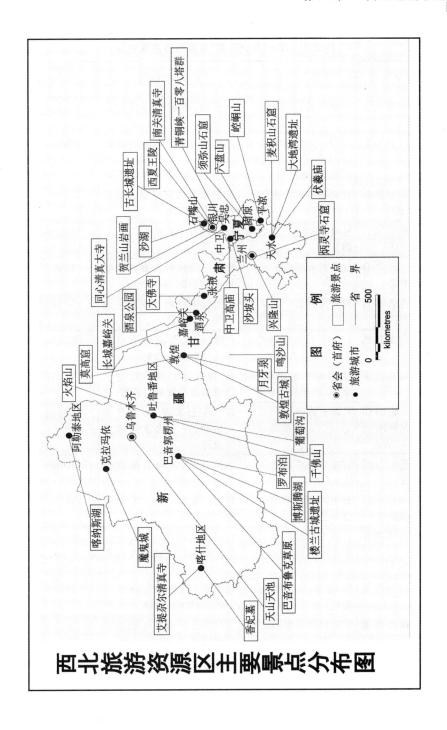

西北旅游资源区主要景点分布图

附表1　西北(甘、宁、新)国家级自然保护区

| 序号 | 保护区名称 | 位　　置 | 主要保护对象 | 面积/ha | 建立年份 |
|---|---|---|---|---|---|
| 1 | 白水江自然保护区 | 甘肃文县、武都两县 | 大熊猫、珙桐等珍稀濒危物种及自然生态环境 | 223 671 | 1978 |
| 2 | 祁连山自然保护区 | 甘肃、青海两省交界处,甘肃一侧跨武威、张掖、酒泉三地 | 水源涵养林及珍稀动物 | 230 000 | 1988 |
| 3 | 兴隆山自然保护区 | 甘肃榆中县西南隅 | 马麝和天然原始老云杉林及其生态系统 | 2900 | 1988 |
| 4 | 安西极荒漠自然保护区 | 甘肃瓜州县(原名安西县) | 极旱荒漠生态系统 | 800 000 | 1992 |
| 5 | 尕海-则岔自然保护区 | 甘肃甘南碌曲县 | 珍稀动植物种及森林和湿地生态系统 | 10 800 | 1998 |
| 6 | 民勤连古城自然保护区 | 甘肃民勤县 | 天然沙生植物及荒漠生态系统 | 389 883 | 2002 |
| 7 | 敦煌西湖自然保护区 | 甘肃库姆塔格沙漠东沿,与罗布泊相邻 | 内陆湿地、荒漠生态系统和珍稀野生动植物 | 663 400 | 2003 |
| 8 | 莲花山自然保护区 | 甘肃南部的康乐、临潭、卓尼三县交界处 | 麝、斑尾榛鸡等珍稀野生动物资源及其栖息环境 | 11 691 | 2003 |
| 9 | 太统-崆峒山自然保护区 | 甘肃平凉市 | 森林生态系统、稀有野生动植物、古文化遗迹和地质遗迹 | 16 283 | 2005 |
| 10 | 甘肃连城自然保护区 | 甘肃兰州市永登县 | 天然青杆、青海云杉及森林生态系统 | 47 930 | 2005 |
| 11 | 安南坝野骆驼自然保护区 | 甘肃阿克塞哈萨克族自治县 | 野骆驼等野生动物及其栖息环境 | 396 000 | 2006 |
| 12 | 盐池湾自然保护区 | 甘肃肃北蒙古族自治县东南部祁连山区 | 白唇鹿、野牦牛等高原有蹄类珍稀野生动物及其生态系统 | 1 360 000 | 2006 |
| 13 | 小陇山自然保护区 | 甘肃徽县、两当县境内 | 暖温带-亚热带过渡地区原始森林生态系统 | 31 938 | 2006 |
| 14 | 贺兰山自然保护区 | 宁夏银川平原西北部 | 干旱风沙区森林生态系及珍稀动植物 | 15 700 | 1988 |

（续表）

| 序号 | 保护区名称 | 位置 | 主要保护对象 | 面积/ha | 建立年份 |
|---|---|---|---|---|---|
| 15 | 六盘山自然保护区 | 宁夏固原、隆德、西吉、海原和泾源五县交界处 | 水源涵养林及野生动物 | 67 300 | 1988 |
| 16 | 沙坡头自然保护区 | 宁夏中卫县 | 沙漠自然生态系统，沙地野生动、植物及其生境 | 13 722 | 1994 |
| 17 | 灵武白芨滩自然保护区 | 宁夏灵武市 | 荒漠生态系统及生物多样性 | 31 318 | 2000 |
| 18 | 罗山自然保护区 | 宁夏同心县 | 青海云杉、油松为代表的森林、草原和荒漠生态系统 | 33 710 | 2002 |
| 19 | 哈巴湖自然保护区 | 宁夏盐池县中北部 | 荒漠-湿地生态系统 | 84 000 | 2006 |
| 20 | 阿尔金山自然保护区 | 新疆若羌县 | 高原生态系统及其珍稀高原动物 | 4 500 000 | 1985 |
| 21 | 哈纳斯自然保护区 | 新疆布尔津县 | 寒温带针阔叶混交林生态系和自然景观 | 220 162 | 1986 |
| 22 | 巴音布鲁克自然保护区 | 新疆和静县 | 天鹅等珍稀水禽及其栖息繁殖地 | 100 000 | 1986 |
| 23 | 天山自然保护区 | 新疆巩留县 | 雪岭云杉林生态系统 | 31 217 | 2000 |
| 24 | 甘家湖梭梭林自然保护区 | 新疆精河县、塔城乌苏西北 | 荒漠、湿地及梭梭、白梭梭 | 54 667 | 2000 |
| 25 | 托木尔峰自然保护区 | 新疆温宿县北部 | 森林生态系统 | 237 638 | 2003 |
| 26 | 罗布泊野骆驼自然保护区 | 新疆塔克拉玛干沙漠东缘 | 珍惜濒危动物野双峰驼 | 6 764 000 | 2003 |
| 27 | 塔里木胡杨自然保护区 | 新疆尉犁县、轮台两县 | 胡杨林及其生境 | 395 420 | 2006 |
| 28 | 艾比湖湿地自然保护区 | 新疆博乐市、精河两县 | 白梭梭、盐生桦等濒临灭绝植物及167种野生动物 | 267 085 | 2007 |

# 第九章

# 华中旅游资源区

　　本区位于长江中下游平原丘陵区，包括湖北、湖南、江西三省。东接华东旅游资源区，西连西南旅游资源区，南邻东南旅游资源区、北靠华北旅游资源区。本区人口众多，密度大，少数民族有土家族、苗族、瑶族、侗族等。

　　本区江河纵横，湖泊众多，荆楚文化与近代革命圣地交相辉映，自然保护区和人文遗迹各有千秋，形成了特征鲜明的旅游资源。该区经济较发达，资源丰富，发展历史悠久，区位优势明显，交通便利，为旅游业的发展奠定了良好基础。

## 第一节　区域环境与经济发展概况

### 一、自然地理特征

（一）平原丘陵，水乡泽国

　　该区南北介于江南丘陵和大别山两区之间，全区为长江干流串联的一系列盆地和平原组成的狭长地带，地貌单元主要由长江中游平原（两湖平原和鄱阳湖平原组成）与湘赣低山丘陵构成。平原上湖沼纵横，水域面积广大，水系几乎占全境总面积的 1/10，水系错综复杂，构成一幅"水乡泽国"的景象。我国的第一、二大淡水湖鄱阳湖、洞庭湖均位于此区，此外还有洪湖、梁子湖、长湖等。众多湖泊沿长江流域形成不同类型的水文旅游景观。

（二）温湿的亚热带季风气候，亚热带植被广泛发育

本区地处低纬，大部分属于亚热带湿润季风气候，冬暖夏热，四季分明，降水丰沛。除夏季酷热外，一年中适于旅游的时间长，为旅游业的发展提供了有利条件。全区降水丰沛，年降水量达 800～1000 mm，尤以秋雨独具特色，秋雨量仅次于夏季，但降水强度小，以小雨为主，形成秋雨绵绵的气候景象，为本区的旅游增添了不少色彩。水热条件组合良好，植被覆盖率高，生物种类繁多，以湿热的亚热带常绿林景观为代表。

（三）地理位置优越

本区交通区位优势明显。鄂湘两省地处全国南北、东西水路交通要道，湖北武汉素称"九省通衢"，可谓"天下之中"。长江由西向东横穿全境，其干流与支流航线可沟通区内大部分地区，自古就是我国重要的"黄金水道"。全国最长纵贯铁路干线京九和京广铁路等与长江干流相交，高铁的修建与开通使得本区内外联系愈加紧密，此外有多条高速公路与区内外大中城市紧密联系，省会、大城市与主要景区都已通航。公路、铁路、航空四通八达，是我国重要的交通枢纽。

## 二、人文环境特色

（一）荆楚文化特色鲜明

荆楚文化为我国古代区域文化中独放异彩的一支，起源于夏商时期，壮大于春秋战国时期，传说是祝融部落的一部分在由中原西迁至鄂西北，由荆山丛林移至江汉平原的过程中，不断融合江南众多部族文化，进而统领南方，成为可与中原文化媲美的中国文化南支。荆楚文化为本区的发展奠定了基础，为其增添了一道绚丽的色彩，其特色主要表现在青铜冶铸、刺绣与丝织、髹漆工艺、美术与乐舞及思想文化等方面。

华中地区人杰地灵，孕育了独具特色的思想文化，老庄哲学为荆楚文化在哲学领域的代表。南宋周敦颐的理学则开"湖湘学派"之先河，为理学之先祖。而具有浓郁地方特色的楚辞更是比北方诗词更为活泼奔放的艺术之作。其中，《离骚》为其代表作，有"诗家之绝唱，无韵之离骚"的美誉，而散文体的《庄子》则极大地体现了楚文化的浪漫主义精神。此外，唐代著名诗人李白、杜甫、白居易、刘禹锡等曾在此区任职，留下千古绝唱的诗词，而长沙岳麓书院、衡阳石鼓书院则是我国最早的书院，从另一方面体现出本区深厚的文化底蕴。

（二）红色文化底蕴深厚

本区是近现代中国革命活动中心。辛亥革命、八一南昌起义、秋收起义、湘南起义、平江起义、黄麻起义都发生在本区，毛泽东等开辟的第一个农村革命根据地——井冈山也位

于本区。本区还是众多革命伟人的故乡,如毛泽东、刘少奇、彭德怀、任弼时、李先念、贺龙、罗荣桓、林彪、粟裕等。这些极具垄断性的红色旅游资源,为本区旅游业发展奠定了良好的基础。

### 三、区域经济发展概况

#### (一)区域经济发展现状

##### 1. 开发较早,经济发展良好

本区地处长江经济带上段,自然资源丰富,历史悠久,工业基础良好,发展迅速,沿长江黄金水道分布密集的武汉、长株潭城市群,现已形成以钢铁、有色金属、机械制造、电力、化工等部门为主的重工业体系和以纺织、制糖、制茶为主的轻工业体系。近年来,随着中部崛起战略的实施,本区已成为中国经济最具优势的横向经济带重要组成部分。由表 9-1 可知,2013—2015 年,该旅游资源区地区生产总值及其占全国比重虽增幅较小,但总体均呈增长趋势,其中,湖北省、湖南省地区生产总值(GDP)比之江西省较高,其二省经济实力更具优势。良好的区域经济发展趋势为旅游业发展奠定了基础。

表 9-1　华中旅游资源区地区生产总值　　　　　　　　　　(单位:亿元)

| 年份\省份 | 湖　北 | 湖　南 | 江　西 | 合　　计 | 占全国比重/(%) |
|---|---|---|---|---|---|
| 2013 | 24 791.83 | 24 621.67 | 14 410.19 | 63 823.69 | 10.94 |
| 2014 | 27 379.22 | 27 037.32 | 15 714.63 | 70 131.17 | 11.06 |
| 2015 | 29 550.19 | 29 047.2 | 16 723.8 | 75 321.119 | 11.13 |

资料来源:地区国民经济和社会发展统计公报(2013—2015 年)(数据不包含港澳台地区)

##### 2. 交通便利,形成陆、海、空立体交通体系

本区自古以来就是南来北往、东趋西归的必经之地,是我国重要交通枢纽地带,公路、铁路、水路、航空运输都较为发达。公路方面,湖北的"四纵三横一环"、湖南的长株潭和衡阳、江西的"三纵四横"、京珠、沪蓉等高速公路,与纵横交错的国道、省道结合,形成愈加完善的公路网络系统。铁路方面,则有京九、京广两条贯穿南北的铁路大动脉以及沪昆线、汉丹线、湘渝线等与全国各地相接,此外还有京九、京广、沪昆、汉宜等高铁使得各地区间联系愈加密切。航运方面,已形成以长江干流为主的内河航运及纵横交错的运输网。区内的航空港主要有武汉、长沙、南昌等,且与全国各大城市均有航线开通,许多旅游城市及

景点也都新建了机场。四通八达的水、陆、空交通网,为旅游业发展提供了优越的条件。特别是近年区内旅游直达列车、旅游包机、豪华旅游客车、油轮、旅游专线等不同类型的旅游交通方式快速发展,旅游可进入性显著增强。

（二）区域旅游经济发展现状

本区旅游业发展迅速,产业效益明显。据表 9-2 所示,2013—2015 年,湖北、湖南和江西三省旅游接待总人数与旅游总收入均明显增加,这表明该旅游资源区旅游业正处于上升阶段,旅游收入增加,旅游经济效益显著,旅游业发展呈现勃勃生机。近年来本区新增瑞金共和国摇篮旅游区、宜春明月山旅游区两个国家 5A 级景区,鹰潭获批首批国家级旅游业改革创新先行区。

表 9-2　华中旅游资源区各地区旅游接待总人数及旅游总收入

| 年份 | 湖　北 | | 湖　南 | | 江　西 | |
|---|---|---|---|---|---|---|
| | 旅游接待总人数/万人次 | 旅游总收入/亿元 | 旅游接待总人数/万人次 | 旅游总收入/亿元 | 旅游接待总人数/万人次 | 旅游总收入/亿元 |
| 2013 | 40 889 | 3205.61 | 36 058.12 | 2681.86 | 25 009.61 | 1896.06 |
| 2014 | 47 177.07 | 3752.11 | 41 202.53 | 3050.70 | 31 306.15 | 2649.7 |
| 2015 | 50 980 | 4308.76 | 47 226.1 | 3712.9 | 38 176.9 | 3637.7 |

资料来源:地区国民经济和社会发展统计公报(2013—2015 年)(数据不包含港澳台地区)

## 四、区域旅游特色

（一）旅游资源类型多样且自然与人文旅游资源珠联璧合

本区旅游资源的显著特点是人文景观与自然景观相互交融,密不可分。本区地表结构复杂,地貌类型多样,自然景观丰富多样,水热条件组合良好,动植物资源丰富,是目前国内建立自然保护区最多的地区之一,一些已被列入世界自然遗产保护名录。同时,本区既是中华文明的发源地之一,又是近代中国革命的重要活动中心,保存有不同历史时期文化内涵深厚的景观。此外,本区少数民族聚居,民族文化积淀深厚,民族风情五彩斑斓。名胜古迹藏于岱山秀水之中,人文情怀寓于山水之间。许多人文景区(点)同时也是自然旅游区(点),如三清山既是以花岗岩为主的山地地貌景观,同时又是道教、佛教名山的人文旅游资源;九宫山佛道并存,同时又是我国南方著名的避暑胜地和滑雪胜地;井冈山为近代革命圣地,同时自然风光优美,被列入"全国旅游胜地四十佳"名单。这一特点使旅游资源具有自然旅游资源与人文旅游资源珠联璧合的优势。

（二）旅游资源的性质为开发多种新型旅游产品拓展了广阔的空间

本区传统的旅游产品主要是以三峡风光、荆楚文化、三国文化、革命遗址、少数民族风情为主的观光旅游。随着旅游业的发展,旅游需求不断发生变化,旅游产品也应相应作出调整,如将单纯的自然观光旅游向文化生态、康体疗养转化,将常规的文化观光旅游向高品位的经典文化旅游转化。根据本区旅游资源的特点,可以开发出许多新的、内容更丰富的旅游产品。这些新的旅游产品主要包括文化生态旅游、红色体验旅游、都市会展游、乡风民俗游和科普修学游等。

（三）国内重要的客源地与目的地

本区是我国人口分布较为密集的地区。2015 年,全区人口 17 200.1 万,占全国总人口的 12.5%;面积 56.46 万平方千米,仅占全国总面积的 5.9%。人口城市化水平较高,其中,湖北省达 56.85%,湖南省达 50.89%,江西省达 51.60%。中国 GDP 前 100 名城市中,武汉、长沙、南昌、岳阳、衡阳、郴州榜上有名;湖北、湖南、江西人均国内生产总值(GDP)分别达 50 500、42 968、36 724 元,按汇率折算(1∶6.73)则分别达 7504、6385、5457美元,人均国内生产总值均已超过 5000 美元。按照国际旅游业发展规律,本区已进入大众旅游消费快速发展阶段。我国中部经济的崛起,将带动本区国民经济快速发展,区内居民旅游意识不断提高,众多的人口,尤其是城市人口,使本区将成为我国潜力巨大的国内客源地。

同时,本区优势旅游资源明显,其中湖北省长江三峡景区为我国著名江河风光旅游胜地,湖南韶山及湘潭、江西瑞金的革命纪念地与国家重点风景名胜区相结合,则是我国红色旅游的集中地,对国内外旅游者具有较强的吸引力,国内旅游和入境旅游均衡发展态势良好,旅游客源市场稳定,成为重要的旅游目的地。

## 第二节　主要旅游资源与旅游目的地

### 一、主要旅游资源分类

华中旅游资源区内的旅游资源种类齐全,且具有品位高、分布广、线路精、互补性强等特征,具体情况列于表 9-3。

表 9-3　华中旅游资源区旅游资源分类表

| 主类 | 亚类 | 基本类型 |
|---|---|---|
| A 地文景观 | AA 综合自然旅游地 | 庐山、武当山、井冈山、衡山、九宫山、龙虎山、三清山、梅岭、二酉山、抚州大觉山、武夷山、岳麓山、石钟山、武功山、天子山、万佛山、韶山、君山、石鼓山、德夯天合谷 |
| | AB 沉积与构造 | 积石山、翠微峰、笔架山、湖南花垣县华震旦角石、湖南上泥盆纪珊瑚化石、湖北郧县青龙山恐龙蛋化石群、凤凰万年沉木(生物化石点) |
| | AC 地质地貌过程形迹 | 五指峰、领袖峰、回雁峰、古丈红石林、洛塔石林、郴州石林、乐平怪石林、龙凤岩、法相岩、朝阳岩、汉仙岩、通天岩(岩壁与岩缝)、仙人洞、灵岩洞、隐水洞、太乙洞、石龙洞、利川腾龙洞、云阳山溶洞群 |
| | AD 自然变动遗迹 | 湖北咸丰大坝地震遗址、冰碛岩、武陵源第四纪冰川地貌、庐山第四纪冰川遗迹、庐山北坡山坡型泥石流遗迹 |
| | AE 岛礁 | 马鞍岛、落星墩、月亮岛 |
| B 水域风光 | BA 河段 | 汨罗江、湘江、三闾滩、龙底河、清江、神农溪、婺源江湾、泸溪河、虎滩漂流、猛洞河 |
| | BB 天然湖泊与池沼 | 鄱阳湖、洞庭湖、武汉东湖、洪湖、梁子湖、陆水湖、仙岛湖、白鹤湖、金银湖、红莲湖、鸳鸯湖、柳叶湖、石首天鹅州湿地、乌龙潭 |
| | BC 瀑布 | 三峡大瀑布、庐山瀑布群、龙潭瀑布、姊妹瀑与青云瀑、王家坡双瀑、天子山泉瀑、工村瀑布、匕瀑、小自水瀑布、鹅潭瀑布 |
| | BD 泉 | 英山温泉、房县温泉、赤壁温泉、保康温泉、汤池温泉、天沐温泉、庐山西海温泉、上汤温泉、江坪温泉、龙女温泉、瑶池温泉、热水温泉、三叠泉、陆羽泉、沸珠泉、禅祖庭碧岩泉(冷泉) |
| C 生物景观 | CB 草原与草地 | 木兰草原、松香坪、空中草原、牛头坡草地 |
| | CC 花卉地 | 四方山植物园、水布垭原生态旅游区、洪湖蓝田生态园、湘潭农博园、新余国家亚热带植物园、中国科学院武汉植物园 |
| | CD 野生动物栖息地 | 神农架自然保护区、武陵源自然保护区、九宫山自然保护区、张家界大鲵自然保护、莽山自然保护区、八面山自然保护区、长江新螺段白鱀豚自然保护区、武夷山自然保护区、桃红岭梅花鹿国家级自然保护区 |
| D 天象与气候景观 | DA 光现象 | 天门山(佛光、海市蜃楼)、武当山(祖师映光)、三清山神光、庐山佛光 |
| | DB 天气与气候现象 | 天子山(霞口、月夜、冬雪)、庐山(云海、日出、瀑布云)、武当山(海马吐雾、平地惊雷、雷火炼殿) |

| 主类 | 亚类 | 基本类型 |
|---|---|---|
| E 遗址遗迹 | EA 史前人类活动场所 | 门板湾遗址、石家河遗址、樟树筑卫城遗址、下陈遗址、八十垱遗址、城头山古文化遗址、屈家岭文化城址 |
| | EB 社会经济文化活动遗址遗迹 | 荆州古城、吴城遗址、大庸府城(废城与聚落遗迹)、赤壁古战场、三国猇亭古战场、北伐战役汀泗桥战役遗址(军事遗址与古战场)、中央农民运动讲习所旧址、"八七"会议会址、秋收起义文家市会师旧址(历史事件发生地)、汉阳兵工厂、湖北枪炮厂、铜岭矿冶遗址、古市街古瓷窑遗址、吉州窑遗址(废弃生产地) |
| F 建筑与设施 | FA 综合人文旅游地 | 世界之窗、海底世界、庐山西海水世界、客家文化城、田汉大剧院、益阳奥林匹克公园 |
| | FB 单体活动场所 | 世界玉石博览馆、荆州博物馆、景德镇陶瓷馆、长沙简牍博物馆、湖北省博物馆、中国地质大学逸夫博物馆、中国苗族博物馆、贺龙体育馆 |
| | FC 景观建筑与附属型建筑 | 黄鹤楼、滕王阁、岳阳楼、天心阁(楼阁)、爱晚亭、孺子亭、望湖亭、宜春台(建筑小品)、井冈山碑林、永州祁阳浯溪碑林、毛泽东诗词碑林、禹工碑、苏轼荔子碑、中国工农红军第二方面军长征纪念碑(碑碣(林)) |
| F 建筑与设施 | FD 居住地与社区 | 客家围屋、徽派古建筑(传统与乡土建筑)、洪江古商城(特色街巷)、上清古镇、芙蓉镇、黄石寨(特色社区)、屈原故里、昭君故里、武汉毛泽东故居、蒋经国故居、朱德旧居、沈从文祖地、中正行宫、欧阳修纪念馆、刘少奇故居、任弼时故居(名人故居与历史纪念建筑)、白鹿洞书院、仰山书院、叠山书院、洪崖书画院、岳麓书院、书家堂古堡 |
| | FE 归葬地 | 马王堆汉墓、七星堆墓葬群、明显陵、炎帝陵、舜陵、屈原墓、李自成墓、谭嗣同墓、黄兴墓、蔡锷墓、八岭山古墓群、红安烈士陵园、龙虎山悬棺群 |
| | FF 交通建筑 | 九江长江大桥、湘江大桥、彩虹桥、南昌新八一大桥、古浮桥、万年桥、凤凰沱江大桥、乌巢河大桥、永锡桥、鄂黄长江大桥 |
| | FG 水工建筑 | 长江三峡大坝、葛洲坝、丹江大坝(堤坝段落)、白莲河水库、浮桥河水库、漳河水库、江口高坊水库、黄材水库、酒埠江水库(水库观光游憩区段)、洪崖丹井、犀牛井、白龙井(水井) |
| G 旅游商品 | GA 地方旅游商品 | 湘菜(菜品饮食)、逗糖、李渡高粱酒、云雾毛尖茶、婺源绿茶、万年香米、南丰蜜橘(农林畜产品与制品)、挑花刺绣、湘西土家棉、浏阳菊花石雕、楚文化系列手工艺品、青铜系列文物仿制品(传统手工产品与工艺品)、婺源墨、万载花炮(日用工业品)、鄱阳湖银鱼 |

（续表）

| 主类 | 亚类 | 基本类型 |
|---|---|---|
| H 人 文 活 动 | HA 人 事 记 录 | 炎帝神农、屈原、毛泽东、彭德怀、沈从文、八一南昌起义、井冈山会师、南昌会战、三湾改编、秋收起义、湘西会战(事件) |
| | HB 艺术 | 楚剧、赣州采茶戏、花鼓戏、影视文化、土家歌舞《夷水丽川》 |
| | HC 民 间 习 俗 | 哭嫁、跳丧、龙船调、吃新、亲宜(地方风俗与民间礼仪)、白族"三道茶"、壮族"竹竿舞"、土家族摆手舞、侗族芦笙舞"上刀山、下火海"(民间演艺)、赛龙舟(民间健身活动与赛事) |
| | HD 现 代 节 庆 | 武当山国际艺术节、中国长江三峡国际旅游节、长江三峡国际龙舟拉力赛、世界华人炎帝故里寻根节、婺源中国乡村文化旅游节、景德镇国际陶瓷文化旅游节、龙虎山道教文化旅游节、中国国际茶文化节 |

## 二、次旅游区及主要旅游景区(点)

### (一)湖北次旅游区

湖北省,简称"鄂",位于中国中部,长江中游洞庭湖以北,故称"湖北"。北接河南,东连安徽,东南和南邻江西、湖南两省,西靠重庆,西北与陕西省为邻。控长江以联东西,扼京广以制南北,素有"九省通衢"之称,省会武汉更是自古以来的经济重镇。

湖北处于中国地势第二级阶梯向第三级阶梯过渡地带,地势呈三面高起、中间低平、向南敞开、北有缺口的不完整盆地。地貌类型多样,山地、丘陵、岗地、平原、湿地兼备。西、北、东三面被武陵山、巫山、大巴山、武当山、桐柏山、大别山、幕阜山等山地环绕,山前丘陵岗地广布,中南部为江汉平原,略呈由西北向东南倾斜的趋势。面积 18.59 万平方千米,东西长约 740 千米,南北宽约 470 千米。

湖北旅游资源富集,自然、人文和社会资源三者并存,以数量多、分布广、品位高、差异性强为其主要特征。鄂西地区自然景观闪烁、民俗风情浓郁,鄂中地区人文景观荟萃,鄂东地区自然和人文景观兼容,地域差异和组合规律十分明显,加之区位交通便捷,具备发展旅游业的天赋条件。

截至 2015 年,湖北省 5A 级景区 11 处,被联合国教科文组织列入"人与自然保护圈计划"的 1 处(神农架),被列入"世界文化和自然遗传名录"3 处(武当山、明显陵、土司遗址),世界自然遗产 1 处(神农架);国家级风景名胜区 6 处(武汉东湖、武当山、大洪山、襄阳古隆中、通山九宫山、赤壁陆水湖);国家级森林公园 28 个,国家级自然保护区 18 个;国家历史文化名城 5 座(荆州、武汉、襄阳、随州、钟祥),省级历史文化名城 4 座(鄂州、黄州、荆门、恩施);国家红色旅游经典景区 14 处;国家级文物保护单位 148 处,楚城遗址十余处,楚文化遗存千余处。

### 1. 黄鹤楼

黄鹤楼位于武汉市武昌蛇山西端的高观山西坡上(旧址位于蛇山黄鹤矶头),与岳阳楼、滕王阁并称江南三大名楼。始建于三国吴黄武二年(公元223年),屡毁屡建,最后一次毁于清光绪十年(1884年)大火,现存为1981年重建(图9-1)。黄鹤楼是古典与现代熔铸、诗化与美意构筑的精品。黄鹤楼外观五层,通高51.4米,底层边宽30米,顶层边宽18米。全楼各层布置有大型壁画、楹联、文物等,楼外铸有铜黄鹤造型、牌坊、轩廊、亭阁等一批辅助建筑。历来是文人荟萃、宴客会友、吟诗赏景之地,崔颢、李白、白居易、贾岛、夏竦、陆游等都曾先后到这里游览,吟诗作赋。登楼远眺,长江滚滚而来,三镇风光尽收眼底。

**图 9-1　黄鹤楼**

如今黄鹤楼所在的蛇山一带已辟为黄鹤楼公园,2007年被评为国家5A级景区。园内花草树木与牌坊、轩、亭、廊等建筑融为一体。主要景点有黄鹤楼南楼、白云阁、搁笔亭、诗碑廊、黄鹤归来铜雕、九归鹤图浮雕等,周边还有素山寺国家森林公园、武汉先月亭、武昌起义军政府旧址、武汉植物园、鹅池、岳飞铜像等景点。

### 2. 荆州古城

荆州古城又名"江陵城",地处长江中游、江汉平原腹地的湖北荆州市,为楚文化的发祥地,是我国南方保存最完好、规模最宏大的一座古代城垣。1982年被国务院公布为首批国家历史文化名城,1996年又被公布为全国重点文物保护单位,2003年被评定为国家4A级景区。

禹定九州,始有荆州。春秋战国时期,楚国在城北5000米处的纪南城建都长达411年。三国以后,荆州城一直是州、郡一级的治所,有的还曾在此建都立国。现存城墙为清顺治三年(公元1646年)依明代旧基重建,采用糯米石灰浆灌缝、砖城墙和土城墙互相依托而成。古城东西长3750米,南北宽1200米,周长11 280千米,城墙高8.83米,城垛4567个,炮台26座,藏兵洞4座,有城门和城楼6座。城池依地势而起伏,顺湖池而迂回,蜿蜒状若游龙,飞舞于湖光水色之上,绚丽壮观。荆州古城墙在时间上跨越数千年,其沧桑岁月背后隐显的文化、艺术、建筑、历史、军事、民风等内容包罗万象,异彩纷呈,是历史的巨大遗赠。

### 3. 三峡大坝旅游区

三峡工程是世界最大的水利枢纽工程。三峡大坝位于西陵峡中段湖北省宜昌市境内的三斗坪,距下游葛洲坝水利枢纽工程38千米。三峡大坝旅游区于1997年正式对外开放,现拥有三峡展览馆、坛子岭景区、185园区、近坝园区及截流纪念园5个园区,总占地面积15.28平方千米。坛子岭是三峡坝区最早开发的景区,因其顶端观景台形似一个倒扣的坛子而得名,海拔262.48米,是大坝建设勘测点,也是观赏三峡工程全景的最佳位置,不仅仅能欣赏到三峡大坝的雄浑壮伟,还能观看壁立千仞的"长江第四峡"双向五级船闸。整个园区以高度的递增从上至下分为三层,主要有模型展示厅、万年江底石、大江截流石、三峡坝址基石、银版天书及坛子岭观景台等景观,还有壮观的喷泉、秀美的瀑布、蜿蜒的溪水、翠绿的草坪贯穿其间。2007被评为国家5A级景区(图9-2)。

### 4. 腾龙洞

位于鄂西南边陲城市——利川市6.8千米处,属大巴山与武陵源交汇部,地处清江发源地,为恩施自治州土家族、苗族聚居地。景区总面积69平方千米,集山、水、洞、林于一体,以雄、险、奇、幽、秀而驰名中外。1988年,经中外专家考察论证为中国最大、世界特级洞穴之一。1989年审定为省级风景名胜区,1999年被命名为全省爱国主义教育基地,2005年被《中国国家地理》评为"中国最美六大旅游洞穴——震撼腾龙洞"。

腾龙洞景区由水洞、旱洞、鲤鱼洞、凉风洞、独家寨及三个龙门、化仙坑等景组成。整个洞穴系统十分庞大复杂,容积总量居世界第一,是中国旅游洞穴的极品。洞口高72米,宽64米,洞内最高处235米,初步探明洞穴总长度52.8千米,其中水洞伏流16.8千

图 9-2　三峡大坝

米,洞穴面积 200 多万平方米。洞中有山峰 5 座,大厅 10 个,地下瀑布 10 余处,洞中有山,山中有洞,水洞、旱洞相连,主洞、支洞互通,且无毒气、无蛇蝎、无污染,洞内终年恒温14～18℃,空气流畅。洞中景观千姿百态,神秘莫测。洞外风光山清水秀,水洞口的卧龙吞江瀑布落差 20 余米,吼声如雷,气势磅礴。腾龙洞以独特的自然景观和宜人的气候环境,被公认为旅游、疗养、探险、地质考察的首选去处。

目前,洞内已建成全国最大的原生态洞穴剧场,每天以高水准的大型土家族情景歌舞《夷水丽川》,让游客感受土家族的动人传说。同时将旅游和现代高科技相结合,推出了全国最大的 33 处洞建筑中梦幻激光秀,让游客置身于变幻莫测、空旷神秘的梦幻世界。

### 5. 武当山

武当山又名太和山、仙室山,古有"太岳""玄岳""大岳"之称。位于湖北省丹江口,属大巴山东段。景区总面积 312 平方千米,以其历史悠久的道教文化、规模宏大的古建筑群、饮誉海内外的武当武术、绚丽多姿的自然风光而闻名于世,堪称"亘古无双胜境,天下第一仙山"。1982 年被国务院公布为首批国家级重点风景名胜区,1994 年被联合国教科文组织列入世界文化遗产名录,2000年被建设部授予"全国文明风景名胜区",被国家旅游局授予"4A级旅游区",2001年被中央文明办、建设部、国家旅游局授予"全国文明风景旅游区示范点",2011年被评为国家5A级风景名胜区(图9-3)。

**图9-3　武当山**

武当山以雄为主,兼有险、奇、幽、秀等多重特色。全山分布有72峰、36岩、24涧、11洞、3潭、9泉、10石等自然景观。武当山药用植物丰富,在《本草纲目》记载的1800多种中草药中,武当山就有400多种,有"天然药库"之称。

武当山堪称我国一座文化宝库。山上古代建筑规模宏伟,有独特的第四纪冰川遗迹,工程浩大的道教宫观,则更久负盛名。据统计,唐至清代共建庙宇500多处,庙房20 000余间,分布有9宫、9观、36庵堂、72岩庙、39桥、12亭等33座道教建筑群,形成"五里一庵十里宫,丹墙翠瓦望玲珑。楼台隐映金银气,林岫回环画镜中"的建筑奇观,达到"仙山琼阁"的意境。现存较好的古建筑有129处,庙房1182间,犹如我国古代建筑成就的展览馆。

(二)湖南次旅游区

湖南省位于中国南部、长江中游,因大部分地区在洞庭湖之南,故称"湖南",又因境内湘江贯通南北而简称"湘"。境内江河纵横，湖泊遍布，渠道交错，库塘众多。全省总面积21.18万平方千米，境内东、南、西三面环山，幕阜、罗霄山脉绵亘于东，五岭山脉屏障于南，武陵、雪峰山脉逶迤于西，中部丘陵与河谷盆地相间。全省人口6845.20万（2015年），以汉族为主，此外还有土家、苗、侗、瑶、回等50个少数民族。

湖南旅游资源丰富，山水风光秀美奇特，历史文化底蕴深厚，民俗风情多姿多彩。旅游资源以品类全、品位高、品牌好、数量多、线路精为主要特征。截至2015年，全省已有A级景区289处，其中5A级景区7处，4A级景区93处；世界自然遗产2处（张家界、崀山）；国家级风景名胜区19处，国家级森林公园43个，国家级历史文化名城3座（长沙、岳阳、凤凰），省级历史文化名城4座（永州、衡阳、郴州、洪江）；国家级爱国主义教育示范基地19处，国家级重点文物保护单位183处。

## 1. 南岳衡山

南岳衡山为我国五岳名山之一，位于湖南省衡阳市境内，七十二群峰，层峦叠嶂，气势磅礴，素以"中华寿岳"、"五岳独秀"、"文明奥区"著称于世。现为国家级重点风景名胜区、全国文明风景旅游区示范点和国家5A级旅游区。

南岳景区自然植物1700多种，原始森林9处，古木参天，四季景色宜人，自然景观和人文景观并举。南岳历史悠久，始封于唐虞，是古代帝王巡狩祭祀的地方。相传尧舜禹来此祭祀社稷、巡疆狩猎；大禹曾在此杀马祭告天地，得《金简玉书》，立治水丰碑，现留下白马峰、金简峰和禹王城等古址（图9-4）。

南岳寿文化源远流长。据《星经》记载：南岳衡山对应星宿二十八宿之轸星，轸星主管人间苍生寿命，故名"寿岳"。宋徽宗在南岳御题"寿岳"巨型石刻，康熙皇帝亲撰的《重修南岳庙碑记》首句即为"南岳为天南巨镇，上应北斗玉衡，亦名寿岳"，再度御定南岳为"寿岳"。历代史志也常以"比寿之山""主寿之山"记之。

古往今来，李白、杜甫、韩愈、柳宗元、朱熹、王夫之、谭嗣同、周恩来、叶剑英、郭沫若、田汉、陶铸、胡耀邦、乔石、朱镕基等历代名人在南岳留下了3700多首诗、词、歌、赋和375处摩崖石刻，成为中华民族文化艺术宝库之一。

南岳佛、道教同居一山，共存一庙之特色，为中国名山一绝。在中国佛、道教史上，南岳佛、道教占有重要的地位，尤其在日本和东南亚地区乃至全世界都有很大的影响。早在西周期间，道教就在南岳开辟洞天福地，至唐代出现"十大丛林"、"八百茅庵"之盛况。

## 2. 湘西凤凰古城

凤凰古城又名沱江镇，为湘西土家族苗族自治州凤凰县县城，始建于清康熙四十三年（1704年），因县城西南有一山酷似展翅而飞的凤凰，故以此而得名。被誉为"湘西明珠"，曾被新西兰著名作家路易艾黎称赞为"中国最美丽的小城"，2001年评为国家历史文化名

**图 9-4　南岳衡山云海**

城,2009 年评为国家 4A 级旅游景区。

古城分为新旧两个城区,将自然与人文特质有机融合。老城依山傍水,前有沱江流过,四周青山环抱。古代修筑的十多条街巷,全用青色石板铺彻;沿河一带的吊脚楼,显得格外古朴。街旁绿树成荫,古建筑星星点点,把整个山城装点成一幅富有诗意的山水作品。现主要景点有沱江泛舟、东门城楼、沈从文故居、熊希龄故居、杨家祠堂、南方长城、文庙、三王庙、武侯祠、文昌阁、笔架城、奇梁洞、黄丝桥古城等。

3. 洞庭湖、岳阳楼

洞庭湖,古称云梦、九江和重湖,为我国第二大淡水湖。北连长江、南接湘、资、沅、澧四水,分西、南、东三部分,古时曾号称"八百里洞庭"。其最大特点是湖外有湖,湖中有山,渔帆点点,芦叶青青,水天一色,鸥鹭翔飞。春秋四时之景不同,一日之中变化万千。洞庭湖不仅风景秀美,且与四水共同孕育了湖湘文化。历代文人墨客对洞庭湖作过热情的吟咏。湖滨风光绮丽,许多为国家名胜古迹,如君山、杜甫墓、杨么寨、屈子祠、跃龙塔、文庙、龙州书院等(图 9-5)。

**图 9-5　洞庭湖与岳阳楼**

岳阳楼屹立在洞庭湖畔,与武汉黄鹤楼、南昌滕王阁并称"江南三大名楼"。始建于公元 220 年前后,为三国时期东吴大将鲁肃的"阅军楼",经历代多次修建,最后一次为清光绪六年(公元 1880 年),现为 1984 年所重修,为四柱、三层、飞檐、盔顶的砖木结构建筑。岳阳楼主楼高 19.42 米,进深 14.54 米,宽 17.42 米,占地 251 平方米。登楼可尽览洞庭湖的湖光山色。同时,岳阳楼是历代游客名流游览观光、吟诗作赋的胜地。北宋范仲淹脍炙人口的《岳阳楼记》更使其著称于世。1988 年 1 月被确定为全国重点文物保护单位,同年 8 月被列为国家重点风景名胜保护区,2001 年审批为国家 4A 级景区。

### 4. 岳麓山风景名胜区

岳麓山地处长沙市区,湘江两岸,为南岳衡山 72 峰之一,故得名"岳麓"。总面积 36平方千米,由麓山、天马山、桃花岭、石佳岭四个景区及新民学会旧址、南津城士城头二景点组成,系湖南省首批公布的省级风景名胜处。2000 年被批为国家 4A 级风景名胜区,2002 年被列入国家重点风景名胜名单,2012 年成功晋升为国家 5A 级风景名胜区。

岳麓山景区荟萃湘楚文化之精华,素以名胜古迹众多,植物资源丰富,革命烈士墓葬群集,风景优美,且集儒释道为一体著称。宋代四大书院之冠岳麓书院、"湖湘第一道场"

古麓山寺、道家二十洞真虚福地云麓道宫、我国四大名亭之一的爱晚亭等都座落在岳麓山中。

### 5. 永州祁阳浯溪碑林

位于永州市祁阳县城(浯溪镇)西南部,距离永州市区五十多千米。此地山水秀美,苍崖石壁连绵78米。元结在公元761年撰写了《大唐中兴颂》,后来大书法家颜真卿将此文书写下来镌刻于江边崖石,因其文奇、字奇、石奇,被后人誉为浯溪"三绝"。此后,历代共有250多位文人学士到此游览,题诗作赋,铭刻石上,成为国内最大碑林,是研究碑石文化的一个宝库。其中,除《大唐中兴颂》外,还有宋代著名书法家米芾的《浯溪诗》和著名文学家黄庭坚的长诗《书摩崖碑石》及清人何绍基、吴大澂等名家题名刻石的浯溪新三铭等。碑林中还有清代越南使者途经此地留下的刻石四块。浯溪碑林风景名胜区现为全国重点文物保护单位,省级风景名胜区、省级爱国主义教育基地、湖南省十大文化遗产、百姓喜爱的"湖南省景"、湖南新"潇湘八景"。2009年2月,被国家批准为4A级风景名胜区。

### 6. 天门山

天门山是张家界市永定区海拔最高的山,距城区仅8000米,因自然奇观天门洞(图9-6)而得名。天门山古称嵩梁山,又名云梦山、方壶山,是张家界最早载入史册的名山,主峰1518.6米,1992年7月被批准为国家森林公园。天门山为喀斯特台型地貌,山顶相对平坦,保存着完整的原始次生林,有着很多极为珍贵和独特的植物品种,森林覆盖率达90%。其间古树参天,藤蔓缠绕,青苔遍布,石笋、石柱举步皆是,处处如天成的盆景,被人誉为世界最美的空中花园和天界仙境。天门洞高131.5米,宽50余米,南北对开于千寻素壁之上,气势磅礴,巍峨高绝,是罕见的高海拔穿山溶洞,更是尽显造化神奇的冠世奇观。自古以来,奇幻美丽的"天门吐雾""天门灵光",被认为是天界祥瑞之象,闻名遐迩。天门山索道线路斜长7455米,上、下站水平高差1279米,是世界最长的单线循环脱挂抱索器车厢式索道。2011年被评为5A级风景名胜区,并于6月在北京正式授牌。

### 7. 武陵源

武陵源风景名胜区位于湖南省西北部张家界市境内,地处云贵高原向洞庭湖平原过渡的结合部,由张家界国家森林公园、索溪峪自然保护区、天子山自然保护区和杨家界自然保护区四部分组成,属世界上罕见的石英砂岩峰林地貌,整个景区沟壑纵横、岩峰高耸、绿树翠蔓、鸟兽成群,有"大自然迷宫"之美誉。武陵源以"峰奇、谷幽、水秀、林深、洞奥"为特色,还因庇护着大量濒临灭绝的动植物物种而引人注目。此外,武陵源还是土家族、苗族等少数民族的聚居地,民族风情独特,使武陵源景区不但拥有迷人的自然景观,还拥有多姿多彩的民族文化。1988年8月被评为国家重点风景名胜区;1991年荣登"中国旅游胜地四十佳"金榜;1992年12月被联合国教科文组织列入《世界遗产名录》;九七中国旅

图 9-6　天门山的天门洞

游年时,被列为 35 个王牌精品旅游景点之一;2000 年 12 月被评为国家 4A 级风景区,同年被建设部授予"文明风景区"称号;2004 年 3 月被列入首批《世界地质公园》名录;2007 年 5 月晋升为国家 5A 级风景名胜区;2009 年 3 月,被评为全国文明风景旅游区(图 9-7)。

8. 猛洞河漂流景区

　　景区位于湘西土家族苗族自治州境内猛洞河支流司河,全长 47 千米,地跨永顺和古丈两县。最精彩处位于哈妮宫至牛路河段,长约 17 千米。该景区两岸多为原始森林,葱葱郁郁,水流湍急,碧绿清亮,有十里绝壁,十里瀑泉,十里画卷,十里洞天的美誉。其中有急流险滩 108 处,大小瀑布 20 处,漂流,穿急流,越险滩,闯狭谷,捕激浪,有惊无险,回味无穷。原国家旅游局局长刘毅漂后赞其"全国独有"。原全国人大常委会副委员长费孝通漂后题词"天下第一漂"。香港著名摄影艺术家陈复礼先生漂后赞扬"真正的漂流,不是在菲律宾,而在中国湖南猛洞河",并题词"寻幽、探胜、刺激、舒(抒)情兼而有之,猛洞河漂流游,行将扬名天下。"2002 年 2 月,"天下第一漂"获得湖南省著名商标,这是我国旅游服务行业唯一的著名商标(图 9-8)。

**图 9-7　武陵源天子山**

### 9. 红二、六军团长征出发纪念地

1935 年 11 月 19 日,贺龙、任弼时等军团领导在桑植县刘家坪干田坝召开长征动员大会,会后,军团司令部、政治部、工作团、红二军第四师、第五师于当晚出发长征,红六军团第 16、17 两师及县城红军大学学生在萧克等领导下,亦于当晚分别从瑞塔埔和县城出发挥师北上。1985 年 11 月 19 日,桑植县政府在刘家坪奠基修建"中国工农红军第二方面军长征纪念碑",1986 年 11 月 19 日竣工。纪念地有陈列室一栋,占地 200 平方米,园林式建筑,附近有两个琉璃瓦盖水泥结构亭阁。碑高 21 米,碑座四周是"出发长征""胜利会师"等四块大型石板浮雕;碑身正面精嵌原国家副主席王震的题字"中国工农红军第二方面军长征出发地刘家坪"。

### (三)江西次旅游区

江西省,简称"赣",地处中国东南偏中部,长江中下游南岸,东邻浙江、福建,南连广东,西接湖南,北毗湖北、安徽,为长江三角洲、珠江三角洲和闽南三角地区的腹地,有"吴头楚尾,粤户闽庭"之称。全省总面积 16.69 万平方千米。境内除北部较为平坦外,东、西、南三面环绕,中部丘陵起伏,成为一个整体向鄱阳湖倾斜而往北开口的巨大盆地。

江西旅游资源种类多、品位高,拥有国家旅游资源标准分类的八大类 155 种中的 153

图 9-8　猛洞河漂流

种。名山秀水与名胜古迹交相辉映,历史文化与绿色生态浑然一体,优美田园与乡村悠韵和谐如画,自然风光与民俗风情相映成趣。截至 2015 年,全省共有国家 A 级旅游景区 65 处,其中 5A 级旅游景区 8 处,4A 级旅游景区 31 处;世界遗产 3 处(三清山、庐山、龙虎山);世界文化景观 1 处(庐山);世界地质公园 2 个(庐山、龙虎山);国际重要湿地 1 处(鄱阳湖);国家级风景名胜区 14 处;国家级森林公园 41 处;国家级自然保护区 11 个;国家级历史文化名城 4 座(南昌、景德镇、赣州、瑞金);中国优秀旅游城市 9 座(井冈山、南昌、九江、赣州、鹰潭、景德镇、上饶、宜春、吉安),中国旅游强县 1 个(婺源)。

1. 鄱阳湖

鄱阳湖为我国第一大淡水湖,古称"彭蠡泽"或"宫亭湖"。位于九江至湖口的江湖相接处,上承赣、抚、信、饶、修五水,下接长江,水域辽阔,素有"四百里鄱阳湖八百里岸"之称。

鄱阳湖上名山秀屿,比比皆是,风光如画,景色宜人。湖畔土地肥沃,物产丰富。湖区生物物种丰富多样,有鸟类 310 种,高等植物 476 多种,浮游植物 50 种,浮游动物 46 种,昆虫类 227 种,贝类 40 种,鱼类 122 种,两栖类 40 种,爬行类 48 种,兽类 45 种。于 1983

年建立保护区,1988 年晋升为国家级;1992 年 2 月被确认为具有全球意义的 A 级保护区,并被列入国际重要湿地名录;1994 年被确定为最优先的生物多样性地区;1995 年 6 月,成为全球环境基金(GEF)资助的"中国自然保护区管理项目"五个示范保护区之一;1997 年加入东北亚鹤类保护网络;2000 年被世界自然基金会(WWF)定为全球重要生态区;2002 年加入了中国生物圈保护区网络;2006 年加入了东亚–澳大利西亚鸻形目鸟类保护网络,且被全球自然基金(GNF)授予"世界生命湖泊最佳保护实践奖",被国家林业局确定为"全国自然保护区示范单位",评为"2006 年百姓喜爱的江西十大特色美景"。鄱阳湖保护区独特的湿地景观、壮观的栖息鸟群,被世人誉为"珍禽王国""候鸟乐园"、野生动物的"安全绿洲",成为世界生态专家和中外游客心驰神往的"人间仙境"和旅游胜地。

鄱阳湖流域自古以来是我国经济较为发达的地区,历史上很多杰出人物,如徐稺、陶渊明、林士弘、刘恕、洪适、江万里、朱耷等都在此出生和成长。这里还发生过许多威武雄壮的英雄事迹,如周瑜操练水师、朱元璋与陈友谅鄱阳湖水战、太平军"湖口大捷"、李烈钧在湖口发起"二次革命"等,这些名人轶事均为湖区的自然风光增添了几分人文色彩。

2. 滕王阁

滕王阁,江南三大名楼之一,为唐永徽四年(公元 653 年),唐太宗之弟"滕王"李元婴任洪州都督时所创建,故因此而得名。因初唐诗人王勃所作《滕王阁序》而名传千古。韩愈曾赞道:"江南多临观之美,而滕王阁独为第一,有瑰伟绝特之称",故又素享"西江第一楼"之美誉。2001 年被评为国家首批 4A 级旅游区,2004 年被评为国家重点风景名胜区(图 9-9)。

滕王阁座落于赣江与抚河的汇合处,背城临江,滨临南浦,面对西山,视野开阔。主体建筑共 9 层,净高 57.5 米,底层平面为十字交叉型,南北长 80 米,东西宽 140 米,建筑面积 13 000 平方米,充分表现"飞阁流丹,下临无地"的气势。内有多间仿古建筑的厅堂,用作古乐、歌舞、戏曲的表演厅、展览馆等。登楼眺望,南昌景致尽收眼底,成为南昌市的标志性建筑之一。2001 年被评为国家首批 4A 级旅游区,2004 年被评为国家重点风景名胜区。

3. 井冈山

井冈山位于江西省西南部,地处湘东赣西边界,南岭北支,罗霄山脉中段,山势雄伟,最高峰平水山海拔 1779.4 米。井冈山具有辉煌的历史,绮丽的自然风光、革命人文景观交相辉映,浑然一体,是一个集风光旅游、传统教育于一身的旅游避暑胜地。

1927 年 10 月,毛泽东、朱德等老一辈无产阶级革命家率领中国工农红军来到井冈山,创建以宁冈县为中心的中国第一个农村革命根据地,开辟了"以农村包围城市,武装夺取政权"的具有中国特色的革命道路,从此鲜为人知的井冈山被载入中国革命历史的光荣

图 9-9　滕王阁

史册,被誉为"中国革命的摇篮"和"中华人民共和国的奠基石"。山中有 460 多处景物景观,其中革命人文景观 30 多处,被列为国家重点文物保护单位有 10 处,省级重点文物保护单位 2 处,市级重点文物保护单位 17 处。先后被命名为"江西社会教育基地""首批全国青少年革命传统教育十佳基地""全国优秀社会教育基地"和"全国中小学百个爱国主义教育示范基地"。

　　井冈山风光绮丽,空气清新,秀色迷人,融雄、险、秀、幽、奇为一体,峰峦、山石、瀑布、溶洞、温泉、珍稀动植物、高山田园风光应有尽有,是理想的旅游避暑疗养胜地。1982 年井冈山被批准为第一批国家级重点风景名胜区,1991 年被评为"中国旅游胜地四十佳",1998 年被评为"中国优秀旅游城市",2007 年被评为全国 5A 级风景旅游区,2009 年被评为"全国文明风景旅游区"。

　　4. 三清山

　　三清山坐落于江西上饶市玉山、德兴两县市交界处,素有"天下第一仙峰,世上无双福地"之殊誉。主峰玉京峰海拔 1819.9 米,因玉京、玉华、玉虚三座山峰如三清(即玉清、上清、太清)列坐群山之巅,故名。三清山以自然山岳风光称绝,以道教人文景观为特色,现已开发的奇峰有 48 座,怪石有 52 处,景物景观 500 余处。1988 年 8 月经国务院批准为国家重点风景名胜区,2008 年 7 月列入《世界遗产名录》,2011 年被正式授予"国家 5A 级风景名胜区"称号,2012 年被列为世界地质公园( 图 9-10)。

**图 9-10 三清山**

三清山经历了 14 亿年的地质变化运动,由于造山运动,断层密布,山体抬升,沟谷不断下切,加上长期风化侵蚀和重力崩解作用,形成了奇峰千仞、幽谷万丈的花岗岩峰林地貌。三清山资源丰富,景点众多,景观布局"东险、西奇、南绝、北秀",素有"匡庐之凉,黄山之秀,华山之险"的美誉,"奇峰怪石,古树名花,流泉飞瀑,云海雾涛"并称自然四绝。三清山为历代道家修炼场所,自晋代葛洪开山以后,便渐为信奉道学的名家所向往。现在保存完好的大批珍贵历史文物,有"露天道教博物馆"之称。其中,三清宫是三清山古建筑的中心,周围占地面积 2300 平方米,总体建筑面积 518 平方米,被称为道教"无双福地"。

5. 景德镇

景德镇市位于江西东北部,坐落在黄山、怀玉山余脉与鄱阳湖平原过渡地带。景德镇制瓷历史悠久,宋真宗景德元年(1004 年)因产青白瓷质地优良,遂以皇帝年号为名置景德镇,并沿用至今,是中外著名的瓷都。历史上与佛山、汉口、朱仙镇并称四大名镇,是国务院首批公布的全国 24 个历史文化名城之一，已经获得中国优秀旅游城市、国家生态园林城市、全国文明卫生城市等荣誉称号。

景德镇瓷器造型优美、品种繁多、装饰丰富、风格独特，以"白如玉，明如镜，薄如纸，声如磬"的独特风格蜚声海内外。青花、玲珑、粉彩、色釉，合称景德镇四大传统名瓷。薄胎瓷人称神奇珍品，雕塑瓷为中国传统工艺美术品。位于景德镇市西郊的瓷都大道西侧的西郊古窑遗址与后建的景德镇陶瓷历史博物馆组成景德镇陶瓷历史博览区，是景德镇市的重点旅游区，展现了景德镇陶瓷历史文化的缩影。此外，还有湖田古窑遗址、御窑厂、陶瓷城、景德镇陶瓷馆、瓷器街等景点。每年景德镇官方定期举办景德镇陶瓷艺术节（景德镇陶瓷国际博览会），展示景德镇瓷器，对外宣传景德镇陶瓷文化。

### 6. 龙虎山

龙虎山位于江西省贵溪市（鹰潭市代管），距鹰潭市区 20 千米，为中国道教发祥地。正一道创始人张道陵曾在此炼丹，传说"丹成而龙虎现，山因得名"。龙虎山是中国第八处世界自然遗产，世界地质公园、国家自然文化双遗产地、国家 5A 级旅游景区、全国重点文物保护单位。龙虎山是中国典型的丹霞地貌风景，2007 年加入世界地质公园网络。2010年 8 月 2 日，龙虎山与龟峰被一并列入《世界自然遗产名录》。

龙虎山为道教正一派"祖庭"。在中国道教史上有着承先启后、继往开来的地位、作用以及重大影响，被誉为道教第一仙境。据载，张道陵于龙虎山修道炼丹大成后，从汉末第四代天师张盛始，历代天师华居此地。上清宫和嗣汉天师府得到历代王朝无数次的赐银，进行了无数次的扩建和维修，宫府的建筑面积、规模、布局、数量、规格创道教建筑史之最。天师府全称"嗣汉天师府"，亦称"大真人府"，是历代天师的起居之所。府第坐落在江西贵溪上清古镇，南朝琵琶峰，面临上清河（古称沂溪），北倚西华山，东距上清宫 2 华里，西离龙虎山主峰 15 里许。天师府的建筑布局成"八卦"形，是道教的独有建筑风格。这里文物古迹众多，不仅具有研究中国道教的价值，而且是我国古代文化的珍贵遗产。整个府第由府门、大堂、后堂、私第、殿宇、书屋、花园等部分构成，规模宏大，雄伟壮观，建筑华丽，工艺精致，是一处王府式样的建筑，也是我国现存封建社会"大府第"之一。院内豫樟成林，古木参天，浓荫散绿，环境清幽，昔有"仙都""南国第一家"之称（图 9-11）。

龙虎山景区应天山象山书院是中国古代哲学中"顿悟心学"派的发源地；金龙峰马祖岩是禅宗史上贡献最大的禅师之一马祖道早期参禅悟道的场所；仙水岩崖墓群是中国葬俗史上的奇观；"仙女现花"为道教第一绝景、世界第一绝景。龙虎山凭借几千年来积淀而成的丰厚的道教文化遗产和它在中国道教史上显赫的祖庭地位以及对中国道教发展所作的贡献，被人公认为"道教第一山"，在世界宗教史上也有十分重要的地位。

江西龙虎山地质公园是我国已发现 737 处丹霞地貌中发育程度最好、序列发育最完

图 9-11　龙虎山

整的地区。公园丹霞地貌成因以构造侵蚀为主，并有水流冲刷侵蚀、崩塌残余、崩塌堆积、溶蚀风化崩塌等多种类型，形成了石寨、石墙、石梁、石峰、峰林、峰丛、单面山、嶂谷（一线天）、天生桥、岩槽、各类洞穴、石门、造型石、天然壁画等地貌形态类型 23 种之多。

此外，龙虎山的崖墓悬棺群距今有 2600 余年的历史，是古越人之墓葬。这些崖墓群镶嵌在陡峭的石壁上，岩洞棋布，高低错落，不可胜数，令人心生赞叹。

7. 八一南昌起义总指挥部旧址

八一南昌起义总指挥部旧址坐落在繁华的中山路和胜利路交叉处的洗马池，是一栋灰色的五层大楼，原是江西大旅行社，建成于 1924 年。1927 年 7 月下旬，贺龙领导的起义部队到达南昌，包下这个旅社，在喜庆厅召开会议，成立了以周恩来为书记，李立三、恽代英、彭湃为委员的中国共产党前敌委员会，江西大旅行社成为领导起义的指挥中心。1927 年 8 月 1 日凌晨 2 时，在周恩来、贺龙、叶挺、朱德、刘伯承等同志领导和指挥下，具有伟大历史意义的南昌起义爆发了，经过 4 个多小时的激战，歼敌近万人，打响了反对国民党反动派第一枪，是中国共产党独立领导武装斗争和创建人民军队的开始。八月一日就此成为中国人民解放军诞生纪念日。1957 年，在旧址建立了"南昌八一起义纪念馆"，纪念馆大门临街而立,门楣上悬挂着陈毅手书的"南昌八一起义纪念馆"鎏金横匾。旧址外建有八一广场,矗立南昌八一起义纪念塔一座,塔高 45.5 米,上刻碑文和浮雕,再现了当年起义的雄壮一幕。1961 年经国务院批准,南昌起义总指挥部旧址被列为全国重点文物保护单位。

8. "红都"瑞金

瑞金是江西省历史文化名城,位于江西东南边陲,闽、粤、赣三省交界处。瑞金是享誉中外的红色故都。第二次国内革命战争时期,瑞金是中央革命根据地的中心,中国第一个红色政权——中华苏维埃共和国临时中央政府诞生地,是举世闻名的红军二万五千里长征的出发地。毛泽东、朱德、周恩来、邓小平、刘少奇等老一辈无产阶级革命家都在瑞金战斗和生活过。瑞金保存大量的革命历史文物,是全国著名的爱国主义教育基地和革命传统教育基地。其境内有革命旧址 180 多处,全国重点文物保护单位 33 处,叶坪革命旧址群、中央革命根据地历史博物馆是国家 4A 级旅游景区。2015 年 7 月,瑞金共和国摇篮景区成为江西第七、赣州首个 5A 级旅游景区;8 月,国务院同意将瑞金市列为国家历史文化名城。

### 三、典型景点成因剖析

(一)庐山

1. 庐山发展概况

庐山位于江西省九江市南,北濒长江,东接鄱阳湖。庐山为地垒式断块山,河流、湖泊、坡地、山峰等多种地貌类型发育,大山、大江、大湖浑然一体,险峻与柔美相济,素以"雄、奇、险、秀"闻名于世,自古以来就有"匡庐奇秀甲天下山"的美誉(图 9-12)。

景区面积 302 平方千米,外围保护地带 500 平方千米,现有 12 个景区、37 个景点、230 个景物景观。1982 年列入首批国家重点风景名胜区;1991 年入选"中国旅游胜地四十佳";1996 年以"世界文化景观"列入《世界遗产名录》;1998 年评为全国文明风景旅游区示范点;2001 年又被批准为首批国家地质公园;2002 年被评为"中华十大名山"之一;2004 年列入首批世界地质公园名录;2006 年被评为全国文明风景旅游区;2007 年评为国家 5A 级旅游区;2008 年庐山获得"首批国家旅游名片"和"中国世界遗产景区十佳"殊荣;2009 年庐山相继荣获"中国十大避暑名山""中国最美十大名山""中国四大避暑胜地"等荣誉称号,还成功举办了首届中国庐山世界名山大会,成为世界名山协会永久注册地。

2. 成因剖析

庐山在中国山水文化、宗教、政治等方面都有着重要的地位,为世人瞩目,是集风景、

**图 9-12 庐山瀑布**

文化、宗教、政治为一体的千古名山。究其成因,主要有以下几方面:

(1)奇特瑰丽的景观和良好的环境,使其成为著名的游览避暑胜地

庐山地区地质构造复杂,形迹明显,第四纪庐山上升强烈,断裂构造形成众多奇峰、怪石、壑谷、瀑布、岩石等相间分布的山岳地貌。同时,形成"外陡里平"的奇特地形,极便于旅游活动的开展。庐山地处亚热带季风区,雨量充沛、气候温和宜人,盛夏季节是高悬于长江中下游"热海"中的"凉岛"是全国著名的旅游、避暑胜地。因降雨及温度的巨大差异,形成云雾景观,加之瀑布、温泉等隐匿其间,使奇秀的自然景观情趣异常。庐山动植物资源丰富,随着海拔的增加呈垂直带谱分布。已知植物 210 科、735 属、1720 种、昆虫 2000余种、鸟类 170 余种、兽类 37 种。山麓鄱阳湖候鸟保护区有世界最大的白鹤群,是一座天然的动植物园。

(2)丰厚的文化积淀与中国历史紧密相连,为世界所瞩目

庐山是一座历史悠久的文化名山,名胜古迹遍布,有着极高的历史、文化、科学和美学价值。著名学者胡适指出,庐山古迹代表三大趋势:慧远的东林,代表中国"佛教化"与佛教"中国化"的大趋势;白鹿洞,代表中国近世七百年的宋学大趋势;牯岭,代表西方文化侵

入中国的大趋势。公元四世纪,高僧慧远在庐山建东林寺,首创观像念佛的净土法门,开创中国化佛教;禅师竺道生在庐山精舍,开创"顿悟说"。庐山脚下的白鹿洞书院,为宋明理学代表朱熹创办,使中国传统儒家文化得到大力弘扬。19世纪后,英、美、俄等国家在庐山修建别墅。现仍保存18个国家的近代别墅600余栋,大多为欧洲乡村式别墅,兼受美国国家公园学说和英国空想社会主义思潮的影响,形成了国际性的别墅群落,并与英国自然式园林相结合,构成庐山特有的别墅文化景观。

此外,庐山"五教一山",在中外宗教史上占据着重要地位。天师张道陵,一度在庐山修炼;道教禅师之一的陆修静,在庐山建简寂观,编撰藏道经1200卷,奠定了"道藏"基础,并创立了道教灵宝派。从公元4世纪至13世纪,庐山宗教兴盛,寺庙、道观一度多至500处。公元391年,尼泊尔禅师伽提婆、佛陀耶舍,印度禅师佛陀跋罗,均来庐山翻译经书。1595年至1598年意大利传教士利玛窦曾多次到庐山白鹿洞书院讲学。近代庐山有20多国基督教会30余个。1942年,世界佛教联合大会在庐山召开。

(3)庐山的山水文化是中国山水文化的折射

"苍润高逸,秀出东南"的庐山,自古以来深受众多的文学家、艺术家的青睐,并成为隐逸之士、高僧名道的依托,政客、名流的活动舞台,从而为庐山带来了浓厚的文化色彩。庐山山水文化,是中国山水文化的精彩折射和历史缩影。自公元前126年司马迁在《史记·河渠书》中首载"庐山"以来,历代无数名人登游庐山,为庐山留下了4000多首诗词、400多处摩崖题刻和浩如烟海的著述、画卷和书法作品,使庐山享有"文国诗山"的雅号。

(4)庐山有着深远的政治影响

唐至清、唐玄宗、宋太祖等均曾亲临庐山。第二次世界大战期间,这里曾是国民党政府的"夏都",是国共谈判的场所,是中共会议的旧址,毛泽东、邓小平、蒋介石、马歇尔等政治名人都曾在这里活动过。此外,庐山军官训练团的创办、国民党围剿中央红军计划的炮制、第二次国共合作的谈判、对日全面抗战的酝酿和决断、"八一三"文告的出台、美国特使马歇尔八上庐山的"调处"和"庐山会议"等令人瞩目的历史事件都发生在庐山之上。

(二)神农架

1. 神农架概况

神农架(图9-13)位于湖北省西部边陲,北顾武当、南镇三峡、西望陕渝、东瞰荆襄,总面积3253平方千米。因华夏始祖——神农炎帝在此搭架采药、疗民疾而得名。1982年,建立"湖北神农架自然保护区";1986年被批准为"国家森林及野生动物类型自然保护区";1990年被联合国教科文组织接纳为人与生物圈计划"世界生物圈"保护网成员,受到全球环境基金(GEF)资助,成为"亚洲生物多样性保护示范区"。2012年神农架生态旅游区被授予国家5A级旅游景区,2013年被纳为世界地质公园网络成员,2016年湖北神农架被列入《世界遗产名录》。

图 9-13　神农架

2. 成因剖析

神农架的自然条件和人文背景共同构成了神农架绚丽多彩的画卷,隽秀如屏的群峰、茫茫苍苍的林海、完好的原始生态系统、丰富的生物多样性、宜人的气候、独特的内陆高山文化使神农架成为当今世界人与自然和谐共存的净土和乐园。

(1) 独特的地文景观与生态环境

神农架地处中纬度北亚热带季风区,受大气环流控制,气温偏凉且多雨,并随海拔的升高形成低山、中山、亚高山 3 个气候带。独特的地理环境和立体小气候,使神农架成为中国南北植物种类的过渡区域和众多动物繁衍生息的交叉地带。这里拥有当今世界北半球中纬度内陆地区唯一保存完好的亚热带森林生态系统。境内拥有森林面积 2856 平方千米,森林覆盖率 88%,保护区内达 96%。这里保留了珙桐、鹅掌楸、连香等大量珍贵古老孑遗植物,是世界罕见的物种基因库,是全球范围内同纬度地区的"绿色奇迹"。据考察,境内有高等维管束植物 2762 种,占全省植物总数的 47.5%,占全国植物总数的 11.3%;有野生脊椎动物 493 种,占全省野生脊椎动物总数的 57.8%。此外,神农架还是发现"野人"次数最多、目击者人次最多的地方之一,更为神农架增添了许多神秘色彩。

神农架保存完好的原始生态与亿万年来形成的亘古地貌,孕育了众多自然景观,地文景观类有 16 个基本型,占中国旅游资源国家标准分类系统同类型的 43.2%,是开展观光览胜、度假休闲、探险猎奇、体育健身、科学考察、科普教育的理想场所和最佳去处。

(2) 多元文化的交汇地

神农架是华夏民族四大文化种类的交汇地。以神农架为原点,西有秦汉文化、东有楚文化、北有商文化、南有巴蜀文化。此处文化遗存众似繁星,民俗乡风淳厚质朴。阳日古刹净莲寺及九冲佛影天观庙传承佛教衣钵;川鄂古盐道依稀再现南方丝绸之路的繁荣;残存的木雕、石刻及民间刺绣显示炎帝后裔五千年的智慧;反映秦巴平民喜怒哀乐的百代民风土家婚俗、打丧鼓、山锣鼓、打火炮堪称中原文化的活化石;在此发现并已整理出版的《黑暗传》被称为汉民族的创世史诗,从而打破西方关于中国没有自己史诗的百年神话。

## 第三节　典型的旅游线路设计

### 一、旅游线路设计

结合本区资源特色、旅游业发展现状及旅游发展最新趋势设计出"一江两山"奇异之旅、三国文化之旅、鄂东南生态人文之旅、湘鄂赣红色文化游、环鄱阳湖五彩精华游、湘西自然风光与民俗风情之旅等几条典型旅游线路。

(一)"一江两山"奇异之旅

1. 线路安排

武汉——孝感——随州——襄阳——十堰——神农架——宜昌——荆州

2. 线路特色

以长江三峡和神农架、武当山为核心,贯穿鄂中、鄂西北,游客不仅能够充分领略旖旎的湖光山色,且能了解浓郁独特的风土人情。主要景区景点有武汉东湖景区、归元寺、黄鹤楼、武汉长江大桥、古琴山、龟山、孝感双峰山、大洪山、神农故里、古隆中、丹江口水库、武当山、房县温泉、神农架、两坝一峡(三峡大坝、葛洲坝、西陵峡)、荆州博物馆、荆州古城墙等。

(二)三国文化之旅

1. 线路安排

襄阳——荆门——宜昌——荆州——武汉——鄂州——咸宁

2. 线路特色

湖北三国文化旅游资源丰富,且具有典故多、遗迹多,有史有据、个性分明的特点。其中以"六古",即襄阳古隆中、荆州古城、赤壁古战场、鄂州吴王古都、武昌黄鹤古楼、当阳关陵古庙最具代表性。此线路通过长江、汉江旅游线路,将武汉、荆州、襄阳、宜昌的三国旅游精品连接起来,使其成为湖北最具文化魅力的旅游产品。主要景区景点有黄鹤楼、襄阳古隆中、赤壁古战场、荆州古城、鄂城西山、长坂坡、诸葛亮广场、襄阳古城、水镜庄、当阳关陵庙等。

（三）鄂东南生态人文之旅

1. 线路安排

武汉——黄冈——鄂州——黄石——咸宁

2. 线路特色

此线路是一条融红色革命文化、名人名寺和自然生态于一体的新型旅游产品。主要景区景点有梁子湖、温泉、罗田大别山国家森林公园、东坡赤壁、铜绿山古矿遗址、黄梅五祖寺、四祖寺、蕲春李时珍陵园、九宫山等。

（四）湘鄂赣红色文化游

1. 线路安排

武汉——黄冈——九江——南昌——吉安——井冈山——萍乡——长沙——湘潭——茶陵

2. 线路特色

此线路以红色文化为主题,将华中地区所拥有的几条全国红色旅游经典线路相结合。主要景区景点有八七会议会址纪念馆、武昌毛泽东旧居及中央农民运动讲习所旧址纪念馆、施洋烈士陵园、向警予烈士陵园、大别山红色旅游区（麻城烈士陵园、红安黄麻起义和鄂豫皖苏区革命烈士陵园）、鄂豫皖苏区首府革命博物馆、鄂豫皖苏区革命烈士陵园、将军故里、金刚台红军洞群、罗山红二十五军长征出发地、秋收起义旧址、安源煤矿工人运动纪念馆、南昌八一起义纪念馆、贺龙指挥部旧址、井冈山、韶山毛泽东故居和纪念馆、刘少奇故居和纪念馆、彭德怀故居和纪念馆、秋收起义会师旧址纪念馆、杨开慧故居和纪念馆、岳麓山等。

（五）环鄱阳湖五彩精华旅游线

1. 线路安排

九江——庐山——景德镇——婺源——南昌——鹰潭

### 2. 线路特色

此线路以鄱阳湖为中心,以科普修学、宗教朝觐、观光度假等为主题,将红色、绿色、怀古旅游资源相结合,行程内容丰富。同时该线路还可与杭州、上海、武汉、黄山、武夷山进行对接,较为灵活。主要景区景点有庐山、景德镇陶瓷艺术博览区、伟人故里——江湾、古村落、徽派古建筑、鸳鸯湖、灵岩洞、三清山、八一起义旧址群(南昌八一起义纪念馆、朱德旧居、贺龙指挥部、叶挺南昌指挥部旧址、新四军军部旧址、江西革命烈士纪念堂)、滕王阁、八大山人纪念馆、安义千年古村落、梅岭、龙虎山、秋收起义修水纪念馆等。

### (六)湘西自然风光与民俗风情之旅

### 1. 线路安排

长沙——常德——张家界——吉首——凤凰——怀化

### 2. 线路特色

此路线以原生态性为主要特点,融民俗风情与自然山水之中,且具有较强的参与性。主要景区景点有武陵源、张家界国家森林公园、天子山风景区、索溪峪自然保护区、九天洞、普光禅寺、浯溪书院、文溪桥、伏波宫、朝阳宫、大成殿、沱江泛舟、沈从文墓、西关门、田家祠堂、南华山国家森林公园、陈氏旧宅北门城楼、万名塔、山江村、天下第一大石桥、象鼻山、南长城、齐梁洞、板吉寨、黄丝桥古城、三潭书院、高椅、洪江、黔城等。

## 二、该区今后旅游业发展方向和重点

### (一)发挥区位优势,加强区域旅游合作

本区区位优势明显,珠江三角洲、长江三角洲相毗邻,客源市场广阔。公路、铁路、航空、水路交通四通八达,可进入性强。旅游资源方面,与周边地区存在较强的互补性,这些为开展区域旅游合做奠定了基础。可与周边地区进行资源组合,开发多项旅游产品。如与川渝地区联合开发三峡旅游、三国历史文化游,与西南旅游资源区联合开发红色旅游、民俗风情旅游等。

### (二)加强资源整合,提升产品竞争力

本区虽具有旅游资源优势,但目前旅游项目的产品优势并不突出。如本区最具优势的红色旅游资源,多以纪念馆或遗址参观为主,展品大多为简单的图片展示和橱窗式的文物陈列,解说单调、生硬,大多缺少沙盘模型、人物蜡像及声光电设备,游览内容雷同,缺乏吸引力。加之旅游资源大多分布在"老少边穷"地区,尤其是区内交通、通信等基础设施比较落后,制约了旅游业的发展。故应加强红色旅游资源与绿色(自然山水)旅游资源、民俗风情旅游资源的有机整合,丰富旅游产品的活动内容,增强其体验性和娱乐性,将资源优

势转化为产品优势,提升产品竞争力。

（三）运用信息技术,打造智能化旅游圈

本区经济基础雄厚,基础设备良好,科学技术实力日益增强。在科技飞速发展的当下,本区应与时俱进,充分利用良好的科技基础打造传统与现代相结合的智能化旅游圈。如将智慧旅游的概念充分运用到本区的旅游业发展当中,使得各地区之间的旅游联系愈加紧密,充分体现红色旅游、绿色旅游等的特色优势。同时,还应构建智能化的旅游网络体系,加强与周边旅游资源区的旅游融合,以实现互惠互利。

# 练 习 题

1. 简述本区旅游资源形成的区域地理环境。
2. 简述本区旅游资源的特性表现在哪些方面。
3. 简述荆楚文化的辉煌成就。
4. 简述"红色体验之旅"所经过的主要景区景点。
5. 结合本区旅游业发展现状,分析应采取哪些对策加快本区旅游业的发展。

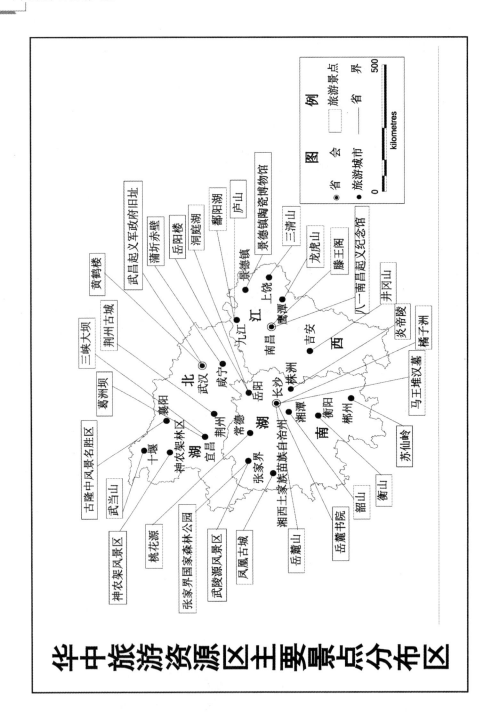

华中旅游资源区主要景点分布区

# 第十章

# 华东旅游资源区

华东旅游资源区包括浙江省、江苏省、安徽省以及上海市,其中上海、杭州、苏州、南京为本区重点旅游城市。本区地形以丘陵、盆地、平原为主,属亚热带湿润性季风气候,民族以汉族为主,多民族共同聚居。整个地区自然环境优越,物产资源丰富,中国的几个鱼米之乡都隶属于本区,比如历史上盛极一时的苏杭、富饶的江淮平原等。

本区内旅游资源丰富,既有得天独厚的自然风光,又有丰富的人文景观,兼有山海之胜,是旅游资源分布高度密集区,也是中国经济开发程度最高、工商业最繁荣的地区之一,现代城市风光更是引人注目。本区历史悠久,这里是吴越文化的诞生地,也是一些封建王朝避难偏安之所,古文化遗存十分丰富,小桥流水,古镇小城,田园村舍,如诗如画。

## 第一节　区域环境与经济发展概况

### 一、自然地理特征

（一）地势平坦、山清水秀

本区以平原、丘陵、低山为主,河湖众多,山清水秀。地貌结构主要由三大地貌单元构成,即长江下游三角洲平原、江淮平原、苏皖平原。

长江下游三角洲是指跨上海、江苏、浙江三省市境内的长江三角洲及附近地区和安徽省境内安庆以下长江沿岸地带,包括上海市和江苏省南京、苏州、无锡,浙江省的杭州、湖州、宁波,安徽省的马鞍山、芜湖、安庆等地。长江三角洲地区地理位置优越,处长江入海下段,濒临东海和黄海,主体部分属长江下游平原,江河湖海相通,水资源比较丰富。

江淮平原位于江苏省、安徽省的淮河以南、长江下游一带,主要是由长江、淮河冲积而成的冲积平原,所以地势低洼,海拔一般都在 10 米以下。这里受到地质构造和上升运动的影响,沿江一带平原地形分布着众多的低山、丘陵和岗地。这里的地势低平,水力资源丰富,甚至有些过剩,每逢雨季平原的积水都不能畅通排泄,因此经常发生内涝灾害。

苏皖平原系指江西湖口以下到江苏镇江之间,沿长江两岸分布的冲积平原,略呈东北—西南向的狭长带状,海拔多在 20 米左右。包括安徽中部、江苏西南角长江沿岸及巢湖附近。其地貌类型复杂,有河漫滩、天然堤、台地、残丘、湖泊、江心沙洲、湖心沙洲等。

（二）温暖湿润的亚热带季风气候

本区大部分地区属湿润的亚热带季风气候,冬温夏热、四季分明、降水丰沛、季节分配比较均匀、热量资源丰富。本区的季风显著,年气温适中,光照较多,雨量丰沛,空气湿润,雨热季节变化同步,气候资源配置多样,气象灾害繁多。以浙江省为例,其年平均气温 15～-18℃,极端最高气温 33～43℃,极端最低气温-2.2～-17.4℃;全省年平均雨量在 980～2000 毫米,年平均日照时数 1710～2100 小时。

（三）河网稠密、湖泊众多

本区降水丰沛,河网密布,湖泊众多,水景资源极其丰富,河流除苏、皖北部属淮河水系、浙江东南部属钱塘江水系外,绝大部分地区属于长江水系。河流水量大、汛期长、泥沙少、冬季不结冰、水流稳定是本区的一大特征,为开展水上活动创造了有利条件。长江流至本区后江面开阔,水深流平,航运便利,为沿江城市的旅游业发展提供了便利条件,也成为推动本区旅游业发展的重要动力。

（四）植被茂盛、种类繁多

本区的植被是以常绿阔叶林为主的亚热带常绿阔叶林,具有很高的经济价值,出产有各类药材、大量的木本油料作物及优质木材、毛竹,暖温带和亚热带水果名茶也出自本区。江南丘陵是中国东南部的重要木材储存地,保留有一定面积的原始森林。本区自然植被表现出过渡性,大部分地区植被是以常绿阔叶林树种为主的亚热带常绿阔叶林类型,但也混有南方热带性植被及北方温带性植被类型,因而植被种类繁多。

## 二、人文环境特色

（一）吴越文化特色鲜明

经济的繁荣和城市的发展推进了本区文化艺术的发展,在特殊的自然环境和特定历史发展过程中逐步形成了以灵敏秀雅、尚文崇慧为特色的吴越文化。其特色主要表现在:

一是崇尚文化的民风。这是无论城市还是乡村，人们整体素质较高，历史上人才辈出，人文荟萃，可谓人杰地灵。二是从建筑艺术到文学艺术、戏曲等均以构造精致、委婉细腻著称。以"府邸园林"为特色的园林式建筑、以委婉派为主的诗词戏曲、以精巧细致见长的手工制品，均体现了江南吴越文化的特点。三是商业较发达，游娱之风盛行。由于经济发达，此地自古商业兴盛，城镇内的店铺、酒肆林立。特色鲜明的吴越文化成为本区的一大亮点，也成为吸引旅游者的重要因素之一。

（二）戏曲文化盛行

本区戏曲文化历史悠久，种类多样，其中沪剧是江南地区戏曲的典型代表，有着 100 多年的历史，开始只是在街头巷尾演唱，后成为有歌有舞的花鼓戏，渐渐出入游乐场所；越剧是浙江绍兴一带具有说唱性的地方戏，中国五大戏曲剧种之一，亦有全国第二大剧种之称，越剧长于抒情，以唱为主，声腔清悠婉丽，优美动听，表演真切动人，极具江南地方色彩；昆剧是中国古老的戏曲剧种，称霸剧坛的时间长达二百三十年久，即从明代隆庆、万历之交开始，到清代嘉庆初年（1570—1800 年），这是昆剧艺术最有光辉和成就最为显著的阶段，出现"家家收拾起，户户不提防"的繁荣景象；徽剧于乾隆、嘉庆年间进入北京，吸收了秦腔和汉调的部分剧目、曲调和表演方法，受到普遍推崇而形成"京剧"为我国的国粹之一；除此之外，本区还拥有其他的艺术形式，也多具细腻、婉转、圆润、悠扬等类似特色。

（三）渔业习俗

本区河网密集，有全国最大的舟山群岛，大量渔民从事养鱼、捕鱼活动，并以其为生。为此他们建造禹王庙，有每年春季用全猪全羊斋戒禹王神的习俗，并请戏班子演戏酬谢神灵保佑，希望他们的渔业一切顺利。渔民认为养鸭吉利，可香火不断，故船上都养鸭，系在船艄，谓"有尾"，又认为鸭养在船尾，可"压后梢"。农历腊月二十四，渔民在锅灶前摆供品，点香烛，谢灶君。传说灶君是掌管鱼的，每年此夜为渔民开放鱼库，所以，渔民敬灶君时选一条活黑鱼供祭，敬毕放生，以黑鱼游向定年后第一次开船捕鱼的方向。新年第一天开船捕鱼，渔家在船头放鞭炮、烧香，以祈求未来一年事事顺利。

（四）旅游交通便利

本区水、陆、空交通均很便利，四通八达的旅游交通网络已经形成，为本区旅游业的兴旺创造了优越的交通环境。本区铁路运输发达，有京沪、沪杭、浙赣、皖赣、京九、京广、陇海等铁路连接区内主要的城市和风景名胜区。公路交通更是四通八达，拥有多处国家级高速公路主干线，增强了旅游景区的可达性。区内河运和海运相辅相成，构成了完整的水上运输网，是我国水路交通最便利的地区，其中长江是本区最大的水运河道，它连接了南京、镇江、安庆、九江等长江沿岸的主要城市，古运河游也已成为本区受欢迎的旅游线路。

航空交通也是本区的主要交通方式之一,其中上海是全国最大的国际航空枢纽之一,开通了直达世界近100多个城市的航班,是洲际旅游的主要通道,同时与国内各大城市中都有航班相通。

### 三、区域经济发展概况

#### (一)区域经济发展现状

本区的经济发展水平较高,民族工业起步较早,是中国最大的综合性工业基地,工业技术基础雄厚,部门齐全,在全国的地区经济发展中处于领先地位,地区生产总值在全国名列前茅,历来是我国经济发展和产业布局的重点地区,各地区生产总值都在迅速增长中,如表10-1所示。其中汽车、钢铁、石化、电气、信息等产业发达,金融、保险、商贸、航运、电信等服务业在全国占有非常重要的地位。优良的地理位置和良好的气候条件也使本区很早就成为我国重要的农耕区,其中江淮平原、太湖平原至今仍然都是我国九大商品粮生产基地之一,其棉、麻、桑、蚕丝、茶叶、花生等经济作物在全国也占有十分重要的地位。这里河网稠密、湖泊众多、水资源丰富,汛期长达5个月,为发展各种水产养殖业提供了良好的条件,其中本区的舟山群岛是我国最大的海洋渔场。

**表 10-1　华东旅游资源区地区生产总值**　　　　　　　(单位:亿元)

| 年份 省份 | 上海 | 浙江 | 江苏 | 安徽 | 合计 | 占全国比重/(%) |
|---|---|---|---|---|---|---|
| 2013 | 21 818.15 | 37 568.5 | 59 161.8 | 19 038.9 | 137 587.35 | 24.19 |
| 2014 | 23 567.70 | 40 153.5 | 65 088.3 | 20 848.8 | 131 658.30 | 20.29 |
| 2015 | 24 964.99 | 42 886.5 | 70 116.38 | 22 005.6 | 159 973.47 | 23.64 |

资料来源:地区国民经济和社会发展统计公报(2013—2015年)(数据不包含港澳台地区)

#### (二)区域旅游经济发展现状

随着旅游的产业化发展,旅游业已经成为国民经济新的增长点,现在本区已有多个地区出台了关于加快发展旅游业的决定,把旅游业明确作为支柱产业或者第三产业的龙头产业。政策上的支持再加上得天独厚的旅游资源使得本区旅游收入呈逐年上升的趋势,旅游业的收入也为地区经济的发展起到了至关重要的作用,在地区生产总值中占有相当的比重,具体如表10-2所示。但从区内情况来看,无论是旅游接待设施数量与级别、还是旅游收入方面,上海、江苏、浙江三省(市)与安徽省明显不在一个档次上,上海、江苏、浙江三省(市)是中国的旅游强省(市),旅游经济规模在国内仅次于北京和广东。以2007年为例,上海旅游外汇收入居全国第3位,江苏省和浙江省分列第4位和第5位,而安徽则名列第 27 位,其间的差距很大。

表 10-2　华东旅游资源区国际旅游外汇收入　　　　　　　　（单位:亿美元）

| 省份<br>年份 | 上海 | 浙江 | 江苏 | 安徽 | 合　计 | 占全国比重<br>/(%) |
|---|---|---|---|---|---|---|
| 2013 | 53.37 | 53.9 | 23.8 | 17.3 | 148.37 | 26.07 |
| 2014 | 57.05 | 57.53 | 30 | 19.6 | 164.18 | 31.78 |
| 2015 | 59.6 | 67.88 | 35.3 | 22.6 | 185.38 | 16.31 |

资料来源:地区国民经济和社会发展统计公报(2013—2015 年)(数据不包含港澳台地区)

### 四、区域旅游特色

（一）独特的山水风光

本区的山体旅游资源丰富,或因其秀雅的自然景色,或因其深厚的文化内涵而享誉中外。其中较为著名的有享有"吴中第一名胜"之誉的虎丘山;中国四大佛教名山之一,素有"海天佛国,蓬莱仙境"之称的普陀山;因"山顶有湖,芦苇丛生,结草为荡,秋雁宿之"而得名的雁荡山;拥有中国第一奇山美誉,世界自然与文化双遗产地的黄山。本区的名山不仅以自然景色吸引游人,而且也有许多是我国著名的佛教、道教圣地。或壮丽或秀美的山体景观是本旅游区的一个特色,令旅游者为之向往。水体景观具有观赏、游乐、康疗、度假等旅游功能,有水则灵是对水景的高度概括。水体景观是本区的一个旅游亮点,也成为吸引旅游者主要的推动力。本区的水体景观十分丰富,拥有世界第一涌潮,被誉为"壮观天下无"的钱塘江潮;享有"天下佳山水,古今推富春"之称的富春江。本区拥有五大淡水湖中的太湖、洪泽湖和巢湖,河湖交错,形成了一派优美的水域风光。此外,还有名传天下的杭州西湖、景色旖旎的扬州瘦西湖、有"太湖第一胜景"美称的鼋头渚、有"千岛碧水画中游"美誉的千岛湖。

（二）优美的园林景观

本区园林景观独具特色,成为旅游的一个亮点所在,本区的园林多属江南园林。南京、镇江、扬州、无锡、苏州、嘉兴、湖州、杭州等地,已形成一个江南园林城市景观群。江南园林深受唐宋以来文人写意山水画的影响,地域面积小,又因河湖、常绿树较多,所以比较细腻精美,特点就是淡雅朴素、曲折深幽、明媚秀丽,略感局促。其中拙政园是苏州最大的古典园林,整个园林格调古朴自然,野趣横生;个园位于扬州,因园主爱竹,且竹叶的形似"个"字而得名;豫园,上海五大古典园林之首,取意于"豫悦老亲",以清幽秀丽、玲珑剔透见长。此外,无锡的寄畅园、梅园、蠡园,扬州的何园、绍兴的沈园等亦享誉海内外。

### (三) 悠久的水乡文化

江南水乡地区早在七千多年前就已有人类居住繁衍,并创造了河姆渡、良渚文化。一些风光秀丽的水乡古镇,已有千年历史,可谓源远流长。长期以来,以水为中心的生活环境和发展方式,造就了水乡古镇建筑鳞次栉比的格局。江南水乡古镇可以说是一种介于城市与乡村之间的人类聚居地,既完整地保留了历史的信息并延续传统的生活方式,又在一定地域内形成无法割裂的网络体系。镇内河道纵横相织成"十字""井字"的河街格局,虽规模不大,建筑形式单调,但环境幽静,充满生活气息。"小桥、流水、人家"的规划格局和建筑艺术在世界上独树一帜,形成了人与自然和谐的居住环境。乌镇、周庄、西塘、南浔、同里、甪直为江南六大水乡古镇,是我国江南水乡风貌最具代表性特征的地区,它们以其深邃的历史文化底蕴、清丽婉约的水乡古镇风貌、古朴的吴侬软语民俗风情,独树一帜,驰名中外。

## 第二节　主要旅游资源与旅游目的地

### 一、主要旅游资源分类

本区历史悠久,地域广阔,旅游资源丰富,类型多样,特别是自然风光,历来被人们用"山清水秀""水乡泽国"等优美的词语来形容。优美的自然风光和众多的人文古迹是本区旅游的一大亮点。本区还拥有多处全国重点风景名胜区,旅游资源分类如表 10-3所示。

表 10-3　华东旅游资源区旅游资源分类表

| 主类 | 亚　类 | 基本类型 |
|---|---|---|
| A<br>地<br>文<br>景<br>观 | AA 综合自然旅游地 | 莫干山、普陀山、天台山、雪窦山、江郎山、雁荡山、江郎山、虎丘、邓尉山、灵岩山、天平山、云台山、黄山、九华山 |
| | AB 沉积与构造 | 安徽虫迹化石 |
| | AC 地质地貌过程形迹 | 浙江桐庐瑶琳洞、云霞洞、安徽韭山洞莫邪洞、禅窟洞(岩石洞与岩穴)、浙江天目大峡谷(峡谷段落) |
| | AD 自然变动遗迹 | 浙江九龙湾火山熔岩景区、熔岩平台玉台山、安徽黄山国家地质公园 |
| | AE 岛礁 | 嵊泗列岛、洞头岛、朱家尖、崇明岛、温州北麂岛、蚂蚁岛、浙江金塘岛、浙江六横岛、江苏东西连岛、连云港高公岛、苏州三山岛、安徽安平岛屿、马鞍岛风景区 |

（续表）

| 主类 | 亚类 | 基本类型 |
|------|------|---------|
| B 水域风光 | BA 河段 | 楠溪江、富春江-新安江、秦淮河、黄浦江 |
| | BB 天然湖泊与池沼 | 杭州西湖、嘉兴南湖、东钱湖、淳安千岛湖、玄武湖、阳澄湖、瘦西湖、南京金牛湖、洪泽湖、固城湖、安徽太平湖、安徽万佛湖 |
| | BC 瀑布 | 浙江百丈瀑、三重瀑、白云飞瀑、安徽人字瀑、龙源九龙瀑、桃崖瀑布、江苏飞船瀑布、珍珠滩瀑布 |
| | BD 泉 | 浙江泰顺雅阳镇的承天温泉、南溪温泉、江苏汤山颐尚温泉、南京汤山圣泉、韦岗温泉、黄山温泉、半汤温泉 |
| | BE 河口与海面 | 浙江白节山海域、象山海滨旅游区、上海金沙黄金海岸（观光游憩海域）、钱塘江涌潮（涌潮） |
| C 生物景观 | CA 树木 | 黄山奇松、天目山矮松、九华山凤凰松、茅山卧龙松 |
| | CD 野生动物栖息地 | 崇明东滩鸟类国家级自然保护区、大丰麋鹿国家级自然保护区、天目山国家级自然保护区、扬子鳄国家级自然保护区 |
| D 天象与气候景观 | DA 光现象 | 黄山、浙江临海括苍山顶（日出观测地）、浙江海盐县云岫山、杭州市葛岭初阳台、苏州天平山（日月并升奇观观测地） |
| | DB 天气与气候现象 | 黄山（云雾多发区）、莫干山、普陀山、天目山、雁荡山、黄山、九华山、龙王山、南北湖（避暑旅游地） |
| E 遗址遗迹 | EA 史前人类活动场所 | 良渚文化遗址、长兴小浦合溪洞旧石器时代遗址、安徽繁昌人字洞、蛇墩商代遗址、仙人洞与吊桶环遗址 |
| | EB 社会经济文化活动遗址遗迹 | 上海、南京、苏州、扬州、镇江、常熟、徐州、淮安、杭州、绍兴、宁波、衢州、临海、金华、亳州、歙县、寿县、绩溪、安庆（历史文化名城） |
| F 建筑与设施 | FA 综合人文旅游地 | 大佛寺、玄妙观、灵山大佛、大明寺、灵隐寺（宗教与祭祀活动场所）、拙政园、个园、豫园、网师园、狮子林（园林）、东方明珠广播电视塔、金茂大厦（建筑工程） |
| | FB 单体活动场所 | 上海展览馆、东亚展览馆、浙江博物馆、江苏城市规划展览馆、江南造船博物馆、上海银行博物馆、上海汽车工业展示馆 |
| | FC 景观建筑与附属型建筑 | 北寺塔、六和塔、六安望江寺塔、六安观音寺塔、西林寺千佛塔、常州天宁寺佛塔、静安寺佛塔（佛塔）、上海人民广场、353 广场 浙江新华广场（广场）、上海鹤鸣楼、沉香阁、凤城望海楼（楼阁） |
| | FD 居住地与社区 | 中国共产党第一次全国代表大会会址纪念馆、绍兴市鲁迅故居及纪念馆、泰兴市黄桥战役纪念馆、新四军军部旧址纪念馆（名人故居与历史纪念建筑） |
| | FE 归葬地 | 中山陵、明孝陵、汉王墓葬群、楚王陵 |
| | FG 水工建筑 | 江苏石梁河水库、小塔山水库、梅山水库、安徽佛子岭水库、江西拓林水库、江口水库、浙江富春江水库 |

（续表）

| 主类 | 亚　类 | 基本类型 |
|---|---|---|
| G 旅游商品 | GA 地方旅游商品 | 苏州的刺绣、杭州绸伞、工艺扇、湖笔、徽墨、宣纸、翕砚、紫砂陶、西湖龙井、太湖碧螺春、黄山毛峰、宜兴紫砂陶、无锡惠山泥人 |
| H 人文活动 | HC 民间习俗 | 上海丁祭、浴佛和诵经法会、浙江跳灶王、安徽龙头节、金陵灯会（地方风俗）、浙江新昌调腔、松阳高腔、安徽黄梅戏、昆曲、苏剧（民间演艺）、徽菜、皖南菜、沪菜、苏菜、上海本帮菜（饮食习俗） |
| | HD 现代节庆 | 中国南京国际梅花节、徐州伏羊美食文化节、云龙山庙会民俗游、中国扬州烟花三月旅游节、上海国际电影节 |

### 二、次旅游区及主要旅游景区（点）

华东旅游资源区由四个次旅游区组成，即上海次旅游区、浙江次旅游区、江苏次旅游区、安徽次旅游区。四个次旅游区内，旅游景点内容丰富多彩，既有名山秀水又有现代繁华的都市风光。得天独厚的旅游资源使本区成为全国旅游业发展的重点区域，下面分别详细介绍各次旅游区的主要景点。

（一）上海次旅游区

上海是中国第一大城市，中国四个直辖市之一，是中国最大的经济、金融、贸易和航运中心。上海位于我国大陆海岸线中部的长江口，拥有中国最大的工业基地、最大的外贸港口，有超过 2400 万人口居住和生活在上海地区，其中大部分属汉族江浙民系，通行吴语上海话。作为现代化的大都市，上海拥有许多现代建筑景观，旅游资源极其丰富，尤其是作为本旅游区的重点城市，在区域旅游发展中具有重要地位。

1. 外滩

外滩位于上海的黄浦江畔，它代表着上海的风景并且是每一个来上海旅游者必须参观的旅游目的地。外滩作为上海的长廊，百余年来一直作为上海的象征出现在世人面前。外滩是上海人心目中的骄傲，它向世人充分展示了上海的文化以及将外来文明与本土文明有机揉合、创新、发展的卓越能力。这里被誉为上海的"财政街"或"东方华尔街"，因此外滩成为了鼓励财政投资的场所。由于外滩所富有的历史价值，在外滩拥有一小块土地不仅仅是财富的标志，更是荣誉的象征。夜晚的外滩尤其别有一番韵味，与白天的景象有很大的不同之处，是欣赏上海夜景的绝佳去处。

## 2. 黄浦江

黄浦江旧称黄浦,别称黄歇浦、春申江,因旧时讹传为战国楚春申君黄歇疏浚而得名,位于长江下游支流。黄浦江是历史上最早人工开凿疏浚的河流之一,它源于青浦县的淀山湖,至吴淞口入长江,全长 114 千米,宽约 400 米。黄浦江贯穿上海百里港区,虽无名山秀岭可供观赏,但却有其独特的韵味。黄浦江是上海旅游中的一个重要的传统旅游节目,不仅在于黄浦江是上海的母亲河,是上海的象征和缩影,还在于浦江两岸,荟萃了上海城市景观的精华,从这里你可以看到上海的过去、现在,更可以展望上海灿烂的明天。

## 3. 东方明珠广播电视塔

东方明珠广播电视塔(图 10-1)高 468 米,于 1991 年 7 月兴建,1995 年 5 月投入使用,承担上海 6 套无线电视发射业务,曾是亚洲第二高塔,东方明珠电视塔位于浦东新区内,是上海的标志性建筑,与左侧的南浦大桥和右边的杨浦大桥一起,形成双龙戏珠之势,与后方新耸立而起的金茂大厦和环球金融中心交相辉映,展现了国际大都市的壮观景色。东方明珠塔集观光餐饮、购物娱乐、浦江游览、会务会展、历史陈列、旅行代理等服务功能于一身,成为上海标志性建筑和旅游热点之一。目前"东方明珠"年观光人数和旅游收入在世界各高塔中仅次于法国的埃菲尔铁塔,位居第二,从而跻身世界著名旅游景点行列。

## 4. 豫园

豫园是上海市区唯一留存完好的江南古典园林,全国重点文物保护单位。豫园始建于明嘉靖三十八年(1559 年),万历五年(1577 年)加以扩充,规模宏伟,被誉为"东南名园冠"。园主潘允端曾任四川布政使,建造此园取意"豫悦老亲",故名豫园。上海解放后加以全面修葺,1987 年重建东部,恢复百余年前故景风姿,新旧诸景相映成彰,融为一体,古园更臻完美,实为游乐观瞻之极佳去处。豫园现占地 30 余亩,全园擅江南园林之胜,有萃秀堂、仰山堂、三穗堂、玉华堂、点春堂、万花楼、会景楼、快楼、鱼乐榭、大假山等 40 多处胜景。豫园新开设了一个藏有千奇石雕的展馆——石头城,其观赏价值和人文价值受到中外游客的青睐,该馆规模之大,奇石之多,为世人罕见。

## 5. 人民广场

被誉为"城市绿肺"的人民广场位于市中心,是一个融行政、文化、交通、商业为一体的园林式广场。广场北侧是上海市人民政府所在地,西北侧为上海大剧院,东北侧为上海城市规划展示馆,南侧为上海博物馆,人民大道穿越其中。人民广场总面积达 14 万平方米,广场两侧各设 17 米宽的绿化带,绿化总面积达 8 万平方米,过去作为全市人民游行集会的场所,可容纳 120 多万人。在改革开放的形势下,改造人民广场已成为历史的必然。人

图 10-1　东方明珠广播电视塔

民广场综合改造工程，从 1988 年 5 月地铁站开工开始，经过六年多的建设，于国庆 45 周年前夕向上海人民展露新姿。改造后的人民广场已成为融文化、绿化、美化为一体跨世纪的上海政治文化中心。

6. 枫泾古镇

枫泾为典型的江南水乡古镇，古镇周围水网遍布，镇区内河道纵横，桥梁有 52 座之多，现存最古的为元代致和桥，距今有近 700 年历史。镇区规模宏大，全镇有 29 处街、坊、84 条巷、弄，至今仍完好保存的有和平街、生产街、北大街、友好街四处古建筑物，总面积达 48 750 平方米，是上海地区现存规模较大保存完好的水乡古镇。枫泾镇素有"三步两座桥，一望十条港"之称，镇区多小圩，形似荷叶；镇内林木荫翳，庐舍鳞次，清流急湍，且遍植荷花，清雅秀美，故又称"清风泾""枫溪"，别号"芙蓉镇"。

7. 崇明岛

崇明岛是中国第三大岛，成陆已有 1300 多年历史，水洁风清，到处都有未经人工斧凿的天然风光。早在明清两代，岛上就有"金鳌镜影""吉贝连云""玉宇机声"等瀛洲八景。

如今崇明岛风光更加旖旎,绿树成荫的 200 多千米环岛大堤,犹如一条绿色巨龙盘伏在长江口上。岛上有众多的历史名胜和人文景观,有面向浩瀚江水的瀛洲公园、千姿百态的城桥镇澹园,还有金鳌山、寿安寺、孔庙、唐一岑墓、明潭、郑成功血战清兵的古战场等遗址,有面积达 5400 多亩的华东地区最大的人造森林——东平林场。

（二）浙江次旅游区

浙江省地处中国东南沿海长江三角洲南翼,东临东海,南接福建,西与江西、安徽相连,北与上海、江苏接壤。浙江山川秀丽,人文荟萃,境内山陵绵延起伏,平原阡陌纵横,江河滔滔不绝,海岛星罗棋布,山、河、湖、海、滩、林、洞、泉,构成了一幅幅美丽画卷。奇山异水哺育出一代代杰出人物,吸引了一批批四方豪客,在浙江大地留下了一处处人文古迹。本区拥有杭州西湖、富春江-新安江、雁荡山、普陀山、天台山、嵊泗列岛、楠溪江、莫干山、雪窦山、双龙、仙都、江郎山、仙居、浣江-五泄、方岩、百丈漈-飞云湖、方山-长屿硐、天姥山 18 处国家级风景名胜区。

1. 雁荡山

雁荡山位于中国浙江省乐清市境内,史称"东南第一山"。因山顶有湖,芦苇茂密,结草为荡,南归秋雁多宿于此,故名雁荡。总面积 450 平方千米,500 多个景点分布于 8 个景区内,以奇峰怪石、古洞石室、飞瀑流泉称胜。其中灵峰、灵岩、大龙湫三个景区被称为"雁荡三绝",特别是灵峰夜景,灵岩飞渡堪称中国一绝。雁荡山系绵延数百千米,按地理位置不同可分为北雁荡山、中雁荡山、南雁荡山、西雁荡山（泽雅）、东雁荡山（洞头半屏山）,通常所说的雁荡山风景区主要是指乐清市境内的北雁荡山。由于处在古火山频繁活动的地带,山体呈现出独具特色的峰、柱、墩、洞、壁等奇岩怪石,称得上是一个造型地貌博物馆（图 10-2）。

2. 嵊泗列岛

嵊泗列岛位于舟山群岛北部,长江口与杭州湾的汇合处。唐代大诗人白居易曾对嵊泗列岛有"忽闻海上有仙山,山在虚无缥缈间"的赞誉,"海外仙山"也因此成为嵊泗列岛的代名词。嵊泗列岛正是大自然的鬼斧神工造就的一座"海上仙山",集海山之精华,聚人文之荟萃,是我国目前唯一的国家级列岛风景名胜区。境内 404 座岛屿,如一颗颗璀璨的明珠,闪耀在万顷碧波之中,给人以处处有"海市",座座是"仙山"的梦境。嵊泗列岛自然景观绚丽多姿,气象万千,共有景点 50 余处,其中一级景点 9 处,金色沙滩连绵亘长,遍布列岛。嵊泗列岛不仅自然风光秀丽,而且人文景观丰富,渔家风情浓郁。嵊泗列岛冬无严寒,夏无酷暑,气候宜人,而且鱼鲜蟹肥,各类海鲜四季不断。目前嵊泗列岛景区海浴冲浪、碧海垂钓、休闲渔家乐、孤岛探险等特色旅游项目,让游客在热烈的参与中尽享海岛旅

图 10-2　雁荡山

游的无穷乐趣。

### 3. 西湖风景区

杭州西湖位于浙江省杭州市西部,旧称武林水、钱塘湖、西子湖,宋代始称西湖。西湖以秀丽的湖光山色和众多的名胜古迹闻名中外,是我国著名的旅游胜地,也被誉为人间天堂。中国古代以西湖命名的湖有 36 个之多,其中以杭州西湖最著名,如单称西湖通常指的就是杭州西湖。西湖是一处历史悠久、世界著名的风景游览胜地,古迹遍布,山水秀丽,景色宜人(图 10-3)。

西湖处处有胜景,历史上除有"钱塘十景""西湖十八景"之外,最著名的是南宋定名的"西湖十景"和 1985 年评出的"新西湖十景"。在以西湖为中心的 60 平方千米的园林风景区内,分布着著名风景名胜 40 多处,重点文物古迹 30 多处。概括起来西湖风景主要以一湖、二峰、三泉、四寺、五山、六园、七洞、八墓、九溪、十景为胜。

### 4. 千岛湖

千岛湖位于中国浙江杭州西郊淳安县境内,东距杭州 129 千米、西距黄山 140 千米,

图 10-3　西湖风景区

是长江三角洲地区的后花园,因湖内拥有 1078 座翠岛而得名。景区内碧水呈奇,千岛百姿,自然风光旖旎,生态环境佳绝,以千岛、秀水、金腰带(岛屿与湖水相接处环绕着有一层金黄色的土带,称之名"金腰带")为主要特色景观。千岛湖是中国首批国家级风景名胜区之一,也是中国面积最大的森林公园,是"杭州——千岛湖——黄山"名山名水名城黄金旅游线上的一颗璀璨明珠。千岛湖的年接待游客量达 500 多万人次,跻身全国文明森林公园之列,并被台湾游客和媒体评为台湾市民赴大陆旅游的三大热点之一,与北京、长江三峡齐名。2001 年又被评为首批中国 4A 级旅游区,2002 年被评为全国保护旅游消费者权益示范景区和浙江青年文明号示范景区。

5. 普陀山

普陀山位于舟山普陀区,是舟山群岛 1390 个岛屿中的一个小岛,形似苍龙卧海,与著名的沈家门渔港隔海相望。其与山西五台山、四川峨眉山、安徽九华山并称为中国佛教四大名山,是观世音菩萨教化众生的道场。该岛南北长约 6000 米,东西宽约 3000 米,面积12.5 平方千米,最高处佛顶山海拔 283 米。这里风光秀丽,气候宜人,林幽石奇,云烟缭绕,素负"海山第一"之盛名,向以"海天佛国""南海胜境"著称于世。普陀山四面环海,风光旖旎,幽幻独特,山石林木、寺塔崖刻、梵音涛声,皆充满佛国神秘色彩。岛上树木丰茂,古樟遍野,鸟语花香,素有"海岛植物园"之称。

### 6. 天目山

素有"大树华盖闻九州"之誉的天目山,地处浙江省西北部临安市境内,距杭州84千米,在杭州至黄山黄金旅游线中段,主峰仙人顶海拔1506米。天目山地质古老,山体形成于距今1.5亿年前的燕山期,是"江南古陆"的一部分,地貌独特、地形复杂,被称为"华东地区古冰川遗址之典型";峭壁突兀,怪石林立,峡谷众多,自然景观幽美,堪称"江南奇山"。特殊的地形和悠久的佛教文化促使该区域动植物的遗存和植被的完整保护,成为全世界的一大奇迹,是我国中亚热带林区高等植物资源最丰富的区域之一。

### 7. 乌镇

乌镇是江南四大名镇之一,是个具有六千余年悠久历史的古镇,乌镇是典型的江南水乡古镇,素有"鱼米之乡,丝绸之府"之称。乌镇以水为街,以岸为市,两岸房屋建筑全部面向河水,形成了迷人的水乡风光(图10-4)。具有典型江南水乡特征的乌镇,完整地保存着原有晚清和民国时期水乡古镇的风貌和格局,以河成街、街桥相连、依河筑屋、水镇一体,组织起水阁、桥梁、石板巷等独具江南韵味的建筑因素,体现了中国古典民居"以和为美"的人文思想,以其自然环境和人文环境和谐相处的整体美,呈现江南水乡古镇的空间魅力。

### 8. 莫干山

莫干山为天目山之余脉,位于浙江省北部德清县境内,是国家重点风景名胜。因春秋末年,吴王阖闾派干将莫邪在此铸成举世无双的雌雄双剑而得名,是中国著名的度假休闲旅游及避暑胜地。莫干山山峦连绵起伏,风景秀丽多姿,以绿荫如海的修竹、清澈不竭的山泉、星罗棋布的别墅、四季各异的迷人风光称秀于江南,享有"江南第一山"之美誉。莫干山虽以"清凉世界"著称于世,但实际其四季风景各有特色:春季和风阵阵、云雾变幻;夏季各类山花争奇斗艳,到处是生机勃勃、一派繁荣景象;入秋则天宇澄朗,山明水佳,无处不桂香浓郁、枫林胜火、万篁碧绿、秋意盎然;而冬季则是林寒涧肃,清静无比,漫山琼花飞舞,银装素裹,更具一番动人景象。

### 9. 楠溪江

楠溪江位于浙江省温州市北部的永嘉县境内,景区面积达625平方千米,被誉为"中国山水画摇篮"。楠溪江以"水秀、岩奇、瀑多、村古、滩林美"的独有特色而闻名遐迩,是我

图 10-4　乌镇

国国家级风景区当中唯一以田园山水风光见长的景区。它至今遗存着新石器时代的文化遗址,唐宋元明清时的古塔、桥梁、路亭、牌楼和古战场,并保存着以"七星八斗"和"文房四宝"以及阴阳风水构思而建筑的古村落。楠溪江水含沙量低,水质呈中性,符合国家一级水质标准,被专家们誉为"天下第一水"。

10. 雪窦山风景区

雪窦山风景区位于浙江省奉化市溪口镇西北,为四明山支脉的最高峰,海拔 800 米,有"四明第一山"之誉。山上有乳峰,乳峰有窦,水从窦出,色白如乳,故泉名乳泉,窦称雪窦,山亦因此得名,风景区包括溪口镇、雪窦山、亭下湖三部分。有千丈岩、三隐潭瀑布、妙高台、商量岗、林海等景观。其中雪窦寺始建于唐代,千百年来香火旺盛,高僧辈出,在我国佛教界将它与杭州中天竺天宁万寿永祚寺、南京蒋山太平兴国寺等九寺并称"天下禅宗十刹",有极高地位。据《寺志》记载:在唐宋时期,雪窦寺先后受几代皇帝的 41 道敕谕,至今寺内尚存"钦赐龙藏"的经书 5760 本、玉印、龙袍、龙钵、玉佛等器件。

### 11. 江郎山

江郎山在浙江省江山市城南 25 千米的江郎乡,传说是古时候三个姓江的兄弟登上山顶变成为三大巨石而形成,故此得名。江郎山是国家级著名旅游风景区。三巨石拔地冲天而起,高 360 余米,形似石笋天柱,形状如刀砍斧劈,自北向南呈"川"字形排列,依次为郎峰、亚峰、灵峰,人们叫"三爿石"。郎峰峭壁上有明代理学家湛若水摩崖题刻"壁立万仞"四字。江郎山不仅聚岩、洞、云、瀑于一山,集奇、险、陡、峻于三石,雄伟奇特,蔚为壮观,且群山苍莽,林木叠翠,窟隐龙潭,泉流虎跑,风光旖旎。每当云雾弥漫,烟岚迷乱,霞光陆离,常凝天、山于一色,融云、峰于一体。无怪唐诗人白居易赞曰:"安得此身生羽翼,与君来往醉烟霞"。地理学家徐霞客把江郎山与雁荡山、黄山和鼎湖峰进行比较,极力地赞叹江郎山"奇""险""神"。

### (三) 江苏次旅游区

江苏省地处中国大陆沿海中部和长江、淮河下游,是长江三角洲地区的重要组成部分。苏州和绍兴已有 2500 多年历史,享有"东方威尼斯"之美称,城内小桥、流水、巷深、人家,充满水乡情调。江苏省的旅游资源丰富,为本区的旅游发展注入活力,尤其是其山水、园林景观,在全国占据重要地位,每年都吸引大量游客前往观光、游览。本区拥有太湖风景名胜区、南京钟山、云台山、蜀岗瘦西湖、三山五处国家级风景名胜区。

### 1. 中山陵景区

中山陵景区是中国近代伟大的政治家、革命先行者孙中山先生的陵墓及其附属纪念建筑群。中山陵坐北朝南,面积共 8 万余平方米,主要建筑有牌坊、墓道、陵门、石阶、碑亭、祭堂和墓室等,排列在一条中轴线上,体现了中国传统建筑的风格。中山陵依山而筑,西邻明孝陵,东毗灵谷寺,岗峦前列,屏障后峙,气势磅礴,雄伟壮观。墓地全局呈"警钟"形图案,其中祭堂为仿宫殿式的建筑,建有三道拱门,门楣上刻有"民族、民权、民生"横额。祭堂内放置孙中山先生大理石坐像,壁上刻有孙中山先生手书《建国大纲》全文。

### 2. 拙政园

拙政园位于江苏省苏州市,是江南园林的代表,也是苏州园林中面积最大的古典山水园林,中国四大名园之一。拙政园以其布局的山岛、竹坞、松岗、曲水之趣,被胜誉为"天下园林之母"。其布局疏密自然,特点是以水为主,水面广阔,景色平淡天真、疏朗自然。它以池水为中心,楼阁轩榭建在池的周围,其间有漏窗、回廊相连,园内的山石、古木、绿竹、花卉,构成了一幅幽远宁静的画面,代表了明代园林建筑风格。拙政园形成的湖、池、涧等不同景区,把风景诗、山水画的意境和自然环境的实境再现于园中,富有诗情画意。

### 3. 古镇周庄

周庄位于苏州城东南,清康熙初年正式定名为周庄镇。周庄镇为泽国,以河成街,呈现一派古朴、明洁的幽静,是江南典型的"小桥、流水、人家",虽历经900多年的沧桑,仍完整地保存着原有的水乡古镇的风貌和格局,宛如一颗镶嵌在淀山湖畔的明珠。周庄最为著名的景点有富安桥、双桥、沈厅。富安桥是江南仅存的立体形桥楼合璧建筑;双桥则由两桥相连为一体,造型独特。石桥牢固而又质朴,建于明代,由一座石拱桥和一座石梁桥组成,横跨于南北市河和银子浜两条小河上。全镇桥街相连,依河筑屋,小船轻摇,绿影婆娑,返璞归真的游人会情不自禁地吟诵:"吴树依依吴水流,吴中舟楫好夷游"。

### 4. 太湖

太湖(图10-5)位于江苏省南部,邻接浙江省,为我国第三淡水湖。湖中现存岛屿40多个,以洞庭西山最大。东岸、北岸有洞庭东山、灵岩山、惠山、马迹山等低丘,山水相连,风景秀丽,为著名游览区。太湖为长江和钱塘江下游泥沙堰塞古海湾而成,最后注入长江,湖中大小岛屿48个,连同沿湖的山峰和半岛,号称"七十二峰"。以洞庭东山、西山、马

**图10-5 太湖**

迹山、三山、鼋头渚最为著名，组成一幅山外有山、湖中有湖、山峦连绵、层次重叠的壮丽天然图画。沿湖有著名的无锡山水、苏州园林、古吴名迹、宜兴洞天世界，形成了闻名中外的太湖风景区，为全国重点风景名区。

### 5. 秦淮河风光带

秦淮河是南京第一大河，秦淮河分内河和外河，内河在南京城中，是十里秦淮中最繁华之地。在众多的南京人和外地人心目中，秦淮河似乎是个永恒的话题。它既是古城金陵的起源，又是南京文化的摇篮，这里素为"六朝烟月之区，金粉荟萃之所"，更兼十代繁华之地，秦淮河是南京古老文明的摇篮。远在石器时代，流域内就有人类活动。1985年以后，江苏省、南京市拨出巨款对这一风光带进行修复，秦淮河又再度成为我国著名的游览胜地。经过修复的秦淮河风光带，以夫子庙为中心，秦淮河为纽带，包括瞻园、夫子庙、白鹭洲、中华门以及从桃叶渡至镇淮桥一带的秦淮水上游船和沿河楼阁景观，可谓集古迹、园林、画舫、市街、楼阁和民俗民风于一体的旅游线路，极富风情和魅力。

### 6. 灵岩山

灵岩山位于古城苏州西南，山高182米，占地1800亩，山上多奇石，巨岩嵯峨，怪石嶙峋，物象宛然。旧有"十二奇石"或"十八奇石"之说。因为灵岩塔前有一块"灵芝石"十分有名，因此得名"灵岩山"，又因为山石颜色深紫，可以制砚，又称砚石山。山南峭壁如城，相传吴王曾在山上筑有石头城，故又名石城山。灵岩山有"灵岩秀绝冠江南"和"灵岩奇绝胜天台"的美誉；有昂首攀游状的石蛇，敲打有声的石鼓，伸首隆背的石龟，两耳直竖的石兔，隐身探头的蛇头石，俯首饮水的双牛石，以及石马、石城、石室、石猫、石鼠、袈裟石、飞来石、醉僧石等，惟妙惟肖，意趣横生。春秋后期，吴王夫差在山巅建造园囿"馆娃宫"，这是世界上最早的山上园林。

### 7. 云龙山

云龙山是苏北一带的名山，是徐州自然风景区重要风景山林之一，山上巨石嶙峋，林壑幽美。云龙山有九节山头组成，南北走向，蜿蜒如龙，因山上常有云雾缭绕而得名。云龙山长3000米，北头毗连市区，海拔142米，易于登览。宋苏东坡在徐为太守时，常登山览胜，醉卧山石，并书"放鹤亭记"，碑文现存于山中。现山上满布松柏，四季常青，山顶建有亭廊，供人休息。山上主要风景有放鹤亭、招鹤亭、饮鹤泉、碑廊；东麓兴化寺内有大石佛，西麓大士岩有石造观音像，云龙书院内有东坡石床，黄茅岗摩崖石刻。现又重建了卧牛泉，扩大了招鹤亭平台，更为云龙山增添了新姿，成为中外游客来徐州必游之地。

### 8. 周恩来纪念馆

淮安周恩来纪念馆坐落在楚州区东北桃花垠的一个三面环水的湖心半岛上。周恩来纪念馆是为纪念中华人民共和国开国总理周恩来而建立的一座大型纪念馆，是一座展现周恩来一代伟人风采的巍巍丰碑。整个建筑造型庄严肃穆，形式朴实典雅，既有传统的民族风格，又有现代建筑特色，建筑的每个部分寓意深邃，体现着设计者匠心独运，表达了亿万人民缅怀周总理的心愿。在纪念馆的北侧还建有周恩来遗物陈列馆，供广大民众瞻仰祭拜。一代伟人周恩来的崇高威望，独具特色的纪念性建筑，丰富的馆藏文物，优美的馆区环境，规范的管理服务，使周恩来纪念馆成为周恩来故乡淮安两个文明建设的重要窗口，成为江苏省和全国重要的爱国主义教育示范基地和旅游胜地。

### 9. 瘦西湖

瘦西湖(图 10-6)位于扬州市北郊，现有游览区面积 100 公顷左右，1988 年被国务院列为"具有重要历史文化遗产和扬州园林特色的国家重点名胜区"。瘦西湖园林群景色宜人，融南秀北雄为一体，在清代康乾时期即已形成基本格局，有"园林之盛，甲于天下"之

**图 10-6　瘦西湖**

誉。所谓"两堤花柳全依水,一路楼台直到山",其名园胜迹,散布在窈窕曲折的一湖碧水两岸,俨然一幅次第展开的国画长卷。隋唐时期,瘦西湖沿岸陆续建园,及至清代,由于康熙、乾隆两代帝王六度"南巡",形成了"两堤花柳全依水,一路楼台直到山"的盛况。瘦西湖风景区是蜀冈-瘦西湖国家重点风景名胜区的核心和精华部分。"天下西湖,三十有六",唯扬州的西湖,以其清秀婉丽的风姿独异诸湖,一泓曲水宛如锦带,如飘如拂,时放时收,较之杭州西湖,另有一种清瘦的神韵。

### 10. 三山风景名胜区

三山风景名胜区,位于江苏省镇江市,长江南岸,主体由金山、焦山、北固山三个独立景区构成,并含云台山、古城公园、象山及北湖等过渡景域。三山风景名胜区内山青水秀、风景如画,众多的名胜古迹、园林景点与秀丽多姿的山水交相辉映,并拥有丰富的自然资源、极佳的植物景观和独特的建筑艺术。金山名胜古迹甚多,每一景点都经过人工精心的雕琢和巧妙的安排,而每一处古迹,甚至一泓泉水、一方碑碣都有迷人的神话、美丽动人的传说和有声有色的历史故事。焦山造园风格属典型的江南寺庙园林,鼎盛时全山有大小十五座寺庙庵院,且古寺深藏掩隐山中,形成独特的"焦山山裹寺"的园林景观特色。

### (四)安徽次旅游区

安徽省位于华东腹地,是我国东部襟江近海的内陆省份,跨长江、淮河中下游,东连江苏、浙江,西接湖北、河南,南邻江西,北靠山东。安徽省面积居华东第3位,全国第22位。安徽的旅游资源极为丰富,尤其是黄山风景区驰名中外,是世界自然与文化双遗产。除黄山景区外,本区还有九华山、天柱山、琅琊山、齐云山、采石、巢湖、花山谜窟-浙江风景名胜区、太极洞、花亭湖等九处国家级风景名胜区。

### 1. 天柱山

天柱山是国家首批重点风景名胜区、国家 A 级旅游区、全国文明森林公园、中华十大名山之一。天柱山自古即为中华历史文化名山,公元前 106 年汉武帝刘彻登临天柱山封号"南岳",天柱山又名皖山,安徽省简称"皖"就是由此而来。唐代诗人白居易的诗句"天柱一峰擎日月,洞门千仞锁云雷"是对天柱山雄奇景象的精彩描述。天柱山属花岗岩峰丛地貌,地质遗迹丰富,是全球瞩目的大别山超高压变质带的重要地段,其主峰海拔 1489.8米,高耸挺立,如巨柱擎天,因而称为天柱峰,山也就此得名。天柱山有 42 座山峰,山上遍布苍松、翠竹、怪石、奇洞、飞瀑、深潭。

### 2. 九华山

九华山位于安徽省池州市境内,是以佛教文化和自然与人文胜景为特色的山岳型国家级风景名胜区,是中国佛教四大名山之一,国家首批 5A 级旅游景区,国家首批自然与文化双遗产地。九华山天开神奇,清丽脱俗,是大自然造化的精品,有"莲花佛国"之称。景区规划面积 120 平方千米,保护面积 174 平方千米,由 11 大景区组成,境内群峰竞秀,怪石林立,九大主峰如九朵莲花,千姿百态,各具神韵。连绵山峰形成的天然睡佛,成为自然景观与佛教文化有机融合的典范。景区内处处清溪幽潭、飞瀑流泉,构成了一幅幅清新自然的山水画卷,还有云海、日出、雾凇、佛光等自然奇观,气象万千,美不胜收,素有"秀甲江南"之誉(图 10-7)。

图 10-7　九华山

### 3. 卧牛湖

卧牛湖亦即凤阳山水库,因湖边一小山酷似卧牛而得名。卧牛湖景区距安徽凤阳县城 20 千米,总面积 29 平方千米,是以起伏的山峦、开阔的湖面、曲折的岸线以及平缓的泥沙滩为游览内容的景区。湖上游艇如梭,渔帆点点;湖边山光水色,相映成趣;湖中竹岛引来百鸟栖息,构成鸟的天堂。登临一览,竹树林茂荫深,百鸟跳跃欢唱,是江淮大地上不可多得的绿岛。卧牛山三面临水,屹立湖边,山上怪石嶙峋,林树苍翠,登山可观湖中全景。

每至傍晚时分,霞光满天,远山叠嶂,如在烟雾之中,此乃湖中双峰烟霞。卧牛湖景区现为安徽省风景名胜区——凤阳山风景区的重要组成部分,也是韭山国家森林公园的主要景区之一。

**4. 太平湖风景区**

太平湖风景区位于合肥至黄山的黄金旅游线上,是一处人工湖,东西长 80 千米,南北宽约 4000 米,最窄处 10 余米,面积 88.6 平方千米,是安徽省最大的人工湖。湖四周重峦起伏,翠岗连绵;湖岸、粉墙、黛瓦与青松、翠竹相互掩映;湖水终年清澈碧绿,洁净明丽;水面秀岛错落,星星点点,是一处集洞庭之坦荡,长江三峡之俊俏、幽深、绮丽于一身的风景区,其核心景区是白鹭洲乐园、黄金岛植物园、猴岛、鹿岛、蛇岛及金盆湾旅游度假区。

**5. 皖南古村落**

从世界旅游来看,以文物旅游为支撑和内核的人文旅游或文化旅游最具潜力。在目前全国现存古村寨中,皖南古村落是分布最密集、古建筑最多,最具整体保护价值的村寨。20 世纪 90 年代,皖南古村落作为我国古代民居、古村寨的典型代表被列为世界文化遗产,被命名为"皖南古村落——西递、宏村",这样命名的用意包含了整个皖南古村落。皖南古村落的布局、外行、水系、水口园林等十分考究,居民大多遵循"枕山、环水、面屏"的居住理念,而且各个村庄各具特色。目前在皖南古村落中,除西地、宏村外,还有两座历史文化名村、5 座完整的古村落被列为全国重点文物保护单位,大量古村落建筑被列为省级、市县级文物保护单位。

**6. 齐云山**

齐云山风景名胜区,位于安徽省休宁县城西约 15 千米处,古称白岳,与黄山南北相望,风景绮丽,素有"黄山白岳甲江南"之誉,因最高峰廊崖"一石插天,与云并齐"而得名,乾隆帝称之为"天下无双胜景,江南第一名山"。它由齐云、白岳、歧山、万寿等 9 座山峰组成。齐云山又是道家的"桃源洞天",为著名道教名山之一。风景区面积 110 平方千米,以山奇、水秀、石怪、洞幽著称,共分月华街、云岩湖、楼上楼三个景区,有奇峰 36 座,怪岩 44 处,幽洞 18 个,飞泉洞 27 条,池潭 14 方,亭台 16 座,碑铭石刻 537 处,石坊 3 个,石桥 5 座,庵堂祠庙 33 处,真是丹岩耸翠,群峰如海,道院禅房为营,碑铭石刻星罗棋布。景观之间相互映衬,美不胜收(图 10-8)。

**7. 太极洞**

太极洞为石灰岩溶洞,长 5.4 千米,由上洞、下洞、水洞、天洞组成,而且洞中有洞,洞洞相通,构成了一个险峻壮观、神奇绚丽的大洞天。现已开放 19 个大厅,160 多个景点,

**图 10-8　齐云山**

其中最著名的为"十大景观"：太上老君、滴水穿石、槐荫古树、仙舟覆挂、双塔凌霄、金龙盘柱、洞中黄山、万象揽胜、太极壁画和壶天极目。太极洞水洞亦为一奇，其水面开阔，可容小舟倘佯其间，任意东西。如乘小舟游水洞，只见洞壁上的奇石，在五色光的照耀下，灿若群星，使人有置身银河之感。

8. 巢湖

巢湖——中国五大淡水湖之一，是国家级重点风景名胜区。八百里巢湖惊涛拥雪，烟波浩渺，宛如"一面宝镜"镶嵌在江淮大地；湖中姥山与长江中的西梁山两个岛屿，被誉为"两颗宝石"；环湖的半汤、香泉、汤池三大温泉，飞珠溅玉，俨然"三串珍珠"；太湖山、鸡笼山、冶父山、天井山四个国家森林公园，茂林蓊郁，犹如"四块翡翠"；仙人洞、紫薇洞、王乔洞、华阳洞、泊山洞五大溶洞，各具特色，恰似"五座龙宫"；还有一株生长千年、风姿绰约的奇花——银屏牡丹。天然组合的奇观，点缀着巢湖沿岸，犹如"众星捧月"，交相辉映，组成了一幅绝妙的立体山水画。巢湖既是风光秀丽之地，更是人文荟萃之区，历史悠久，古迹遍布。

### 三、典型景点成因剖析

#### (一)黄山

##### 1. 黄山概况

位于安徽省南部的黄山自然风景区是世界上著名的山岳风景区,拥有"五岳归来不看山,黄山归来不看岳"的美誉。黄山风景区是目前全世界唯一一处集世界文化遗产、世界自然遗产、世界地质公园三项世界级桂冠于一身的景区,是国家级重点风景名胜区。黄山群峰林立,有七十二峰,素有"三十六大峰,三十六小峰"之称,主峰莲花峰海拔高达1864米,与平旷的光明顶、险峻的最高峰天都峰一起,雄踞在景区中心,周围还有77座千米以上的山峰,群峰叠翠,有机地组合成一幅波澜壮阔、气势磅礴的立体画面(图10-9)。

图 10-9　黄山

##### 2. 成因剖析

黄山经历了漫长的造山运动和地壳抬升以及冰川和自然风化作用,才形成其特有的峰林结构。黄山山体主要由燕山期花岗岩构成,垂直节理发育,侵蚀切割强烈,断裂和裂隙纵横交错,长期受水溶蚀,形成瑰丽多姿的花岗岩洞穴与孔道,使之重岭峡谷,关口处处,全山有岭 30 处、岩 22 处、关 2 处。前山岩体节理稀疏,岩石多球状风化,山体浑厚壮观;后山岩体节理密集,多是垂直状风化,山体峻峭,形成了"前山雄伟,后山秀丽"的地貌特征。

黄山的第四纪冰川遗迹主要分布在前山的东南部,典型的冰川地貌有:苦竹溪、逍遥溪为冰川移动创蚀而成的"U"形谷;眉毛峰、鲫鱼背等处是两条"V"形谷和刨蚀残留的刃脊;天都峰顶是三面冰斗刨蚀遗留下来的角峰;百丈泉、人字瀑为冰川谷和冰川支谷相汇成的冰川悬谷;逍遥溪到汤口、乌泥关、黄狮垱等河床阶地中,分布着冰川搬运堆积的冰碛石;传为轩辕黄帝炼丹用的"丹井""药臼",也是由冰川作用形成的冰臼。

(二)钱塘江潮

1. 钱塘江潮概况

"八月十八潮,壮观天下无。"这是北宋大诗人苏东坡咏赞钱塘秋潮的千古名句。千百年来,钱塘江以其奇特卓绝的江潮,不知倾倒了多少游人看客,距杭州湾 55 千米有一个叫大缺口的地方是观看十字交叉潮的绝佳地点。每年的农历八月十八前后,是观潮的最佳时节(图 10-10)。

2. 成因剖析

其成因存在着多方面,主要包括天时、地利、风势三方面:

(1)天时。农历八月十六日至十八日,太阳、月球、地球几乎在一直线上,所以这几天海水受到的引力最大。

(2)地利。跟钱塘江口状似喇叭形有关。钱塘江南岸赭山以东近 50 万亩围垦大地像半岛似地挡住江口,使钱塘江赭山至外十二工段酷似肚大口小的瓶子,潮水易进难退。杭州湾外口宽达 100 千米,到外十二工段仅宽几千米,江口东段河床又突然上升,滩高水浅,当大量潮水从钱塘江口涌进来时,由于江面迅速缩小,使潮水来不及均匀上升,形成后浪推前浪,层层相叠的景象。其次还跟钱塘江水下多沉沙有关,这些沉沙对潮流起阻挡和摩擦作用,使潮水前坡变陡,速度减缓,从而形成后浪赶前浪,一浪叠一浪地涌动。

(3)风势。沿海一带常刮东南风,风向与潮水方向大体一致,助长了潮势。

图 10-10　钱塘江潮

# 第三节　典型的旅游线路设计

**一、旅游线路设计**

本区作为全国旅游发展的重点区域,拥有众多的景区、景点也组成了多条旅游线路。旅游线路为游客游览提供了便利,让旅游者能更好地欣赏到本区的自然风光和现代都市的繁华景象。现设计了几条旅游线路,包括华东五市精品游、华东山水游、华东古都游、华东经典红色游、江南水乡风情游等线路,期望对旅游者今后的出游提供帮助。

(一)华东五市精品游

1. 线路安排

南京——无锡——苏州——杭州——上海

2. 线路特色

这一线路可谓是集本区的精华于一体,旅游者不仅可以饱览到优美的自然山水,同时还可以欣赏到繁华的都市风貌。南京是中国著名的四大古都及历史文化名城之一。千百年来,奔腾不息的长江不仅孕育了长江文明,也催生了南京这座江南城市。游览南京,可以领略到中华的悠久文化,感受到中国源远流长的历史。无锡是中国著名的鱼米之乡,景色优美,是中国优秀旅游城市之一,在这里能感受到太湖的绝美、古运河的伟大、吴文化的深厚底蕴以及无锡自然风光的优美及民风民俗的纯朴。苏州历史悠久,景色优美,素来以园林景观出名,这里不仅景观优美,而且拥有久远的历史文明,是中国历史文化名城之一。杭州素有人间天堂之称,景观集中,景色优美,历史文化源远流长,是无数游客心驰神往的地方。上海也是一座新兴的旅游目的地,由于它深厚的文化底蕴和众多的历史古迹,成为著名的旅游胜地,在这里还可以领略到现代都市的风貌,感受到这个城市的独特魅力。

（二）华东山水游

1. 线路安排

黄浦江——秦淮河风光带——狮子林——西湖——雁荡山——千岛湖——黄山

2. 线路特色

伴随着人们对回归自然的追求,越来越多的游客选择了山水风光游,而山水旅游资源是本区的一大特色。本区许多名山秀水更是闻名全国,近年来本条线路的旅游更是成为本区的一大旅游亮点。以西湖为例,其西湖十景名闻天下,新评选的新西湖十景更是闻名遐迩。千岛湖为本区的山水游更添魅力,使无数游人为之向往。本区还拥有众多名山中的黄山、雁荡山,它们都是远近闻名的风景名山,黄山更是驰名中外的山体景观,丰富的山体旅游资源将是此条山水游线路中的闪光点所在,给人留下深刻的印象。

（三）华东古都游

1. 线路安排

杭州——绍兴——南京——苏州——扬州

2. 线路特色

本区历史悠久,拥有众多的充满神秘色彩的历史文化名城,这些历史文化名城不仅拥有深厚的历史底蕴,还拥有优美的自然风光,自然与人文旅游资源增加了本区的旅游吸引力,也丰富了本区的旅游特色。本区中的杭州、南京是中国的七大古都之一,历史底蕴深厚,这里更是良渚文化的发源地。绍兴是一座拥有2500年历史的文化古城,是"没有围墙的博物馆"。苏州古城的古迹密度在中国仅次于北京和西安,位列全国第三,其中苏州古城为世界文化遗产苏州园林和世界非物质文化遗产昆曲"双遗产"集于一身。扬州是长江三角洲北翼中心城市之一,是国务院首批公布的历史文化名城。悠久的历史文化、优美的自然风光使许多游客为之向往,本条线路将成为非常受欢迎的旅游线路。

（四）华东经典红色旅游

1. 线路安排

上海——南京——镇江——常熟

2. 线路特色

红色旅游是把红色人文景观和绿色自然景观结合起来，把革命传统教育与促进旅游产业发展结合起来的一种新型的主题旅游形式。本区对开展红色旅游拥有得天独厚的优势，区内拥有多处红色景区，像中共大一会址、上海市中国共产党第一次全国代表大会会址纪念馆、龙华革命烈士陵园、宋庆龄陵园、陈云故居暨青浦革命历史纪念馆、南京市梅园新村纪念馆、雨花台烈士陵园、侵华日军南京大屠杀遇难同胞纪念馆、渡江胜利纪念馆、镇江市句容县茅山新四军纪念地、常熟市沙家浜旅游区等，众多的景点组成了经典红色旅游线路。红色旅游是本区除山水游之外的又一魅力旅游资源所在，也为本区增加了吸引力。可以让旅游者在欣赏景点之余，受到爱国主义教育，不忘历史，具有极大的开发潜力。

（五）江南园林之旅

1. 线路安排

瞻园——寄畅园——梅园——狮子林——网师园——蠡园——豫园

2. 线路特色

本区的园林历史悠久，属于江南园林，是园林建筑艺术的瑰宝，其特点明媚秀丽、淡雅朴素、曲折幽深。游览本区的园林之旅，旅游者不仅可以感受到独特的江南水乡风光，领略造园者独具匠心的设计，同时还可以欣赏园林艺术的优美景观。瞻园是乾隆皇帝以欧阳修诗"瞻望玉堂，如在天上"而命名，园林景观独特，风景秀丽。寄畅园的成功之处在于它"自然的山，精美的水，凝练的园，古拙的树，巧妙的景"。狮子林既有苏州古典园林亭、台、楼、阁、厅、堂、轩、廊之人文景观，更以湖山奇石，洞壑深邃而盛名于世，素有"假山王国"之美誉。豫园园内楼阁参差，山石峥嵘，湖光潋滟，素有"奇秀甲江南"之誉，众多优美的园林景观将使旅游者不虚此行。

（六）江南水乡风情游

1. 线路安排

周庄——同里——南浔——乌镇——西塘——甪直

2. 线路特色

风光秀丽的水乡古镇，一般拥有几千年历史可谓源远流长，长期以来以水为中心的生活环境和发展方式,造就了水乡古镇建筑鳞次栉比,街巷绵延,家家贴水而居的生活方式。在这里游览,宛如一幅独特的"小桥、流水、人家"画卷。水乡的古朴风韵令人迷醉,更是让无数游人流连忘返,陶醉在如诗如画的江南水乡风情中。游览本区的水乡,可谓是别有一番情趣,既可以欣赏到小桥流水人家的景象,又可以感受到江南水乡的独特韵味,相信此线路将成为今后的又一大特色路线,值得推广。

## 二、该区今后旅游业发展方向和重点

本区以优美的自然风光享誉海内外,丰富的自然景观和现代都市的繁华景象构成本区的旅游特色,也成为吸引旅游者的亮点所在。因此,该区今后旅游业的发展方向和重点是推出自然山水景观游、繁华都市游和江南水乡游。作为中国旅游最兴盛的地区,本区在旅游发展中始终处于全国领先地位,在未来的发展中,一定要抓牢地区的优势,并不断开拓创新,开发出全新的旅游线路,迎合旅游者不断变化的口味。

（一）山水游

众多的名山秀水是本区的一大特色之处,在水体旅游资源中,西湖景区名闻天下,构成了本旅游资源区山水游的核心景观,同时本区还拥有千岛湖、扬州瘦西湖等景区。山体旅游资源中,本区拥有黄山景区,其景区四绝名闻天下,成为山体景观中的核心,还有其他山体,如雁荡山、九华山等,众多的名山秀水构成了本区旅游业发展的支撑。拥有如此之多的资源,本区更应抓住自身优势,加大发展力度,将本区的山水风光进行整合,设计合理的旅游线路,相信对本区未来的发展会有所帮助。

（二）都市游

本区是中国经济最繁华的地区之一,经济发展水平较高,现代都市的繁华景观也成为吸引旅游者的主要因素。本区拥有多处现代化大都市,包括上海、南京、杭州、苏州等地区,其中的上海市是本区最繁华的地区之一,其现代景观更是使许多旅游者为之向往,尤其是上海迷人的夜景。本区的其他城市风光都很有特色,如拥有人间天堂之称的杭州、历史古都南京、景色秀丽迷人的苏州等城市,共同构成了本区现代都市游的重要因素。

（三）江南水乡游

江南水乡游在现今受到游客的追捧,其古香古色的田园风光正好满足现代游客想要摆脱城市喧嚣,接近大自然的心理愿望。本区的水乡一般都是人文景观丰富、风光秀丽、风土人情诱人的古镇,相信它们在未来的发展中极具潜能,一定会有自己的竞争优势。因此,本区更要抓住这一独有的优势项目,整体联合开发,以带动本区旅游经济的发展,并通过水乡古镇的开发使本区的旅游发展上升到一个更高的水平。

# 练 习 题

1. 简述本区旅游资源形成的区域地理背景。

2. 简述本区旅游资源的独特性表现在哪些方面。

3. 简述本区典型景点的成因。

4. 结合本区旅游资源的特征,分析旅游资源开发过程中的有利与不利因素。

5. 结合本区旅游业发展现状,分析应采取哪些对策加快本区旅游业的发展。

6. 结合本区资源特色、旅游业发展现状及旅游发展最新趋势设计出几条典型旅游线路。

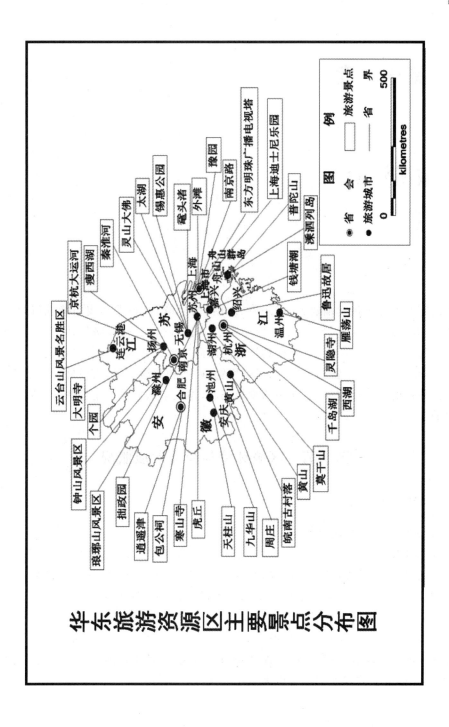

华东旅游资源区主要景点分布图

# 第十一章

# 华南旅游资源区

　　华南旅游资源区包括福建省、广东省、海南省、台湾省、香港和澳门特别行政区,土地面积约 37.39 万平方千米,常住人口 1.83 亿。本区人口稠密、经济发达、自然环境独特,既是我国重要的旅游客源地,也是独具特色的旅游胜地。作为中国经济建设的前沿、对外开放的窗口,本区拥有丰富的土地、水、气、生物、矿产和旅游资源,有较好的工业和商业外贸基础。独特的自然地理环境,众多的少数民族,构成本区优美的南亚热带自然风光和富有特色的民族风情。

## 第一节　区域环境与经济发展概况

### 一、自然地理特征

#### (一)沿海优越的地理位置

　　本区地处我国南部沿海地区,面向辽阔的南海海域,背靠大陆腹地,区内海域面积占全国海域的 3/4,海岸线长度占全国的 2/5,是我国海岸线最长、海域面积最大、海洋资源最丰富的旅游区域。而且本区内岛屿资源众多,景观独特,拥有约 2760 个岛屿,其中大陆岛占 80% 以上,主要分布在闽、粤两省,海岸线总长 1 万多千米,既有全国第一、第二大岛——台湾岛、海南岛,又有仅露出海面的沙岛和礁滩;不仅有构造复杂的大陆岛,而且还有构造单一的海洋岛、珊瑚岛。由于地处我国最南端,与东亚各国互为客源地和旅游目的地,使本区在旅游业的发展中具有得天独厚的优势。

（二）独特多样的风景地貌

本区地处我国华南丘陵地区,地形以丘陵与低缓的山地为主,丹霞地貌发育,多名山,海岸地貌景观丰富独特。武夷山和南岭两条山脉构成本区地形的骨架,除台湾岛外,本区既没有高大的山脉,也没有大面积的平原。东部闽、粤二省早在加里东运动时就成为陆地,并有花岗岩侵入,新构造运动时参差隆起,平原、丘陵、低山交错分布,花岗岩地貌发育,地表外形浑圆,球状风化明显。

（三）丰富的水热资源

由于本区大部分地区处于南亚热带、热带,南岭以北少部分地区属中亚热带,年平均气温在 20℃ 以上,由于濒临热带海洋,多数地区年平均降水量在 1400～2000 毫米之间。其中台湾省火烧寮年均降雨量达到 6557.8 毫米(最多的一年有 8400 多毫米),有我国的"雨极"之称。高温多雨的气候条件,使本区成为我国冬季避寒旅游的胜地,而且丰富了本区生物和水体资源。区内河湖众多,水网稠密。珠江是我国第五大河,沿途景色秀丽。闽江沿途多崇山峻岭,人文景观广布。区内有广东的鉴江、漠阳江、潭江,福建的九龙江、漳江、晋江,海南的万泉河,台湾的浊水溪等独流入海的河流,多潭、瀑、峡、洞等景观,成为著名的风景区。本区的温泉和地热资源极为丰富,区内有各类温泉近 500 处,如台湾北投温泉、台南的关子岭温泉、福建福州温泉、古田汤温泉、长汀和田温泉等是我国著名的温泉旅游地。

（四）独特繁多的生物种类

本区独特的环境为生物发展提供了良好的条件,生物多样性和区域性特征显著。区内森林茂密,林种繁多,有热带雨林、季雨林和南亚热带季风常绿阔叶林等地带性植被,现状植被多为热带灌丛、亚热带草坡和小片的次生林,既有参天的热带林木,也有苏铁、银杏等古老树种和榕树、杜英等板根、支柱根植物,还有观茎、观叶、观花、观果植物等,高等植物种类多达 8000 多种,森林覆盖率达到 43％ 左右,为全国之最。区内动物资源极其丰富,热带性森林动物丰富多样,有许多典型的东洋界动物种类以及国家级珍稀保护动物,如海南坡鹿、黑冠长臂猿、华南虎、大小灵猫等。

## 二、人文环境特色

（一）多种多样的民族风情

本区特殊的自然与人文环境形成了独有的闽台文化、岭南文化、客家文化,表现在语言、饮食、音乐、舞蹈、戏剧等方面。作为我国少数民族聚居的重要地区之一,有黎族、苗族、瑶族、高山族、壮族、回族等,各民族丰富多彩的文化相互融合,构成了本区民俗文化的多样性。如黎族干阑式的船形屋或金字形屋民居、"竹筒饭"、苗族的精美服饰、瑶族的耍歌堂、高山族独特的服饰等,均具有浓郁的民族风情。多种多样的民族风情成为本区旅游的一大特色和亮点所在。

### (二)妈祖文化

妈祖是人们对"海上女神"的褒称,妈祖姓林名默,是一位普通的渔家姑娘。据史料记载,林默出生在福建省莆田市湄洲湾一个美丽的岛屿——湄洲岛,其一生奔波海上、救急扶危、护国佑民、福佑群生,航海人敬之若神。死后,她仍以行善济世为己任,拯救遇难渔船,人们最终将妈祖奉为名副其实的"海上女神"。妈祖信仰以沿海、沿江地区为甚,在海外一些国家也有影响。湄洲岛是一个面积约 16 平方千米的小岛,风景秀丽,因是妈祖诞生、生活、升天的地方,故湄洲岛妈祖庙在妈祖信仰者的心目中有着"东方麦加"的宗教地位,每年农历三月二十三妈祖诞辰纪念日,成千上万的信徒蜂拥而来,朝拜妈祖女神。

### (三)戏曲文化盛行

本区内戏曲文化历史久远,发展兴盛,居民对戏曲有特别的感情,经常把戏曲作为主要的业余活动,流行的戏曲种类形式多样,包括粤剧、福建南音、海南剧等。其中粤剧自明嘉靖年间在广东出现,是糅合唱做念打、乐师配乐、戏台服饰、抽象形体等表演艺术为一体的戏剧形式,唱腔独特,广为流传。福建南音被誉为"中国古典音乐明珠",发源于泉州,流行于福建的南部,与唐、宋、元、明时期的音乐关系密切,是保存我国古典音乐文化最丰富和最完整的乐种,被称为"音乐活化石";而拥有 300 多年历史的海南剧是海南岛大众百姓和海外华侨十分喜爱的一个具有地方特色的剧种。总之,本区戏曲文化盛行,流传广泛,既丰富了百姓日常生活,又增加了地区的民俗文化内涵。

### (四)客家文化

客家是历史上由于战乱、饥荒等原因,中原汉民族逐渐南下进入赣闽粤三角区,与当地畲、瑶等土著居民发生融合而形成的一个独特而稳定的汉族支系。客家文化是以汉民族传统文化为主体,融合了畲、瑶等土著文化而形成的一种多元文化,具有质朴无华的风格,务实避虚的精神。客家人在不断的迁移和长期的客居生活中,逐渐形成了客家人共有的人文精神——吃苦耐劳、勤俭创业、团结互助、勇于开拓,并具有较强的革命精神。中国近代史上的革命运动大多都是由客家人发动的,主要代表人物有文天祥、洪秀全、孙中山、廖仲恺、叶剑英等。

## 三、区域经济发展概况

### (一)区域经济发展现状

本区经济发展水平较高,其中闽、粤、琼三省在改革开放三十多年来,其社会经济得到了迅速发展。三省常住人口虽仅占全国 11.2％,但其国民生产总值(GDP)却占全国的 15.3％,出口总额几乎占全国的 1/3,经济发展速度维持在 14％左右,如表 11-1 所示。本区有五个经济特区,有福州、广州、湛江 3 个沿海开放城市,有福田、沙头角、广州、海口、厦门象屿、福州和汕头 7 个保税区。本区中的广东省经济发展最为迅速,珠江三角洲地区土地肥沃,物产丰富,是著名的"鱼米之乡",经济总量连续多年居全国首位。海南作为我国最大的经济特区,其经济、交通发展迅速,最近几年的地区生产总值更是节节攀升,上升趋势明显,虽然海南的工业发展较晚,但这几年中在当地政府的大力支持下,也得到了较快的增长。2008 年以来福建省经济持续增长。2012 年进出口总额高达 1559.27 亿美元,比上年增长 8.6％,地区经济增长速度显著。

　　由于本区处于优越的沿海地理位置以及历史发展所致,港澳台历来是我国经济发展最繁荣的地区。第二次世界大战之后,香港的社会经济得以迅速发展,不仅成为亚洲四小龙之一,更是全球最富裕、经济最发达和生活水准最高的地区之一。澳门作为亚太地区极具经济活力的一员,中国两个国际贸易自由港之一,其经济发展迅速,外贸收入逐年增加,成为最具发展潜力的地区之一。作为亚洲四小龙之一,台湾目前岛内国民生产总值(GDP)总量为 4000 多亿美元,名列全球前十三位,是全球经济实力较强的地区之一。总之,发达的外向型经济成为港澳台旅游业发展的有利条件。

表 11-1　2013—2015 年华南区地区生产总值　　　　　(单位:亿元)

| 地　　区 | 2013 | 2014 | 2015 |
|---|---|---|---|
| 广东 | 62 474.79 | 67 809.85 | 72 812.55 |
| 福建 | 21 868.49 | 24 055.76 | 25 979.82 |
| 海南 | 3177.56 | 3500.72 | 3702.76 |

资料来源:各地区国民经济和社会发展统计公报(2013—2015 年)(数据不包含港澳台地区)

（二）区域旅游经济发展现状

　　伴随着对外开放的深入,使本区旅游观念迅速更新,旅游业得到飞速发展,本区的旅游经济在全国都处在领先的位置,具体如表 11-2 所示。以广东为例,其旅游业从无到有,从小到大,不断发展壮大。今日的广东,已经成为当今中国旅游经济最发达、旅游活力和吸引力最强的地区之一,成为名副其实的旅游大省。福建省在经过了金融危机后,其旅游收入仍保持增长状态:2015 年福建全省接待入境旅游者 591.45 万人次,比去年略涨 8.5％;外汇收入约 55.61 亿美元,比去年增长 13.2％;旅游总收入约 3141.51 亿元,比去年同期增长 16.0％。而海南的旅游经济更是突出,2016 年前八个月海南共接待海内外游客 3659.16 万人次,同比增长 11.88％;实现旅游总收入 395.70 亿元,同比增长 12.88％。

旅游业已经成为海南拉动内需、刺激消费的重要产业。

与内陆地区相比,港澳台地区旅游业发展较早,由于区位与环境条件优越,再加政府支持、政策优惠、开发管理水平较高等原因,三个地区相继成为国际旅游胜地,旅游业已成为区域中重要的经济产业,在区域经济发展中发挥着巨大的拉动作用。香港依靠独特的地理位置和经营理念成为著名旅游胜地,是世界著名的"购物天堂"和"美食之都"。在香港经济体系中,第三产业是支柱产业,而旅游业是第三产业中发展势头最为强劲的行业。近年来以博彩业为主的澳门旅游业得到了飞速发展,并成为澳门的支柱产业和澳门政府财政收入的主要来源,在澳门经济中占有举足轻重的地位。台湾旅游业一直拥有较强的实力,在发展中也成为地区经济的支柱。尤其是在2008年7月台湾开放大陆入境旅游以来,其旅游发展更加迅速,旅游收入增加显著。

**表 11-2　2013—2015 年华南地区旅游外汇收入**　　　　　(单位:百万美元)

| 地　　区 | 2013 | 2014 | 2015 |
|---|---|---|---|
| 福建 | 4573.38 | 4911.80 | 5561 |
| 广东 | 16 278.07 | 17 106.36 | 17 885 |
| 海南 | 337.48 | 268.63 | 247.65 |

资料来源:各地区国民经济和社会发展统计公报(2013—2015 年)(数据不包含港澳台地区)

### 四、区域旅游特色

(一)旅游资源类型丰富

华南旅游资源区的旅游景观中,除了缺失亚寒带、寒带和荒漠草原景观外,山、水、岛、林自然风光齐全,优美的自然风光是本区旅游资源的特色所在,尤其是海南岛的热带海滨风光使海南成为全国知名的旅游地。从旅游文化构成讲,本区具有南北文化兼容、中西文化交融、现代城市文明与传统历史文化交相辉映的多元文化特色,区内人文景观既有中原传统文化的印迹,也有西方与现代文化的烙印,还有鲜明的地方民俗文化特征,现代城市风光和人造主题公园是本区的特色。旅游资源类型丰富是本区旅游业的一个优势所在,对区域旅游业的发展起到巨大的促进作用。

(二)独特的南国风光

本区濒临东海和南海,海岸线长,又有众多的岛屿,为开展海滨和海上各项运动提供了优越的条件。红树林海岸是华南旅游区独特的海岸景观,福建、台湾、广东和海南岛的红树林海岸普遍发育,总面积约1.67万公顷,在全国可谓是独一无二的。海南岛的三亚更是久负盛名的热带海滨地区,其植被终年常绿,花果期长,林冠参差不齐,耸立于海滨村落边高大的棕榈科树木,树干笔直高大,巨型叶聚集在不分枝的茎顶,构成了热带特有的

景观标志。冬季 1 月正当北国千里冰封,万里雪飘之时,本区的平均气温仍在 10℃以上,
阳光明媚、万木葱茏、百花盛开,一派旖旎的南国风光,是我国理想的避寒旅游疗养胜地。

（三）购物天堂

本区经济发达,香港、澳门作为特别行政区,在经济发展中拥有许多内陆地区无法比
拟的优势。香港是亚太地区乃至国际的金融中心、国际航运中心、地区贸易中心,拥有邻
近很多国家和地区不可替代的优越区位,素有"购物天堂"的称号。作为一个自由港,香港
除了烟、烈酒和动力用的燃油（汽油、柴油等）之外,不对其他进口物品征收关税,这也成为
推动游客购物的最大动力之一。澳门购物的魅力也表现无遗,因其低税率政策、地理条件
和低消费水平,形成了澳门物美价廉、处处充满惊喜的购物环境。这里的商品不但种类繁
多,而且价钱较邻近地区便宜,首饰（特别是金饰）、名牌服饰、古董、瓷器、葡萄酒、电子产
品及移动电话、手表、羊毛衫及丝织品,应有尽有,出口制造业是澳门的重要行业之一,因
此有大量便宜货品出售,不但增添购物乐趣,而且还经济实惠。

## 第二节　主要旅游资源与旅游目的地

### 一、主要旅游资源分类

由于本区独特的地理环境,区内的旅游资源种类齐全,各种旅游景观丰富,尤其是水
域风光类旅游资源不仅数量多,而且品位极高,增添了本区的旅游吸引力。具体如表 11-3
所示。

表 11-3　华南旅游资源区旅游资源分类表

| 主类 | 亚类 | 基本类型 |
|---|---|---|
| A 地文景观 | AA 综合自然旅游地 | 清源山、冠豸山、青云山、鼓山、太姥山、莲花山、罗浮山、九连山、青云山、滑石山、天露山、云雾山、云开大山、鼎湖山、阳明山、五指山、黎母岭、大屿山、松山、阿里山 |
| | AB 沉积与构造 | 猛犸象化石、恐龙蛋化石 |
| | AC 地质地貌过程形迹 | 广东丹霞山、福建武夷山（丹霞）、玉华洞（岩石洞与洞穴） |
| | AD 自然变动遗迹 | 台湾岛、海南岛、武夷山、丹霞山、湖光岩、马鞍岭、雷虎岭 |
| | AE 岛礁 | 鼓浪屿、湄洲岛、放鸡岛、海陵岛、东海岛、路环岛、兰屿、澎湖列岛 |

(续表)

| 主类 | 亚　类 | 基本类型 |
|---|---|---|
| B<br>水<br>域<br>风<br>光 | BA 河段 | 东江、西江、韩江、大亚湾、厦门湾、福州湾、湄洲湾、南渡江、昌化江、新兴江 |
| | BB 天然湖泊与池沼 | 惠州西湖、万绿湖、九龙湖、天湖、鸳鸯湖、十里平湖 |
| | BC 瀑布 | 九鲤溪瀑、青龙瀑布、十二龙潭、天子山瀑布、龙潭飞瀑、蛟龙瀑布、乌来瀑布、蓬莱瀑布、银河瀑布、佳洛水瀑布、太平山瀑布、五指山瀑布、百花岭瀑布 |
| | BD 泉 | 从化温泉、关子岭温泉、北投温泉、阳明山温泉、四重溪温泉、金汤温泉、闽侯龙泉山庄、青云山御温泉、日月谷温泉、冷泉、甜泉、七仙岭温泉 |
| | BE 河口与海面 | 万泉河、流溪河、珠海、大东海、南山河、漯河、城门河、元朗河、锦田河 |
| C<br>生物<br>景观 | CD 野生动物栖息地 | 福建厦门珍稀海洋物种国家级自然保护区、广东南岭国家级自然保护区、广东鼎湖山国家级自然保护区、海南三亚珊瑚礁国家级自然保护区 |
| D 天<br>象与<br>气候<br>景观 | DA 光现象 | 南澳岛、阿里山(日出观测地) |
| | DB 天气与气候现象 | 南昆山、仙居响石山、东壁岛、阿里山(避暑地)、海南三亚(避寒地) |
| E<br>遗址<br>遗迹 | EA 史前人类活动场所 | 广东马坝人遗址、三亚落笔洞古人类遗址、福建省三明市万寿岩洞穴、广州桂峰山古人类遗址 |
| | EB 社会经济文化活动遗址遗迹 | 福州市、泉州市、漳州市、长汀县、广州市、潮州市、肇庆市、佛山市、梅州市、雷州市、琼山区、海口市、澳门(历史文化名城) |
| F<br>建<br>筑<br>与<br>设<br>施 | FA 综合人文旅游地 | 香港海洋公园、香港迪士尼乐园、香港宋城、澳门渔人码头、澳门十六铺主题公园、深圳民俗文化村、深圳锦绣中华、深圳欢乐谷、深圳世界之窗、厦门台湾民俗村(主题公园)、上海迪士尼乐园 |
| | FB 单体活动场所 | 德化陶瓷博物馆、厦门华侨博物院、广东民间工艺博物馆、海南省博物馆恐龙展、香港博物馆、香港海防博物馆、澳门艺术馆、台湾故宫博物院、顺益台湾原住民博物馆 |
| | FC 景观建筑与附属型建筑 | 福建莆田佛塔、福建福州佛塔、泉州开元寺佛塔、铁铸千佛塔、东铁塔、香港志莲净苑万佛塔、香港西方寺万佛塔、曼飞龙佛塔、澳门塔石(佛塔)、福建五一广场、广东中山广场、海南东方广场、香港奥林匹克广场、澳门银座广场、台湾自由广场(广场) |

（续表）

| 主类 | 亚类 | 基本类型 |
|---|---|---|
| F 建筑与设施 | FD 居住地与社区 | 兰桂坊、上水、皇后大道东、高士德区、渔人码头（特色街区）、叶挺故居、虎门炮台旧址、洪秀全故居、苏中山故居、叶剑英故居、三元里平英团遗址、黄埔军校旧址（名人故居与历史纪念建筑） |
| | FE 归葬地 | 黄花岗七十二烈士墓、南越王墓 |
| | FG 水工建筑 | 福建安砂水库、山美水库、古田水库旅游风景区、广东枫树坑水库、海南松涛水库、香港万宜水库、台湾曾文水库、石门水库 |
| G 旅游商品 | GA 地方旅游商品 | 土纸、毛竹、松香、木雕、根雕、海水珍珠、天然水晶、燕窝、干贝、石斑鱼、澳门鲜蚝、澳门杏仁饼、老婆饼、凤梨酥 |
| H 人文活动 | HC 民间习俗 | 福建畲族祭祖节、福建妈祖节、香港舞狮节、澳门的天后诞、澳门土地诞、海南换花节、儋州民间歌节、澳门醉龙节（民间节庆）、广东舞狮、英歌、烧塔（地方风俗） |
| | HD 现代节庆 | 海南旅游美食文化节、广东国际旅游文化节、白水洋文化旅游节、龙岩福建土楼文化旅游节、澳门妈祖文化节 |

## 二、次旅游区及主要旅游景区（点）

### （一）福建次旅游区

福建省地处我国东南部、东海之滨，东隔台湾海峡与台湾省隔海相望，东北与浙江省毗邻，西北横贯武夷山脉与江西省交界，西南与广东省相连。福建在历史上是"海上丝绸之路""郑和下西洋"、伊斯兰教等重要文化发源地和商贸集散地，福州、厦门曾被辟为全国五个通商口岸之列。古代泉州曾是世界第一大港口。作为旅游资源大省，福建省拥有武夷山、清源山、鼓浪屿-万石山、太姥山、桃源洞-鳞隐石林、金湖、鸳鸯溪、海坛、冠豸山、鼓山、玉华洞、十八重溪、青云山等13处国家级风景名胜区。

### 1. 鼓浪屿

鼓浪屿位于厦门岛西南隅，原名圆沙洲、圆洲仔，与厦门市隔海相望，因海西南有海蚀洞受浪潮冲击，声如擂鼓而得名。由于历史原因，中外风格各异的建筑物在此地被完好地汇集、保留，有"万国建筑博览"之称。小岛还是音乐的沃土，人才辈出，钢琴拥有密度居全国之冠，又得美名"钢琴之岛""音乐之乡"。岛上气候宜人、四季如春、无车马喧嚣、有鸟语花香，素有"海上花园"之誉（图11-1）。主要观光景点有日光岩、菽庄花园、皓月园、毓园、环岛路、鼓浪石、博物馆、郑成功纪念馆、海底世界和天然海滨浴场等，融历史、人文和自然景观于一体，为国家级风景名胜区，福建"十佳"风景区之首，全国35处著名景点之一。随着厦门经济特区的腾飞,鼓浪屿各种旅游配套服务设施日臻完善,成为集观光、度假、旅游、购物、休闲、娱乐为一体的综合性的海岛风景文化旅游区。

**图 11-1 鼓浪屿**

### 2. 武夷山

武夷山位于江西与福建的交界处,武夷山风景名胜区主要景区方圆 70 平方千米,平均海拔 350 米,属典型的丹霞地貌,素有"碧水丹山""奇秀甲东南"之美誉,是首批国家级重点风景名胜区之一,于 1999 年 12 月被联合国教科文组织列入《世界遗产名录》,荣膺"世界自然与文化双重遗产",成为全人类共同的财富。武夷山之山体分为东、中、西三个部分,其中西部是全球生物多样性保护的关键地区,分布着世界同纬度带现存最完整、最典型、面积最大的中亚热带原生性森林生态系统;东部山与水完美结合,人文与自然有机相融,以秀水、奇峰、幽谷、险壑等诸多美景著称,悠久的历史文化和众多的文物古迹使其享有盛誉;中部是联系东西部并涵养九曲溪水源,保持良好生态环境的重要区域。

### 3. 湄洲岛

湄洲岛位于湄洲湾湾口的北半部,与宝岛台湾遥遥相望,因处海陆之际,形如眉宇,故称湄洲(图 11-2)。湄洲岛具有得天独厚的滨海风光和自然资源,是难得的旅游度假胜地,蓝天、碧海、阳光、沙滩构成浪漫旖旎的滨海风光。全岛海岸线长 30.4 千米,有 13 处总长 20 千米的金色沙滩,还有连绵 5000 米的海蚀岩。岛上有融碧海、金沙、绿林、海岩、奇石、庙宇于一体的风景名胜 20 多处,形成水中有山,山外有海,山海相连,海天一色的奇特自然景观。千古绝唱的湄屿潮音,或如管弦细雨,或如钟鼓齐鸣,如怨如泣、如歌如吼。湄洲岛还是妈祖文化的发祥地,文化底蕴丰富,增加了湄洲岛的吸引力。

图 11-2 湄洲岛

### 4. 青云山

青云山现为国家级 5A 景区,位于距福建省永泰县城 10 多千米的岭路乡,因山峰平地拔起,矗立青云而得名,青云山面积 47 平方千米,其中海拔在 1000 米以上的山峰有 7 座,最高海拔 1130 米。景区山高林茂,云雾飘渺,岩奇洞怪泉碧。青云山中的动植物资源极为丰富,有珍稀植物——桫椤和羚羊、猕猴等珍稀动物。主要旅游景点有云天石廊、火烟瀑布、十八重溪石林、藤山草场、天池和状元洞、红军洞等。目前还开发了众多新的旅游项目,如蹦极、攀岩、漂流等。

**5. 福建泰宁世界地质公园**

福建泰宁世界地质公园位于福建省西北的三明市泰宁县,面积 492.5 平方千米,其中丹霞地貌面积 252.7 平方千米。这个地质公园以典型青年期丹霞地貌为主体,兼有火山岩、花岗岩、构造地貌等多种地质遗迹,是集科学考察、科普教育、观光揽胜、休闲度假于一体的综合性地质公园。该公园先后被评为国家重点风景名胜区、国家 4A 级旅游区、国家森林公园、国家地质公园、全国重点文物保护单位等,具有极高的游览和科考价值。

**6. 太姥山**

太姥山位于福建省东北部,挺立于东海之滨,三面临海一面背山,主峰海拔 917.3 米。相传尧时老母种兰于山中,逢道士而羽化仙去,故名"太母",后又改称"太姥"。太姥山山体巍峨秀拔、气势雄伟、奇岩怪石、千姿百态、其色独特,蔚为奇观。整个风景区面积为 92 平方千米,分为太姥山岳、九鲤溪瀑、晴川海滨、桑园翠湖、福瑶列岛五大景区,还有冷城古堡、瑞云寺两处独立景点。登临绝顶极目东海,水在天际流,峰从海中出,不愧以"山海大观"著称于世。

**7. 清源山**

清源山是国家级重点风景名胜区,由清源山、九日山、灵山圣墓三大片区组成,总面积 62 平方千米。清源山景区方圆有 40 华里(20 千米),主峰海拔 498 米,与泉州市山城相依,相互辉映,犹如名城泉州的一颗璀璨明珠,闪烁着耀眼的光芒,吸引了众多的海外游客。我国现存最大的宋代道教石雕老君像,在清源山风景名胜区"闽海蓬莱"意境区内的羽仙岩下。清源山景区内流泉飞瀑、奇岩异洞、峰峦叠翠、万木竞秀,以宗教寺庙宫观、文人书院石宝以及石雕石构石刻等文物为主的人文景观几乎遍布清源山的每个角落,现存完好的宋、元时期道教、佛教大型石雕共 7 处 9 尊,历代摩崖石刻近 500 方,元、明、清三代花岗岩仿木结构佛像石室 3 处以及近代高僧弘一法师(李叔同)舍利塔和广钦法师塔院。

**8. 十八重溪**

十八重溪景区位于闽侯县南通镇,距福州约 20 千米,是国家级风景名胜区。因有十八条支流而得名,景区内旅游资源异常丰富,堪称闽中奇景,它融山、水、洞、石为一体,天然浑朴,野趣横生,已知景区内有胜景达百余处。景区内水系发达,溪流两岸生长着茂密的常绿阔叶林、次生灌木林,有娃娃鱼、桫椤树等国家一类保护动植物,林中常有猕猴成群出没。全区散布着由火山岩构成的峰、岩、崖、谷、洞、石,山水交融,天然浑朴,有西溪瀑布、乌龙戏珠、大帽山、文笔峰、宝塔峰、三仙洞等景点 100 多处。最著名的当属十八重溪的十八景。十八重溪各重的佳景分别是:一重灵隐古寺,二重乌龙戏珠,三重大帽芳草,四重溪山幽亭,五重织女济公,六重众仙聚会,七重老爷秘洞,八重瀑布龙潭,九重避风良港,十重三仙洞府,十一重乌龙吐水,十二重尾崖洞天,十三重乌缸兴雨,十四重峭壁拌魂,十五重玉壁翠毯,十六重众仙赴瑶,十七重壁虎问天,十八重猕猴逍遥。

### 9. 玉华洞

玉华洞位于将乐县城南 7000 米的天阶山下,全洞总长 10 里,主洞长 5 里,为福建省最长最大的石灰岩溶洞,因洞内岩石光洁如玉、光华四射而得名,有"武夷山下明珠"之称。玉华洞内有两条通道,分藏禾、雷公、果子、黄泥、溪源、百云六个支洞,洞内有石泉、井泉、灵泉三股泉水,清澈甘冽,潺潺有声,有达摩面壁、仙人田、地下龙宫、五更天等 160 多景,前后洞口及洞内的岩壁上,保存着许多宋代以来的摩崖石刻,宋代著名理学家杨时、民族英雄李纲曾游此洞,明代地理学家徐霞客称赞此洞炫巧争奇,遍布幽奥,透露处层层有削玉裁云之态。

幽深的玉华洞是实施洞穴疗法的"天然医院",洞内温度长年保持 18℃,凉风习习,空气清新,其前洞朝西北低而窄,后洞向西南高而宽,夏日炎炎,后洞空气在洞内受冷下沉往前洞喷出,冬天前洞冷空气在洞内受热上升从后洞喷出,前洞口的风力强达 4 级,构成闻名的"一扇风",令人心旷神怡,洞内充满丰沛的负氧离子,泉水饱含丰富的微量元素,其环境对于气管炎、关节炎疾病有良好的疗效。

### (二)广东次旅游区

广东省位于我国大陆南部,是中国的南大门,与香港、澳门接壤,临近南亚诸国。优越的地理位置使其很自然地成为一个"窗口"。广东的山水风光吸引着众多游客的目光:肇庆七星岩拥有桂林山之美,杭州水之秀;粤北的丹霞山、南海的西樵山、博罗的罗浮山和肇庆的鼎湖山是广东的四大名山。而广州的"世界大观",则在有限的空间领略世界风貌;移步"民俗文化村",又可以领略到中国各个民族多姿多彩的风土人情;连绵数千千米的海岸线,不乏出色的海滨浴场,还有温泉、度假村都是人们休闲放松的场所。

### 1. 肇庆七星岩

肇庆七星岩被誉为"人间仙境""岭南第一奇观",景区由五湖、六岗、七岩、八洞组成,面积 8.23 平方千米,湖中有山、山中有洞、洞中有河,景在城中不见城,美如人间仙境。七星岩以喀斯特溶岩地貌的岩峰、湖泊景观为主要特色,七座排列如北斗七星的石灰岩岩峰巧布在面积达 6.3 平方千米的湖面上,20 余千米长的湖堤把湖面分割成五大湖区,风光旖旎。七星岩原是由西江古河道形成的沥湖,主体由阆风岩、玉屏岩、石室岩、天柱岩、蟾蜍岩、仙掌岩、阿坡岩七座石灰岩山峰组成,排列如北斗七星般撒落在碧波如镜的近 600 公顷湖面上,2 万多米长的林荫湖堤,如绿色飘带般把仙女湖、中心湖、波海湖、青莲湖和里湖连接在一起,湖光山色,绰约多姿。

2. 鼎湖山

　　鼎湖山是岭南四大名山之首,距肇庆城区东北 18 千米,因地球上北回归线穿过的地方大都是沙漠或干草原,所以鼎湖山又被中外学者誉为"北回归线上的绿宝石",与丹霞山、罗浮山、西樵山合称为广东省四大名山。鼎湖山面积 1133 公顷,最高处的鸡笼山顶高 1000.3 米,从山麓到山顶依次分布着沟谷雨林、常绿阔叶林、亚热带季风常绿阔叶林等森林类型。保存较好的南亚热带森林典型的地带性常绿阔叶林是有 400 多年历史的原始森林。鼎湖山因其特殊的研究价值闻名海内外,被誉为华南生物种类的"基因储存库"和"活的自然博物馆"(图 11-3)。1956 年,鼎湖山成为我国第一个自然保护区,1979 年又成为我国第一批加入联合国教科文组织"人与生物圈"计划的保护区,建立了"人与生物圈"研究中心,成为国际性的学术交流和研究基地。

图 11-3　鼎湖山

### 3. 锦绣中华

锦绣中华是深圳华侨城的一个旅游区,坐落在风光绮丽的深圳湾畔。它是目前世界上面积最大、内容最丰富的实景微缩景区,分为主点区和综合服务区两部分。"锦绣中华"的 82 个景点大小比例大部分按 1∶15 建造,景点均是按它们在中国版图上的位置布局。这些景点可以分为三大类:古建筑类、山水名胜类、民居民俗类,安置在各景点上的陶艺小人达 5 万之多。这里有名列世界八大奇迹的万里长城、秦陵兵马俑,有众多世界之最:最古老的石拱桥、天文台、木塔(赵州桥、古观星台、应县木塔)、最大的宫殿(故宫);海奇山峰(黄山)、最大瀑布之一(黄果树瀑布);有肃穆庄严的黄帝陵、成吉思汗陵、明十三陵、中山陵;有金碧辉煌的孔庙、天坛;有雄伟壮观的泰山、险峻挺拔的长江三峡、如诗似画的漓江山水;有杭州西湖、苏州园等江南胜景;有千姿百态、各具特色的名塔名寺名楼名石窟以及具有民族风情的地方民居。

### 4. 海陵岛

海陵岛位于中国广东省阳江市西南端的南海北部海域,面积为 105 平方千米,是广东省第四大岛。海陵岛的风光独特,是广东较著名的度假胜地,享有"南方北戴河""东方夏威夷"之美称,被誉为一块未经雕琢的翡翠(图 11-4)。海陵岛从 2005 年起到 2007 年连续 3 年被"中国国家地理"杂志社评为"中国十大最美海岛"之一。海陵岛四面环海,以水碧、沙净和游海水、住海边、食海鲜海味的特色驰名中外。海陵岛全年日照时间长,年平均气温 22.8℃,年晴天数 310 天,四季分明,气候宜人,是旅游度假的理想地方。海陵岛拥有风光旖旎的海滨旅游资源,岛内有大角湾-马尾岛风景区、十里银滩风景区及金沙滩风景区,各景点又先后开发了冲浪、水上快艇、碰碰车、骆驼沙滩游、激光射击、情侣车、升空伞、沙滩骑马、沙滩足球、海上水球、沙滩文艺表演等项目。

### 5. 万绿湖

万绿湖风景区位于广东省东源县境内,距河源市区 6000 米,它作为华南地区最大的人工湖,是 1958 年筹建新丰江电厂时,在新丰江流经的最窄山口——亚婆山峡谷修筑拦河大坝蓄水形成的。湖水因四季皆绿、处处是绿而得名,其浩瀚的湖水、苍翠的群岛构成优美的自然风光,吸引了众多的游客。万绿湖距广州、深圳均在 200 千米以内,堪称是珠江三角洲的"后花园"。水好是万绿湖的魅力所在,它有高原湖泊的秀丽,但没有高原交通的艰难和气候寒冷,对于旅游业的发展有极大帮助。

### 6. 湖光岩

湖光岩位于湛江市西南部,距市区霞山区约 15 千米,是雷州半岛上山清水秀、风景奇

图 11-4　海陵岛

特的游览胜地,也是全国著名的火山口旅游区。经联合国地质勘探专家组鉴定,湖光岩是距今 16 万～14 万年间经多次平地火山爆炸深陷而形成的玛珥湖。湖面积 2.3 平方千米,湖深 446 米。湖光岩青山绿水、终年气温比湖外低 3℃,强磁场,有丰富的负氧离子区(数量高达每立方厘米 105 688 个),人称"天然氧吧"。湖畔有建于隋朝末期的楞严寺和白衣庵,湖四周原始雨林区,山上有近百种鸟和几十种其他动物,湖里有 4 米多长的大鱼和直径约 2 米宽的大龟,湖里的龟救过许多溺水的人,人称"龙鱼,神龟"。

7. 惠州西湖

惠州西湖为国家重点风景名胜区,位于广东省惠州市区内,原名丰湖,历史上曾与杭州西湖、颍州西湖齐名。宋朝诗人杨万里曾有诗曰:"三处西湖一色秋,钱塘、颍水与罗浮",说的就是这三大西湖。当然,这三个西湖的出名还有一个重要原因,就是它们都曾经是宋代大文学家苏东坡被贬到过的地方。"东坡到处有西湖",苏东坡给西湖留下胜迹,而胜迹更因东坡而倍添风采。目前,惠州西湖的景观称为"五湖六桥十八景",其中的十八景则为飞鹅览胜、丰山浩气、水帘飞瀑、平湖秋月、玉塔微澜、红棉春醉、西新避暑、花洲话雨、花港观鱼、芳华秋艳、苏堤玩月、连理红棉、孤山苏迹、南苑绿絮、烟霞柳浪、留丹点翠、象岭云飞、鹤鹭祥舞,共十八处。

(三)海南次旅游区

海南省位于中国最南端,北以琼州海峡与广东省划界,西临北部湾与越南相对,东濒南海与台湾省相望,东南和南边隔南海与菲律宾、文莱和马来西亚为邻。海南省的行政区域包括海南岛和西沙群岛、中沙群岛、南沙群岛的岛礁及其海域。全省陆地(包括海南岛和西沙、中沙、南沙群岛)总面积 3.4 万平方千米,海域面积约 200 万平方千米。海南岛形似一个呈东北至西南向的椭圆形大雪梨,面积(不包括卫星岛)3.39 万平方千米,是我国仅次于台湾岛的第二大岛。海南省的旅游资源极为丰富,尤其是热带海滨风光,其中三亚热带海滨是国家级风景名胜区。

### 1. 五指山

五指山是海南第一高山,是海南岛的象征,也是我国名山之一,被国际旅游组织列为 A 级旅游点。该山位于海南岛中部,峰峦起伏成锯齿状,形似五指,故得名,是海南岛之"肺",与南美洲的亚马孙河流域、印度尼西亚的热带雨林并称为全球保存最完好的三块热带雨林。五指山林区是一个蕴藏着无数百年不朽良树的绿色宝库,山区遍布热带原始森林,层层叠叠,逶迤不尽。海南主要的江河皆从此地发源,山光水色交相辉映,构成奇特瑰丽的风光。

### 2. 亚龙湾

亚龙湾位于海南岛最南端的热带滨海旅游城市——三亚市东南面 25 千米处,是我国唯一具有热带风情的国家级旅游度假区(图 11-5)。亚龙湾属典型的热带海洋性气候,全年平均气温 25.5℃,气候宜人,冬可避寒,夏可消暑,自然风光优美。亚龙湾海湾面积 66 平方千米,可同时容纳 10 万人嬉水畅游、数千只游艇游弋追逐,可以说这里不仅是滨海浴场,而且也是难得的潜水胜地,其绵软细腻的沙滩绵延伸展约 8000 米,海滩长度约是美国夏威夷的 3 倍,海水能见度在 10 米以上,而且海底珊瑚礁保存十分完好,生活着众多形态各异、色彩缤纷的热带鱼种,属国家级珊瑚礁重点保护区。该湾的锦母角、亚龙角,激浪拍崖、怪石嶙峋,是攀崖探险活动的良好场所,此外,尚有奇石、怪滩、田园风光等构成各具特色的风景。"三亚归来不看海,除却亚龙不是湾",这是游人对亚龙湾由衷的赞誉。

### 3. 南山文化旅游区

南山文化旅游区位于三亚市的西部,是全国罕见的超大型文化和生态旅游园区。旅游区共分三大主题公园,其中南山佛教文化园是一座展示中国佛教传统文化,富有深刻哲理寓意,能够启迪心志、教化人生的园区;中国福寿文化园是一座集中华民族文化精髓、突出表现和平、安宁、幸福、祥和之气氛的园区;南海风情文化园,是一座利用南山一带的蓝天碧海、阳光沙滩、山林海礁等景观的独特魅力,突出展现中国南海之滨的自然风光和黎村苗寨的文化风情,同时兼容一些西方现代化文明的园区。

图 11-5　亚龙湾

### 4. 海南热带野生动物园

海南热带野生动植物园坐落在海口市,位于海榆中线北段风景秀丽的东山湖畔,是中国首家以热带野生动植物博览、科普为主题的公园。海南热带野生动植物园内景观纯属自然天成,莽莽林海和茂密的植物为动物营造了良好的野生环境。其中仅动物观赏区面积就达 1300 亩,内有各种珍禽异兽 200 种、4000 余只(条),其中有许多属于热带珍稀濒危动物。海南热带野生动植物园通过改变城市动物园高墙铁笼的囚兽格局,让野生动植物拥有热带丛林自由生活的空间,使动物野性得以淋漓展露。"群狮争食"的血腥、"天下第一猴山"的谐趣、"钓鳄鱼"的刺激、"百鸟争鸣"的壮观、"狮虎恋"的浪漫景象等,游客都可以在园区内真切感受。

### 5. 博鳌亚洲论坛永久会址景区

博鳌亚洲论坛永久会址景区坐落在美丽的东屿岛上,是博鳌亚洲论坛年会的永久性会址,是诠释博鳌文化的所在地(图 11-6)。景区里宏伟气派的现代建筑、智能化的会议设施、动静相宜的高尔夫球场、河海交融的旖旎风光、古老动人的美丽传说演绎着人与自然的和谐。景区的主要景点有:世界上保护最完好的河流入海口——万泉河入海口;海南首个可以近距离观赏一流高尔夫球场景观的景区;博鳌地区唯一收藏博鳌亚洲论坛各种珍贵纪念品和图片,诠释鳌文化和介绍博鳌亚洲论坛历史及发展情况的展览馆——博鳌亚洲论坛展览馆;海南绝无仅有,中国屈指可数的神奇去处——龙颈穴;中国唯一定期定址的国际组织博鳌亚洲论坛之永久性会议场所——博鳌亚洲论坛国际会议中心。

**图 11-6　博鳌亚洲论坛永久会址景区**

### 6. 东山岭风景区

东山岭风景区坐落在距万宁市万城东 2000 米处,是一座美丽而多梦的福山宝地,自然风光秀丽,景物得天独厚,人文景观奇特,素有"海外桃源"之称,岭上有大小胜景百余处,大自然的灵气所钟给东山岭造就了多处奇特的丽景。在海南的山中,东山岭不高,也显不出多少幽峻来,然而从古至今,论名气之大,推崇者之多,没有哪座山可与之媲美。其山峰怪石嶙峋,奇岩异洞,形成诸多佳景奇观,引来无数的文人游客吟诗赋词,留下了遍山墨迹。早在晋朝,文人墨客就在此地留下笔墨石刻,山上古今石刻历历在目,尤以"海南第一山""南天斗宿""洞天福地""东山耸翠"等最为壮观。

**（四）香港次旅游区**

香港地处华南沿岸,在中国广东省珠江口以东,由香港岛、九龙半岛、新界内陆地区以及262个大小岛屿(离岛)组成。香港北接广东省深圳市,南面是广东省珠海市万山群岛,香港与西边的澳门隔江相隔61千米。香港地区的旅游资源极为丰富,尤其是香港的宗教文化,可谓是源远流长。璀璨的香港夜景,风格各异的离岛风情,苍翠静谧的郊野景色,都极具魅力。

**1. 海洋公园**

香港海洋公园,是世界最大的海洋公园之一,占地170英亩(1英亩＝4047平方米),拥有东南亚最大的海洋水族馆及主题游乐园,凭山临海,旖旎多姿,是访港旅客最爱光顾的地方。在这里,不仅可以看到趣味十足的露天游乐场、海豚表演,还可以欣赏千奇百怪的海洋鱼类、高耸入云的海洋摩天塔,更有惊险刺激的月矿飞车、极速之旅,堪称科普、观光、娱乐的完美组合。公园建筑分布于南朗山上及黄竹坑谷地,山上以海洋馆、海洋剧场、海涛馆、机动游戏为主;山下则有水上乐园、花园剧场、金鱼馆及仿照历代文物所建的集古村:仿中国宫廷建筑,村内有亭台楼阁、庙宇街景,反映中国历史风貌,使中国古代街景重现,并有民间艺术表演。

**2. 维多利亚港**

维多利亚港位于港岛北部的九龙尖沙咀南岸海城,是中国的第一大港,也是世界第三大海港,仅次于美国的旧金山和巴西的里约热内卢(图11-7)。当年英国占领这个海港时,正是维多利亚女王在位,由此得名。海港水面宽阔,从东边入港口的鲤鱼门到西边的汲水门,吃水12米的轮船可以自由进出。海港的西北部有世界最大的集装箱运输中心,货柜码头,繁忙的渡海小轮则穿梭于海峡两岸之间。维多利亚港是每个来香港旅游的人都必去的地方,是香港最具代表性的地区之一。

**3. 迪士尼乐园**

香港迪士尼乐园是全球第五个迪士尼乐园,位于大屿山的欣澳,环抱山峦,与中国南海遥遥相望,是一座融合美国加州迪士尼乐园及其他迪士尼乐园特色于一体的主题公园。香港迪士尼乐园包括四个主题区,每个主题区都能给游客带来无尽的奇妙体验。在美国小镇大街,可以乘坐迪士尼火车到幻想世界,欣赏美国街市的怀旧建筑、各款典雅的古董车,品尝各种中西佳肴美食;探险世界里,沿着一条条巨大的河流,穿过非洲大草原,进入亚洲神秘森林,到达泰山小岛,勇敢的领航员会带领游客探索大自然的神奇秘境;充满欢乐的幻想世界,是梦幻中的童话世界,美丽善良的白雪公主、纯真活泼的小飞象、天真可爱

图 11-7　维多利亚港

的小熊维尼,每一个童话中的主角都能给人带来欢乐和幻想;明日世界可以让人体验太空惊险之旅,探索宇宙。

4. 宋城

宋城参照名画《清明上河图》的画意设计,是宋代都城汴京(今河南开封)生活风貌的缩影。整个建筑显得淡雅古朴,穿过高大的城门楼,只见一条小河贯通南北,河中船只往来穿梭,两岸楼阁矗立,杨柳低垂,身穿宋代服装的商贩在此经营着仿古酒茶。城中经常有魔术、民间舞蹈及杂技表演,还有中国古代婚礼仪式的表演。宋城中有一座蜡像艺术馆,陈列着白蜡制作的中国历代名人塑像,与真人一般大小,成为游客了解中国历史的生动课堂。游览宋城,若有余兴,毗邻的荔园游乐场不失为一个尽兴的好去处。

5. 大屿山

大屿山位于香港西南面,是香港境内最大的岛屿,面积 146.75 平方千米,比香港岛大84%。大屿山历史悠久,早在石器时代,大屿山便有人居住,考古学家曾发掘出当时的陶器、捕鱼工具和兵器,而现存于分流的石圆环及石壁的石刻就是当时的遗迹。现今作为旅游景区对其进行开发,黄色的珠江水和湛蓝的海水,在西南分流角海面相遇,形成了独特的景观。主要旅游景点有天坛大佛、东涌、大澳村、长沙海滩、西南分流角、梅窝等,是香港人休闲、度假的好去处。

### 6. 太平山顶

太平山顶是观赏香港美妙夜景的最佳去处,其中又以缆车总站附近古色古香的狮子亭和空旷怡人的山顶公园为最佳观赏位置。每当夜幕降临之际,站在太平山上放眼四望,在万千灯火的映照下,港岛和九龙宛如镶嵌在维多利亚港湾的两颗明珠,交相辉映。太平山以其得天独厚的地理环境和人文景观,成为人们到香港的必游之地。太平山瞭望台西面有卢吉道小径,沿途绿树成荫,鸟语花香,在此可以俯瞰香港及维多利亚港的景色,山顶设有很多专为游客观景的设备。山顶广场眺望日落景色最为理想,后建的凌霄阁也是游人喜爱的去处。

### 7. 黄大仙祠

黄大仙祠又名啬色园,建于1945年,是香港九龙有名的胜迹之一,也是香港最著名的庙宇之一,在本港及海外均享负盛名。此外,该祠是香港唯一一所可以举行道教婚礼的道教庙宇。黄大仙祠的建筑雄伟,金碧辉煌,极尽中国古典庙宇的特色,庙宇占地18 000多平方米,除主殿大雄宝殿外、还有三圣堂、从心苑等,其中以牌坊建筑最具特色,充分表现中国传统文化。传说黄大仙又名赤松仙子,以行医济世为怀而广为人知,祠内所供奉的黄大仙是有求必应的,他的签文十分灵验。在每年农历年底及正月初一至十五日,有大量信徒前往该祠,为过去一年酬谢神恩,为未来一年求神庇佑。每年农历八月二十三日是黄大仙师宝诞,所有黄大仙的弟子会于正午时分聚集于祠内的主殿参与祭祀活动。

### 8. 天坛大佛

天坛大佛是一座位于香港大屿山宝莲寺前木鱼峰上的佛像,坐落于海拔520米的昂坪,佛像坐在268级的石阶上,由202块铜片组成,高26.4米,是世界上最大的户外青铜座佛。佛像慈眉善目,神态凝重,是一尊露天释迦牟尼金铜像,因其底座仿照北京天坛圜丘坛设计,故称"天坛大佛",天气晴朗时,远在珠江口西岸的澳门亦能清晰可见。大佛底座分为三层,有功德殿、纪念堂、展览厅,底座内有一个由电脑控制的铜钟,每天上午11点起到晚上11点,每隔7分钟打一次,共敲108响,象征消除人生108种烦恼之意。

### (五)澳门次旅游区

澳门是中华人民共和国两个特别行政区之一,位于中国东南沿海的珠江三角洲西侧,由澳门半岛、氹仔岛、路环岛和路氹城四部分组成。澳门北与广东省的珠海市拱北连接;

西与同属珠海市的湾仔和横琴对望;东面则与另一个特别行政区——香港相距60千米,中间以珠江口相隔。在特殊的历史背景下,中西文化的融合共存使澳门成为一个独特的城市:既有古色古香的传统庙宇,又有庄严肃穆的天主圣堂,还有众多的历史文化遗产,以及沿岸优美的海滨胜景。

### 1. 妈祖阁

妈祖阁坐落在澳门半岛的东南面,建成于1448年,至今已愈500年,是澳门三大禅院中最古老的一座,其建筑依山临海,古木婆娑,石狮镇门,飞檐凌空。妈祖阁俗称天后庙,每年春节和农历三月二十三日妈祖诞期,就是妈祖阁香火鼎盛之时,除夕午夜之时,不少善男信女纷纷到来拜神祈福,庙宇内外一片热闹。妈祖阁主要建筑有大殿、石殿、弘仁殿、观音阁等,因经常紫烟弥漫一派祥和气氛,故有"妈阁紫烟"胜景。

### 2. 路环岛

岛上花木繁盛,空气清新,自然风景秀丽。著名的黑沙滩,宽约1000米,滩面广阔平缓,沙粒细而匀,呈天然黑色,有"黑沙踏浪"一景,是澳门地区最大的天然海水浴场。据考证,黑色细沙是在海洋特定环境下形成的,海绿石受海流影响,被搬运至近岸,再经风浪携带到海滩,从而使原本洁白明净的白沙滩,变成迷人神秘的黑沙滩。每逢盛夏时节假日周末,海滩上游人如织,热闹非常。1998年10月28日,在路环岛塔石塘山顶落成了全世界最高的妈祖雕像,重500多吨,由120块汉白玉石镶嵌而成,高19.99米,象征澳门1999年12月20日重回祖国怀抱。因矗立在澳门最高点,所以无论是从海面上还是在陆地上,均清晰可见。

### 3. 大三巴牌坊

大三巴牌坊,是澳门最具代表性的名胜古迹,为1580年竣工的圣保禄大教堂的前壁。此教堂糅合了欧洲文艺复兴时期与东方建筑的风格而成,体现出东西艺术的交融。大三巴牌坊雕刻精细,巍峨壮观,其造价在300年前已高达3万两白银,可谓珍贵至极,在当时享誉东南亚,后于1595年和1601年先后两次失火焚毁(图11-8)。教堂第三次修建由意大利籍耶稣会会士斯皮诺拉神父设计,并于1602年奠基,1635年建成,历时35年,是当时远东最大的天主教石建教堂。之后于1835年再次惨遭大火焚毁,仅遗教堂前的68级石阶及花岗石建成的前壁,因貌似中国牌坊得名。牌坊高约27米、宽23.5米,为意大利文艺复兴时期"奇形珍珠"式建筑物。大三巴牌坊上各种雕像栩栩如生,既保留传统,更有创新;既展现了欧洲建筑风格,又继承了东方文化传统,体现着中西文化结合的特色,堪称"立体的圣经",是远东著名的石雕宗教建筑。

**图 11-8　大三巴牌坊**

### 4. 松山

松山又名东望洋山,位于澳门市区正中心,是澳门半岛上最高的山,海拔 90.1 米,满山树木,苍翠欲滴,该山因松树茂密而得名,现在政府改建下已成为澳门其中一个休闲胜地。山腰辟有一条环山马路,几座风雨亭点缀其间,林荫夹道,清风徐来,松涛翻动,鸟语花香,极富野趣。绕行一周,可环视全市风光,四时景色随季节而不同,一天之内也有变化:朝阳生辉,在天边升起,极望海际无限;金乌西坠,晚霞映照,层林尽染,使人萌发夕阳无限好的美意。山顶有灯塔,名为"东望洋灯塔",高高在上,傲视海岸,发射出巨大光柱横空扫射,给夜航者指引着方向。登上灯塔所处位置,澳门全景、四周岛屿及大陆山河尽收眼底,现已成为澳门的一大标志。

### 5. 氹仔岛

氹仔岛位于澳门半岛之南,环境优美,建筑别具风格,宏伟壮观的东亚大学、赛马场、凯悦酒店均建于氹仔岛上。赛马场前的广场上,安放着金面四面佛,系由泰国请来,为澳门的主要观光点之一。后背湾一带风景优美,有"龙环葡韵"一景,五座一列优雅的葡萄牙式建筑,掩映在绿树丛中,构成一幅诗情画意的景观,洋溢着浓浓的欧洲情调,宽阔的门廊石阶上花团锦簇,楼前碎石铺成的道路上很少有行人走过,给人一种梦境般优雅的感觉。

### 6. 玫瑰堂

玫瑰堂又称多明我堂、板樟堂,位于市政厅前板樟堂街,16世纪时,为西班牙"多明我会"所建,是澳门众多教堂中最具代表性的一所。巴洛克式的大门,奶白色的外墙和绿色百叶窗非常醒目。教堂内的天花板上布满了图案装饰,其中的石柱、壁嵌、圣者雕像以及烛台十分精致典雅,特别是那些形状各异的图案,把教堂装扮得五彩缤纷、光耀夺目。

### (六) 台湾次旅游区

台湾位于中国东南海面,面积3.6万平方千米,包括台湾岛(面积3.58万平方千米)、澎湖列岛、兰屿、绿岛、钓鱼岛、彭佳屿、赤尾屿等。台湾常夏无冬,植被四季葱郁,宜人的气候、肥沃的土地,使本区盛产稻米、蔗糖、茶等,有"兰花王国""蝴蝶王国"等美誉。台湾的旅游景观极为丰富,日月潭、阿里山等景区,都是驰名中外的景观,每年吸引着大量游客观光游览。

### 1. 阿里山

阿里山海拔2553米,是台湾著名风景名胜区之一,美景早为人所称道,因此有"不到阿里山,不知阿里山之美,不知阿里山之富,更不知阿里山之伟大"的说法。由于山区气候温和,盛夏时依然清爽宜人,加上林木葱翠,是全台湾最理想的避暑胜地。阿里山空间距离仅15千米,但由山下一层一层盘旋绕上山顶的铁路,竟长达72千米,连通各森林区的支线,总长度有1000多千米。沿途有82条隧道,最长的达1300米。火车穿过热、亚热、温、寒四带迥异的森林区,阿里山的铁路可与"阿里四景"(日出、云海、晚霞、森林)合称"五奇"。铁路全长72千米,却由海拔30米上升到2450米,坡度之大举世罕见。火车从山脚登峰,似沿"螺旋梯"盘旋而上,绕山跨谷钻隧洞,鸟雀在火车轮下飞翔。登山途中,从高大挺拔的桉树、椰子树、槟榔树等热带古木,到四季常绿的樟、楠、楮、榉等亚热带阔叶树,再到茂密的红桧、扁柏、亚杉和姬松等温带针叶树,到了2500米以上,则是以冷杉为主的寒带林了。这些奇木异树,在阿里山上汇成一片绿色的海洋,山风劲吹时,山林如惊涛骇浪,发出轰天雷鸣,形成阿里山著名的万顷林涛。

### 2. 日月潭

台湾地区最大的天然湖泊,又称龙湖,亦为闻名遐迩之山水佳胜。位于南投县中部鱼池乡之水社村,地处玉山山脉之北、能高瀑布之南,介于集集大山(潭之西)与水社大山(潭之东)之间,潭面的面积近8平方千米(图11-9)。潭中有小岛名拉鲁岛(旧名珠屿岛、光华岛),以此岛为界,潭面北半部形如日轮,南半部形似月钩,故名日月潭。潭水碧蓝无垠,青山葱翠倒映,环山抱水,形势天然。该潭除可泛舟游湖、赏心悦目外,其环湖胜景殊多,诸如涵碧楼、慈恩塔(九层塔,高约45米,建于海拔318米之上的青龙山,为环湖风景区之最高点)、玄奘寺、文武庙、德化社、山地文化村及孔雀园等。

图 11-9 日月潭

### 3. 太鲁阁国家公园

太鲁阁国家公园包含了花莲、南投、台中三个县,全区以太鲁阁峡谷、立雾溪流域及中横公路东段沿线为主体,并且涵盖南湖中央尖连峰、奇莱连峰、合欢山群、太鲁阁大山、清水断崖、三栈溪流域。太鲁阁国家公园以高山和峡谷为主要地形特色,其中中横公路太鲁阁到天祥的立雾溪河谷,两岸皆由大理石岩层构成,所以有大理石峡谷的称谓。国家公园内的游憩资源大都分布在中横公路东段沿线,如长春祠、太鲁阁峡谷、九曲洞、天祥,另外还有鬼斧神工的苏花公路清水断崖、景色清新的娃娃谷,都是著名的风景点。人文史迹方面,位于太鲁阁峡谷入口的麒麟文化遗址、立雾溪断崖古道以及上下梅园山胞部落等,都是值得研究与保存的。

### 4. 玉山公园

玉山公园成立于1985年,位于台湾本岛中央地带,行政区域属南投、嘉义、花莲、高雄四地,以玉山群峰为中心,东隔台东纵谷与台东海岸山脉相望,西临阿里山山脉,南面包括南横公路及关山,北面以东埔村及郡大山为界,总面积 105 490 公顷,是典型的、也是台湾最大的亚热带高山地区公园。峻岭连绵是玉山公园最大的特色,公园内 3000 米以上、列名"台湾百岳"的山峰共有 30 座,包括玉山主峰、秀姑峦山、塔芬尖山为台湾玉山山脉"五岳三尖"中的"二岳一尖",其中玉山主峰海拔 3952 米,为中国华南第一高峰。玉山公园冬雪夏凉,区内蕴藏了丰富的生态资源,其原始林相和稀有野生物,随着地形、地质、气候的递变,呈现多样地貌,为台湾地区最完整的生态环境。玉山公园的八通关古道遗迹和东埔一带尚保留得十分完整的山地布农族(台湾原住民)文化,是极富文化价值的人文资源。

### 5. 北投温泉

北投位于大屯火山群、金山断层上,为台湾百年来最著名的温泉乡,属硫磺泉,不能饮用,但可用来煮鸡蛋及番薯等。"北投"原是少数民族平埔族北投社所在,1893 年发现温泉后旅游业渐渐兴起。区内郁郁葱葱的山岳环峙,气候宜人,温泉遍布,风光秀丽。温泉附近磺气蒸腾,烟岚浮渺,在称为地狱谷处,有一片温泉沼泽,烟雾弥漫,温度可达 90℃,可沐浴,能治疗皮肤病等。走过日据时代的浴场风光、日本投降后的风声月色,北投近年来正快速从没落颓寂中复生,温泉博物馆、亲水公园带来久违的人文风雅与清泷绿茵,加上观光温泉旅馆区蓬勃更新,韵致幽幽的北投,正以怀旧而清新的风貌,重新蜕变为温泉休闲的热门去处。

### 6. 蝶谷

高雄的美浓和六龟都是台湾省的蝴蝶之乡,每年的蝴蝶产量在 200 万只以上,用蝴蝶制成的标本、蝴蝶画是当地的特产。美浓的蝴蝶翠谷,每年的 3 月至 5 月是蝴蝶的盛产期,届时成千上万的鲜黄小蝶,在清晨的阳光下绕着溪畔飞行,宛如缕缕浮云,片片彩霞,在空中袅袅飘动,十分壮观。六龟彩蝶谷,森林茂盛,终年青翠。每年冬季,以紫蝶为主的大量蝴蝶从各处飞跃山野,群聚到谷中避风过冬,它们栖息于谷内的树枝与树叶上,偶遇惊动,马上万蝶飞舞,在透过树梢的阳光照射下,发出闪闪紫光,景观迷人。

### 7. 兰屿

兰屿是台湾东部的一个小岛,因岛上安山岩含大量硫化铁而呈赤红色,远望如红色人头,故旧称红头屿。又因岛上盛产名贵的蝴蝶兰,后改名为兰屿,并与鼓浪屿、江心屿、东门屿合称"中国四大名屿"。该岛邻近菲律宾北部的巴丹群岛,地处台湾本岛与菲律宾之间的过渡地带,气候潮湿多雨,广布热带雨林,是典型的热带岛屿。岛上风景优美,椰风蕉雨,一派热带风光,有世外桃源之称。在兰屿上,住有 2000 多名雅美族山胞,他们仍然保留着传统和原始的生活习性,他们性格温和、忠厚纯良、能歌善舞。

### 三、典型景点成因剖析

#### (一)丹霞山

##### 1. 丹霞山概况

丹霞山位于湘、赣、粤三省交界处的仁化县境内,距广东省韶关市45 000米,距仁化县城9000米,是广东四大名山之一(其余三座是罗浮山、西樵山、鼎湖山),是国家级重点风景名胜区,国家地质地貌自然保护区,被誉为"中国红石公园"。丹霞山海拔408米,不算高,但它的山崖,远看似染红霞,近看则色彩斑斓。许多悬崖峭壁像刀削斧劈,直指蓝天,无数奇岩美洞隐藏于山中,景色相当绮丽(图11-10)。

图11-10 丹霞山

##### 2. 成因剖析

丹霞地貌发育始于第三纪晚期的喜马拉雅造山运动。丹霞地貌属于红层地貌,所谓"红层",是指在中生代侏罗纪至新生代第三纪沉积形成的红色岩系,一般称为"红色砂砾岩"。形成丹霞地貌的岩层是一种在内陆盆地沉积的红色屑岩,后来地壳抬升,岩石被流水切割侵蚀,山坡以崩塌过程为主而后退,保留下来的岩层就构成了红色山块。世界上丹霞地貌主要分布在中国、美国西部、中欧和澳大利亚等地,以我国分布最广,其中又以丹霞山面积最大、发育最典型、类型最齐全、形态最丰富、风景最优美。

（二）天涯海角

1. 天涯海角概况

天涯海角风景区位于三亚市区约23千米的天涯镇下马岭山脚下,前海后山,风景独特。步入游览区,沙滩上那一对拔地而起的高10多米、长60多米的青灰色巨石赫然入目。两石分别刻有"天涯"和"海角"字样,意为天之边缘,海之尽头。这里融碧水、蓝天于一色,烟波浩瀚,帆影点点。椰林婆娑,奇石林立,如诗如画,那刻有"天涯"、"海角"、"南天一柱"、"海判南天"的巨石雄峙南海之滨,为海南一绝。

图 11-11　天涯海角

2. 成因剖析

天涯海角景区中的"天涯"和"海角"这两块大石头是有来历的,有着一个凄婉、动人的故事。传说一对热恋的男女分别来自两个有世仇的家族,他们的爱情遭到各自族人的反对,于是被迫逃到此地,被逼无奈之下,双双跳进大海,化成两块巨石,永远相对,互相守望着爱人,坚守着他们的承诺。后人为纪念他们坚贞的爱情,刻下"天涯""海角"的字样,后来男女恋爱常以"天涯海角永远相随"来表明自己的心迹,后人也经常用无论天涯海角永不分离来表达对爱人的感情,此地也成为许多新婚燕尔所选择的旅游地。

# 第三节　典型的旅游线路设计

## 一、旅游线路设计

### (一)沿海特区都市风貌旅游线路

1. 线路安排

厦门——深圳——香港——澳门——珠海——广州

2. 线路特色

本线路的沿海都市由于兼受中西文化的影响,表现出不同于内陆地区的特色,在这些沿海城市的游览观光,别具一番风情。本线路游览中的主要景点有厦门的集美村、嘉庚公园、鳌园、南普陀、鼓浪屿;深圳的锦绣中华、世界之窗、中华民俗村;香港的太平山、海洋公园、香港国际会展中心、中环广场、大屿山;澳门的妈祖庙、葡京赌场、大三巴牌坊;珠海的金海滩、圆明新园、东澳岛、珠海渔女、梅溪牌坊、珠海烈士陵园、黄杨山景区;广州的中山纪念堂、越秀公园、陈家祠、黄花岗。自然与人文景观的双重结合更增添了本线路的魅力,使旅游者在感受都市繁华的同时,更能领略到大自然景观的韵味。

### (二)闽粤客家风情游

1. 线路安排

福建宁化石壁——福建长汀——福建永定——福建上杭

2. 线路特色

客家风情是本地区独有的民俗,因此本线路拥有独特的魅力,福建宁化石壁是客家的祖地、长汀是客家首府、永定是客家土楼的典型代表、上杭是客家祖籍地。这四个地区的观光游览,有助于游客体验客家文化,了解客家风情。而客家独特的文化内涵,对旅游者也有特别的吸引之处。

（三）海南热带风光旅游线

1．线路安排

海口——琼海——万宁——三亚

2．线路特色

海南一直是我国旅游的一大热点地区，尤其是最近几年更是成为许多旅游者向往的目的地，是冬季旅游者避寒的良好去处，其独特的南国风光是吸引旅游者的一大亮点所在。在本线路旅游中，可以欣赏到海口的海瑞墓园、五公祠；万宁的兴隆热带植物园，东山岭，日月湾冲浪俱乐部、亚龙湾；三亚的鹿回头、天涯海角、热带海洋动物园、南山文化旅游区等。

（四）台湾宝岛旅游线

1．线路安排

台北——基隆——宜兰——花莲——台东——高雄——嘉义——南投——新竹

2．线路特色

台湾一直是观光旅游的胜地。自 2008 年台湾开放了大陆旅游以来，使许多旅游者有机会一睹宝岛台湾的风采，大陆已成为台湾最重要的客源地。沿途可以欣赏到的旅游景点有台北的阳明山、北投温泉、野柳天然海岸公园、乌来山地风景区；基隆的富隆海滨浴场、仙洞岩、月眉山灵泉寺；宜兰的龟山岛、太平山森林游乐区、鸳鸯湖；高雄的垦丁国家公园、中山大学（台湾地区）、六合夜市等；花莲的太鲁幽峡；恒春的南湾极点、四重溪温泉；嘉义的北回归线标志塔、阿里山；南投的日月潭；新竹的新竹火车站、城隍庙等。

（五）滨海风光游

1．线路安排

福州——莆田——泉州——厦门

2．线路特色

滨海旅游成为本区内很受欢迎的一条线路，游览的景点主要包括，福州的鼓山、国家森林公园、海坛岛；莆田的湄洲岛；泉州的开元寺、清净寺、清源山；厦门的大嶝岛、小嶝岛。丰富多彩的海滨风光对旅游者具有极大地吸引力，成为本区的主打旅游产品。

## 二、该区今后旅游业发展方向和重点

本区在旅游发展中具有得天独厚的优势,旅游资源极其丰富,除了缺失寒带、亚寒带资源外,几乎囊括了国内所有的旅游资源。作为一个旅游业发展非常具有潜力的地区,本区在未来的发展中,一定要抓住自身优势,发展重点旅游产业,不断创新出新的旅游产品,适应旅游者不断发展变化的口味。相信通过不断地努力,本区今后旅游业的发展会有更好的未来。

(一)热带海滨风光游

热带海滨风光游符合现代人对休闲、娱乐的追求,本区最典型的是热带海滨旅游资源,其漫长的海岸线、柔软的沙滩、湛蓝的海水以及岸边的椰树极富魅力,而热带海岸森林景观——红树林和一种热带特有的海岸地貌景观——珊瑚礁,均具有较高的观赏价值。为适应旅游者"远离尘嚣,回归自然"的心理,可以开辟海滨浴场、建立游艇俱乐部、高尔夫球场和练马场、风情商品街、购物中心等,并提供相应服务,让旅游者舒服惬意地享受生活的回归。丰富的海岸风光是吸引旅游者的一大亮点,也是近年来旅游的热点,极富发展潜力。

(二)华侨寻根之旅

华南地区是我国历史上旅外华侨最多的地区。我国海外华人华侨 4000 多万,其中 60% 以上是广东人,其次为福建人。广东的潮汕、梅州地区,广州附近的新会、中山等地,海南省以及福建的厦门、晋江、福清、南安等地,素以侨乡著称。华侨在世界上分布的范围很广,他们久居海外,向往祖国,他们中的很多人返乡省亲探友、游览祖国的名山大川,这是本区旅游业发展不可忽视的一个方面。众多的海外华侨回乡访亲会成为本区旅游业的巨大推动力,因此应满足广大华侨对祖国的眷恋之情,有针对性地开发旅游产品,以更好地拉动本区旅游业的发展和旅游经济的增长。

(三)现代都市游

本区作为经济高速发展的地区,都市游成为区内一大特色,繁华的都市风光是发展旅游业的基础,本区内的厦门、广州、深圳、珠海、香港、澳门等地区的现代都市风光独特、极富魅力,是拉动旅游发展的重要支撑。现代都市风光对年轻人有极大的吸引力,尤其是香港、澳门地区,有别于中国大陆地区,旅游风光更富特色。因此本区应抓住自身所具有的优势,大力发展现代都市游,打造自己的特色,突出自身的文化底蕴。通过不断地开发和完善,相信本区在旅游发展上一定会更上一层楼。

# 练　习　题

1. 简述本区旅游资源形成的区域地理背景。

2. 简述本区旅游资源的独特性表现在哪些方面。

3. 简述本区典型景点的成因。

4. 结合本区旅游资源的特征,分析旅游资源开发过程中的有利与不利因素。

5. 结合本区旅游业发展现状,分析应采取哪些对策加快本区旅游业的发展。

6. 结合本区资源特色、旅游业发展现状及旅游发展最新趋势设计出几条典型旅游线路。

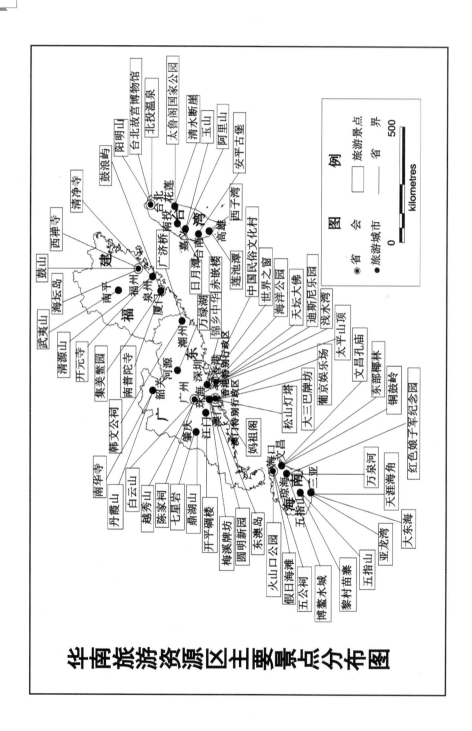

华南旅游资源区主要景点分布图

# 第十二章

# 西南旅游资源区

本区包括云南、贵州、广西、四川、重庆五省(区、市),与老挝、缅甸和越南相邻,边境贸易日渐繁荣。区内地貌类型多样,岩溶地貌发育完整,山川秀丽,气候温和,四季如春,景观的水平与垂直分布复杂,动植物资源丰富。本区是我国最大的少数民族聚居地,其中云南省是我国世居少数民族最多的省份。

## 第一节　区域环境与经济发展概况

### 一、自然地理特征

(一) 高原、盆地、河谷错杂分布,溶岩地貌广布

西南旅游区是一极特殊的区域,处于我国版图的西南部,横跨我国第二、第三阶梯。地形自西向东依次为川西高原、横断山脉南麓、四川盆地、云贵高原、两广丘陵西部及海滨平原。地势起伏较大,地形复杂多样,高山、高原、峡谷、盆地、丘陵、平原、海岛、平坝竞相交错。本区是我国碳酸岩分布最广、喀斯特地貌发育最为典型、完美的地区。云南东部及贵州、广西沉积了 3000～6000 米的海相碳酸岩;四川西部、重庆东部及东南部也有类似岩石分布,这为岩溶作用提供了条件。褶皱和断裂使岩溶作用得以向岩体深部发育,形成典型的南方喀斯特地貌形态。

(二) 以亚热带季风气候为主的多样气候类型

本区地处北纬 20°～34°之间,以亚热带季风气候为主;加之距海较近,受大洋暖流影

响,气候温暖湿润,四季如春,冬夏常绿,四季皆宜旅游。但由于受纬度、大气环流和地形的影响,本区内各地的小气候差异较明显。广西地处低纬地区,属亚热带季风气候区,是我国水热条件较丰富的地区,其主要的气候特点是夏热冬干,夏长冬短,雨热同期;其南部与北部气候有所差异,冬季北部气温较低,南部四季不甚分明,一年四季皆宜旅游。贵州属于亚热带高原季风气候,雨热同期,冬无严寒,气候温和,多阴雨天气,俗有"天无三日晴"之称。云南受地形、纬度等因素影响,气候垂直分布现象明显,表现出特殊的高原型季风气候,冬季干燥,夏季湿润,干湿季明显。滇西北、滇北地形高起,属高寒区,气温较低;滇南、滇西南地处热带,长夏无冬;滇中广大地区年温差较小,冬暖夏凉,四季如春。昆明是我国最著名的春城。四川、重庆除川西高原为高寒气候,其余大部分地区属亚热带季风气候,以冬温夏热、四季分明、降水丰沛为主要特征。

### （三）水系发达,河湖密布

本区河流众多,纵横交错,河川径流发育,河网密度大,水资源十分丰富,尤与高原、山地、盆地、喀斯特地貌等相互配合,地表水与地下水交相呼应,形成独特的山水风光。广西河流分属珠江、长江、独流河三大水系,河流众多,形成许多著名的风景河段,有漓江、灵渠、红水河、盘阳河等,流泉、飞瀑点缀其间,景色奇丽壮美。广西的海岸具有海景景观,如北海银滩、东兴金滩等,沿海岛屿众多,造就了许多美不胜收的景色。云南拥有怒江、澜沧江、金沙江、红河、南盘江和伊洛瓦底江六大水系及以著名的滇池、洱海、抚仙湖、泸沽湖为代表的天然湖泊构成的云南河湖体系。云南的河流干流在滇西北受地势的影响,呈南北流动,金沙江、澜沧江、怒江靠近并平行南下,形成"三江并流"奇观。贵州河流向南、北、东方向顺地势呈扇状流动,全省河流分为乌江和南、北盘江两大水系。乌江流域河流景观优美,落差较大,瀑布峡谷众多,形成了许多著名的旅游景区,如黄果树瀑布群、沅阳河、马岭河峡谷等。长江与嘉陵江在四川、重庆形成了与长江三峡并立的峡谷旅游资源。岷江、沱江、青衣江孕育了成都平原,并提供了水利灌溉之利。

## 二、人文环境特色

### （一）悠久的巴蜀文化

起源于夏商,壮大于春秋战国的巴蜀文化,是我国地域文化的重要组成部分。巴人所居的四川东部地带"土植五分,牲具六畜"。巴人在此定居后,与土著居民开垦土地、修建城堡、种植树木、挖掘矿藏,使川东地区早在春秋战国时期就得到了较大的开发。蜀人在成都平原经过若干世纪努力,使原来沼泽密布、荆棘丛生之地变为沃野。战国时期,蜀地已因富饶而闻名于世。三国时期,蜀地更因其"天府"优势形成可与魏、吴抗衡的"三足鼎立"局面的一部分,留下了古栈道、古战场、古桥梁及文人墨客的诗文、墨迹等历史遗迹。这些均构成本区重要的旅游资源。

### (二)近代革命发源地

西南地区有着优良的革命传统与不屈不挠的斗争精神,使本区成为近代革命斗争的发源地,为反帝、反封建及中华民族独立作出了巨大贡献。如洪秀全领导的太平天国起义、邓小平领导的百色起义、龙川起义和遵义会议、巧夺金沙江等历史事件,在本区留下许多革命遗址与纪念地,可以结合革命传统教育,开展红色旅游。

### (三)多姿多彩的少数民族风情

本区亦是我国少数民族分布最多、最集中的地区,少数民族人口占全区总人口的1/2以上。各民族在长期的生产、生活过程中形成了本民族特有的风情与文化,他们在服饰、礼仪、习俗、建筑以及节日、民间工艺和烹饪技术等方面都有自己鲜明的特色,民族节庆、民族体育和娱乐项目繁多。五彩斑斓的民族风情,为开展文化旅游和参与性旅游奠定了坚实的基础。

## 三、区域经济发展概况

### (一)区域经济发展现状

本区地处我国西南部,与缅甸、老挝、越南山水相连,与其共有的国界线漫长,与周边国家发展贸易往来密切,是我国通向东南亚,沟通太平洋、印度洋的陆路通道,也是我国实施西南沿边、沿海开放的重要地区,具有沿边、沿海、沿线的区位优势,是实施"西部大开发"与"中部崛起"战略的前沿阵地。近年来,本区经济发展速度较快,取得了较好的成效(见表12-1)。其中,四川、广西两省区国民生产总值分别位居全国第6、17位。重庆市、成都市、昆明市、南宁市、柳州市、贵阳市、桂林市等则位居2015年中国国民生产总值超千亿城市名单之列,且重庆、成都两市位居全国第7、10位。在西部11个地区综合竞争力排名中,四川省综合排名始终处于第1位,重庆综合排名维持在4~5名的水平。

**表 12-1　该区各省(区、市)国民生产总值**　　　　　　　　　　(单位:亿元)

| 年份＼地区 | 云南 | 广西 | 贵州 | 四川 | 重庆 |
|---|---|---|---|---|---|
| 2013 | 11 720.91 | 14 449.90 | 8006.79 | 26 392.07 | 12 783.26 |
| 2014 | 12 814.59 | 15 672.89 | 9251.01 | 28 536.66 | 14 262.60 |
| 2015 | 13 717.88 | 16 803.12 | 10 502.56 | 30 103.10 | 15 719.72 |

资料来源:各省国民经济和社会发展统计公报(2013—2015年)(数据不包含港澳台地区)

## (二)区域旅游发展概况

本区旅游业发展迅速,产业效益明显,使"大西南旅游圈"的内涵和外延不断丰富和扩展,成为我国重要的旅游业增长极(见表 12-2)。2015 年,云南省旅游接待总人数 3.33 亿人次(国内旅游者 3.23 亿人次,入境旅游者 1075.32 万人次);旅游总收入 3281.79 亿元,同比增长 23.1%。广西壮族自治区旅游接待总人数 3.41 亿人次(国内旅游 33 661.37 万人次,入境旅游者 450.06 万人次);旅游总收入 3254.18 亿元,同比增长 25.1%。贵州省旅游接待总人数 3.76 亿人次(国内旅游者 3.75 亿人次,入境旅游者 94.09 万人次);旅游总收入 3512.82 亿元人民币,同比增长 21.3%。四川省 2015 年旅游接待总人数 5.927 亿人次(国内旅游者 5.9 亿人次,入境旅游者 273.2 万人次);旅游总收入 6210.5 亿元人民币,同比增长 27%。重庆市 2015 年旅游接待总人数 3.92 亿人次(国内旅游者 3.89 亿人次,入境旅游者 282.53 万人次);旅游总收入 2250 亿元人民币,同比增长 12.66%。

**表 12-2　西南地区旅游总收入**

| 城市 | 2013 | | 2014 | | 2015 | |
|---|---|---|---|---|---|---|
| | 旅游总收入/亿元 | 增长率/(%) | 旅游总收入/亿元 | 增长率/(%) | 旅游总收入/亿元 | 增长率/(%) |
| 云南 | 2111.24 | 24.0 | 2665.74 | 26.32 | 3281.79 | 23.1 |
| 贵州 | 2370.65 | 27.4 | 2895.98 | 22.2 | 3512.82 | 21.3 |
| 广西 | 2057.14 | 23.9 | 2601.99 | 26.5 | 3254.18 | 25.1 |
| 四川 | 3877.4 | 18.2 | 4891.0 | 26.1 | 6210.5 | 27.0 |
| 重庆 | 1771.02 | 6.5 | 2003.3 | 13.1 | 2250 | 12.66 |

资料来源:各省(市)国民经济和社会发展统计公报(2013—2015 年)(数据不包含港澳台地区)

## 四、区域旅游特色

### (一)旅游资源类型齐全,品位较高

首先,本区旅游资源类型众多,按照国家旅游局《旅游资源普查规范》(2003 年)或其他旅游资源分类方案,除了没有荒漠类的旅游资源外,其余各类旅游资源在本区均有分布;其次,旅游资源品位较高,许多旅游资源在世界或中国属于独有种。整个西南地区拥有的溶洞种类之多堪称世界之最,三江并流、黄果树瀑布、桂林山水等自然景观以及金丝猴、大熊猫、印度豹、华南虎、珙桐、杜鹃、各种蕨类等动植物资源在中国乃至世界绝无仅有;人文旅游资源方面,丽江古城、灵渠、夜郎古国、遵义会议遗址、太平天国起义、百色起义、龙川起义遗址以及多姿多彩的少数民族风情也极具垄断性。

（二）景观垂直变化显著，观赏性强

西南地区大部分属亚热带常绿阔叶林地带，只有北部的大巴山地、汉水谷地属于北亚热带常绿阔叶与落叶阔叶混交林地带。高原、盆地错杂的地表结构使景观垂直分布明显。从山麓到山顶出现热带、亚热带、暖温带、温带、寒温带、高山苔原及雪山冰原等多种类型，形成"山腰百花山顶雪，河谷炎热穿单衣""一山有四季，十里不同天"的气候景象，可在极短的时空范围内体验到四季的变化，欣赏到多个气候带的自然景观。

（三）生物资源丰富，极具科考和旅游价值

本区自然生态环境优秀，滋生和孕育了种类繁多、组成复杂的野生动植物。如广西有国家濒危保护植物 389 种，以银杉、木沙椤、金茶花、冷杉、望天树、铁杉最具代表性；野生动物资源也极其丰富，其中以灵长类和鸟类资源最为丰富。云南拥有丰富的生物资源，集中了从热带、亚热带、亚温带甚至寒带的所有生物品种。贵州动物和植物数量种类众多，珍稀动物多达 30 多种。四川植被覆盖率高，四季山清水秀，深山峡谷原始生态各异，建立了多个自然保护区。这些生物资源不但有着极高的科考价值，而且形态优美，观赏价值高。

（四）旅游资源具有原生态之美

由于历史原因及地理环境限制，本区受到近代工业、文化影响较小，自然旅游资源与人文旅游资源保持鲜明的原生态特色。西南地区自然环境良好，原始森林面积广大，许多物种为本区独有。区内的宗教文化多自然神灵的崇拜习惯，体现了原始宗教的个性特征，如东巴族的图腾崇拜、傣族泼水节、侗族六月节、彝族火把节等性灵崇拜文化，佛教文化也保持着小乘佛教的早期经典。本区少数民族保持了极具民族特色的服装款式与装饰，其服装的样式、色彩、边饰以及佩戴的金、银、骨、藤及纹身绣面等都有鲜明的地域特色，又因民族意识与观念的差异，导致了审美观的巨大差别，如壮、佤、景颇、傣各族以黑齿为美，彝、景颇、基诺诸族男子有戴耳坠的习俗，傣族拔去好齿换上金或银齿以示富有，傣、佤、德昂、壮等族保留有纹身和绣面这种原始的装饰习惯。

## 第二节　主要旅游资源与旅游目的地

### 一、主要旅游资源分类

西南旅游资源区的旅游资源种类齐全，以岩溶地貌、水文景观、森林景观和民族风情为代表，具体情况见表12-2。

表 12-2　西南旅游资源区旅游资源分类表

| 主类 | 亚　类 | 基本类型 |
|---|---|---|
| A 地文景观 | AA 综合自然旅游地 | 高黎贡山、石宝山、鸡足山、四姑娘山、邛海泸山、四面山、贡嘎山、峨眉山、青城山、三娘湾、玉龙雪山自然垂直带 |
| | AB 沉积与构造 | 陆良彩色沙林、自贡恐龙化石点、曲靖古生物化石 |
| | AC 地质地貌过程形迹 | 邱北普者黑峰林峰丛、路南石林、万盛石林、广安石林、三衢石林、绿色石林、靖西通灵大峡谷、雅安碧峰峡、虎跳峡、怒江大峡谷、花江大峡谷、巫山小三峡、碧峰峡、嘉陵江小三峡、九洞天风景区、西羌九黄山猿王洞景区、武隆芙蓉洞、三元洞、色漏洞、玉林龙泉洞、马山金伦洞、乐业"天坑群"、水城干河天生桥、黎平天生桥、绥阳双河洞、紫云格必河苗厅、盘县白雨洞、龙宫、织金洞、建水燕子洞、阿庐古洞、丰都雪玉洞、灌阳龙宫、石海洞乡、芙蓉洞、奉节小寨天坑、桂林冠岩、荔浦丰鱼岩、钟山碧水岩、芦笛岩、七星岩、都乐岩、伊岭岩、习水中国丹霞谷 |
| | AD 自然变动遗迹 | 汶川地震遗址、大石围天坑、腾冲火山群、北海涠洲岛火山遗址 |
| | AE 岛礁 | 南诏风情岛、涠洲岛、北海外沙岛、银滩江山半岛 |
| B 水域风光 | BA 河段 | 澜沧江-湄公河、漓江、三江并流、灵渠、红水河、盘阳河 |
| | BB 天然湖泊与池沼 | 滇池、程海、泸沽湖、抚仙湖、阳宗海、异龙湖、星云湖、红枫湖、杞麓湖、洱海、北海湿地 |
| | BC 瀑布 | 黄果树瀑布、古东瀑布陡坡塘瀑布、九龙瀑布群、赤水大瀑布、隆林冷水瀑布群、德天瀑布、宝鼎瀑布、靖西三叠岭瀑布、龙州响水瀑布、应天府瀑布 |
| | BD 泉 | 南宁九曲湾温泉、中国死海、腾冲热海、龙胜温泉、陆川温泉、象州温泉、全州炎井温泉、平乐仙家温泉 |
| | BE 河口与海面 | 北海银滩、东兴金滩 |
| | BF 冰雪地 | 玉龙雪山、梅里雪山、西岭雪山、白茫雪山、轿子雪山、海螺沟冰川 |
| C 生物景观 | CA 树木 | 西山森林公园、西双版纳原始森林公园、云南瑞丽莫里热带雨林景区、姑婆山国家森林公园、蜀南竹海、中国榕树王 |
| | CB 草原与草地 | 盘县高原草场、花甸坝、龙胜南山牧场、塔公草原 |
| | CC 花卉地 | 呈贡斗南鲜切花生产基地、三圣花乡、国色天香乐园、昆明世博园 |
| | CD 野生动物栖息地 | 森林公园、自然保护区等(详见附表 1:西南旅游资源区国家级森林公园与自然保护区名录) |

（续表）

| 主类 | 亚类 | 基本类型 |
|------|------|---------|
| D 天象与气候景观 | DA 光现象 | 墨江北回归线标志园、峨眉山佛灯 |
| | DB 天气与气候现象 | 漓江烟雨、苍山玉带云、陀关把关雾 |
| E 遗址遗迹 | EA 史前人类活动场所 | 穿洞旧石器遗址、海龙囤遗址、龙胜梯田（龙脊梯田）、三星堆 |
| | EB 社会经济文化活动遗址遗迹 | 大理古城、昭化古城、丽江古城、福泉古城垣、古镇黄龙溪、黄平旧州古镇、安仁古镇、南长城、桂平太平天国金田起义旧址、遵义会议会址、娄山关 |
| F 建筑与设施 | FA 综合人文旅游地 | 西双版纳热带植物园、大熊猫繁育研究基地、金源方特科幻公园、乐满地度假世界、海兰云天温泉度假区、昆明世界园艺博览园、汇龙生态园、绥阳博雅苑 |
| | FB 单体活动场所 | 骁骑营马术俱乐部、自驾车旅游营地、百色起义纪念馆 |
| | FC 景观建筑与附属型建筑 | 崇圣寺三塔、石钟山石窟、昆明大观楼、昆明金殿名胜区、来仙阁、文昌阁（楼阁）、乐山大佛、大足石刻、沧源崖画（摩崖字画） |
| | FD 居住地与社区 | 坪箐大花苗寨、营官藏寨、黎平侗乡、钦州刘冯故居、杜甫草堂、周逸群故居、大邑刘氏庄园、桂林靖江王城（名人故居与历史纪念建筑）、姐告边贸经济区、曼景兰旅游一条街、瑞丽边贸街（特色市场与街巷） |
| | FE 归葬地 | 柳侯祠、成都武侯祠 |
| | FF 交通建筑 | 天保口岸 |
| | FG 水工建筑 | 曼飞龙水库、灵川青狮潭、百色澄碧河、富川龟石、邕宁大王滩、合浦洪湖江、傣族水井塔、都江堰、灵渠 |
| G 旅游商品 | GA 地方旅游商品 | 美食（川菜、过桥米线、花江狗肉等）、名茶（普洱茶、沱茶、西农毛尖等）、名酒（茅台、小糊涂仙）、名烟（红塔山、云烟）、特产（沙田柚、荔枝、龙眼、菠萝）、名贵药材（天麻、七药、黄连、庙参等）、工艺产品（个旧锡画、斑铜制品、紫陶、蜀绣、扎染、贝雕、漆器、布依毯、芦笙、三峡石砚等） |
| H 人文活动 | HB 艺术 | 《云南映象》《印象·刘三姐》、川剧 |
| | HC 民间习俗 | 摩梭阿注婚（地方风俗与民间礼仪）、侗族大歌、傩戏歌舞、芦笙铜鼓、苗族踩花山（民间演艺）、傣族泼水节、火把节、苗族斗牛会、壮族三月三歌节、盘王节、仫佬族走坡节、侗族花炮节、成都青羊宫花会、川西北藏族转山会（民间节庆） |
| | HD 现代节庆 | 云南腾冲火山热海文化旅游节、贵州民族体育旅游节、重庆山水都市旅游节、云南民族服装服饰文化节、四川美食文化节、广西崇左边关国际旅游节、昆明世界园艺博览会 |

## 二、次旅游区及主要旅游景区(点)

本区分为五个次旅游区,即云南次旅游区、贵州次旅游区、广西次旅游区、四川次旅游区和重庆次旅游区。各次旅游区内旅游景点内容丰富多样,同时它们还是中国旅游经济较为发达、产业效益较为明显的地区之一,在全国旅游业中居于重要的地位。下面分别介绍各次旅游区内的景区(点)。

(一)云南次旅游区

云南省,简称"云"或"滇",地处中国西南边陲、北回归线横贯南部,面积 39.4 万平方千米。自然资源丰富,素有"植物王国""动物王国""有色金属王国""药材之乡"等美誉。有 51 个少数民族,是我国少数民族最多的省份。旅游资源丰富多彩,气候宜人,民风民情融入自然山水之中,形成一幅美丽而动人的画卷。

截至 2015 年,全省共有世界自然遗产 2 处[三江并流、中国南方喀斯特(云南路南石林、贵州荔波森林喀斯特、重庆武隆立体喀斯特)];世界文化遗产 1 处(云南丽江古城);A级旅游景区 214 家,其中,5A 级 6 家(昆明石林风景区、丽江玉龙雪山景区西双版纳热带植物园、大理崇圣寺三塔文化旅游区、丽江古城、迪庆香格里拉普达措景区),4A 级 65 家。

### 1. 玉龙雪山景区

景区位于丽江市北 15 000 米处,包括整个玉龙雪山及其东侧的部分区域,面积 396 平方千米,是北半球距赤道最近的现代海洋性冰川。玉龙雪山以险、奇、美、秀著称,以高山冰雪风光、高原草甸、原始森林、雪山水域风光为主,是集观光、登山、探险、科考、度假、郊游为一体的综合性旅游区。1988 年被评为国家级风景名胜区,2007 年评为国家 5A 级景区(图 12-1)。

玉龙雪山因地处亚热带极高山地,从山脚河谷到峰顶具备了亚热带、温带到寒带完整的垂直带自然景观,动植物资源丰富。

玉龙雪山是纳西族及丽江各民族心目中的神山,纳西族的保护神"三朵"就是玉龙雪山的化身,至今丽江还举行每年一度盛大的"三朵节"。同时,玉龙雪山至今还是一座人类尚未征服的处女峰,其神秘性吸引着无数探险者。

### 2. 路南石林

景区坐落于昆明市石林彝族自治县境内,因灰黑色的石峰、石柱远望犹如一片苍莽的森林而得名。由大、小石林、乃古石林、大叠水、长湖、月湖、芝云洞、奇风洞 7 个景区组成。石林是世界最典型的喀斯特地貌景观,中国四大自然景观之一,素有"造型地貌天然博物馆"之称。此地为国家重点风景名胜区、世界地质公园、世界自然遗产、国家 5A 级景区。

图 12-1　玉龙雪山

主要游览区李子箐,是景区石林单体最大、最集中、最美的一处。近年,修建了阿诗玛文化生态园、世界自然遗产展示地等项目,加之气候四季如春,舒适宜人,使其成为游览观光、休闲度假的好去处。

### 3. 苍山洱海自然保护区

苍山洱海自然保护区位于云南省大理市,面积 79 700 公顷,1981 年经云南省人民政府批准建立,1994 年晋升为国家级自然保护区,主要保护对象为高原淡水湖泊、水生动植物、南北动植物过渡带自然景观及冰川遗迹。

本区地处滇中高原西部与横断山脉南端交汇处,主峰点苍山位于横断山脉与青藏高原的结合部,顶端保存着完整的冰融地貌。区内具有明显的七大植物垂直带谱,保存着从南亚热带到高山冰漠带的各种植被类型,是世界高山植物区系最富有的地区。本区已鉴定的高等植物有 2849 种,其中国家重点保护植物 26 种,同时还是数百种植物模式标本的产地。洱海为云南第二大淡水湖泊,水生动植物资源比较丰富,有鱼类 31 种,其中特有种 8 种,两栖动物 33 种,水禽类 59 种。此外,本区还拥有丰富的人文历史遗迹。苍山洱海保护区集自然景观、地质地貌、生物资源与人文历史等特色为一体,在国内尚属少见,在国际上也有较高的知名度(图 12-2)。

**图 12-2 苍山洱海**

苍山景色向来以雪、云、泉著称。经夏不消的苍山雪,是素负盛名的大理"风、花、雪、月"四景之最。在苍山顶上,分布有许多高山冰碛湖泊,湖泊四周是遮天蔽日的原始森林。还有 18 条溪水,泻于 19 峰之间,滋润着山麓坝子里的土地,也点缀了苍山的风光。苍山还是一个花团锦簇的世界。不仅有几十种杜鹃,而且有珍稀的苣碧花和绣球似的马缨花等。洱海古名昆明池、洱河、叶榆泽等,早在汉代已名载史册。因形似人耳,又名洱海。洱海属高原淡水湖泊,海拔 1972 米,属构造湖,湖岸东、西多崖壁,北、西、南三面为沙洲。洱海水深清澈,透明度高,好似一面玉镜,镶嵌在苍山脚下。湖光山色,秀丽无比,宛若无瑕的美玉,素有"银苍玉洱"之誉。在苍山脚下、洱海之滨,还有一处闻名遐迩的游览胜地——蝴蝶泉。每年 4 月初,来此聚会的彩蝶多的难以数计,色泽绚丽,如霞如锦,蔚为壮观。

南诏风情岛是洱海三岛之一。岛上风光旖旎,海天一色,风月无边;千年古榕枝繁叶茂,幽穴古洞盘曲交错;岛屿四周水清沙白,苍洱百里壮景尽收眼底,可谓"山同人朗,水与情长"。

### 4. 崇圣寺三塔

崇圣寺三塔又称"大理三塔",位于大理市以北 1500 米处,背靠苍山、面临洱海。三塔由一大二小三座佛塔组成,呈鼎立之态,远远望去,雄浑壮丽,是苍洱胜景之一。崇圣寺初建于南诏丰佑年间(公元 824—859 年),是大理"文献名邦"的象征,也是中国南方最古老最雄伟的建筑之一。崇圣寺三塔布局齐整,保存完善,外观造型相互协调。三塔与远处的苍山、洱海相互辉映,点缀出古城大理的历史风韵,虽经历了千年风雨剥蚀和多次大地震,依然完好无损。1961 年被列为第一批全国重点文物保护单位,2003 年荣获国家 5A 级旅游风景区证书,2004 年通过 ISO9001—14001 质量环境管理体系认证。

### 5. 泸沽湖

泸沽湖位于宁蒗县北部永宁乡和四川省盐源县西部的万山丛中,距宁蒗县城 73 千米,距丽江县城 200 多千米。泸沽湖为川滇两省界湖,为两省共有。泸沽湖古称鲁窟海子,又名左所海,俗称亮海。纳西族摩梭语"泸"为山沟,"沽"为里,意即"山沟里的湖"。其面积 49.5 平方千米,海拔 2690 米,平均水深 45 米,最深处达 93 米,透明度高达 11 米,最大能见度为 12 米,湖水清澈蔚蓝,是云南海拔最高的湖泊,也是中国最深的淡水湖之一。湖中有 5 个全岛、3 个半岛和 1 个海堤连岛,形态各异,翠绿如玉。水清岛美,湖岸曲折多湾(图 12-3)。

泸沽湖四周崇山峻岭,一年有三个月以上的积雪期。森林资源丰富,山清水秀,空气清新,景色迷人,泸沽湖被当地摩梭人奉为"母亲湖",也被人们誉为"蓬莱仙境"。泸沽湖沿岸现居住有蒙古族摩梭人和彝、汉、纳西、藏、普米、白、壮等 9 个民族,约 1.3 万人,其中蒙古族约 6000 人(四川泸沽湖沿岸摩梭人 5000 余人)。泸沽湖风景区以其典型的高原湖泊自然风光和独特的摩梭母系民族文化形成了特色突出的自然景观与人文景观,被列为国家 4A 级景区。居住在这里的摩梭人(纳西族的一支),有自己的母语摩梭语,与纳西语有共同之处,但是没有自己的文字;其文化为达巴文化,信奉藏传佛教。摩梭人是中国唯一仍存在的母系氏族社会,实行"男不娶,女不嫁"的母系氏族婚姻制度(俗称走婚),故有"东方女儿国"之称。

### 6. 大理古城

大理古城古称叶榆,又称紫城,其历史可追溯至唐天宝年间,南诏王阁逻凤筑的羊苴咩城(今城之西三塔附近)为其新都。现在的古城始建于明洪武十五年(1382 年),方圆十二里,城墙高二丈五尺,厚二丈,东西南北各设一门,均有城楼,四角还有角楼。解放初,城

**图 12-3　泸沽湖**

墙均被拆毁。1982 年,重修南城门,门头"大理"二字是郭沫若书法而成。1982 年大理古城被列入首批 24 个历史文化名城之一。由南城门进城,一条直通北门的复兴路,成了繁华的街市,沿街店铺比肩而设,出售大理石、扎染等民族工艺品及珠宝玉石。街巷间一些老宅,也仍可寻昔日风貌,庭院里花木扶疏,鸟鸣声声,户外溪渠流水淙淙。"三家一眼井,一户几盆花"的景象依然。古城内东西走向的护国路,被称为"洋人街"。这里一家接一家的中西餐馆、咖啡馆、茶馆及工艺品商店,招牌、广告多用英文书写,吸引着来自世界各地的游客,在这里流连踯躅,寻找东方古韵,渐成一道别致的风景。久负盛名、一年一度的民族传统盛会"三月街",就在城西苍山脚下举行。

7. 腾冲

腾冲县位于滇西边陲保山市,西部与缅甸毗邻,历史上曾是古西南丝绸之路的要冲。腾冲县是著名的侨乡、文化之邦和翡翠集散地,也是省级历史文化名城。腾冲在西汉时称滇越,大理国中期设腾冲府。由于地理位置重要,历代都派重兵驻守,明代还建造了石头城,称之为"极边第一城"。腾冲有中国最密集的火山群和地热温泉。90 多座火山雄峙苍穹,80 余处温泉喷珠溅玉,温泉泉眼数以万计。国家级热海风景名胜区位于腾冲县城西南 20 千米处,面积约为 9 平方千米,较大的气泉、温泉群共有 80 余处,其中 10 个温泉群的水温达 90℃ 以上,到处都可以看到热泉在呼呼喷涌,世界罕见。热海中最典型的是"大滚锅",它的直径 3 米多,水深 1.5 米,水温高达 96.6℃,昼夜翻滚沸腾,四季热气蒸腾。现在热海建有多家疗养院、浴室,并建起了一些娱乐设施,前来旅游、治疗的人每日络绎不绝。

### 8. 迪庆——香格里拉

迪庆藏语意为"吉祥如意的地方",是云南省唯一的藏族自治州,位于云南省西北部滇、藏、川三省区交界处,处于国家三江并流风景名胜区的中心地带。迪庆藏族自治州境内包括德钦县、维西傈僳族自治县及香格里拉市,有藏、傈僳、纳西、汉、白、回、彝、苗、普米等 9 个千人以上的民族和其他少数民族 16 个。英国人詹姆士的小说《消失的地平线》中所描绘的香格里拉据考证即为迪庆(图 12-4)。

**图 12-4　迪庆-香格里拉**

迪庆有梅里雪山、白茫雪山和哈巴、巴拉更宗等北半球纬度最低的雪山群,并拥有明永恰、斯恰等罕见的低海拔(海拔 2700 米)现代冰川,具有巨大的观赏价值和科学考察、探险价值。金沙江、澜沧江贯穿迪庆全境,其中澜沧江大峡谷、虎跳峡和碧壤翁水大峡谷以深、险、奇、峻闻名于世。境内的神女千湖山、碧塔海、硕都湖、纳帕海、天鹅湖等高山湖泊是亚洲大陆最纯净的淡水湖泊群。此外,迪庆拥有丰富多样的珍稀动植物。迪庆25个民族世代杂居,各信其教,相融共处,举世罕见。藏传佛教、基督教、东巴教、苯教(雍仲本教)、天主教、伊斯兰教等各具特色,松赞林寺、东竹林寺等寺庙建筑宏伟,气象万千。迪庆是歌舞之乡,被国际音乐界视为"圣地"。藏族的中甸锅庄舞、维西塔城热巴舞、德钦弦子舞,傈僳族的对脚舞等,独具特色;藏族的丹巴舞、格冬节宗教色彩浓郁,耐人寻味;藏历新年、五月赛马节、傈僳族的阔时节和纳西族的"二月初八朝白水"等民族节庆热闹非凡。多种民风、民俗独具特色,民族服饰、饮食风格多样,礼仪内涵丰富,丧葬形式极具神奇色彩。

### 9. 三江并流

"三江并流"自然景观位于青藏高原南延部分的横断山脉纵谷地区,由怒江、澜沧江、金沙江及其流域内的山脉组成,整个区域达4.1万平方千米。它地处东亚、南亚和青藏高原三大地理区域的交汇处,是世界上罕见的高山地貌及其演化的代表地区,也是世界上生物物种最丰富的地区之一。同时,该地区还是16个民族的聚居地,是世界上罕见的多民族、多语言、多种宗教信仰和风俗习惯并存的地区。由于三江并流地区特殊的地质构造,亚欧大陆最集中的生物多样性特征、丰富的人文资源、美丽神奇的自然景观使该地区成为唯一的、独特的世界奇观。

"三江并流"世界遗产提名地由八大片区组成。"怒江、澜沧江、金沙江"四山夹三江的典型地貌奇观将八大区有机地结合在一起,其中每一个都是世界"谜题",分别代表了不同流域、不同地理环境下的生物多样性、地质多样性、景观多样性的典型特征,相互之间存在着在整体价值上的互补性和在典型资源上的不可替代性,由此构成了"三江并流"资源价值的"唯一性和完整性"。

### 10. 丽江

丽江位于云南省西北部云贵高原与青藏高原的连接部位,与四川阆中、山西平遥、安徽歙县并称为"保存最为完好的四大古城"。其地处滇、川、藏交通要冲,自古以来是汉、藏、白、纳西等世族文化、经济交往的枢纽,是南方丝绸之路和"茶马古道"的重镇及军事战略要地。长期的民族交融、多种文化的汇交、悠久的历史积淀,形成了独具特色的以纳西文化为代表的民族文化。境内名胜古迹随处可见,自然景观多姿多彩,民族文化璀璨夺目。1986年国务院公布为中国历史文化名城;1997年12月被联合国教科文组织正式批准列入《世界遗产名录》,成为全国首批受人类共同承担保护责任的世界文化遗产城市;

2001 年 10 月被评为全国文明风景旅游区示范点；2002 年荣登"中国最令人向往的 10 个城市"行列。

（二）贵州次旅游区

贵州省，简称"黔"或"贵"，地处中国西南地区。北接四川、重庆，南接广西，东临湖南，西与云南毗连。面积 17.61 万平方千米，人口 3529.50 万（截至 2015 年）。贵州是多民族聚居的省份，除汉族外，还居住着 55 个民族，各民族历史悠久，形成自己独特的文化和习俗。每年五彩缤纷的民族节日超过 1000 个。贵州少数民族粗犷豪放、热情质朴，丰富多彩的民族歌舞各具特色，成为贵州民族风情和民间艺术百花园中的奇葩。贵州各族能歌善舞、热情好客，它那浓郁的民族风情犹如醇美的茅台酒令人心醉。侗家鼓楼和风雨桥、苗族吊脚楼、布依族石头寨。此外，其精湛的银饰花带、绮丽的挑花蜡染、多彩的民族服装，侗族大歌、傩戏歌舞、芦笙铜鼓，壮观的斗牛大赛，惊险的上刀梯、下火海，都令人啧啧称赞，心仪不已。被世界旅游组织盛赞为"生态之州、文化之州、歌舞之州、美酒之州"。

截至 2015 年，全省共有世界自然遗产 1 处（中国南方喀斯特），国家级风景名胜区 18 个（黄果树等），国家级自然保护区 8 个（梵净山等），国家森林公园 21 个（百里杜鹃等），国家地质公园 6 个（织金洞等），国际性民族生态博物馆 4 个（六枝梭戛等），全国重点文物保护单位 39 个（青龙洞等），国家级非物质文化遗产 31 项 54 个（侗族大歌等），省级风景名胜区 56 个，民族文化旅游村寨 1.8 万个。国家 A 级景区 150 家，其中，国家 5A 级旅游区 4 处（黄果树大瀑布景区、安顺龙宫景区、毕节市百里杜鹃景区、黔南州荔波樟江景区），国家 4A 级旅游区 60 处。

1. 黄果树瀑布

黄果树风景名胜区位于贵州安顺市西南 45 千米处，镇宁布依族苗族自治县境内。黄果树瀑布是我国乃至世界上最著名的瀑布游览区之一，是我国第一批国家重点风景名胜区。以世界上最大的瀑布群被列入吉尼斯世界纪录。2007 年被评定为国家 5A 级旅游区（图 12-5）。

景区以黄果树瀑布为中心，以瀑布、溶洞、地下湖为主体，分布着雄、奇、险、秀，风格各异的大小瀑布 18 个，形成一个庞大的瀑布"家族"。黄果树大瀑布是黄果树瀑布群中最为壮观的瀑布，是世界上唯一可以从上、下、前、后、左、右六个方位观赏的瀑布，也是世界上有水帘洞且能从洞内外听、观、摸的瀑布。瀑布对面建有观瀑亭，游人可在亭中观赏汹涌澎湃的河水奔腾直泻于犀牛潭。腾起水珠在附近形成水帘，盛夏到此，暑气全消。瀑布后绝壁上凹成一洞，称"水帘洞"，洞深 20 多米，洞口常年为瀑布所遮，可在洞内窗口窥见天然水帘之胜境。明代旅行家徐霞客考察大瀑布赞叹道："捣珠崩玉，飞沫反涌，如烟雾腾

图 12-5　黄果树瀑布

空,势甚雄伟;所谓'珠帘钩不卷,匹练挂遥峰',俱不足以拟其壮也,高峻数倍者有之,而从无此阔而大者。"

### 2. 习水丹霞谷

丹霞谷位于贵州省遵义市习水县三岔河习水自然保护区内,处于川、黔、渝旅游"金三角"的腹部地带,距习水县城 45 千米,景区面积达 30 多平方千米。习水保护区成立于1992 年,总面积 48 666 公顷,1997 年 12 月经国务院批准为国家级自然保护区。2005 年丹霞谷被评为国家 3A 级旅游景区,2011 年被评为国家 4A 级旅游景区(图 12-6)。

习水丹霞谷是地球上高原峡谷青年期丹霞地貌的典型代表,为地球同纬度面积最广、保存最完好的中亚热带常绿阔叶林带。区内森林覆盖高(90％)、动植物资源丰富:已经查明物种 1500 多种,其中属国家重点保护的野生植物珙桐、桫椤、福建柏、香果树等十多种;国家一级保护动物豹和云豹;国家二级保护动物猕猴、大灵猫、穿山甲等 27 种。保护区内还有许多独特的单优群落和中国新纪录种。

此外,丹霞谷还有着得天独厚的人文景观:蜀汉章武三年(公元 223 年)的古崖墓石刻

**图 12-6　习水丹霞谷**

堪称上品;清嘉庆十五年(1810 年)建成的望仙台石窟,坐落在丹霞谷 200 多米高的悬崖峭壁上,"寺祠合壁,人神共塑",世所罕见,被誉为贵州第一石窟。

3. 龙宫

龙宫位于贵州省安顺市南郊,与黄果树风景区毗邻,距省会贵阳市 116 千米,是一个以水、旱溶洞为主,集瀑布、湖泊、溪河、峡谷、石林、峰丛、绝壁、田园风光、民族风情、宗教文化等为一体的国家级重点风景名胜区,被誉为"天下喀斯特,尽在龙宫"。1988 年,龙宫以贵州龙宫风景名胜区的名义,被国务院批准列入第二批国家级风景名胜区名单。2007年 5 月被评定为国家 5A 级旅游景区。

龙宫旅游区总面积 60 平方千米,分中心、漩塘、油菜湖、仙人箐 4 大景区,景点 32 处。其中,有全国最长、最美丽的水溶洞,还有多种类型的喀斯特景观,被游客赞誉为"大自然的奇迹"。龙宫一带是全世界水旱溶洞最多、最集中的地方。在龙宫中心景区方圆 18 平方千米的范围内,星罗棋布着大大小小的水、旱溶洞 90 余个。在龙宫独特的风景资源中,有两项获世界之最的记录,分别是全世界天然辐射最低和全世界水旱溶洞最多、最为集中。中心景区以地下暗河、溶洞为主,另有天池湖泊、龙门飞瀑、云山石林等景点,奇妙绝伦,人誉"灵秀天生成,鬼斧神工开洞府;清奇绝人世,瑶池群玉见人间"。

### 4. 梵净山国家级自然保护区

景区位于贵州省江口、印江、松桃三县交界处,面积 41 900 千米,1978 年成立省级自然保护区,1986 年晋升为国家级自然保护区,同年加入联合国教科文组织"人与生物圈"保护区网,主要保护对象为亚热带森林生态系统及黔金丝猴、珙桐等珍稀动植物。

梵净山是武陵山脉的主峰,最高海拔 2572 米,具明显的中亚热带山地季风气候特征。本区为多种植物区系地理成分汇集地,植物种类丰富,古老、孑遗种多,植被类型多样,垂直带谱明显,为我国西部中亚热带山地典型的原生植被保存地。区内高等植物 1000 多种,其中有国家重点保护植物珙桐等 21 种,并发现有大面积的珙桐分布;脊椎动物 382 种,其中有国家重点保护动物黔金丝猴等 14 种,并为黔金丝猴的唯一分布区。梵净山不仅是珍贵的生物资源库,也是我国佛教名山之一,其自然风光奇特,人文历史遗迹保存完好,为一处尚待开发的旅游胜地。

### 5. 红枫湖风景名胜区

红枫湖位于贵州省贵阳市西郊,距省会贵阳 28 千米,是贵州西线黄金旅游第一站。因湖周边多枫香树而得名。湖水面积 57.2 平方千米,是贵州省最大的人工湖。1988 年被国务院批准为国家级风景名胜区,现为国家 4A 级风景名胜区(图 12-7)。

红枫湖始建于 1958 年,是岛屿最多的高原岩溶湖泊。178 个大小岛屿及半岛散布其间,以岩溶地貌和湖光山色为特色,形成山外有山、水外有水、湖中有岛、岛中有湖的奇异景观。被誉为贵州腹地的一颗明珠。湖区分北、中、南、后四部分,四湖风韵各异:北湖碧波万顷,中湖水狭山奇,南湖山重水复,后湖群峰环水。此外,景区内还建有苗、侗、布依等三个民族村寨,苗家吊脚楼、布依石板房和侗家的鼓楼、风雨桥错落有致,别具特色。

### 6. 福泉古城垣

贵州自古就是西南的大通道,在明代,从湖广通往云南的大驿道上修建了许多卫城,它们承担着镇守军事要隘、保障驿道畅通的重任。因贵州喀斯特地貌,石料丰富,这些卫城便都就地取材,建成了石头城堡。福泉古城垣,即当年的平越卫城,始建于明洪武十四年(1381 年),周长 4700 米,墙高 7 米,厚 3 米,原有 4 座石拱城门、3 座月城。明成化二年(1466 年),因考虑到城被围困时的水源问题,另外开辟了一座小西门,将河流引入城中。明万历三十一年(1603 年),知府杨可陶、指挥奚同柱又在水城外增加了一道长约 170 米的外城,目的是把河流的一段围进城来,以防止敌人断绝水源。外城的城墙与原先的古城

**图 12-7 红枫湖风景名胜区**

墙连接成一气,并伸进了河水中,然后,又沿着对岸的山脊,蜿蜒盘旋,而河水则通过城墙脚下的孔道流进了城中。外城的城垣跨河而建,在水中建起了石拱桥。石拱桥共有 3 孔,长 25 米。为防止敌人偷袭,在桥孔安置了铁栅和闸门。外城的城墙上开着一道小门,有路通向城外。在外城中还建起了一道水坝,横跨在河上,方便人们行走,并且在坝下设计了 5 个泄水孔,水量小的时候,河水从孔道中流过,洪水期间,河水就从坝上翻过。像这样设计巧妙、建筑精良的城墙,不仅在贵州是唯一的一座,在世界上也是罕见的,因此被国务院公布为全国重点文物保护单位。

### 7. 九洞天风景区

景区位于毕节市大方县城 60 千米处,是乌江干流六冲河流经大方、纳雍两县之间的一段以伏流为代表的喀斯特综合地貌区。景区属高海拔亚热带气候,平均海拔 1200 米,河谷由西向东,温暖湿润,日照充足。在长约 6000 米的河段上,箱形切割顶板多处塌陷,形成了大小不同、形状各异的天窗洞口,使伏流明暗交替,洞洞相连,组合成集伏流、峡谷、溶洞、天桥、天坑、石林、瀑布、冒泉及钟乳石、卷曲石、生物化石等为一体的岩溶景观。2004 年九洞天被列入第五批国家级风景名胜区名单;2008 年被评为"中国最具影响力的旅游景区";2009 年获"中国文化生态旅游示范地"荣誉称号,并在海南 2009 年"世界旅游精英博鳌峰会"上被评为"世界王牌旅游景区"。

（三）广西次旅游区

广西壮族自治区,简称"桂",地处我国南疆,与越南为邻。春秋战国时为百越(粤)地;秦置桂林郡,部分属象郡;唐属岭南道;宋为广南西路;元属湖广行省;明设广西承宣布政使司。"广西"名称由此固定下来,清为广西省。1958年广西省改为"广西僮族自治区";1965年,经国务院批准,"广西僮族自治区"改名为"广西壮族自治区"。全区面积约23.67万平方千米,有壮、瑶、苗、侗、仫佬、毛南、彝、仡佬等少数民族。

广西旅游资源丰富,大致可分为三大类型。一是得天独厚的自然景观:以峰林、溶洞和地下河为代表岩溶地貌及点缀于各景点之间的流泉、飞瀑两大类景观为特色。洞穴素有"无山不洞,无洞不奇"之美誉;河流清澈娟秀,且在地域上多与奇峰相配,形成一派山环水绕、山水相依的秀丽景色;流泉有冷、温、热、寒、潮汐五大类,瀑布景观集中分布于桂西南一带,蔚为壮观。二是历史悠久、人文景观丰富:古人类遗址、古代建筑、摩崖石刻和各种革命纪念地众多。三是各具特色的民族风情:广西少数民族聚居,习俗各异且丰富多彩,各种独具特色的节庆、婚俗活动以及民居、服饰、图腾、歌舞等构成本区重要的旅游资源。

截至2015年,广西共有A级景区238处,其中5A级景区4处(漓江风景名胜区、桂林乐满地休闲世界、桂林独秀峰-王城景区、南宁青秀山风景旅游区),4A级景区112处(兴安灵渠景区等),3A级景区95处(北海金海湾红树林景区等),2A级景区27处(梧州白云山公园等)。国家级旅游度假区1个(北海银滩旅游度假区),国家级风景名胜区3处(漓江风景名胜区、桂平西山风景名胜区、宁明花山风景名胜区),国家级历史文物保护单位有7处(桂平太平天国金田起义旧址、容县经略台真武阁、三江程阳风雨桥、合浦县大士阁、宁明花山崖壁画、兴安县灵渠、中国工农红军红七军司令部及红八军司令部右江革命军事委员会旧址),国家级森林公园11处(北海冠头岭国家森林公园、桂林国家森林公园、南宁良凤江国家森林公园、三门江国家森林公园、桂平龙潭国家森林公园、龙胜温泉国家森林公园、十万大山国家森林公园、元宝山国家森林公园、八角寨国家森林公园、姑婆山国家森林公园、大桂山国家森林公园),自治区级风景名胜区29处,自治区级历史文物保护单位220处。

1. 灵渠

灵渠位于广西东北部兴安县境内,又称"湘桂运河"、"兴安运河"。开凿于公元前214年,是世界上现存最完整的古代水利工程,与四川都江堰、陕西郑国渠并称为"秦朝三大水利工程",属全国重点文物保护单位。2007年4月被国家旅游局授予4A级景区称号。郭沫若先生称其为:"与长城南北相呼应,同为世界之奇观。"灵渠两岸风景优美,文物古迹众多,如状元桥、陡门、四贤祠、飞来石、铧嘴、大小天平、泄水天平和秦文化广场等,景区内还建有二战美国飞虎队遗迹纪念馆等景点,是桂林重要的旅游胜地。

### 2. 漓江

漓江位于广西壮族自治区东北部,发源于"华南第一峰"桂北越城岭猫儿山,属珠江水系,是一个集自然和人文为一体的综合性旅游区。1982 年,漓江被国务院批准列入第一批国家级风景名胜区名单。2007 年被评为国家 5A 级旅游景区(图 12-8)。

图 12-8 漓江

漓江自桂林到阳朔 83 千米水程,百里漓江的每一处景致,都是一幅典型的中国水墨画。河谷开阔、平缓,伏波山、叠彩山、象鼻山、塔山等皆平地拔起,四壁如削、奇峰罗列、气势万千。沿江风光旖旎,碧水萦回,奇峰倒影、深潭、喷泉、飞瀑参差,构成一幅绚丽多彩的画卷,人称"百里漓江,百里画廊"。唐代大诗人韩愈曾以"江作青罗带,山如碧玉簪"的诗句来赞美漓江。

### 3. 七星岩

广西七星岩在桂林东面普陀山西侧山腰,又名栖霞洞、碧虚岩。这里原是一段地下河,因地壳上升露出地面,变成现在的岩洞,至今已有 100 万年。最宽处 43 米,最高处 27 米,全长约 1000 米。洞内温度常年保持在 20℃ 左右。岩石经隙缝不断渗入的雨水侵蚀溶解,形成了许多钟乳石、石笋、石柱、石花等。在隋唐时代,这里已是游览胜地,岩内留有不少的题刻诗文,明代大旅行家徐霞客也曾到这里游览。岩洞共分成八个单元,即六洞天(洞中世界)和两洞府(神仙府第)。洞中有洞,连环套叠,变化莫测。色彩缤纷、千奇百怪的钟乳石,结成多种山川人物、树木禽兽,瑰丽多姿,琳琅满目。

### 4. 龙胜温泉

龙胜温泉位于龙胜民族自治县江底乡泥塘村、矮岭溪畔,距桂林 137 千米。距龙胜县城 32 千米。是一处以休闲疗养为主的自然风景区。地跨泗水、江底 2 个乡,公园总面积 436.8 平方千米。1994 年 12 月龙胜温泉被列为自治区级旅游度假区,1996 年 8 月,被林业部定为"龙胜温泉国家森林公园"。2008 年 5 月被评为国家 4A 级风景旅游区。

温泉分为上、下两大泉群,共 16 口泉眼。泉水无色、无臭、无味、清澈透明,无任何悬浮物,含有锶、锂、锌等 10 多种人体所必需的元素及 20 多种有益人体健康的微量元素成分,是中性、极软、含锶、偏硅酸、超低钠、富含氡的优质饮用水及医疗天然矿泉水,被当地瑶族同胞称之为"神水"。

### 5. 德天瀑布

瀑布位于中越边境广西大新县硕龙镇,为国家特级景点。瀑布横跨中国、越南两个国家,是世界第四大、亚洲第一大跨国瀑布(图 12-9)。它起源于广西靖西县归春河,终年有水,流入越南又流回广西,经过大新县德天村处遇断崖跌落而成瀑布。2005 年被《中国国家地理》杂志评为中国最美的六大瀑布之一。2007 年被国家旅游局批准为国家 4A 级景区。德天瀑布位于大新县归春河上游,距中越边境 53 号界碑约 50 米。归春河水从北面奔涌而来,高崖三叠的浦汤岛,巍然耸峙,横阻江流,江水从高达 50 余米的山崖上跌宕而下,气势十分雄壮。瀑布三级跌落,最大宽度 200 多米,纵深 60 多米,落差 70 余米,年均流量 50 立方米/秒,所在地地质为厚层状白云岩。德天瀑布是东南亚最大的天然瀑布,它与越南的板约瀑布连为一体,就像一对亲密的姐妹。

**图 12-9　德天瀑布**

### 6. 三娘湾

三娘湾是"海上大熊猫"——中华白海豚的故乡。位于广西钦州市 40 千米处犀牛脚镇境内,南临北部湾、北倚乌雷山。2005 年被评为"广西十佳旅游景区"。景区内地形高低起伏,错落有致。主要景观有风情渔村、伏波庙、海豚岛、威德寺、观潮石、母猪石、三娘石、风流石、天涯石等。

景区东南面有一片长约 1500 米的沙滩,是一处良好的天然海水浴场;西南面依山傍海耸立着一座东汉时期建造的伏波古庙,庙内供奉着东汉名将——伏波将军马援的塑像,是沿海一带的镇海神灵。最富特色的是这里的中华白海豚。中华白海豚是唯一以"中华"名字命名的海洋豚类,也是中国海洋鲸豚中唯一的国家一级保护动物,因其珍稀被称为"海上大熊猫""海上国宝"。中华白海豚的皮肤会随着年龄增长而逐渐变成粉红色,因此又被人们称为"粉红海豚"。沿海渔民以海上女神妈祖的名字,誉称它为"妈祖鱼"。

### 7. 姑婆山国家森林公园

姑婆山国家森林公园位于广西贺州市东北 26 千米处,地处湘、桂、粤三省交界处,是集观光、度假、探险、猎奇、保健、疗养、科研、教学、会议于一体的旅游胜地。1996年被批准为国家级森林公园,2005年被评为广西壮族自治区十佳景区之一。

公园总面积8000公顷,具有峰高谷深、山势雄伟、森林繁茂、动植物资源丰富、瀑飞溪潺、环境幽雅等特点,集"雄、奇、秀、幽"于一体,兼有山水型、城郊型公园之特点。公园内海拔千米以上山峰25座,山体平均海拔达800米,其中主峰姑婆山1730.9米,最高峰天堂顶1844米,是桂东第一主峰。园内植物160多科,鸟兽130多种。雄峰、峻岭、古树、老藤、奇花、异草、怪石、瀑布等等,构成为一幅自然天成的绝妙风景。

8. 北海银滩旅游度假区

度假区位于中国广西南端北部湾畔。由西区、东区和海域沙滩区组成,海滩宽度在30～3000米之间,总面积约38平方千米。沙滩由高品位的石英砂堆积而成,在阳光的照射下,洁白、细腻的沙滩会泛出银光,故称"银滩"。北海银滩以其"滩长平、沙细白、水温净、浪柔软、无鲨鱼"的特点,被誉为"天下第一滩",属国家4A级景区、国家12个旅游度假区之一、中国35个"王牌景点"之"最美休憩地"等(图12-10)。

图 12-10　北海银滩旅游度假区

景区内最具特色的是长 300 米的珍珠文化带,特意从海边运来的大海石从中裂开,内有几颗璀璨的明珠,象征着北海的南珠文化;有的石头根据原有外形加以修饰成为奇异的海洋生物造型;有的则雕刻上名人诗句或讲述北海的历史及动人的传奇故事,充分体现出现代人追求高素质生活的文化氛围。园区内环境幽雅,周边景色宜人,因其优美的自然景观,丰富的人文资源,良好的生态环境,终年遍地翠绿,四季鲜花盛开,具有浓郁的海韵情调,是理想的避寒冬泳和消暑度假休闲胜地。

### (四) 四川次旅游区

四川地处我国西南腹地和长江上游,简称"川"或"蜀"。其西为青藏高原所扼控,东有长江三峡巫山之险,北有秦岭、巴山屏障,南为云贵高原拱卫,与渝、黔、滇、藏、青、甘、陕等省区相邻。面积 48.5 万平方千米,居全国第五位。人口 8998 万,民族成分 56 个,有全国的第二大藏区、最大的彝族聚居区和唯一的羌族聚居区。四川是承东接西的纽带、连接西南和西北的桥梁,自古就是"汉藏走廊""民族走廊""南丝绸之路""茶马古道",具有十分重要的战略地位。四川历史悠久,人杰地灵,自古以勤劳的人民、富饶的物产、秀美的山川,被盛誉为"天府之国"。

四川风光秀美,文化璀璨。列入联合国《世界遗产名录》的风景名胜区 4 处(世界自然遗产九寨沟、黄龙寺,世界文化遗产青城山-都江堰,世界文化和自然双遗产峨眉山-乐山大佛);列入联合国"人与生物圈保护网络"的自然保护区 4 处(九寨沟自然保护区、汶川卧龙自然保护区、蜀南竹海自然保护区、黄龙自然保护区);世界地质公园 2 处(龙门山地质公园、自贡恐龙地质公园);国家 5A 级旅游区 11 处(都江堰-青城山、峨眉山、九寨沟等),国家 4A 级旅游区 48 处;国家级风景名胜区 15 处、国家级自然保护区 18 处、国家级森林公园 25 处、国家级地质公园 8 处、全国重点文物保护单位 62 处、"中国旅游胜地四十佳"5 处;中国优秀旅游城市 9 座;中国历史文化名城 7 座。武侯祠、杜甫草堂、三星堆蜚声中外;海螺沟冰川、四姑娘山、蜀南竹海景色优美;阿坝州、甘孜州、凉山州民族风情浓郁多姿,多种文化交相辉映。

### 1. 青城山-都江堰景区

坐落于四川省都江堰市,以青城山、都江堰为主体的,融山水风光与人文景观为一体的著名景区。1982 年都江堰被批准列入第一批国家级风景名胜区名单,2000 年 11 月青城山作为世界文化遗产被列入了《世界遗产名录》。2007 年 5 月,青城山-都江堰被国家旅游局批准为 5A 级旅游景区(图 12-11)。

青城山,古称"丈人山",为邛崃山脉的分支。背靠千里岷江,俯瞰成都平原,景区面积 200 平方千米。全山林木青翠,四季常青,诸峰环峙,状若城郭,故名青城山。丹梯千级,

**图 12-11　青城山-都江堰景区**

曲径通幽,自古就有"青城天下幽"的美誉。青城山为中国道教名山。东汉顺帝汉安二年(公元143年),"天师"张道陵来到青城山,选中青城山的深幽涵碧,结茅传道,青城山遂成为道教的发祥地,被道教列为"第五洞天"。全山道教宫观以天师洞为核心,包括建福宫、上清宫、祖师殿、圆明宫、老君阁、玉清宫、朝阳洞等至今完好地保存有数十座道教宫观,素有"三十六峰""八大洞、七十二小洞""一百零八景"之说。

都江堰位于成都平原西部的岷江上,始建于公元前256年,是迄今为止世界上年代最久、唯一留存以无坝引水为特征的宏大水利工程,是我国著名的物质文化景观之一。都江堰水利工程由创建时的鱼嘴分水堤、飞沙堰溢洪道、宝瓶口引水口三大主体工程和百丈堤、人字堤等附属工程构成,科学地解决了江水自动分流、自动排沙、控制进水流量等问题,消除了水患,使成都平原成为"水旱从人"的"天府之国"。两千多年来,一直发挥着防洪灌溉作用。都江堰附近景色秀丽,文物古迹众多,主要有伏龙观、二王庙、安澜索桥、玉垒关、离堆公园、玉垒山公园和灵岩寺等。

### 2. 成都武侯祠

武侯祠又名"汉昭烈庙",位于四川成都市南门武侯祠大街,由刘备、诸葛亮蜀汉君臣合祀祠宇及惠陵组成,是纪念中国古代三国时期蜀汉皇帝刘备和丞相诸葛亮的君臣合祀祠宇,也是中国唯一的君臣合祀祠庙。1961年公布为全国重点文物保护单位。1984年成立博物馆,2008年被评为首批国家一级博物馆,享有"三国圣地"之美誉。

武侯祠始建于公元223年修建刘备陵寝时。初与祭祀刘备的昭烈庙相邻。明朝初年重建时将武侯祠并入了"汉昭烈庙",形成现存武侯祠君臣合庙。现存祠庙的主体建筑1672年(清康熙十一年)重建。武侯祠现分文物区(三国历史遗迹区)、园林区(三国文化体验区)和锦里(锦里民俗区)三部分,面积约15万平方米,以文、书、刻号称"三绝"的《蜀丞相诸葛武侯祠堂碑》最为知名,是中国影响最大的三国胜迹。

### 3. 杜甫草堂

景区位于成都市西门外浣花溪畔,是中国唐代伟大现实主义诗人杜甫流寓成都时的故居。公元759年冬,杜甫为避"安史之乱",携家由陇右入蜀,营建茅屋而居,称"成都草堂"。后经宋、元、明、清多次修复,成为一处集纪念祠堂格局和诗人旧居风貌为一体的博物馆。1961年3月被国务院公布为第一批全国重点文物保护单位,1985年5月成立杜甫草堂博物馆,2006年12月被国家旅游局评为国家4A级旅游景区,2008年5月被国家文物局评为首批国家一级博物馆。

建筑古朴典雅,园林清幽秀丽。草堂完整保留着清代嘉庆重建时的格局,总面积近300亩。园林是非常独特的"混合式"中国古典园林。博物馆按功能区分为文物景点游览区(草堂旧址)、园林景点游览区(梅园)和服务区(草堂寺)。草堂旧址内,照壁、正门、大廨、诗史堂、柴门、工部祠排列在一条中轴线上,两旁配以对称的回廊与其他附属建筑,其间有流水萦回,小桥勾连,竹树掩映,显得既庄严肃穆、古朴典雅而又幽深静谧、秀丽清朗。

### 4. 峨眉山

峨眉山位于四川省乐山市境内,地处四川盆地西南部、长江上游,屹立于大渡河与青衣江之间,有"峨眉天下秀"之美称,是一个集佛教文化与自然风光为一体的国家级山岳型风景名胜区。1982年被国务院批准列入第一批国家级风景名胜区名单。1996年,峨眉山与乐山大佛共同被列入《世界自然与文化遗产名录》,成为全人类自然和文化双重遗产,2007年被评定为国家5A级景区(图12-12)。

峨眉山巍峨雄壮,草木植被浓郁葱茏,故有"雄秀"之美称。主峰万佛顶海拔3099米,因高度可观、面积庞大,登临远眺,视野宽阔,景色壮丽,观日出、云海、佛光、晚霞,令人心旷神怡;西眺皑皑雪峰、贡嘎山、瓦屋山,山连天际;南望万佛顶,云涛滚滚,气势恢弘;北瞰

**图 12-12　峨眉山"佛光"**

百里平川、大渡河、青衣江,尽收眼底。

峨眉山是中国佛教四大名山之一。山上共有佛寺数十处,寺内珍藏许多精美的佛教瑰宝,吸引着无数佛教信徒、慕名猎奇的游者及文人墨客。峨眉武术内容广泛、技艺精湛,与少林、武当共为中土武术的三大宗派。良好的生态环境与浓郁的文化氛围使之成为人们探奇揽胜、求仙修道的理想处所。

5. 三星堆景区

景区位于成都 40 千米处的广汉城西沱江支流湔江,包括三星堆遗址和三星堆博物馆两部分,是以文物古迹为主体的文化景区。

三星堆遗址距今已有 3000 至 5000 年历史,是迄今在西南地区发现范围最大、延续时间最长、文化内涵最丰富的古城、古国、古蜀文化遗址。现有保存最完整大型城址、大面积居住区和两个器物坑等重要文化遗迹。三星堆遗址内存在三种面貌不同但又连续发展的三期考古学文化:即以成都平原龙山时代至夏代遗址群为代表的一期文化,又称"宝墩文化";以商代三星堆、规模宏大的古城和高度发达的青铜文明为代表的二期文化;以商末至西周早期三星堆废弃古城时期为代表的三期文化,即成都"十二桥文化"。三星堆古遗址被称为 20 世纪人类最伟大的考古发现之一,昭示了长江流域与黄河流域一样,同属中华文明的母体,被誉为"长江文明之源"。

三星堆博物馆是我国一座现代化的专题性遗址博物馆。博物馆于 1992 年 8 月奠基,1997 年 10 月开放。以"文物、建筑、陈列、园林"四大特色享誉中外。是四川的五大旅游景区之一、首批国家 4A 级旅游景区、世界首家同时通过"绿色环球 21"与 ISO9001—2000 认证的博物馆。

6. 卧龙国家自然保护区

保护区位于四川省阿坝藏族羌族自治州汶川县西南部,距成都市 130 千米。保护区始建于 1963 年,面积 70 万公顷,是中国建立最早、面积最大、以保护大熊猫等珍稀野生动植物和高山森林生态系统为主的综合性国家级自然保护区,有"熊猫之乡"的美誉。1978 年保护区建立了世界上第一个大熊猫野外生态观察站,1983 年加入国际"人与生物圈计划",为国家和四川省命名的"科普教育基地""爱国主义教育基地"(图 12-13)。

**图 12-13　卧龙自然保护区**

保护区处于四川盆地西缘向青藏高原过渡的高山深谷地带,山峰高耸、河谷深切。由于历史变迁,保护区成为无数珍稀动植物的避难所,保存着成片的原始森林和原始的生态系统,被誉为"世界难得的广谱基因库""天然动植物园"。区内气候环境温暖湿润,给森林植被的发育提供了优越条件。据统计,保护区有植物 4000 多种,各种兽类 50 多种,鸟类 300 多种,此外还有大量的爬行动物、两栖动物和昆虫等。在此栖息的大熊猫约占世界总数的十分之一,被誉为"大熊猫的故乡"。此外,还有金丝猴、扭角羚、白唇鹿、小熊猫等几十种珍稀野生动物。在茂密的针叶林和针阔叶混交林内,生长着拐棍竹、大箭竹和冷箭竹等,还有金钱槭、珙桐、连香、红豆杉等珍贵植物,此处成为世界上古老的生物物种保存最多、最完好的地区之一。

### 7. 黄龙风景名胜区

黄龙风景名胜区位于四川省阿坝藏族羌族自治州松潘县境内。海拔在 3000 米以上,是中国最高的风景名胜区之一,1982 年列为第一批国家级重点风景名胜区;1985 年被列为"中国旅游胜地四十佳";1992 年列入《世界自然遗产》名录;1997 年列入"世界人与生物圈保护区";2001 年被评定为国家 4A 级风景区;并荣获"绿色环球 21"证书;2004 年列为国家地质公园;2012 年被评为国家 5A 级旅游区(图 12-14)。

景区由黄龙和牟尼沟两部分组成。黄龙风景名胜区面积 700 平方千米,以独特的岩溶景观著称于世。主要景观集中于长约 7500 米的黄龙沟,沟内遍布碳酸钙华沉积,并呈梯田状排列,并伴有雪山、瀑布、原始森林、峡谷等景观。景区内动植物资源丰富。从黄龙沟底部(海拔 2000 米)到山顶(海拔 3800 米)依次出现亚热带常绿与落叶阔叶混交林、针叶阔叶混交林、亚高山针叶林、高山灌丛草甸等,包括大熊猫、金丝猴在内的十余种珍贵动物徜徉其间,使黄龙景区的特殊岩溶地貌与珍稀动植物资源相互交织,浑然天成。以其雄、峻、奇、野为风景特色,享有"世界奇观"、"人间瑶池"的美誉。

牟尼沟景区自然风光独特、民族风情浓郁。景区占地 160 平方千米,森林、山岳、草甸、温泉以及藏族佛教寺院和藏式村落相间分布,整个景区结构独特、风光旖旎、山、水、林巧妙地融合为一体,使其具备了疗养、休闲、游玩的综合性和多样性的特点。

### 8. 海螺沟冰川

冰川位于四川省甘孜藏族自治州泸定县境内,地处大雪山山脉中段的贡嘎山东坡。其东西长约 29 千米,南北宽约 17 千米,面积 906 平方千米,是世界上仅存的低海拔冰川之一。属国家级重点风景名胜区、国家森林公园、国家级自然保护区、国家级地质公园、冰川森林公园、4A 级旅游景区。

海螺沟位于贡嘎雪峰脚下,以低海拔现代冰川著称于世。贡嘎山主峰脊线以东为陡

图 12-14　黄龙风景名胜区

峻的高山峡谷,地势起伏明显,大渡河咆哮奔流,谷窄水深,崖陡壁立。在水平距离不足30 千米、达 6500 余米的高差形成举世罕见的大峡谷,海螺沟旅游景区就位于峡谷之间。这里地形复杂,气候类型特殊:山下长春无夏,郁郁葱葱,气候宜人,年平均气温在 15℃左右;山顶终年积雪,年平均气温在 −9℃左右。

海螺沟国家地质公园以现代冰川、温泉及高山峡谷为主要特征。主峰贡嘎山海拔为7556 米,峰顶呈金字塔形状,被誉为"蜀山之王"。公园内地貌类型复杂,有极高山山地、高山山地等。海拔 4900 米的极高山山地为雪线以上的区域,以花岗岩为主的基岩裸露,角峰、刃脊和冰斗等冰蚀地貌发育。贡嘎山主峰、无名峰、三连峰等金字塔形角峰排列于分水岭刃脊之上。雄、奇、险、峻的大雪山脉奇峰突兀,巍峨雄壮、气势磅礴,美学价值高,观赏性强。

9. 乐山大佛

大佛地处四川省乐山市,岷江、青衣江、大渡河三江汇流处,与乐山城隔江相望,由凌云山、麻浩岩墓、乌尤山、巨形卧佛景观等组成。1982 年 2 月被列为全国重点文物保护单位。1996 年 12 月列入《世界自然与文化遗产名录》(图 12-15)。

**图 12-15　乐山大佛**

　　乐山大佛为景区主体,大佛雕凿在岷江、青衣江、大渡河汇流处的岩壁上,是依岷江南岸凌云山栖霞峰临江峭壁凿造而成的弥勒佛坐像,因此又名"凌云大佛"。大佛始凿于唐玄宗开元初年(公元 713 年),直至唐德宗贞元十九年(公元 803 年)完工,历时 90 年。是海通和尚为减杀水势,普渡众生而发起,招集人力、物力修凿的。大佛堪称唐代摩崖造像中的艺术精品,是世界上最大的石刻弥勒佛坐像。大佛通高 71 米,头高 14.7 米,头宽 10米,发髻 1021 个,耳长 7 米,鼻长 5.6 米,眉长 5.6 米,嘴巴和眼长 3.3 米,颈高 3 米,肩宽24 米,手指长 8.3 米,从膝盖到脚背 28 米,脚背宽 8.5 米,脚面可围坐百人以上。大佛取双手抚膝、正襟危坐的姿势,造型庄严,排水设施隐而不见,设计巧妙,被誉为"山是一尊佛,佛是一座山"。此外,在大佛左右两侧沿江崖壁上,还有两尊身高 10 余米,手持戈戟、身着战袍的护法武士石刻,数百龛上千尊石刻造像,构成了庞大的佛教石刻艺术群。

　　10. 自贡恐龙博物馆

　　自贡恐龙博物馆位于世界著名恐龙化石产地——大山铺,距自贡市中区约 11 000 米,占地面积 6.6 万多平方米,是中国西南地区规模最大的博物馆,也是目前世界上拥有大规模恐龙化石埋藏遗址、最具特色的专门遗址性博物馆。博物馆以其独特的建筑,丰富的展品,壮观的埋藏,生动的陈列,优美的环境,赢得了世人的青睐。

自 1915 年以来,在自贡市已累计发现近 200 个恐龙及其他古脊椎动物化石的产出地点。其中,恐龙化石产地达 160 余处,已鉴定出 20 多种恐龙,占四川盆地已知恐龙种类的一半以上,占中国已知恐龙种类的约五分之一,自贡因此成为世界著名的"恐龙之乡"。为有效保护和开发利用丰富的自贡恐龙化石资源,1984 年在自贡大山铺恐龙化石群埋藏遗址处兴建起了我国首座专门性恐龙博物馆——自贡恐龙博物馆。恐龙化石群遗址先后荣获世界地质遗址、中国旅游胜地四十佳、科普教育基地、全国十大精品陈列评选、国家地质公园等称号。

11. 蜀南竹海

竹海位于四川南部的宜宾市境内,是我国最大的集山水、溶洞、湖泊、瀑布于一体,兼有悠久的历史人文景观的最大原始"绿竹公园"。1988 年被批准为"中国国家风景名胜区",1991 年被评为"中国旅游目的地四十佳",1999 年被评为"中国生物圈保护区",2001年初被评为国家首批 4A 级旅游区。蜀南竹海属世界"绿色环球 21"认证景区,2007 年荣获"最受群众欢迎的中国十大风景名胜区"和"最具特色的中国十大风景名胜区"(图12-16)。

蜀南竹海原名万岭箐。据传北宋著名诗人黄庭坚到此游玩,即兴在黄伞石上书"万岭箐"三字而得名。景区总面积 120 平方千米,核心景区 44 平方千米,共有八大主景区、两大序景区、124 处景点。整个竹海成"之"字形,可谓是竹的海洋,共有竹子 400 余种,7 万余亩,植被覆盖率达 87%,为我国空气负氧离子含量极高的天然氧吧。竹海中还零星地生长着桫椤、兰花、楠木、蕨树等珍稀植物;栖息着竹鼠、竹蛙、箐鸡、琴蛙、竹叶青等竹海特有的动物;林中除产竹笋,还有竹荪、猴头菇、灵芝、山塔菌等名贵菌类及中草药 200 余种,堪称"天然大药园"。

林中溪流纵横,飞瀑高悬,湖泊如镜,泉水清澈甘冽。集人文和自然景观为一体,园内有明正德、嘉靖年间生修碑记和明、清两代摩崖造像数十尊及国内唯一收集和展陈竹类资料标本、有关竹文化资料的竹海博物馆。现已开放的景点有仙寓洞、龙吟寺、天后寺、天皇寺、回龙寺、罗汉洞、天上宫、龙君庙、天宝寨、观云亭、翡翠长廊、忘忧谷、墨溪、七彩飞瀑、茶花岛、仙女湖、花竹湾等。

(五)重庆次旅游区

重庆市简称"渝",地处较为发达的东部地区和资源丰富的西部地区的结合部,东邻湖

图 12-16　蜀南竹海

北、湖南,南靠贵州,西接四川,北连陕西,总面积 8.24 万平方千米。1997 年,设立直辖市。

重庆山川巍峨,钟灵毓秀,为著名旅游城市。境内巴山绵延、渝水纵横,历史源远流长,文化积淀深厚,集山、水、林、泉、瀑、峡、洞等为一体,融巴渝文化、民族文化、移民文化、三峡文化、"陪都"文化、都市文化于一炉。著名景区 40 余处,其中,国家 5A 级景区 2 处(重庆大足石刻艺术博物馆、重庆小三峡-小小三峡),国家级文物保护单位 10 多个。同时,巴渝古朴独特的民风民俗引人入胜,多姿多彩的地方文艺令人倾倒。重庆还是川菜主要代表地域之一,"吃"与"游"相得益彰,平添旅游者无限雅兴。

### 1. 长江三峡

长江三峡西起重庆奉节的白帝城,东到湖北宜昌的南津关,是瞿塘峡、巫峡和西陵峡三段峡谷的总称,是长江上最为奇秀壮丽的山水画廊,全长 192 千米,也就是常说的"大三峡"。除此之外,还有大宁河小三峡和马渡河小小三峡(图 12-17)。这里两岸高峰夹峙,港面狭窄曲折,港中滩礁棋布,水流汹涌湍急。三峡旅游区优美景区众多,其中最著名的丰都鬼城、云阳张飞庙、瞿塘峡、巫峡、西陵峡、巫山小三峡、小小三峡、三峡工程、神农溪等。同时,长江三峡,地灵人杰。这里是中国古文化的发源地之一,著名的大溪文化就发源于此;同时,还孕育了屈原、王昭君等历史名人,李白、白居易、刘禹锡、范成大、欧阳修、苏轼、陆游等诗圣文豪也在此留下了许多千古传颂的诗章。人文景观与山水风光交相辉映,使其成为著名的旅游风景区。长江三峡于1982年被国务院批准列入第一批国家级风景名胜区名单。居中国四十佳旅游景观之首,居《中国国家地理》中国最美十大峡谷第三。

图 12-17 巫山小三峡

## 2. 丰都鬼城

位于长江北岸重庆丰都县城东北的名山上,古称"平都山",因北宋苏轼题诗"平都天下古名山"而得名。丰都是一座历史悠久的古城,其来历可以追溯到殷商时期的鬼族部落,曾为巴蜀别都,后来即被传为"鬼国"的"幽都"。现今丰都名山系道家72洞天福地之一,名山古刹多达27座,素以"鬼国京都""阴曹地府"闻名于世,是传说中人类亡灵的归宿之地,集儒、佛、道民间文化于一体的民俗文化艺术宝库,被誉为中国"神曲之乡"、人类"灵魂之都"。

丰都景区林木苍翠、建筑精美、磐鼓晨钟、江山一脉；朝霞夕照，风光醉人，庙宇殿堂神像森罗，楼台亭阁依山而立；名人骚客留墨文雅，碑刻诗联韵味隽永。主要景点有全国最大的民俗文化动态人文景观鬼国神宫，"阴曹地府"塑像群分别模拟人间诉讼、法庭、监狱、酷刑等，构思奇特，神态逼真。山上还有苏轼、陆游、范成大等历代名人的碑刻题咏。每年农历三月三"鬼城庙会"，游人如织；"阴天子娶亲""城隍出巡""钟馗嫁妹""鬼国乐舞"等民俗民风游行表演，惊奇谐趣，令人目不暇接，叹为观止。

### 3. 大足石刻

石刻位于重庆市大足县龙岗镇，是唐末、宋初时期的宗教摩崖石刻，以佛教题材为主，尤以北山摩崖造像和宝顶山摩崖造像最为著名，是中国著名的古代石刻艺术。1999 年 12 月被联合国教科文组织列入《世界文化遗产名录》。现为全国重点文物保护单位，国家首批 4A 级旅游景区。

大足石刻始凿于公元 650 年，历经晚唐、五代，鼎盛于两宋，延续至明清，是中国北方开始走向衰落之际崛起的一处大规模摩崖岩造像群，代表了公元 9 世纪到 13 世纪中叶中国晚期石窟艺术的最高成就，是中国艺术上的最后一座丰碑。大足石刻巧夺天工，雕刻精美，规模宏大，与龙岗、龙门石窟"鼎立三足"，有"北敦煌，南大足"之说，被誉为"东方明珠""国之瑰宝"。北山、宝顶山、南山石篆山、石门山摩崖造像等是大足石刻群的优秀代表(图12-18)。北山摩崖造像位于重庆市大足县城北 1500 米的北山。造像最初开凿于晚唐景福元年(公元892年)，历经后梁、后唐、后晋、后汉、后周五代至南宋1146 年完成，历时 250多年。现存雕刻造像 4600 多尊，其中造像 264 龛窟，阴刻图 1 幅，经幢 8 座，是中国晚期石窟艺术中的优秀代表。

### 4. 天坑地缝景区

景区位于重庆市奉节县，以岩溶天坑、地缝峡谷等喀斯特地貌景观为主，兼具地方土家族人文景观特色，集观光游览、科考科普、探险猎奇、休憩度假于一体的山岳型国家级风景名胜区。

天坑地缝景区在海拔在 1300 米以上，有天下第一坑的小寨天坑。坑口地面标高1331 米，深 666.2 米，坑口直径 622 米，坑底直径 522 米。天坑四面绝壁，如斧劈刀削。小寨天坑是地下河的一个"天窗"。坑底的暗河从高达数十米的洞中飞奔而出，咆哮奔腾，再从坑底破壁穿石而出，形成了美丽如画的迷宫河。天坑底部的地下河水由天井峡地缝补给，自迷宫峡排出；从天坑至迷宫峡出口地下河道长约 4000 米。

天井峡地缝与小寨天坑属同一岩溶系统。地缝全长 14 000 米，宽 1～500 米，深 4～

**图 12-18　宝顶山摩崖造像**

900 米，分上、下两段。上段从兴隆场大象山至迟谷槽，长约 8000 米，为隐伏于地下的暗缝。缝两壁陡峭如刀切，是典型的"一线天"峡谷景观；缝底有落水洞，暴雨后有水流。下段由天坑至迷宫峡，是长约 6000 米的暗洞，1994 年 8 月，由英国洞穴探险家探通，有玉梭瀑布、犁头湾瀑布、变幻峰、巨象探泉、石观音、鬼门关、阴阳缝、双凤洞等景点。

5. 黑山谷景区

景区地处云贵高原向四川盆地过渡的大娄山余脉，位于重庆市万盛经济技术开发区黑山镇境内，是目前重庆地区最大的、原始生态保护最为完好的自然生态风景区。景区全长 13 千米，由峻岭、峰林、幽峡、峭壁、森林、竹海、飞瀑、碧水、溶洞、仿古栈道、浮桥、云海、田园、原始植被、珍稀动植物等各具特色的景观组成。2003 年被评为国家 4A 级风景区。黑山谷风景区保存着地球上同纬度为数不多的亚热带和温带完好的自然生态，分布有原始森林和次生林近 10 万亩，动植物资源丰富，森林覆盖率达 97%，被专家誉为"渝黔生物基因库"。据统计，景区目前共发现植物 1800 多种，其中黑山方竹笋被称为中国西南一绝，占地 1 万余亩；还有大量珍稀植物，如国家一二级保护植物银杉、珙桐、银杏、红豆杉、福建柏、高山杜鹃等。有动物 330 余种及亚种,包括分布极其稀少的国家一级保护动物——中华黑叶猴,还有云豹、黑鹤、穿山甲、红腹锦鸡、白尾长冠雉、玉锦蛇、水獭等珍稀动物。

### 三、典型景点成因剖析

#### (一)云南西双版纳

#### 1. 西双版纳概况

西双版纳(图 12-19)位于云南南部西双版纳傣族自治州境内。景区包括景洪市风景片区、勐海县风景片区、勐腊县风景片区三大块。每一块内又有若干景区,共有 19 个风景区,800 多个景点,总面积 1202.13 平方千米,著名景点有景洪、曼飞龙佛塔、澜沧江畔、曼阁佛寺、曼景兰旅游村、依澜度假村、勐仑植物园、民族风情园、野象谷、热带作物研究所、傣族风味菜、傣族园、景洪原始森林公园、红旗水库、打洛原始森林公园等。该区景观独特,知名度高,以丰富迷人的热带、亚热带雨林、季雨林、沟谷雨林风光、珍稀动物和绚丽多彩的民族文化及民族风情为主体景观。1982 年被定为第一批国家重点风景名胜区。

**图 12-19　西双版纳**

2. 成因剖析

(1) 自然景观独具特色

西双版纳热量丰富,终年温暖,四季常青,常年湿润多雨,森林繁茂密集,动植物种类繁多,其中许多珍稀、古老、奇特、濒危的动植物是西双版纳独有的。1993 年 10 月 8 日联合国教科文组织正式接纳西双版纳为国家级自然保护区为国际生物圈保护区。从世界地图上一眼看去,会发现在西双版纳同一纬度上的其他地区几乎都是茫茫一片荒无人烟的沙漠或戈壁,唯有这里的 2 万平方千米的土地像块镶嵌在皇冠上的绿宝石,格外耀眼。在这片富饶的土地上,有占全国 1/4 的动物和 1/6 的植物,是名副其实的"动物王国"和"植物王国"。

(2) 民族风情浓郁,民族文化悠久灿烂

西双版纳居住着傣族、哈尼族、布朗族、基诺族、拉祜族、佤族、瑶族等十几个民族,其中傣族占人口一半以上。傣族的历史悠久,在长期的生活中创造了灿烂的文化,尤以傣历、傣文和绚丽多彩的民族民间文学艺术著称于世。早在一千多年前,傣族的先民就在贝叶、棉纸上写下了许多优美动人的神话传说、寓言故事、小说、诗歌等,仅用傣文写的长诗就有 550 余部。《召树屯与楠木诺娜》《葫芦信》等是其代表作,被改编成电影、戏剧等,深受群众的喜爱。傣族舞具有很高的艺术水平和鲜明的民族特色,动作多为类比和美化动物的举止,如流行广泛的"孔雀舞""象脚鼓舞"等。

傣族的音乐悦耳动听,除了为舞蹈伴奏外,常与诗歌相结合。雕刻、绘画也具有鲜明的特点。傣族全民信仰上座部佛教,在傣族地区,佛塔和佛寺随处可见。傣族民居——竹楼,是我国现存最典型的干栏式建筑,造型古雅别致,住在里面清凉舒爽。傣族男子有纹身的习俗,表示勇敢、美观,亦能吸引异性的爱慕。

西双版纳各民族的节庆活动也构成了本区重要的旅游资源,如傣族泼水节,这天,人们穿戴一新,载歌载舞在赶摆(集会娱乐)上集中,放高升、划龙船、丢包,欢度佳节。此外,还有哈尼族的"嘎汤帕"节、"拉祜族"节、布朗族"豪瓦萨"节、基诺族的"物懋克"节(过年)、瑶族的盘王节等。

(二) 中国南方喀斯特地貌

1. 景区概况

中国南方喀斯特(图 12-20)面积占整个中国喀斯特面积的 55%,是我国政府 2006 年申报世界自然遗产的唯一项目,是中国第一个跨省联合申报世界自然遗产的项目,2007 年正式入选联合国教科文组织的《世界遗产名录》。"中国南方喀斯特"由云南石林的剑状、柱状和塔状喀斯特、贵州荔波的森林喀斯特、重庆武隆的以天生桥、地缝、天洞为代表的立体喀斯特共同组成,形成于 50 万年至 3 亿年间,总面积达 1762 平方千米,其中贵州荔波提名地(核心区)面积 5827 平方千米,缓冲区面积 8910 平方千米。

**图 12-20  中国南方喀斯特地貌**

### 2. 成因剖析

中国南方喀斯特地貌能够顺利申报世界自然遗产,原因在于其在地质地貌、生物生态、美学、民族文化等方面的世界价值长期以来得到了国内外的广泛重视和认同。

中国南方喀斯特地貌经历了长期的地质年代,是地球重要而典型的自然地理特征,既保留了地质历史时期古喀斯特遗迹,又代表了重要的和正在进行的喀斯特过程。受青藏高原隆起等影响,演化至今的"中国南方喀斯特"已形成了一个完整的热带、亚热带喀斯特上升发育区的结构系统和演化序列,对研究现代区域水文网及长江三峡的形成等都提供了宝贵的地貌证据,在世界上也是少有的。

"中国南方喀斯特"在一连片的地区中形成了独特的喀斯特多样性特征,这一区域集中了中国最具代表性的喀斯特地形地貌:云南石林以"雄、奇、险、秀、幽、奥、旷"著称,被称为"世界喀斯特的精华";贵州荔波是贵州高原和广西盆地过渡地带锥状喀斯特的典型代表,同时还是布依族、水族、苗族和瑶族等少数民族聚集处,曾入选"中国最美十大森林"。

重庆武隆喀斯特地貌景观具有独特美学价值,集中分布有"天下第一洞"——芙蓉洞、亚洲最大的天生桥群、全世界罕见而稀有的喀斯特系统形成的后坪天坑等景观。

此外,中国南方喀斯特不但具有超乎寻常的自然美学价值,而且包含了众多濒危物种的自然栖息地,对保护生物多样性有着重要意义,是反映陆地、淡水、海岸、海洋生态系统和动植物群落正在进行的重要的生态和生物演化过程的杰出范例。

### (三)九寨沟

#### 1. 景区概况

九寨沟位于四川省阿坝藏族羌族自治州九寨沟县境内,是白水沟上游白河的支沟,以有九个藏族村寨(所以又称何药九寨)而得名。九寨沟海拔在 2000 米以上,遍布原始森林,沟内分布 108 个湖泊,并有大熊猫、金丝猴、扭角羚、梅花鹿等珍贵动物。九寨沟景区面积 62 平方千米,现游览区面积 50 平方千米。九寨沟景区分布在呈"Y 型"的树正、日则、则查洼 3 条主沟内,总长 50 余千米。主要有树正景区,长 75 千米,由盆景滩、树正群海、树正瀑布(图 12-21)、双龙海、火花海、卧龙海等景点组成;日则沟景区,有诺日朗、珍珠滩、高瀑布三大瀑布,有镜海、熊猫海、芳草海、天鹅海、剑岩、原始森林、悬泉、五花海等景点;则查洼沟景区,有长 75 千米的长海和五彩池等景点;扎如景区,有魔鬼岩、扎如寺等景点。

九寨沟 1982 年成为国家首批重点风景名胜区,且又被列为国家自然保护区。1992年被联合国教科文组织列入《世界自然遗产名录》,1997 年又被列入"人与生物圈"保护网络,2001 年摘得"绿色环球 21"桂冠,成为世界唯一获得三项国际桂冠的旅游风景区。2007 年被批准为国家 5A 级旅游景区。

#### 2. 成因剖析

#### (1)独特的水景群

水是九寨沟景观的主角。碧绿晶莹的溪水好似项链般穿插于森林与浅滩之间,色彩斑斓的湖泊和气势宏伟的瀑布令人目不暇接。九寨沟水景以高原钙华湖群、钙华瀑群和钙华滩流等为主体,其以水景规模之巨、景型之多、数量之众、形态之美、布局之精和环境之佳等指标综合鉴定,位居中国风景名胜区水景之冠,有"九寨归来不看水"之说。九寨沟的水之所以清澈透明、色彩缤纷,原因在于九寨沟的地下水富含大量的碳酸钙质,湖底、湖堤、湖畔水边均可见乳白色碳酸钙析出的结晶体,而来自雪山、森林的活水泉又异常洁净,再经呈梯田状分布的湖泊层层过滤,其水色愈加透明,能见度高达 20 米,加之蓝天、白云、树木的映衬,便呈现出不同颜色。翠海、叠瀑、彩林、雪峰、藏情,被誉为九寨沟"五绝"。水乳交融,美不胜收。

图 12-21　九寨沟的树正瀑布

（2）自然生态之美的集中体现

　　九寨沟纵深 40 多千米,总面积 6 万多公顷,三条主沟形成"Y"形分布,总长达 60 余千米。由于交通不便,这里几乎成了一个与世隔绝的地方,仅有九个藏族村寨坐落在这片崇山峻岭之中。这里保存着具有原始风貌的自然景色,有着自己的特殊景观。原始森林覆盖了九寨沟一半以上的面积,林中植物种类繁多,现有天然森林近 3 万公顷,植物 2000 余种。多种野生动物繁衍栖息于此,其中包括脊椎动物 170 种、鸟类 141 种,属国家保护的有 17 种。林地上积满厚厚的苔藓,散落着鸟兽的羽毛,典型的原始森林风貌,使人仿佛置身于美妙的世外天地。再加上藏家木楼、晾架、经幡、栈桥、磨房、传统习俗及神话传说构成的人文景观,被誉为"美丽的童话世界"。九寨沟的奇山异水,立体交叉,四维渗透,融色美、形美、声美于一体,构成了一幅多层次、多方位的天然画卷。其总体之美可谓"自然的美,美的自然"。

# 第三节 典型的旅游线路设计

## 一、旅游线路设计

针对西南区旅游资源特色,以互补性、丰富性、交通便利性为原则,本章设计了奇山秀水生态旅游、多彩民族风情体验游、红色历程游、南国边关风貌游等几条典型旅游线路。

(一)西南奇山秀水生态之旅

1. 线路安排

九寨沟——黄龙——成都——重庆——遵义——贵阳——六枝——东川——昆明——大理——丽江——香格里拉——玉龙雪山——东巴谷——楚雄——大理古城——腾冲——瑞丽——景洪——西双版纳

2. 线路特色

以秀美的自然山水为主题的生态旅游线路,有多条线路可以选择。主要旅游资源有:目前世界最大的天坑群、仙人桥、亚丁自然保护区的三大神山[仙乃日(观音),央迈勇(文殊),夏诺多吉(金刚手)]、德天瀑布、怒江大峡谷、世外桃源的坝美村、高山湖泊普者黑、腾冲火山地质公园、青城山、峨眉山、乐山大佛、牟尼沟、九寨沟、长江三峡、滇池、石林、九乡、轿子雪山、玉龙雪山、虎跳峡、泸沽湖、碧塔海、纳帕海、白水台、香格里拉大峡谷、梅里雪山、白茫雪山、马岭河大峡谷、万峰湖、红枫湖、黄果树瀑布、龙宫、织金洞、漓江山水、阳朔风光等。

(二)西南多彩民族风情体验之旅

1. 线路安排

成都——九寨沟(藏族)——稻城——丽江(纳西族、东巴文化)——大理(白族)——楚雄(彝族)——景洪(傣族)——西双版纳(傣族等)——昆明(云南民族村)——石林(彝族、撒尼人)——贵阳/南宁——桂林

2. 线路特色

以原生态民族风情体验为主题,结合自然山水、名胜古迹,是一条文化生态旅游线路。根据不同情况,此线路可以合并或自由组合。除了能够体验风情迥异的各少数民族风情,参与不同民族的节庆活动外,还可以欣赏到峨眉山、乐山大佛、都江堰、丽江古城、亚丁自然保护区、苍山洱海、热带风光、世博园、路南石林、车江古榕群、黎平会议会址、翘街、天生

桥、八舟河、肇兴侗族鼓楼群、隆里古镇、三门塘等众多旅游景点。

（三）西南红色之旅

1. 线路安排

桂林──南宁──百色──昆明──贵阳──遵义──赤水

2. 线路特色

此线路将红色景区和绿色山水、文化景观通盘设计，革命传统教育、祖国山河欣赏和民族风俗品味融为一体。主要景点有桂林山水、百色起义遗址、路南石林、茅台酒厂、盐津温泉、茅台渡口、四渡赤水纪念碑、红枫湖等。

（四）南国边关风貌之旅

1. 线路安排

昆明──西双版纳──内比都──曼谷──万象──河内──南宁──桂林

2. 线路特色

将边境商贸、异国风光、民族风情、历史文化相结合，构成文化体验与风光观赏为主题的休闲旅游线路。除体验不同民族文化和异域风情外，主要景点还有桂林山水、世博园、石林、红枫湖、西双版纳原始森林、野象谷、北海银滩、涠洲岛、北海星岛湖、大新田园风光、沙屯叠瀑、黑水河、绿岛行云、归春界河、德天大瀑布、中越53号界碑、通灵大峡谷自然保护区、盘龙金洞、妈祖庙（三婆庙），越南主要景点有"海上桂林"之称的下龙湾、斗鸡岛、狼狗石、香炉山、天宫洞、观镇国寺、还剑湖、龟塔、巴亭广场、主席府、胡志明陵、胡志明故居、独柱寺、博物馆等。

## 二、该区今后旅游业发展方向和重点

（一）突出旅游资源个性，开发互补产品，构建大西南旅游圈

西南旅游资源区内各省区市在地域上相连，其中云、桂、黔三省无论是在自然旅游资源（如喀斯特地貌景观）还是在人文旅游资源（如少数民族风情）方面，皆有一定的相近或交叉性。四川、重庆两省市为巴蜀文化发源地，也存在同样问题。就区域外部发展而言，四川、重庆两省市与紧靠的湖北、湖南的华中区在长江三峡自然风光旅游资源上同质性较强，云、桂、黔三省区旅游资源与周边的越南、缅甸、泰国、老挝等东南亚国家在旅游资源上也具有一定的相近性。同时，在开发过程中，各自强调、竞相开发、缺少相互补充、协调，因而在旅游产品上形成同质性较多的旅游线路，加大了与周边旅游市场的竞争。

今后，在旅游开发过程中，对于同质性的资源开发，应重点突出不同单体的特质，形成

同一基本类型、不同时空人文与自然赋存环境和载体的系列产品,转变同质资源的替代性劣势,促进资源的深度开发。要对西南旅游业的整体发展统一规划,进行协调沟通,强化西南旅游中心地,构建大西南旅游圈,增强区域整体竞争力。

（二）提升现有旅游产品

西南区传统的旅游产品主要是以山水景观、少数民族风情为主的观光旅游。而以喀斯特地貌为主体的自然景观一方面存在区内相互替代竞争关系,一方面重游率较低,而目前的少数民族风情类旅游产品基本上属于观赏为主、浅层次体验,通常是走马观花,无法充分感受不同民族文化的内涵。因此,对这些传统的旅游产品,有一个深化提升的问题,如将单纯的自然观光旅游向体育、温泉养生、休闲度假、科考探险类旅游产品转化,将常规的文化观光旅游向高品位、体验性强的参与型经典文化旅游转化。只有对旅游产品重新认识,开发出新的更为丰富的旅游产品,才能吸引更多的游客。

# 练 习 题

1. 简述本区旅游资源形成的区域地理环境。
2. 简述本区旅游地理特征表现在哪些方面。
3. 简述"大西南生态旅游线路"的主要景区（点）。
4. 结合本区资源特色、旅游业发展现状及旅游发展最新趋势设计出几条旅游线路。

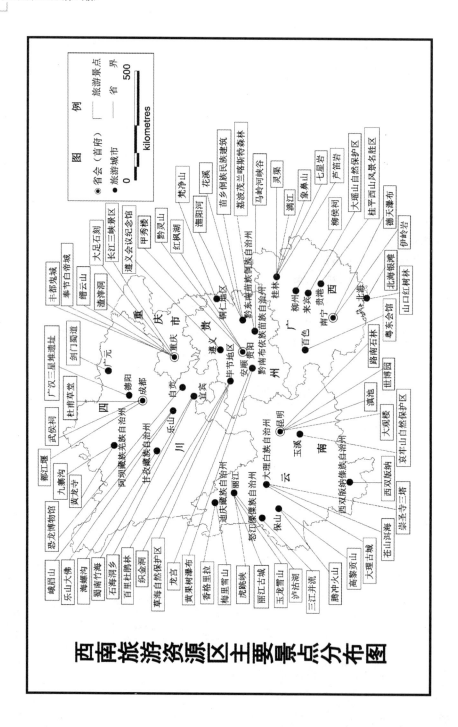

西南旅游资源区主要景点分布图

附表 1 西南旅游资源区国家级自然保护区

| 序号 | 保护区名称 | 位 置 | 保护对象 | 面积/ha | 建立年份 |
|---|---|---|---|---|---|
| 1 | 缙云山自然保护区 | 重庆市北碚区、沙坪坝区、璧山县境内 | 森林植被及其生境所形成的自然生态系统 | 7600 | 1979 |
| 2 | 大巴山自然保护区 | 重庆市大巴山南麓城口县境内 | 崖柏等珍稀植物及森林生态系统 | 136 017 | 2000 |
| 3 | 金佛山自然保护区 | 重庆南川区境内 | 银杉、珙桐、白颊黑叶猴、猕猴等珍稀动植物及森林生态系统 | 41 850 | 1979 |
| 4 | 龙溪枣虹口自然保护区 | 四川省都江堰市境内 | 亚热带山地森林生态系统 | 34 000 | 1993 |
| 5 | 白水河自然保护区 | 成都平原北部的彭州市境内 | 大熊猫等珍稀野生动植物及其生态环境 | 30 150 | 1996 |
| 6 | 攀枝花苏铁自然保护区 | 四川攀枝花市西区、仁和区境内 | 攀枝花苏铁这一珍稀濒危植物及其生态环境 | 1358.3 | 1983 |
| 7 | 四川画稿溪自然保护区 | 四川省叙永县城水尾镇境内 | 亚热带原始常绿阔叶林生态系统和第三纪残遗物种——桫椤群落及其伴生的珍稀野生动植物 | 23 827 | 2003 |
| 8 | 王朗自然保护区 | 四川绵阳平武县境内 | 大熊猫等珍稀野生动物及其栖息地 | 32 297 | 1965 |
| 9 | 唐家河自然保护区 | 四川广元市、青川县境内西北角 | 大熊猫、金丝猴、扭角羚等珍稀动物及其栖息地 | 40 000 | 1978 |
| 10 | 马边大风顶自然保护区 | 四川乐山市马边县境内 | 大熊猫及其生态环境 | 30 164 | 1978 |
| 11 | 长宁竹海自然保护区 | 四川长宁县中南部地区 | 竹类生态系统 | 29 000 | 2003 |
| 12 | 蜂桶寨自然保护区 | 四川省宝兴县东北部,地处邛崃山西坡 | 珍稀濒危动物大熊猫、金丝猴及山地混合森林生态系统 | 39 000 | 1975 |
| 13 | 卧龙自然保护区 | 重庆江津区羊石镇-大渡口区马桑溪江段 | 大熊猫及森林生态系统 | 20 000 | 1963 |
| 14 | 九寨沟自然保护区 | 四川省九寨沟县漳扎镇 | 大熊猫及森林生态系统 | 62 497.3 | 1978 |

（续表）

| 序号 | 保护区名称 | 位　　置 | 保护对象 | 面积/ha | 建立年份 |
|---|---|---|---|---|---|
| 15 | 四姑娘山自然保护区 | 四川省阿坝藏族羌族自治州小金县 | 野生动物和高山生态系统 | 48 500 | 1995 |
| 16 | 若尔盖湿地国家级自然保护区 | 四川若尔盖县境内 | 高寒沼泽湿地生态系统和黑颈鹤等珍稀动物 | 166 570.6 | 1994 |
| 17 | 贡嘎山自然保护区 | 甘孜藏族自治州泸定、康定、九龙三县 | 森林生态系统、珍稀动物及现代冰川等 | 400 000 | 1996 |
| 18 | 察青松多白唇鹿自然保护区 | 四川省白玉县阳麻绒乡 | 白唇鹿、金钱豹、金雕等珍稀野生动物及其生境 | 143 682.6 | 1995 |
| 19 | 亚丁自然保护区 | 四川省甘孜藏族自治州稻城县南部 | 高山自然生态系统 | 56 000 | 1996 |
| 20 | 美姑大风顶自然保护区 | 四川凉山彝族自治州美姑县与马边县之间 | 大熊猫、牛羚和珙桐等珍稀野生动植物及其生态系统 | 60 000 | 1978 |
| 21 | 米仓山自然保护区 | 四川省巴中市南江县境内 | 亚热带与温带交汇地带的森林生态系统 | 23 400 | 1999 |
| 22 | 雪宝顶自然保护区 | 四川省绵阳市平武县西部 | 大熊猫、金丝猴等珍稀野生动物及其栖息地 | 63 615 | 1993 |
| 23 | 花萼山自然保护区 | 重庆市城口县，四川宣汉县、平昌县、通江县、陕西、镇巴县、紫阳县之间 | 北亚热带森林生态系统 | 48 203.39 | 1999 |
| 24 | 海子山自然保护区 | 甘孜州理塘和稻城两县境内 | 保护高寒湿地和麝类 | 334 608 | 2008 |
| 25 | 习水中亚热带常绿阔叶林国家级自然保护区 | 贵州省习水县境内 | 中亚热带常绿阔叶林 | 48 666 | 1992 |
| 26 | 赤水桫椤自然保护区 | 贵州省赤水市葫市镇金沙乡 | 桫椤等国家珍稀濒危动植物及自然生态系统 | 13 300 | 1984 |
| 27 | 梵净山自然保护区 | 贵州省的印江、江口、松桃县之间 | 以黔金丝猴、珙桐等为代表的珍稀野生动植物及原生森林生态系统 | 41 900 | 1978 |

（续表）

| 序号 | 保护区名称 | 位　置 | 保护对象 | 面积/ha | 建立年份 |
|------|-----------|--------|---------|---------|---------|
| 28 | 麻阳河自然保护区 | 沿河、务川两个少数民族自治县 | 国家一级重点保护野生动物黑叶猴及其栖息地 | 31 114 | 1987 |
| 29 | 长江上游珍稀、特有鱼类自然保护区 | 云南、贵州、四川、重庆三省一市 | 白鲟、达氏鲟、胭脂鱼等珍稀濒危物种和特有鱼类资源及其生境 | 33 174.213 | 2000 |
| 30 | 贵州草海自然保护区 | 贵州省威宁彝族苗族回族自治县 | 黑颈鹤、灰鹤、丹顶鹤、黄斑苇雉、黑翅长脚鹬和草鹭 | 12 000 | 1985 |
| 31 | 雷公山自然保护区 | 贵州东南跨雷山、台江、剑河、榕江四县 | 秃杉林及其生境、水源涵养林 | 47 333 | 1982 |
| 32 | 茂兰自然保护区 | 荔波县境内 | 春剑、线叶春兰、寒兰等植物种及荔波壁虎、大鳞金线鲃、小口缨鱼等动物 | 21 285 | 1984 |
| 33 | 宽阔水自然保护区 | 绥阳县境内 | 红腹角雉、白冠长尾雉、红腹锦鸡、红翅绿鸠、蓝喉太阳鸟，棕腹大仙鹟等 | 21 840 | 1989 |
| 34 | 哀牢山自然保护区 | 云南景东、镇沅、新平、楚雄、双柏五县市 | 中山湿性常绿阔叶林及长臂猿、短尾猴、绿孔雀等野生动物 | 50 360 | 1981 |
| 35 | 高黎贡山自然保护区 | 腾冲、保山、泸水三县（市）交界处 | 中山湿性常绿阔叶林、及扭角羚等珍稀植物 | 405 200 | 1981 |
| 36 | 大山包黑颈鹤自然保护区 | 云南省昭通市 | 黑颈鹤及其生境 | 19 200 | 1990 |
| 37 | 大围山自然保护区 | 屏边、河口、蒙自、个旧四县市之间 | 热带雨林、季雨林、山地苔藓常绿阔叶林 | 43 993 | 1986 |
| 38 | 金平分水岭自然保护区 | 云南东南部金平县 | 季风常绿阔叶林、山地苔藓常绿阔叶林 | 42 000 | 1986 |
| 39 | 黄连山自然保护区 | 云南绿春县中部 | 亚热带常绿阔叶林生态系统及其重要的水源涵养作用 | 65 058 | 1983 |
| 40 | 文山自然保护区 | 滇东南文山壮族苗族自治州的文山市和西畴县 | 主要保护季风常绿阔叶林和山地苔藓常绿阔叶林生态系统 | 26 867 | 1980 |

（续表）

| 序号 | 保护区名称 | 位　　置 | 保护对象 | 面积/ha | 建立年份 |
|---|---|---|---|---|---|
| 41 | 无量山自然保护区 | 云南景东县西部 | 黑长臂猿、候鸟迁徙地环境、中山湿性常绿阔叶林 | 30 938 | 1986 |
| 42 | 西双版纳自然保护区 | 云南景洪、勐海、勐腊 | 热带雨林、季雨林、季风常绿阔叶林及野生动物 | 241 700 | 1958 |
| 43 | 苍山洱海自然保护区 | 云南大理市 | 冰川遗迹、名胜古迹、森林及高原湖泊生态系统 | 79 700 | 1981 |
| 44 | 白马雪山自然保护区 | 云南西北部德钦县 | 滇金丝猴及多种冷衫等寒温性针叶林、板块碰撞带 | 281 640 | 1981 |
| 45 | 南滚河自然保护区 | 中缅边境中段沧源佤族自治县的班洪、班老两乡 | 亚洲象及其栖息的热带雨林生态环境 | 7082 | 1980 |
| 46 | 药山自然保护区 | 云南东北部巧家县的中部 | 药用植物资源及水源涵养林 | 10 215 | 1984 |
| 47 | 会泽黑颈鹤自然保护区 | 云南曲靖市会泽县 | 黑颈鹤、灰鹤、斑头雁、黄鸭等及其生境 | 12 910.64 | 2006 |
| 48 | 永德大雪山自然保护区 | 云南永德大雪山、乌木龙、亚练、永康四乡镇之间 | 南亚热带常绿阔叶林垂直分布景观及其野生动物物种 | 15 900 | 1984 |

# 第十三章

# 青藏旅游资源区

　　青藏旅游资源区位于我国西南部，以青藏高原为主体，在行政区划上包括青海、西藏两省区。地域辽阔，总面积达195万平方千米，平均海拔4000米，有"世界屋脊"之称。该区北与新疆、甘肃相连，南与印度、尼泊尔、不丹、缅甸等国为邻，西与克什米尔地区接壤，东与四川、云南毗邻。陆上邻国仅次于新疆维吾尔自治区，成为我国发展边境旅游的五大旅游区之一。人口906万，主要民族为藏族和汉族，其他民族有回、土、撒拉、门巴等。

## 第一节　区域环境与经济发展概况

### 一、自然环境特征

#### （一）高山横亘的"世界屋脊"

　　青藏地区地势高峻，是世界上海拔最高的高原，也是地球上年代最新、并仍在隆升的一个高原。绵延横亘的高耸山脉构成了高原地貌骨架，山脉之间分布有高原、盆地、谷地，其间还蕴含着众多的湖泊、冰川、河流、温泉等。耸立在高原边缘的巨大山系，海拔多在6000～7000米以上，近东西向山系从南而北有喜马拉雅山、冈底斯山、念青唐古拉山、喀喇昆仑山、唐古拉山、昆仑山等。唐古拉山和念青唐古拉山向东延伸发生转折变向，形成了藏东南近于南北向排列的横断山；自东向西分布有芒康山、他念他翁山和伯舒拉岭等。在这些平行的山脉之间，分别挟持着金沙江、澜沧江和怒江的深切峡谷，构成世界上有名的平行岭谷地貌。

此外,还有许多耸立于雪线之上高达 7000～8000 米的山峰,世界第一高峰珠穆朗玛峰(8844.43 米)。在珠穆朗玛峰周围 20 多平方千米的范围内,7000 米以上高峰 40 多座,8000 米以上高峰 4 座(世界上 8000 米以上高峰共 14 座):洛子峰(8516 米)、马卡鲁峰(8463 米)、卓奥友峰(8201 米)、希夏邦马峰(8027 米)。这种高峰汇聚的现象为世界其他山区所罕见,故珠峰被称为世界屋脊之巅、地球"第三极"。

（二）独特的高寒气候

本区虽地处中低纬地带,但由于高亢的地势,使这里形成独特的高寒气候,总体表现出:空气稀薄,气压低,含氧量少;光照充足,辐射强烈,是全国太阳辐射量最多的地区,年总辐射量值高达 5850～7950 兆焦[耳]/平方米,比同纬度东部平原高 0.5～1 倍,加之高原上空气稀薄洁净,尘埃、水汽含量均较少,透明度好,是名副其实的"阳光高原",西藏拉萨则有"日光城"的美誉;气温低、温度年变化小、日变化大,常被形容为"一年无四季,一日见四季"。干湿季分明,干季(10 月—次年 3 月)寒冷漫长,多大风;雨季(4—9 月)温凉多雨,全年无夏。

（三）冰川广布,湖泊众多,江河源头

青藏高原高于雪线以上的山峰众多,巨大的山岳之间,冰川及其雕塑的冰川地貌广泛分布,冰川面积达 3.4 万平方千米,占我国冰川面积的 82%。仅从数量来看,珠峰地区就有冰川 217 条,祁连山有 3306 条。冰川地貌广泛发育,现代冰川、刃脊、角锋、冰斗、冰蚀湖等规模巨大,雄伟壮观。雪线下冰塔林广布,其间还有幽深的冰洞、曲折的冰面溪流,景色奇特。

由于冰川广泛发育,加之高寒气候蒸发量小的特点,使青藏高原湖泊广布。据统计,面积在 1 平方千米以上的湖泊(包括干盐湖)共 1091 个,合计湖泊总面积 4.5 万平方千米,超过全国湖泊总面积的一半,其中,面积大于 10 平方千米的湖泊有 346 个(青海省 84 个、西藏自治区 262 个)。因此,青藏高原成为地球上海拔最高、数量最多、面积最大的高原湖群区,也是我国湖泊分布密度最大,且与东部平原湖区遥相呼应的两大稠密湖群区之一。同时,由于地势高亢,高原向南、向东倾斜,成为我国长江、黄河、怒江、澜沧江、雅鲁藏布江等大江大河的发源地。

（四）复杂多样的自然景观

高度对青藏高原自然景观的分布有着深刻影响。从外围仰望高原,是一系列垂直结构鲜明的崇山峻岭。但登上大高原又是另一番景象:地表起伏和缓,辽阔广大,高原之上的山岭除少数比较高峻外,大多形态浑圆,坡度较小,相对高度只有几百米,可谓"远看似山,近看成川"。青藏高原垂直起伏大,自然景观随高度变化形成的垂直带状分布十分明显,而高原南北又分属于不同纬度气候带,自然景观在垂直分异的基础上又呈现纬度地带性分布,其自然景观与我国同纬度的东部地区亚热带和暖温带景观却有着显著的差异。温度随纬度增高而降低,植被分布也随纬度增高而变化,构成了从东南向西北,气候由暖变冷、由湿变干,自然景观相应地从森林到荒漠的变化规律。

喜马拉雅山南坡为森林,以北为灌丛草原,再向北依次为高山草原、高寒荒漠和温带荒漠。高原东部受季风影响,自东向西植被也由山地森林向高山灌丛草甸、高山草甸、高山草原、高寒荒漠演变。此外,高原上还分布着许多深切的河谷和绵亘排列的山脉,使植被、土壤的水平地带性分布规律又为垂直分布规律所干扰而更加错综复杂。喜马拉雅山东段南翼和雅鲁藏布江大拐弯处的河谷地带,地处西南季风迎风坡,年降水量1000～4000毫米,个别地方达5000毫米以上,因纬度与海拔均较低,北面又有高大山体屏障,故气候温暖湿润,植物生长茂盛,呈现出热带雨林、季雨林景观,动植物资源异常丰富,热带水果和热带经济作物可在此地种植。同时,由于从河谷向北高度增加,从下向上景观垂直带谱明显发育,可以看到从热带至极地的各种自然带景观。这种高寒气候与热带风光完美结合的独特景观,不仅是天然的旅游胜地,也是地学、生物学及其他相关学科研究的天然实验室。本区自然风光独特、地域色彩浓厚的景观格局对学者和旅游者均有巨大魅力。

（五）珍稀、多样的高原生物

青藏高原地域辽阔,高山纵横,生态环境十分复杂,为各类生物的生存、繁衍提供了得天独厚的条件,生物种类非常丰富。据统计,青藏高原有高等植物13 000种,陆栖脊椎动物近1100种,且分别占全国物种总数的45%左右;此外,有鱼类115种,真菌5000余种以及包括昆虫在内而目前还难以统计的无脊椎动物和藻类等巨大数量的物种。青藏高原有蕨类800余种,裸子植物88种和被子植物12 000种。以上分别占全国总数的40%以上。有哺乳动物206种(占全国种数41.3%),鸟类678种(占全国种数57.2%),爬行类83种(占22%),两栖类80种(占28.7%),反映出高原物种的多样性及其在我国物种多样性中的重要地位。为此,先后建立了可可西里、三江源、拉鲁湿地等大面积自然保护区。这些自然保护区是世界屋脊上生态环境最奇特、生物资源最丰富的自然资源宝库,具有极高的科学研究价值。

## 二、人文环境特色

（一）绵远悠长的历史

青藏高原是以藏族为主体,多民族世代繁衍生息的一块神奇土地。据考古研究表明,在距今1万～2万年的旧石器时代已有人类活动遗迹。《后汉书·西羌史》中已有青海东部定居农耕活动的记载。公元 4 世纪初,在现今西藏境内雅鲁藏布江河谷出现农牧并存的景象。但与中原地区的频繁交往则始于唐代。公元 632 年,松赞干布平定内争,统一了青藏高原众多分散的部落,以逻些(今拉萨)为中心建立了新兴的奴隶制地方政权——吐蕃王朝。通过与唐和亲,汉藏两族在政治、经济、文化等方面建立了密切联系,其中尤以唐贞观十五年(公元 641 年)文成公主进藏与松赞干布成亲为汉藏友好交往的标志。公元 823 年,藏王赤祖德赞与唐穆宗订立友好同盟,现立于拉萨大昭寺门前的"唐碑"则是两族友好的标志。唐末,吐蕃王朝崩溃,经历长期战乱后,与 1253 年正式纳入中国版图。19 世纪中后期,以英国为首的外国势力入侵该区域,但并未改变我国对该区的主权。1949 年末,青海省获得解放。1951 年 5 月 23 日在北京签定了西藏和平友好解放协议,1951 年 10 月中国人民解放军进驻西藏,从此青藏历史开始了新的篇章。青藏地区的历史沿革说明该区地理位置的重要性,也说明该区自古以来即是我国领土不可分割的一部分。历史上汉藏两族和亲与友好交往遗迹及相关传说、历代皇帝赐予的文物等,均成为重要的人文旅游资源。

（二）古老的文化,神秘的宗教

藏族有悠久灿烂的文化和独具特色的宗教体系。青藏高原地区原土著居民信仰藏传佛教和苯教。公元 7 世纪,佛教传入西藏地区,且很快与当地原始宗教——苯教(雍仲本教)相融合,形成独具地方特色的藏传佛教体系,且陆续形成各种不同教派。其中,格鲁(黄教)、萨迦(花教)、宁玛(红教)、噶举(白教)四大教派有较大影响力并流传至今,而黄教影响最大,自 15 世纪以来一直居于统治地位。有学者认为藏传佛教是藏民族文化的核心部分,它规定藏民族文化的性质与形式,决定其品格与价值。佛教和苯教对藏族的政治、经济、文化教育、对外交往、文学艺术、伦理道德、社会心理、思维方式、价值观念等方面均具有深刻而持久的影响。藏族有自己的语言和文字,7 世纪初就有藏文文献传世。宗教经典中包含历史、文学、艺术、哲学、天文、历算、医药、建筑、工艺、雕刻、绘画、戏剧等内容。藏文《大藏经》纂成于元代,即闻名于世的"甘珠尔"(佛语部)、"丹珠尔"(论部)两大佛学丛书。此外,还有哲学、韵律、文字、舆地、医药、历算、史传、全集、文学、小说、诗歌、戏剧、寓言等著述。民间史诗《格萨尔王传》为世界最长的史诗,它以宏伟的结构、神奇的情节、优美的语言、说唱的形式塑造了正义、勇敢、力量和理念的化身——以格萨尔王为首的英雄群豪,艺术地再现了古代社会的真实画面。历史类著作有通史、断代史、编年史、宗教史和传记、谱系、地方志、寺志等。

藏族书法绘画具有较高的艺术水平。藏文楷书庄重工整、行草秀丽潇洒,均体现出笔力功夫;藏画以铁线描法为主,表现了东方美术特色,章法谨严、结构完整、尤工人物、神态逼真,诸如庙堂壁画和唐卡佛画等,布局大方、色彩鲜艳,为世所重。雕刻塑像技艺高超。建筑营造具有民族特色,举世闻名的拉萨布达拉宫,高达13层,金碧辉煌,与山势浑然一体,妙造自然。横跨江河的铁索桥、藤索桥,均有高超技艺和独特风格。

藏族医药、历算自成一格。藏医讲究望、闻、问、切,兼有针砭、按摩及外科手术。藏药博采动、植、矿物,讲求炮制技术,尤其在畜牧兽医方面有独到之处。藏历为阴阳合历,以五行、阴阳、十二生属系年,每六十年一循环;年分四季,十二月,大、小月相间,一般三年置一闰月;可预测日食、月食及地方近期气象。

藏族能歌善舞。乐器取自内地古代雅乐,节奏悠扬,间以鼓钹,烘托欢快。藏剧创始于明代,由民间歌舞发展而成,深受藏族讲唱文学的影响,不设舞台帷幕,具有广场戏特点,是一种适应草原环境的游牧文化戏剧,深受藏区人民的欢迎。

（三）原生态的民俗风情

青藏地区以藏族为主体,此外还有汉、回、土、蒙古、撒拉等民族。各民族在长期的生产、生活过程中形成独具地方与民族特色的风俗习惯。由于高原环境相对闭塞,使这些民俗风情保持着相对完整性和原始性。藏族无论男女老幼,均能歌善舞,歌曲旋律抑扬顿挫,伴奏乐曲宛转悠扬,舞步刚劲豪放。有俗语形容藏族人是"会说话就会唱歌,会走路就会跳舞"。

藏族服饰是青藏高原一道绵延流长的亮丽文化景观,蕴涵其间的工艺技术、生活情趣、审美观念、道德伦理、宗教信仰都可成为研究藏文化的活化石。由于地理气候和物产不尽相同,在藏区内可谓是"百里不同俗,千里不同风",不同区域在穿着打扮方面各具特色,呈现出五彩缤纷的风貌。

饮食方面,独特的地理位置和气候特点决定了本区独特的膳食习惯。牧民以糌粑、牛、羊肉为主食,僧尼可食肉,喜饮酥油茶,还有酸奶、青稞酒、血肠、风干牛肉等传统特色美食。

藏族传统民居,与其他文化形态一样也具有其独特的个性。单从种类来看可谓丰富多彩,如藏南谷地的碉房、藏北牧区的帐房、雅鲁藏布江流域林区的木构建筑等各具特色,就连窑洞也能在阿里高原上寻见。牧民住着用帆布或牦牛毛织成的大帐篷。交通运输主要使用牦牛。牦牛体硕毛长,抗寒耐久,为青藏高原特产,有"高原之舟"的美称。水路运输主要使用牛皮船或独木舟,牛皮船是藏族特有的水上交通工具。

藏族是个多节日的民族,按藏历计算,几乎月月有节日,如藏历新年、雪顿节、沐浴节、望果节、香浪节、酥油灯节、燃灯节、佛诞节、林卡节等。草原上还有一年一度盛大的赛马会和赶集会。

葬俗除最为普遍的天葬外，还有塔葬、火葬、水葬、土葬等多种类型。

### 三、区域经济发展概况

#### （一）区域经济发展现状

##### 1. 经济基础薄弱，但发展态势良好

由于自然环境及历史文化的影响，本区是我国地理环境最复杂，现代经济发展最落后的地区。近年来，本区国民经济快速发展，综合实力明显增强，国民生产总值呈现逐年增长趋势。2015 年青海省国民生产总值达到 2417.05 亿元，同比增长 8.2%；人均 GDP 达41 252 元，同比增长 7.2%。西藏自治区国民生产总值达到 1026.39 亿元，同比增长11%；人均国民生产总值达 31 999 元，同比增长 8.9%。

##### 2. 基础设施建设取得明显成效

改革开放以来，尤其是西部大开发战略实施以来，青藏地区交通、邮电和通信条件不断改善，为旅游业的发展奠定了基础。2015 年，青藏两省区交通运输和邮电通信业继续保持稳步增长，其中青海省全省公路线路年末通车总里程 7.56 万千米，比上年增长 2890千米。全省电话普及率上升到 109.96 部/百人。西藏自治区 2015 年末公路总通车里程7.8 万千米，比上年增加 2530 千米；铺装路面总里程 1.14 万千米，增加了 1662.7 千米；全区电话普及率达到 96.5 部/百人。

#### （二）机遇与挑战并存的旅游业

由于所处的特殊地理环境及历史发展条件，使本区距国内外客源市场均较远，交通不便，经济发展水平相对较低，这些都一定程度制约了本区旅游业的进一步发展。但本区旅游资源极具宗教性、民族性、原始生态性与垄断性，加之旅游发展新趋势和交通状况的逐步改善，旅游开发充满机遇，前景广阔。

本区旅游业起步晚，但发展速度较快。2015 年，青海省全年接待国内外旅游人数2315.4 万人次。其中国内旅游者 2308.84 万人次，入境旅游者 6.56 万人次；旅游总收入248.03 亿元，旅游外汇收入 3876.3 万美元。西藏自治区全年接待国内外旅游者 2017.53万人次。其中国内旅游者 1988.27 万人次，入境旅游者 29.26 万人次，旅游总收入 281.92亿元，旅游外汇收入 1.77 亿美元。纵观近几年两省区旅游业发展概况可以看出，旅游发展总体呈现逐年增长趋势（见表 13-1）。特别是近年来一些州市旅游业异军突起，成绩斐然，取得了明显的经济效益。

从全国范围来看，本区旅游业产业规模和带动力弱小，市场发育不够健全，与其他省区还有相当差距，旅游业发展还处在初期阶段。

表 13-1　青海、西藏两省区国际旅游接待人数及外汇收入

| 年度 | 青　海 | | 西　藏 | |
| --- | --- | --- | --- | --- |
| | 旅游外汇收入<br>/万美元 | 年增长率<br>/(%) | 旅游外汇收入<br>/万美元 | 年增长率<br>/(%) |
| 2013 | 1724.9 | −25.0 | 12786 | 21.0 |
| 2014 | 2574.6 | 33.0 | 14469 | 11.6 |
| 2015 | 3876.3 | 33.6 | 17700 | 18.3 |

资料来源:中国统计年鉴(2013—2015 年)(数据不包含港澳台地区)。

　　据世界旅游组织预测[1],随着交通手段的更新,未来旅游将比上(20)世纪末的旅游空间跨度更大,这就使得远离主要客源市场的青藏旅游资源区能够获得更大市场。与此同时,青藏铁路的开通,更为本区提供了广阔的旅游市场。此外,伴随旅游业发展及休闲时代的来临,旅游消费出现新趋势。未来旅游活动中,宗教旅游、文化旅游和生态旅游活动日趋广泛深入[2],探险旅游亦将成为旅游的新趋势。这种新的需求趋势正与本区古老神秘的藏传佛教与藏文化旅游资源,以及种类繁多的自然保护区、人迹罕见的雪峰冰川、高山峡谷等旅游资源相契合,为本区旅游发展提供了良好的机遇。

**四、区域旅游特色**

　　(一)宗教性与地域性
　　佛教和苯教(雍仲本教)对藏族的政治、经济、文化教育、对外交往、文学艺术、伦理道德、社会心理等方面均具有深刻持久的影响,也规范着世居于此的人们的行为方式、性格气质、思维和价值观念。因此,许多旅游资源,特别是人文旅游资源,不可避免地带有浓厚的宗教色彩。不论是在遍布全区为数众多、富丽堂皇的寺院及寺院内长明不灭的酥油灯、低沉的法号声,还是每天在拉萨八角街周围川流不息、手拿转经筒、不停地念着经咒的转经者身上,均可领略到浓浓的宗教氛围。甚至自然的湖水、山峰也在藏族人民心中具有宗教色彩:每个村落周围最高的山峰被奉为神山,每年在此山峰举行插箭仪式,祭祀山神。神山附近的湖泊也被认为是"圣湖",不得在湖中洗澡、游泳嬉水,更不能乱丢垃圾。这种深刻而广泛的宗教影响,与青藏高原特殊的地理环境密切相关,严酷的自然环境对人类、特别是生产力十分低下的古代人类生存产生了极大威胁,但人们又无法摆脱自然的束缚,于是就在虚幻的神灵世界寻求精神寄托。这种强烈的宗教色彩是在地理环境与人文环境

---

① 世界旅游组织报告预测今后 20 年世界旅游业发展趋势. 旅研网. http://www.cnta.gov.cn.
② 休闲时代旅游消费的十大趋势. 中国旅游智网. http://www.davost.cn. 2008-4-21.

双重作用下，各族人民在适应自然与改造自然的过程中逐步形成的，也只有在青藏高原这一特殊区域才会有如此特色的文化景观和旅游资源。可以说本区旅游资源的宗教性与区域性是密不可分的。

（二）丰富性与垄断性

本区旅游资源种类齐全、丰富多样，几乎拥有国家标准《旅游资源分类、调查与评价》（2003年）155种基本类型的全部，从高山峡谷、高原盆地至江河湖泊，从高山草原、高寒荒漠至温带荒漠，从山地森林至高山灌丛草甸、高山草甸、高山草原、高寒荒漠，从热带雨林至冰川雪峰的各种自然带景观。从资源数量上看，地文景观、水域风光和生物景观类最多。其中，地质旅游资源数量居全国首位。从资源品质上看，本区拥有独特的宗教文化、历史文化、民族风情等优势人文旅游资源。同时，青藏高原作为世界地势最高部分，其高大的海拔，致使许多旅游资源成为世界上同类旅游资源之最，例如世界最高峰珠穆朗玛峰在其周围1000平方千米的地域内，汇集了世界上7000米以上山峰的绝大多数；世界海拔最高的大湖——纳木错，藏语即为天湖；世界第一大峡谷——雅鲁藏布大峡谷，不论是其深度、长度均远远超过了秘鲁的科尔卡峡谷和美国科罗拉多大峡谷。高原东南部分布着茂密的原始森林，其中，波密附近由于良好的水热光组合及较大的温差，使林木具有世界罕见的生产能力；高原南部和东南部山地，特别是喜马拉雅山南坡，由于巨大的高差，产生了从热带到寒带极为完整的植被垂直带谱等等。这些资源大多具有奇特、绝色、罕见的特点，在很大程度上具有不可替代性，是登山探险、地学研究、生态考察等旅游活动的最佳目的地。众多的"世界之最"，使本区成为世界顶级旅游资源地之一。

（三）文化与自然环境的原生态性与脆弱性

青藏高原是我国一个相对独立的地理单元。由于高原四周高山林立，成为本区与外界的天然屏障，加之封闭的、自给自足的农牧经济，减弱了本区和外界的联系，因此，也就使青藏旅游资源较少受到外界工业文明的影响，保留了旅游资源原始的外形特征和内涵。但与此同时，青藏高原高寒区自然地理条件复杂，气候恶劣，动植物生长缓慢，生态脆弱度平均0.36以上，是我国最大生态脆弱区。本区又是许多名江大河的发源地，成为我国重要的"生态安全场"；加之经济落后，在文化影响中处于"劣势"地位，外来文化对其冲击力较大。因此，本区旅游资源在保存自然与文化生态原始性的同时又具有脆弱性，一旦破坏，就难以恢复。在旅游开发和经济建设过程中，必须把资源保护和文化传承放在首位，才能实现旅游可持续发展。

## 第二节　主要旅游资源与旅游目的地

### 一、主要旅游资源分类

青藏旅游资源区旅游资源种类齐全,占国家标准《旅游资源分类、调查与评价》(2003)中旅游资源主类的 100%,亚类中除光现象缺乏,天气与气候现象、岛礁、河段、河口与海面、花卉地、水工建筑等亚类基本类型数量较少外,其他亚类的基本类型都达到 100%。同时,该区旅游资源极具垄断性,有世界第一大峡谷——雅鲁藏布大峡谷,有"地球之巅"之称的珠穆朗玛峰,有我国最大的内陆咸水湖——青海湖。该区旅游资源具体情况(见表 13-2)。

**表 13-2　青藏旅游资源区旅游资源分类表**

| 主类 | 亚　类 | 基本类型 |
|---|---|---|
| A 地文景观 | AA 综合自然旅游地 | 昆仑山、唐古拉山、喀喇昆仑山、念青唐古拉山、日月山、苯日神山、米拉山、谷布神山、喜马拉雅山南坡垂直自然带 |
| | AB 沉积与构造 | 喜马拉雅山、亚东帕里断层山谷、噶尔-申扎-波密巨型蛇绿岩带、南北羌塘蛇绿混杂岩带、札达土林、三趾马化石遗址、西藏措勤双壳类化石 |
| | AC 地质地貌过程形迹 | 仙米峡、西宁小峡、湟源峡、雅鲁藏布大峡谷、卓玛峡谷、波罗吉荣大峡谷、阿什贡峡、松贝峡、寺沟峡、仙女洞、麦莫溶洞、梅木溶洞、扎羊宗溶洞(岩石洞与岩穴) |
| | AD 自然变动遗迹 | 可可西里活火山、昆仑山地震遗迹、唐古拉山口第四纪冰碛层(冰川堆积体)、南迦巴瓦峰冰川地貌、喀喇昆仑山山谷冰川地貌、念青唐古拉山东段海洋性冰川地貌、希夏邦马古冰川遗址(冰川侵蚀遗迹) |
| B 水域风光 | BA 河段 | 雅鲁藏布江、拉萨河、尼洋河、雅砻河、年楚河、狮泉河 |
| | BB 天然湖泊与池沼 | 青海湖、茶卡盐湖、纳木错、巴松错、羊卓雍错、玛旁雍错、拉鲁湿地、长江源区沼泽湿地 |
| | BC 瀑布 | 加兴沟水帘瀑布、"老虎嘴"瀑布、"背崩"瀑布、汗密瀑布 |
| | BD 泉 | 羊八井、昂仁搭各加地热喷泉、布如沟温泉群、布曲河谷区的温泉、德宗温泉、曲孜喀卡温泉、沃卡温泉、康布温泉、拉孜温泉 |
| | BE 河口与海面 | 黄河源、倒淌河、长江源、湟水 |
| | BF 冰雪地 | 阿尼玛卿雪山、各拉丹冬雪山、南迦巴瓦峰、各拉丹冬冰川、绒布冰川、来古冰川、卡钦冰川、阿扎冰川 |

(续表)

| 主类 | 亚类 | 基本类型 |
|------|------|---------|
| C 生物景观 | CA 树木 | 策满林、林芝巨柏林、波罗古泽、鲁朗林海 |
| | CB 草原与草地 | 那曲高寒草原、金银滩草原、羌塘草原、安多草原 |
| | CC 花卉地 | 西宁植物园、公众村生态园、东坝野生葡萄园 |
| | CD 野生动物栖息地 | 可可西里自然保护区、青海湖自然保护区、珠穆朗玛自然保护区、隆宝滩自然保护区、申扎自然保护区、红拉山自然保护区、羌塘自然保护区、雅鲁藏布大峡谷自然保护区 |
| D 天象与气候景观 | DB 天气与气候现象 | 中国科学院青藏高原研究所、唐古拉山口(极端与特殊气候显示地) |
| E 遗址遗迹 | EA 史前人类活动场所 | 萨嘎东部旧石器时代遗迹、穷果旧石器时代遗迹、格尔木三岔口遗址(人类活动遗址)、诺木洪文化遗址、卡约文化遗址、曲贡文化遗址、昌果沟文化遗址(文化层) |
| | EB 社会经济文化活动遗址遗迹 | 茶马古道(交通遗迹)、原子城(废弃生产地)、海晏三角城遗址、伏俟城、驻藏大臣衙门遗址、古格王朝遗址、象雄王国遗址、扎玛桑宫遗址、秀巴古堡(废城与聚落遗迹) |
| F 建筑与设施 | FA 综合人文旅游地 | 塔尔寺、绒布寺、扎耶巴寺(宗教与祭祀活动场所)、互助土族风情园、南山雪域林卡藏族风情园、拉萨游乐园(主题公园)、西宁湟乐公园、罗布林卡(园林游憩区域) |
| | FB 单体活动场所 | 青海柳湾彩陶博物馆、西藏博物馆、木如寺印经院、西藏革命展览馆 |
| | FC 景观建筑与附属型建筑 | 大昭寺、小昭寺、扎什伦布寺、桑耶寺、哲蚌寺、萨迦寺、布达拉宫、世班禅灵塔、草原八塔、卡玛多塔林(塔形建筑物)、东噶皮央石库、扎耶巴洞库群(石窟)、苯日山摩崖造像及雕刻(摩崖字画)、达扎路恭纪功碑、牛头碑(碑碣(林)) |
| | FD 居住地与社区 | 格萨尔王狮龙宫、甲玛王宫、班禅新宫、马步芳公馆、雍布拉康(传统与乡土建筑)、杰德秀镇(特色社区)、普兰国际市场、八廓街 |
| | FE 归葬地 | 藏王墓、吉堆吐蕃墓群、列山古墓群、热水沟古墓葬群、都兰吐蕃墓葬 |
| | FF 交通建筑 | 青藏铁路、万丈盐桥、中尼友谊桥、托托河大桥、铁索桥、藤索桥、黄河第一桥 |
| | FG 水工建筑 | 李家峡水电站、龙羊峡水库、八一水库 |

（续表）

| 主类 | 亚　　类 | 基本类型 |
|---|---|---|
| G 旅游商品 | GA 地方旅游商品 | 牦牛菜品系列(菜品饮食)、冬虫夏草、高原拳参、藏红花、雪灵芝(中草药材及制品)、唐卡、青海氆氇、绣花帐、绒毛画、银制品、祁连玉、昆仑彩石(传统手工产品与工艺品)、人参果、青稞酒、野牦牛角(农林畜产品与制品) |
| H 人文活动 | HA 人事记录 | 文成公主进藏、松赞干布、格鲁派历代活佛、"藏文之父"吞弥·桑布扎、军阀马步芳、阿沛·阿旺晋美与西藏和平解放 |
| | HB 艺术 | 青海"花儿"、藏族讲唱文学、史诗《格萨尔王传》、藏剧《文成公主》、藏文大藏经典《甘珠尔》《丹珠尔》 |
| | HC 民间习俗 | 藏历新年、雪顿节、沐浴节、望果节、香浪节、酥油灯节、佛诞节、林卡节、传召大法会(民间节庆与宗教活动)、赛马射箭节、赛马会、林芝工布节(民间健身活动与赛事)、藏族服饰 |
| | HD 现代节庆 | 青海湖沙雕旅游节、青海汽摩狂欢旅游节、三江源国际摄影节、青海国际唐卡艺术与文化博览节、雅鲁藏布大峡谷旅游节、西藏阿里象雄文化节、珠峰文化节、拉萨国际半程马拉松挑战赛 |

## 二、次旅游区与主要旅游景区(点)

该旅游区分青海和西藏两个次旅游区,根据旅游资源属性及各景区(点)发展状况,本区拥有众多旅游景区。同时,本区旅游业发展态势良好,各景区(点)质量等级不断提高。下面分别就各次旅游区内的主要旅游景点做一介绍。

(一)西藏次旅游区

西藏自治区位于青藏高原西南部,古为羌、戎地,唐宋为吐蕃地,1965 年成立西藏自治区。其北邻新疆,东北紧靠青海,东连四川,东南连接云南,南与缅甸、印度、尼泊尔、不丹毗邻,西与克什米尔地区接壤。地势由西北向东南倾斜,地形复杂多样,陆地国界线4000 多千米,南北最宽 900 多千米,东西最长达 2000 千米,是中国西南边陲的重要门户,无出海口。全区地广人稀,面积 122.84 万平方千米,略超全国总面积的 1/8,人口 318 万(截至 2015 年),藏族人口占九成。

西藏处于"世界屋脊"的独特地理环境,藏族人民灿烂的历史文化和浓郁的民族风情,使其在世界旅游者心目中充满了神秘的魅力。全区拥有世界文化遗产 1 处(布达拉宫及大昭寺、罗布林卡);国家 5A 级旅游景区 2 处(拉萨市大昭寺,拉萨布达拉宫景区),国家4A 级旅游景区 10 处(林芝鲁朗、博物馆、米林南伊沟、雅鲁藏布江大峡谷、罗布林卡、扎什伦布寺、巴松错、珠峰、桑耶寺、雅砻河),2A 级旅游景区 8 处(日喀则后藏民俗园、卡定沟、千年核桃民俗文化村、仓姑寺、然乌湖、孜珠寺、刚坚寺、羊卓雍错）；国家级自然保护区 6 个（珠穆朗玛自然保护区、羌塘自然保护区、察隅慈巴沟自然保护区、色林错自然保护区、雅江中游河谷自然保护区、雅鲁藏布大峡谷自然保护区）；国家地质公园 2 个（易贡国家地质公园、札达土林国家地质公园）；中国优秀旅游城市 1 座（拉萨市）；国家级历史文化名城 3 座（拉萨、日喀则、江孜）；保存完好，管理有序的寺庙 1700 多座；民间重大节日 14 个。

全区已规划形成了拉萨历史文化中心旅游区、日喀则珠穆朗玛高山生态旅游区、山南雅砻文化观光旅游区、林芝森林生态旅游区、昌都香格里拉生态旅游区、那曲草原生态旅游区、阿里神山圣湖旅游区等七个特色旅游区。开辟了拉萨——林芝——泽当——拉萨旅游东环线、拉萨——羊湖——江孜——日喀则——拉萨旅游西环线、拉萨——墨竹工卡——桑日——泽当——拉萨旅游南环线、拉萨——林周——当雄——羊八井——拉萨旅游北环线等四条旅游环线。开发了青藏铁路、青藏公路沿线旅游经济带和川滇藏香格里拉旅游区以及茶马古道、拉狮公路两条横贯东西，延伸藏南、藏西边境地区的旅游通道。

### 1. 扎什伦布寺

扎什伦布藏语意为"吉祥须弥"，全名为"扎什伦布白吉德钦曲唐结勒南巴杰瓦林"。位于日喀则市城西尼玛山东面的山坡上，始建于明正统十二年（1447 年），建筑面积近 30 万平方米，为中国格鲁派六大寺之一，也是后藏格鲁派最大的寺院（图 13-2）。整个寺院依山而筑，以西藏古代宗教建筑风格为主，吸收了唐、清建筑艺术特色和佛教灵塔建筑形式。寺院共有四大扎仓（僧院）、62 个米村（依僧人来源的籍贯而定），佛堂和灵塔祀殿近 60 座。寺内藏有佛像、佛塔、唐卡、壁画及手写的贝叶经和用金粉抄写的《甘珠尔》《丹珠尔》，还有明清时代的各种瓷器、珐琅器、玻璃器等。这些为研究西藏各个时期的历史提供了素材。"司莫钦莫"等众多的法事活动也不失为一道亮丽的风景。

### 2. 大昭寺

大昭寺又名"祖拉康""觉康"（藏语意为佛殿），位于拉萨市老城区东南部，始建于唐贞观二十一年（公元 647 年），为藏传佛教寺院，属全国重点文物保护单位。2000 年 11 月，大昭寺作为布达拉宫的扩展项目被列入《世界遗产名录》。2013 年被评定为国家 5A 级景区。

大昭寺是藏王松赞干布为纪念尺尊公主入藏而建的，经历代多次整修、增拓，遂形成如今占地 25 100 余平方米的宏伟规模。大昭寺是西藏最早的土木结构建筑，整座建筑融汉族、藏、尼泊尔和印度的建筑风格为一体，开创了藏式平川式的寺庙布局规式。

大昭寺正门入口处的石柱上有用汉藏两种文字刻着公元 823 年签订的唐蕃会盟书。佛殿中供奉着当年文成公主入藏时从长安带来的释迦牟尼 12 岁等身镀金佛像，在佛教界

**图 13-2 扎什伦布寺**

具有至高无上的地位。寺内有藏式壁画《文成公主进藏图》和《大昭寺修建图》；还有两幅明代刺绣的护法神唐卡,是藏传佛教格鲁派供奉的密宗之佛的两尊,为难得的艺术珍品。大昭寺不仅是一座供奉众多佛像、圣物以使信徒们膜拜的殿堂,还是佛教中关于宇宙的理想模式——坛城(曼陀罗)这一密宗义理立体而真实的再现。

3. 罗布林卡

景区位于拉萨市西郊,藏语意为"宝贝公园"。始建于 18 世纪 40 年代达赖七世时,后经扩建成为历代达赖处理政务和进行宗教活动的夏宫,现在则作为公园对外开放。总面积 36 万平方米,是西藏人造园林中规模最大的一座。1994 年,被列入《世界遗产名录》。2001 年被批准为国家 4A 级景区。

罗布林卡从原始的、单纯利用自然山川林木的园林活动逐渐与人工造园相结合,并吸收内地汉族造园艺术的手法,营造出一个有殿阁楼台、假山亭树、林木花草、水池勾栏的藏汉合璧园林。但整体仍表现出浓郁的藏式园林建筑风格。园内林木花草占总面积的 2/3 以上,植物 100 余种,不仅有拉萨地区常见花木,而且有取自喜马拉雅山南北麓的奇花异草,还有从内地移植或从国外引进的名贵花卉,有"高原植物园"之称。园内还珍藏有大量的文物和典籍,有"拉萨的颐和园"之称。此外,每年六七月的祭神宗教活动"雪顿节"也在此举行,吸引着无数游客及信徒。

### 4. 八廓街

八廓街又名"八角街",位于拉萨市旧城区,距今已有 1300 多年的历史。是拉萨著名的转经道和商业中心。八廓街较完整地保存了古城的传统面貌和居住方式,集宗教、文化、旅游、商业为一体,堪称"西藏社会历史发展的缩影"。2009 年 6 月,获选首届"中国十大历史文化名街"。

八廓街保留了拉萨古城的原有风貌,街道由手工打磨的石块铺成,旁边保留有老式藏房建筑。街内遗存名胜古迹众多,有下密院、印经院、席德寺废墟、仓姑尼庵、小清真寺等寺庙和拉康 12 座,有松赞干布行宫曲结颇章、黄教创始人宗喀巴的佛学辩论场松曲热遗址、藏文创始人吞弥·桑布扎的宅邸、曾派驻过 84 任驻藏大臣的驻藏大臣衙门、原拉萨市治安机构及监狱朗子厦等。此外,早晚信徒绕大昭寺按顺时针方向转经人流,也成为重要的民俗文化景观。

### 5. 珠穆朗玛峰自然保护区

保护区位于西藏与尼泊尔交界处,1989 年 8 月宣告成立,面积 338 万公顷,最高海拔为 8844.43 米,行政区划上属西藏日喀则地区的定日、吉隆、聂拉木、定结县所辖。下设 4个分局,8 个管理站,7 个核心保护区,5 个科学实验区。2005 年被评定为国家 4A 级景区。珠峰保护区包含着世界最高峰——珠穆朗玛峰(图 13-3)及其他四座海拔 8000 米以上的山峰,是世界上最独特的生物地理区域。区内生态系统类型多样,生物资源丰富,珍稀濒危物种、新种及特有种众多。保护区还具有丰富的水能、光能和风能资源,其科学价值无法估量,是研究高原生态地理、板块运动和高原隆起及环境科学、社会人物科学等学科的宝贵的研究基地。其独特的生物地理特征、自然景观和民族文化、历史遗迹构成了世界上最具垄断性的旅游资源。

珠峰保护区的中心任务是引导当地群众走可持续发展道路,维护珠峰原貌,并为此探讨出了一条被誉为"珠峰模式"的社会综合发展项目——潘得巴(乡村福利员),被联合国认定为全球"五十大最成功的"可持续发展战略项目之一。美国自然博物馆也将其评为来自中国最成功的例子,中外报刊杂志、电视台、电台纷纷宣传介绍,称珠峰自然保护区是中国最成功的自然保护区之一。

### 6. 那曲高寒草原

那曲高寒草原位于唐古拉山脉与念青唐古拉山脉的环抱之中,平均海拔 4200 米以

**图 13-3 珠穆朗玛峰**

上,是我国高寒草甸草原的代表。其地域辽阔,湖泊星罗棋布,河流纵横其间,低山与河谷盆地相间分布,地热温泉众多。一望无垠的无人区草原,成群的牛羊,奔驰的藏羚羊、藏野驴,雄伟高大的雪峰,幽静湛蓝的纳木错和烟波浩渺的色林错等众多湖泊,构成了一幅尚未被人类涂鸦的美丽草原风光。

7. 羊卓雍错

景区藏语意为"牧区的碧玉湖",也有称之为"天鹅湖"。它位于雅鲁藏布江南岸、山南地区浪卡子县境内,湖面海拔 4441 米,平均水深 3 米多,最深处有 60 米。是西藏三大"圣湖"之一。

羊卓雍错为高原堰塞湖,大约 1 亿年前因冰川泥石流堵塞河道而形成,水域面积 630多平方千米。水源来自四周念青唐古拉山脉的雪水,但因无出水口,雪水的流入与自然蒸发达到一种奇特的动态平衡。湖泊形状很不规则,湖岸曲折蜿蜒,并附有空姆错、沉错和纠错 3 小湖。它们曾是连为一体的外流湖,后由于湖水退缩成为内流湖,并分为若干小湖,其湖面高差不过 6.5 米,湖水在不同时刻的阳光照射下显现出层次极其丰富的蓝色,好似梦幻一般。湖中山地突冗,有 21 个小岛,各自独立水面,最大面积约 18 平方千米,岛上牧草肥美,野鸟成群。

### 8. 雅鲁藏布大峡谷

雅鲁藏布大峡谷位于西藏林芝地区的米林县和墨脱县境内,以生物多样性和季风型海洋性温性冰川、高山湖泊的无穷魅力、神奇壮秀、变化无穷、独特壮丽的万千气象著称,被誉为"世界第一大峡谷",同时还拥有珞巴、门巴等少数民族丰富的人文资源。曾位居 2005 年《中国国家地理》中国最美峡谷排行榜之首。

雅鲁藏布江下游,江水绕行南迦巴瓦峰,峰回路转,作巨大马蹄形转弯,形成了一个巨大的峡谷(图 13-4)。雅鲁藏布大峡谷的入口在米林县的派镇,出口处为墨脱县的巴昔卡村,长度为 504.6 千米,比美国的科罗拉多大峡谷还长出 56 千米。极限深度为 6009 米,无论是深度还是长度雅鲁藏布大峡谷都成为名副其实的世界第一大峡谷。雅鲁藏布大峡谷不仅以其深度、宽度名列世界峡谷之首,更以其丰富科学内涵及宝贵资源而引起科学界的瞩目。

**图 13-4　雅鲁藏布大峡谷**

大峡谷地区不同类型的自然带,除海拔 4200 米林线以上为雪原冰漠和草甸灌丛外,几乎都被森林占据着,自然林区面积广大,生物资源丰富,是世界上生物多样性最丰富的山地,被誉为"植物类型天然博物馆""生物资源的基因宝库"。大峡谷地区维管束植物约 3500 余种,其中有利用价值的植物不下千种。茂密的森林及高山灌丛草甸中栖息着种类繁多的动物,其中不少是国家重点保护的珍稀物种,如水獭、石貂、云豹、雪豹、豹猫、小熊猫、马麝、黑熊、穿山甲、鼯鼠、猕猴、长尾叶猴、棕颈犀鸟、大绯胸鹦鹉、蓝喉太阳鸟、黑颈鹤、羚羊等。

雅鲁藏布大峡谷的发现,被科学界称作是 20 世纪人类最重要的地理发现之一。2006 年雅鲁藏布江开通了一条水上航线为游客展现世界第三极的江河之美。2008 年 7 月 24 日雅鲁藏布大峡谷景区正式对外开放。随着西藏旅游业快速升温,雅鲁藏布大峡谷已成为西藏旅游的新热点。

### 9. 纳木错

纳木错又称"纳木湖",位于拉萨市以北当雄县和班戈县之间,念青唐古拉山主峰以北,是西藏三大神湖之一,也是藏传佛教的著名圣地,意为天湖(图 13-5)。相传是密宗本尊胜乐金刚的道场,信徒们尊其为四大威猛湖之一,其纯净、安详为高原的象征。湖面海拔 4718 米,面积 1940 平方千米,是世界上海拔最高的咸水湖,也是我国第二大咸水湖。

纳木错状如静卧的金刚度母,南有乌龟梁、孔雀梁等 18 道梁,北有黄鸭岛、鹏鸟岛等 18 个岛。湖的四面分别建有扎西多波切寺、古尔琼白玛寺、多加寺、恰妥寺,象征佛教的悭、怒、权、势。寺庙墙壁上有许多自然形成的佛像,据传纳木错是帝释之女、念青唐古拉之母,被善男信女视为必去的神圣之地。每到藏历羊年,僧人信徒不惜长途跋涉(四月十五达到高潮),前往转湖一次,届时信徒如潮如云,盛况空前。

此外,还有扎西等五个半岛从不同方位凸入水域。岛上怪石嶙峋,峰林遍布,峰林之间则有自然连接的石桥。湖滨平原牧草良好,为天然牧场。夏初,成群的野鸭飞来栖息繁殖。湖泊周围常有熊、野牦牛、野驴、岩羊等野生动物栖居,湖中盛产高原的无鳞鱼和细鳞鱼,湖区还出产虫草、雪莲、贝母等名贵药材。

### 10. 古格王朝遗址

古格王朝遗址位于阿里地区札达县西南 10 000 米处,为公元 11 至 17 世纪西藏地方割据政权阿里古格王朝中心,是一座规模宏伟、面积浩大的高原古城。遗址以独特的地质地貌结构和文化艺术价值及在学术研究中的重要地位。

现存遗址依山势而建,与山浑然一体。建筑群高约 300 米,占地 18 万平方米,计有房屋 300 余间,洞穴 300 余孔。建筑分上、中、下三层,依次为王宫、寺庙和民居。雕楼佛塔

**图 13-5　天湖"纳木错"**

林立,工事地道遍布且保存完好。由于所处地理位置及受多种外来文化的影响,古格的艺术风格带有明显的克什米尔及犍陀罗艺术特点。遗址中最为珍贵的是尚存 1000 多平方米的壁画,主要是释迦牟尼、吐蕃赞普及其王子、古格国王和臣属们的画像等。这些壁画是研究古格王国历史的重要资料。

11. 冈仁波齐和玛旁雍错

冈仁波齐位于阿里地区普兰县境内,是冈底斯山的主峰,海拔 6638 米。作为世界公认的神山,同时被印度教、藏传佛教、西藏原生宗教苯教以及耆那教认定为"世界中心"。冈仁波齐并非这一地区的最高峰,但因其峰顶终年积雪,加上特殊的金字塔外形,使其与周围山峰迥然不同。佛教、印度教、耆那教和苯教都有围绕转山可以洗去罪孽的传统,因此转山是来自不同地方朝圣者最常采用的方式。传说藏历马年,转山一圈相当于其他年份转山 13 圈且最为灵验和积长功德,此时转山朝圣者最多。

玛旁雍错位于冈仁波齐东南,海拔 4587 米,面积 412 平方千米,湖水深达 77 米。是世界上最高的淡水湖之一,为西藏三大圣湖之一(图 13-6)。湖水由冈底斯山冰雪融化而

图 13-6　玛旁雍错

来，极为清澈、甘洌，在高原湖泊之中，被尊为至高至贵的王后，被苯教、藏传佛教、印度教等多个宗教同奉为圣湖，是亚洲乃至整个世界最负盛名的湖泊之一。

神山、圣湖周围寺庙林立、古迹众多，至今还存留着早期苯、佛两教斗法时的若干遗迹。

（二）青海次旅游区

青海省位于青藏高原东北部，与新疆、甘肃、四川、西藏四省区比邻。历史悠久，在湟水河谷已发现距今 4000 年前的遗址。唐、宋时为吐蕃属地。1928 年设青海省，以其境内有青海湖而得名，省会西宁。其东西长约 1200 千米，南北宽 800 千米，面积为 72 万平方千米，居全国第四位。青海省是个多民族聚居的省份，有汉、藏、回、蒙古、土、撒拉等全国所有 56 个民族中的 54 个。截至 2014 年末，总人口为 588.43 万人，其中少数民族人口280.74 万人，占 47.71%。青海省是长江、黄河、澜沧江的发源地，被誉为"江河源头"。

青海省自然风光雄奇壮美，别具高原特色。境内山脉高耸，地形多样，河流纵横，湖泊星罗棋布。巍巍昆仑山横贯中部，唐古拉山峙立于南，祁连山矗立于北，茫茫草原起伏绵延,柴达木盆地浩瀚无限。有高原、山峰、盆地、江河、湖泊、峡谷、沙漠、冰川,奇异的造型地貌,丰富的动植物资源,独特的高原气候等,名胜古迹众多,汉、藏、回、蒙古、土、撒拉等民族历史悠久,民俗风情别具一格,极富情趣。全省已开发出旅游景点10多处,形成东部、青海湖、西部三大旅游区。旅游设施日渐完善,可为旅游者提供多种有效服务。

### 1. 塔尔寺

塔尔寺位于青海省湟中县鲁沙尔镇西南隅的莲花山坳中。始建于公元1379年,是我国藏传佛教格鲁派(黄教)创始人宗喀巴大师的诞生地,为格鲁派六大寺院之一,也是青海省首屈一指的名胜古迹和全国重点文物保护单位。作为青海省藏传佛教的第一大寺院,塔尔寺占地面积600余亩。寺庙建筑涵盖了汉宫殿与藏族平顶风格,有大小建筑1000多座、殿宇僧舍4500多间,宫殿、佛堂、习经堂、寝宫、喇嘛居住的扎厦以及庭院,它们交相辉映、浑然一体。同时,塔尔寺是造就大批藏族知识分子的高级学府之一,寺内设有显宗、密宗、天文、医学四大学院。此外,它还以酥油花、壁画和堆绣(塔尔寺三绝)闻名于世。殿内佛像造型生动优美,超然神圣。寺内还珍藏了许多佛教典籍和历史、文学、哲学、医药、立法等方面的学术专著。每年举行的佛事活动"四大法会"更是热闹非凡,游人如潮。

### 2. 三江源自然保护区

三江源地区位于我国的西部、青藏高原的腹地、青海省南部,为长江、黄河和澜沧江的源头汇水区。

三江源是世界高海拔地区生物多样性特点最显著的地区,被誉为高寒生物自然种质资源库。三江源地区具有独特而典型的高寒生态系统,为中亚高原高寒环境和世界高寒草原的典型代表。三江源区河流密布,湖泊、沼泽众多,雪山冰川广布,是世界上海拔最高、面积最大、湿地类型最丰富的地区,素有"江河源""中华水塔""亚洲水塔"之称(图13-7)。

2015年6月,国家发展改革委和美国保尔森基金会签署了《关于中国国家公园体制建设合作的框架协议》,启动为期三年的中国国家公园体制建设合作。国家发展改革委官方宣称,已选九省市开展国家公园体制试点,其中包括青海省。2016年,10月国家通过三江源国家公园试点方案,2016年11月10日中国首个国家公园试点——三江源国家公园形象标识诞生(图13-8)。三江源国家公园由长江源园区、黄河源园区、澜沧江源园区组成,总面积为12.31万平方千米,占三江源地区面积的31.16%。

图 13-7　三江源自然保护区

图 13-8　三江源国家公园标识

### 3. 各拉丹冬冰川

各拉丹冬冰川位于格尔木市唐古拉山镇境内,是唐古拉山脉最高峰。藏语意为"高高尖尖的山峰",南北长50千米,东西宽30千米,除主峰各拉丹冬峰外,海拔6000米以上的山峰还有40余座,冰川覆盖面积790.4平方千米,有冰川130条。北坡雪线高度5570米,南坡侧各有一条弧形冰川,南支姜根迪如冰川,长12.8千米,宽1.6千米,尾部有5000米长的冰塔林,是长江正源沱沱河的发源地;北支冰川长10.1千米,宽1.3千米,尾部有2000米长的冰塔林,冰桥、冰草、冰针、冰蘑菇、冰湖、冰钟乳等构成千姿百态的冰塔林世界。有野牛、野驴、藏羊羚、雪鸡等珍禽异兽和水晶石,周围为优良的天然草场,是探险旅游、登山、猎奇、科学考察的理想之地。

### 4. 孟达自然保护区与天池

孟达林区自然保护区位于西宁东南方110多千米的循化撒拉族自治县境内。这里山清水秀,气候宜人,数百种树木遮天蔽日,各种花草植物绿茵盖地,有"高原西双版纳"之美称。孟达天池面积约300亩,池水清澈碧澄与蓝天一色,群峰倒影,随波微动。以孟达天池为中心的重点保护区,面积近2700公顷,有植物509种,其中有巴山冷杉、青桐、华山松、辽东栎等十几种乔木,还有人参、三七、贝母等名贵药材。此外,还有大量的珍稀动物。林区内怪石嶙峋,瀑布垂挂,循化撒拉族风情独特浓郁,是青海省避暑、疗养和旅游胜地。

### 5. 嘉纳嘛呢石经城

石经城位于结古镇外3000米处的新寨村,海拔3600多米。相传嘉纳嘛呢石经城由藏传佛教高僧嘉纳活佛所创建。据传,嘉纳活佛曾修行于峨眉山和五台山,后周游并朝拜藏区各圣地。嘉纳活佛精通汉语,服饰略似和尚,故被称为"嘉那朱古"(汉活佛)。嘉纳活佛多才多艺,独创了100多种舞蹈,玉树地区著名的卓舞即源于此。200多年前嘉纳活佛来到新寨村时,发现了乃加神山上自然显现六字真经的一块嘛呢石[①],遂以此为缘定居在该村东面山坡上,同僧俗民众一起刻凿堆放嘛呢石度过一生。随着历年添加,嘉纳嘛呢石经城的体积越来越大,至1955年,嘛呢石已达约25亿块,有"世间第一大嘛呢堆"之称。嘉纳嘛呢石经城中建有一座大转经堂、一座佛堂、十个大转经筒、三百多个小转经筒、十几座佛塔。佛堂内还供奉着创建嘉纳嘛呢石经城的第一世嘉纳活佛塑像和自显嘛呢石块。嘉纳嘛呢石经城嘛呢石刻经文数量之多、雕刻持续时间之长、规模之大,世所罕见,堪称世界之最。

---

① 嘛呢在佛经中解释为观音菩萨六字真经,六字代表普度六道众生、破除六种烦恼、修六般若行、获得六种佛身、生出六种智慧等功德。常育此咒可利乐众生,功德无量。

### 6. 察尔汗盐湖

盐湖位于柴达木盆地中南部。海拔2670米,南距格尔木约60千米,北距大柴旦110多千米。南北宽40多千米,东西长140多千米,总面积为5800多平方千米。它是柴达木四大盐湖中面积最大、储量最丰的一个,也是我国最大的天然盐湖,在世界排名第二。察尔汗盐湖周围地势平坦广漠,风光特异。整个湖面就像是一片刚刚耕耘过的陆地沃野,而上面却没有一株青草。风和日丽时,浩瀚无垠的湖面,热气升腾,波光闪闪,好像是碧波万顷的海洋,有时甚至还会出现变幻莫测的"海市蜃楼",人们从远处可以看到湖面上不断闪现的座座山峰、片片林海或幢幢高楼。盐湖上有万丈盐桥、盐海玉波等景观。

### 7. 万丈盐桥

万丈盐桥是格尔木至敦煌的一段从达布逊湖上穿过、修筑在盐湖之上的用盐铺成的宽阔公路,厚达15～18米的盐盖构成天然的盐桥,全长32千米,折合市制可达9600丈,因此称其为"万丈盐桥"。它是举世罕见的一种路桥,也是柴达木盆地的一大奇观。万丈盐桥道宽路长,风光无限。人们乘车来到这里,只见笔直坦荡的路桥,像一把利剑将浩瀚的盐湖一劈两半。盐桥两旁有钾肥厂的厂房、宿舍,有沟壑一般的采矿点,不远处还有举世闻名的青藏铁路。一列列长蛇似的火车,吞云吐雾,鸣鸣吼叫着从湖面上飞驰而过。

### 8. 阿尼玛卿雪山

景区也称积石山或玛积雪,坐落在青海省东南部,位于果洛藏族自治州玛沁县西北部雪山乡。阿尼玛卿雪山是雪域高原上的一座著名雪山,在藏语中意为"黄河流经的大雪山爷爷",它和西藏的冈仁波齐、云南的梅里雪山、玉树的尕朵觉沃并称"四大神山"(图13-9)。阿尼玛卿雪山地区动、植物资源十分丰富。作为雪豹的繁殖栖息地,它早已被国际动物学界所关注,已有许多国外的科学家同我国科学家合作,将这里作为雪豹行为生态的研究基地。现在阿尼玛卿雪山已经成了理想的登山场地、初级登山者的最佳训练营地之一。

### 9. 可可西里自然保护区

可可西里蒙语释意为"青色或绿色的山脉",位于昆仑山以南,青藏公路以西,唐古拉山以北。这里海拔高,气候寒冷而干燥,环境恶劣,人迹罕至,是青藏高原上最大的高寒地区,因而亦有"人类生存禁区"之称。可可西里地区宽约200～300千米,西部是藏羌内流湖区,东部是长江源,盘踞南北两侧的是唐古拉山脉与昆仑山脉,是山势较缓的极高山地,其平均海拔在6000米左右。可可西里自然保护区于1995年由青海省政府批准设立,是青海省面积最大的一处野生动物类型自然保护区,总面积450万公顷,位于玉树藏族自治

图 13-9 阿尼玛卿雪山

州。区内保护动物种类多，种群数量大，共有保护动物 46 种，其中 18 种属于青藏高原特
有种。可可西里的植物主要是以紫花针茅为主的高寒垫状植物。藏羚羊是出没最多的可
可西里地区特色动物。其中，公羊群多出现在西金乌兰湖附近，而母羊群则多分布在西金
乌兰湖以北的地区。除此之外，藏野驴、野牦牛、白唇鹿、雪豹等国家一级保护动物也栖居
于此。

### 三、典型景点成因剖析

（一）"陆心之海"——青海湖

1. 青海湖及环湖旅游圈概况

青海湖地处青藏高原东北部，位于青海省刚察、海晏、共和三县境内，是中国最大的内
陆湖和咸水湖，蒙语为"库库诺尔"，藏语"措温波"，意为"青蓝色的海"。湖水清澈碧蓝，湖
面广袤如海，故名青海湖。湖面海拔 3260 米，面积约 4400 平方千米，湖水容量 854.45 亿
立方米，最深 32.8 米，湖岸线长 360 千米，东西长 106 千米，南北最宽 63 千米（图 13-10）。

**图 13-10　"陆心之海"——青海湖**

青海湖湖水湛蓝迷人,海天一色。以青海湖为中心,湖周依次为湖滨平原、沼泽草甸、山地草甸、半荒漠干草滩和荒漠化沙丘带景观,环湖及周边主要旅游景点有日月山、倒淌河、湖里木沟岩画、橡皮山、茶卡盐湖、茶卡寺、伏俟古城、鸟岛、海心山、北向阳古城、舍卜吉岩画、尕海古城、金银滩草原、原子城西海镇、沙岛、西海郡三角城等。环青海湖旅游圈旅游资源总量大、类型多、组合优良、历史悠久、文化内涵丰富、极具科研价值,以其独特的高原湖泊风光,绮丽的草原、雪山,沙漠生态景观及丰富的动植物资源、浓郁的多民族风俗风情,构成垄断性资源优势,成为青海的重要旅游胜地。

2. 成因剖析

(1) 地壳变迁造就陆心之海

青海湖是构造断陷湖,湖盆边缘多以断裂与周围山相接。距今 200~20 万年前成湖初期,属于外流淡水湖,与黄河水系相通;至 13 万年前,由于新构造运动,周围山地强烈隆起,从上新世末,湖东部日月山强烈上升隆起,使原来注入黄河的倒淌河被堵塞,迫使它由东向西流入青海湖,出现了尕海、洱海,后又分离出海晏湖、沙岛湖等子湖。青海湖入湖河流50多条，其中较大的五条为布哈河、沙柳河、哈尔盖河、乌哈阿兰河以及黑马河。

青海湖四周群山环绕，北为大通山，南为青海南山，西为橡皮山，东为举世闻名的日月山。举目环顾，犹如四幅高高的天然屏障，将青海湖紧紧环抱其中。从山下到湖畔，则是广袤平坦、苍茫无际的千里草原，而烟波浩渺、碧波连天的青海湖，就像是一盏巨大的翡翠玉盘平嵌在高山、草原之间，构成了一幅"青海无波春雁下，草生碛里见牛羊"的壮美风光。

（2）垄断性资源优势源于其独特的人文与自然地理环境

在人文环境方面，青海湖历史悠久，文化灿烂。我国历代王朝都对此湖极为重视，汉代将其列入"四海"（东、南、西、北四海）之一称为"西海"。从唐代开始，历朝许多皇帝都为青海湖祭海活动题词立碑：唐玄宗天宝年间封西海为广润王，封号"西海"。宋代仁宗庆历元年（1041年）继续加封"四海"，西海被称为"圣通广润王"。清雍正四年（1726年）封青海"水神"为"灵显通威青海神"。清代平定了罗卜丹津反叛后，创立了祭祀"青海神"的制度，从遥祭发展到近湖祭海。民国时期宋子文、马步芳曾先后担任祭海大员。现在祭海仪式已衍化为民间活动。祭海加强了边疆同中央的联系，对中国政治、文化都产生过重大影响。

环湖地区历史上先后有羌、吐谷浑、蒙古、吐蕃等民族聚居游牧。发祥于此的卡约文化、诺木洪文化是华夏文化的重要支脉。这里又是古代中原地区对外通商要道（包括南丝绸之路），是汉藏文化交流的重要区域。青海湖地区汇聚了藏传佛教、伊斯兰教和道教的古老宗教文化，其中塔尔寺是藏传佛教格鲁派六大寺院之一，是国家重点文物保护单位，蜚声国内外。

在自然环境方面，青海湖是青藏高原生物多样性宝库。青海湖以盛产湟鱼而闻名，鱼类资源十分丰富。青海湖西北角、布哈河入湖处的鸟岛，作为国家级风景名胜区和自然保护区，被列入联合国《国际重要湿地名录》，是我国最佳的观鸟基地之一。鸟岛是亚洲特有的鸟禽繁殖所，列于我国八大鸟类保护区之首。鸟岛的面积虽然只有0.8平方千米，春夏季节却栖息着10万多只候鸟。为了保护岛上的鸟类资源，这里还设有专门机构负责鸟类研究和保护工作。青海湖还是普氏原羚（中华对角羚）的栖息之地，中华对角羚属于世界极濒危动物、国家一级保护动物，全世界可观察到的仅有300只左右，它们全部生活在青海湖附近。

（3）得天独厚的区位优势为旅游发展带来良好契机

青海湖位于青藏高原的边缘，处于青藏、兰新两个新兴旅游区的交会处，滇青（云南——西藏——青海）、陕青（西安——兰州——青海）、青川（成都——九寨沟——青海）等跨省旅游枢纽干线上，是连接东部农业区和青南牧区的交通要道，又是联系全省几大旅游地的必经之地。以青海湖为中心,西可辐射和带动玉树、果洛藏族风情游览区、东与西宁、海东景区联为一体,沿环湖公路可达海北鸟岛、原子城、金银滩、沙岛旅游区,向西经过昆仑文化游览区、祁连山旅游区直达敦煌。

（4）有效的生态保护举措为青海湖旅游可持续发展提供了可能

近几十年来,受气候变暖和人类活动影响,青海湖水位持续下降,流域内生态系统退化加剧。为了保护青海湖,青海省政府发出通告:青海湖封湖育鱼,禁止任何单位、集体和个人到青海湖及湖区主要河流及其支流湟鱼产卵场所捕捞湟鱼;并开始在青海湖环湖周围进行全面的退耕还湖还草工作,在已修建的拦河大坝上补建防水节制闸,严禁在布哈河、沙柳河、哈尔盖河、泉吉河、黑马河等河流上新建拦河大坝。环湖流域生态环境综合整治工程已初见成效。生态环境综合整治工程的实施和推进,可以有效地保护青海湖区珍稀濒危物种,使其生物多样性增加、高寒生态系统更趋稳定,同时也是对旅游资源的有效保护,为旅游业可持续发展提供了可能。

（二）布达拉宫

1. 布达拉宫概况

布达拉宫坐落于拉萨市红山南麓,"布达拉"为梵语"普陀"的音译,因此有"第二普陀山"之称(图 13-11)。布达拉宫始建于公元 7 世纪,是藏王松赞干布为远嫁西藏的唐朝文成公主而建,后经历代达赖喇嘛扩建,是当今世界上海拔最高、规模最大的宫殿式建筑群。1994 年 12 月被列入《世界文化遗产名录》。2013 年批准为国家 5A 级景区。布达拉宫主体建筑分白宫和红宫,主楼十三层,高 115 米,由寝宫、佛殿、灵塔殿、僧舍等组成。依山建造,由白宫、红宫两大部分和与之相匹配的各种建筑所组成。众多的建筑虽属历代不同时期建造,但都十分巧妙地利用了山形地势修建,使整座宫寺建筑显得非常雄伟壮观而又十分协调完美,在建筑艺术的美学成就上完美,构成了一项建筑创造的天才杰作。

2. 成因剖析

布达拉宫以其悠久的历史、恢弘的建筑、华丽的造型、不计其数的文物珍宝、在西藏宗教与政治上的特殊地位和源于此神秘而充满魅力,使之成为世界级的独一无二的旅游资源。

布达拉宫始建于公元 7 世纪松赞干布时期,距今已有 1300 多年的历史。17 世纪五世达赖喇嘛时期重建后,成为历代达赖喇嘛的住所和政教合一的中心。从五世达赖喇嘛起,重大的宗教、政治仪式均在此举行,同时又是供奉历世达赖喇嘛灵塔的地方。布达拉宫是汉藏艺术交流融合的结晶,是宗教艺术的宝库。宫内珍藏大量佛像、壁画、经卷典籍等文物。

图 13-11　布达拉宫

　　布达拉宫号称"世界屋脊上的明珠"，它的宫殿布局、土木工程、金属冶炼、绘画、雕刻等方面均闻名于世，体现了以藏族为主，汉、蒙、满各族能工巧匠高超技艺和藏族建筑艺术的伟大成就。布达拉宫过去曾是政教合一的统治中心，与西藏历史上的重要人物松赞干布、文成公主、尺尊公主和历代达赖喇嘛等有密不可分的重要关系，因而有着重大的历史意义，在宗教发展史上的影响也不可小觑。

# 第三节　典型的旅游线路设计

## 一、旅游线路设计

　　旅游线路是旅游发展的有机组成部分，结合本区资源特色、旅游业发展现状及最新发展趋势，设计出青藏唐蕃古道文化探秘旅游、世界之巅探险游、青藏高原生态文化游等几条典型旅游线路。随着旅游业的发展，线路也会随之不断调整。

（一）青藏唐蕃古道文化探秘游

1. 线路安排

西宁——青海湖——玛多——扎陵湖——鄂陵湖——黄河源——结古镇——当曲——唐古拉山山口——那曲——拉萨

2. 线路特色

唐蕃古道是我国古代历史上一条非常著名的交通大道，也是唐代以来中原内地去往青海、西藏乃至尼泊尔、印度等国的必经之路。它起自陕西西安（即长安），途经甘肃、青海至西藏拉萨（即逻些），全长 3000 余千米。整个古道横贯中国西部，跨越举世闻名的"世界屋脊"，联通我国西南的友好邻邦，故亦有"丝绸南路"之称。此线穿行于青藏高原古老的历史交通大道——唐蕃古道。沿途景色秀美、文化内涵丰富，散落着当年的客店、驿站、庙宇遗迹，还有青海湖、玛多、玉树、昌都、雀儿山、达玛拉山、来古冰川、南迦巴瓦、然乌湖、玉龙拉错、扎陵湖、鄂陵湖及众多藏传佛教寺庙等资源。

（二）世界屋脊探险游

1. 珠峰探险之旅

（1）线路安排

拉萨——江孜——日喀则——协格尔（定日县城）——绒布寺——珠峰大本营、珠峰景区——日喀则——拉萨

（2）线路特色

珠峰探险之旅是沿雅鲁藏布江逆流而上，以历史文化名城拉萨为起点和终点，向世界第一高峰珠穆朗玛峰挺进。沿线除了可欣赏藏北草原和雅鲁藏布江风光外，还有布达拉宫、罗布林卡、大昭寺、八廓街、西藏三大圣湖之一的羊卓雍错、卡若拉冰川、"英雄城"江孜古城、白居寺、江孜宗山抗英纪念碑、扎什伦布寺、加措拉山、珠峰雄姿、绒布寺、绒布冰川、珠峰大本营等景点。

2. 神奇阿里探险游

（1）线路安排

拉萨——江孜——日喀则——萨迦寺——桑桑——萨嘎——帕阳——玛旁雍错——塔青无人区——改则——布托错青——拉萨

（2）线路特色

西藏阿里处于"世界屋脊"的巅峰区域，世界上最高大最雄伟的山脉依次横亘在阿里广阔的土地上。由于高海拔形成了高寒的气候，令阿里境内雪山重重，是名副其实的"雪

域"。走进阿里,就像走进了一个洪荒混沌未开的世界。这里有史前风光般亘古不变的风物。景象辽远、空灵、超凡脱俗,具有一种别具一格的荒野之美,没有人能在这些景物面前无动于衷。主要景点有白居寺、十万佛塔、扎什伦布寺、土林寺、班禅灵塔、神山冈仁波齐峰、圣湖玛旁雍错、鬼湖拉昂错、札达土林、国际湖班公湖(湖中有鸟岛)、措勤华丽山天湖、可可西里无人区观野生动物、古格王朝遗址、古格壁画、羌塘草原牧民民风民俗、普兰国际市场和红色窟洞"尼泊尔大厦"等。

(三)青藏高原生态文化游

1. 昆仑道教寻祖旅游线

(1)线路安排

西宁——茶卡——格尔木——昆仑山

(2)线路特色

以道教文化为主题,结合高原自然风光与民俗风情。沿途主要旅游资源有日月山、青海湖、循化孟达自然保护区、茶卡盐湖、班禅行宫、戈壁风光、无极龙凤宫、昆仑山岩壁画、昆仑山门、玉虚峰、西王母瑶池等。

2. 藏传佛教探秘、民俗风情体验游

(1)线路安排

西宁——茶卡——格尔木——昆仑山口——那曲——拉萨——江孜——日喀则

(2)线路特色

此线以青藏高原古老、独特的藏传佛教文化与民俗风情为主题,是一条集生态观光与文化体验于一体的文化生态旅游线路。沿途主要旅游资源有日月山、青海湖、茶卡盐湖、班禅行宫、青藏铁路二期工程起点和青藏铁路、昆仑神泉、玉珠峰、无极龙凤宫、碑林、昆仑山口、可可西里、各拉丹冬雪峰、唐古拉山口、纳木错神湖、羊八井地热泉、羊卓雍湖、布达拉宫、大昭寺、色拉寺、八廓街、卡若拉冰川、白居寺等。

3. 藏南文化生态游

(1)线路安排

昌都——林芝——拉萨——江孜——日喀则——阿里

(2)线路特色

此线将青藏高原的古老文化与神秘山水相结合,以文化生态为主题的旅游线路。此线所经的主要景点依次为昌都古城、强大林寺、红山自然保护区、雅鲁藏布大峡谷、布达拉宫、大昭寺、哲蚌寺、丹江寺、罗布林卡、羊卓雍错圣湖、江孜古城、白居寺、扎什伦布寺、萨迦寺、夏鲁寺、日喀则宗宫、珠穆朗玛峰、狮泉河镇、古格王国遗址、冈仁波齐山峰、玛旁雍错等。

### 4. 江河之源生态游

（1）线路安排

西宁——玛多——巴颜喀拉山口——玉树结古镇——拉萨

（2）线路特色

此线以探寻江河源头为主题，是一条自然生态与康巴藏族风情相结合的文化生态旅游线路。沿线主要游览景点有塔尔寺、日月山、倒淌河、青海湖、远眺阿尼玛卿雪山、黄河第一桥、扎陵湖、鄂陵湖、黄河源头纪念碑、三江源纪念碑、结古寺、赛马会、文成公主庙、勒巴沟岩画，新寨嘛呢石堆等。

## 二、该区今后旅游业发展方向和重点

### （一）突破交通"瓶颈"

青藏高原地区地理环境恶劣，地貌复杂多样，自古以来交通不便，交通"瓶颈"一直是制约本区经济和旅游发展的关键因素。青藏铁路的开通极大地改变了本区对外交通状况，但区域内部交通条件仍亟待改善，特别是景区与交通集散中心和接待城镇之间、景区与景区之间的道路建设应进一步加强。

### （二）加强资源整合力度，延长旅游季节

由于气候因素，青藏区旅游季节短暂，资源闲置期长，综合旅游率低。但实际上，青藏旅游资源区不仅一年四季景观各有不同，而且人文旅游资源十分丰富，特别是民俗节庆、宗教活动等众多，几乎月月都有。因此，加强自然与人文旅游资源的整合力度，深度挖掘民俗风情、节庆活动等体验型产品，延长旅游季节，是提高本区旅游经济收入的重要途径之一。

### （三）人文生态之路

青藏高原地区生态环境脆弱，各种自然、人文景观都保持着原始性，很少受到人类活动的影响，把旅游业作为资源优势向生态经济转化的重要载体，大力发展自然生态旅游、文化体验旅游、科考修学旅游等专项旅游，走人文生态之路是青藏高原旅游业的必然选择，也是青藏高原旅游业发展的新方向和最佳选择。

# 练 习 题

1. 简述本区旅游资源形成的区域地理背景。
2. 简述本区旅游资源的独特性表现在哪些方面。
3. 简述唐蕃古道文化旅游线路沿线的主要景区(点)。
4. 结合本区旅游资源的特征,分析旅游资源开发过程中的有利与不利因素。
5. 结合本区旅游业发展现状,分析应采取哪些对策加快本区旅游业的发展。
6. 结合本区资源特色、旅游业发展现状及旅游发展最新趋势设计出几条典型旅游。

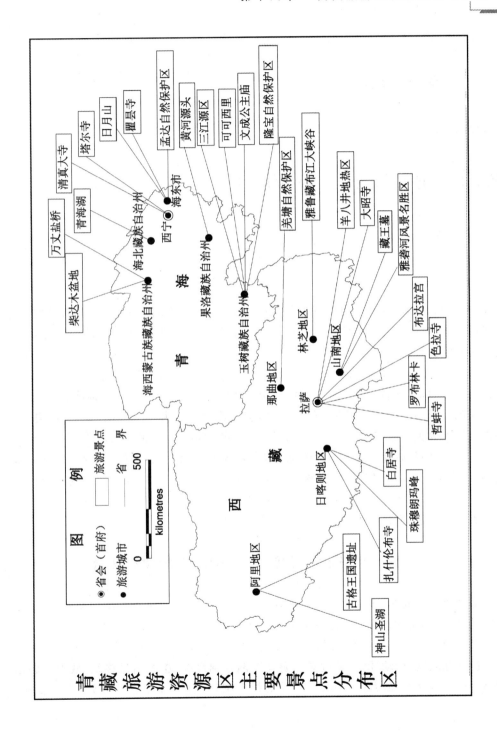

青藏旅游资源区主要景点分布区

# 第十四章

# 我国旅游业发展趋势与展望

中国国土辽阔,人文历史根基深厚,容纳旅游发展的空间巨大,旅游业有可能成为未来经济发展的轴心,产生其他发达社会未必能有的经济释放效能。截至 2015 年,我国国内游客 40 亿人次,比上年增长 10.5%,国内旅游收入 34 195 亿元,增长 13.1%,旅游消费集中释放,旅游正在成为中国人消费的新井喷。2015 年,在许多行业投资增速下滑、国内经济下行压力加大的情况下,我国旅游投资逆势强劲增长,全国在建旅游项目 9791 个,旅游业完成投资 10 072 亿元,同比增长 42%,增幅比上年扩大 10 个百分点,在历史上首次突破万亿元大关。旅游业已成为促进经济增长、扩大消费供给的重要动力。

目前,我国旅游业发展进入上升阶段,未来我国旅游业发展应紧跟国家发展需求,不断助推"旅游+X"模式发展,促进旅游产业的多方合作;借力"一带一路"政策,拓展蓝色经济空间,发展海洋、海岛旅游;以"创新、协调、绿色、开放、共享"五大发展理念为指导,加强生态文明建设,创建我国国家公园体系。

## 第一节　推动"旅游+X",促进旅游业态融合

随着改革开放 30 多年的快速发展,我国旅游业实现从短缺型旅游到初步小康型旅游大国的转变,旅游业规模、效益和质量得到明显提升,正在迎来一个大调整、大变革、大跨越的新阶段。"旅游+X"战略的提出正是时代的需要,对旅游业发展具有推动意义。《"旅游+互联网"行动计划》通过对旅游物联网基础设施、旅游信息终端、线上旅游创业、智慧景区等方面对"旅游+互联网"的发展提出细致化要求;各地区切实践行"旅游+X"

战略,"旅游＋文化""旅游＋金融"等论坛相继举办,并创新性推出符合实际发展情况的"旅游＋"模式。这不仅促进了旅游产业的深层次业态融合,推动了旅游业的创新发展,同时又对实现经济发展以及和谐社会发展具有重要意义。随着各地"旅游＋"实践的深入发展,互联网、空间大数据等信息技术对"旅游＋"发展的影响越来越大,特别是"旅游＋互联网"的成熟发展对其他"旅游＋"模式具有借鉴意义。此外,"一带一路""5·15 战略"等旅游新政策、新热点与"旅游＋"的发展相互影响,"旅游＋"发展前景广阔。

**一、"旅游＋"的内涵**

"旅游＋"是指充分发挥旅游业的拉动力、融合能力及催化、集成作用,为相关产业和领域发展提供旅游平台,形成新业态,提升其发展水平和综合价值。简言之,就是将旅游产业与其他产业有机地结合,不仅为旅游业的发展提供内容和文化元素,同时也促进各行各业产业发展。

"旅游＋"战略的提出与实施符合时代发展要求,实现了"＋旅游"到"旅游＋"的实质性转变,体现了旅游业作为支柱性产业的政策优势,对于旅游业发挥其主体地位、实现其主体价值具有推动作用。

**二、"旅游＋"的发展现状**

目前,我国正进入"大众旅游"时代,旅游产业融合发展成效显著。"旅游＋"一经提出便在旅游业乃至全行业掀起了一股浪潮,全国各地区纷纷立足自身实际发展情况,将"旅游＋"这一新理念付诸实践,不断丰富"旅游＋"内容、创新"旅游＋"形式。如今,"旅游＋"发展模式多样,如"旅游＋互联网""旅游＋农业""旅游＋文化""旅游＋体育""旅游＋交通"等,同时各地区还创新性地打造各具特色的"旅游＋X"模式,进一步促进了旅游产业的融合发展,推动着旅游业朝着"旅游＋"新时代蓬勃发展。

（一）"旅游＋互联网"

旅游业和互联网是当今世界推动经济社会发展的两大最为新兴、最为显著的力量。早在"互联网＋"被提出之时,"互联网＋旅游"模式便被应用于旅游行业的发展中,国家政策支持与地方探索实践使其日渐完善、愈发成熟。

2015 年,广西省靖西县运用"旅游＋互联网"积极推进旅游二次创业,通过互联网强力推介本地丰富的旅游资源和景区景点,加强国际、国内、区内、区外的立体化宣传,同时与同程网、广西票务网等多家旅游网络合作广泛宣传靖西景区景点,将靖西旅游线路与德天线路、文山线路连成一线,进行统一推介宣传,为靖西引来大量游客。江西省依托丰富的旅游资源,结合"互联网+"战略布局和技术优势,开展全方位、深层次的战略合作,全面促进江西旅游产业转型,打造"旅游+互联网"的"江西样板",进一步提升"江西风景独好"的品牌效应。可见,"旅游+互联网"不仅推动了在线旅游业的快速发展,借助技术、平台、数据和分享,为满足游客个性化、多样化的旅游需求提供了帮助,也为传统旅游企业转型提供了契机,传统旅游企业和互联网公司都在全力进军在线旅游以完成"二次创业",加快了旅游业 2.0 时代的到来。

(二)"旅游+文化"

旅游与文化融合发展,既能在保护与传承中弘扬传统文化,又能在优秀创意与创新中发展新兴旅游,从而实现文化与旅游的相互促进、良性互动。

2015 年,河南省开封市各大景区结合各自文化特色,针对端午小长假为游客精心准备了各具特色的活动,如开封府以宋文化、包公文化、府衙文化吸引海内外游客,在景区上演经典的传统演艺节目《开衙迎宾》《包公断案》等,一系列特色民俗文化活动丰富了旅游内容,"旅游+民俗文化"也使开封旅游走得更远、更稳健。此外,山东烟台运用"红酒+美景"的中西结合的旅游模式、以"红酒南山游"为代表的酒庄休闲游以及山东烟台市降低入院门槛的旅游特色使得本地区的"旅游+酒庄文化"焕发生机。锡林郭勒的"旅游+草原文化"模式依托独具特色的草原文化,利用大型舞台剧《千古马颂》、赛马、马奶文化等形式吸引了无数游客前来观光游览,促进旅游业发展的同时也宣传了极具风情的草原文化。

(三)"旅游+扶贫"

随着"旅游+"和精准扶贫政策的深入发展,越来越多的贫困区将目光聚集到本区优势旅游资源上,立足脱贫攻坚现状,充分调动社会各界参与脱贫攻坚的积极性,积极探索"旅游+扶贫"模式,不仅让贫困群众享受到了旅游红利,更是促进了当地旅游业乃至地区经济的发展。

山东省蒙阴县充分发挥资源优势和旅游业的拉动、融合作用,全面实施"旅游+"模式,通过"旅游+民俗""旅游+村居""旅游+合作社""旅游+扶贫村"的模式将精准扶贫与旅游相结合,创新旅游发展业态,同时也推动了扶贫工作的顺利开展,缓解了当地贫困现状,促进了地区经济发展。四川省阆中市将目标瞄准近郊景区,通过开设旅游专线、创新农家乐新形式和打造本地电商扶贫等途径将"旅游+扶贫"落到实处,以更好地实现脱贫致富。

(四)"旅游+工业"

近年来,随着工业化的深入推进和旅游业的蓬勃发展,"旅游+工业"模式渐趋成熟,并在融合发展中走向共赢。旅游为工业发展带来了新的机遇,在延长产业链、增加产业附加值的同时也实现了品牌升级、产品推广和形象宣传;工业发展也为旅游业提供了新的旅游资源,刺激新的旅游消费增长点的形成。

近年来,鞍钢提出要"展现共和国钢铁工业长子风采,打造'东方鲁尔'特色旅游平台"。如今,鞍钢的孟泰纪念馆、雷锋纪念馆、王崇伦塑像、郭明义爱心工作室等吸引了大量慕名而来的游客。在大孤山露天铁矿参观区,从采矿到冶炼、从生产工艺到英模人物,游客可以体验真实的矿区生活。此外,破旧的电子厂区被改造成北京"798 艺术区",江西景德镇古瓷窑被打造成国家 5A 级景区,航天工业让海南文昌旅游收入 5 年内翻了一番,这些实践充分表明"旅游+工业"正逐步走向融合共赢。

(五)"旅游+X"

随着"旅游+"的不断发展和旅游产业融合的不断深入,单一的发展模式早已不能满足地区旅游业的发展需求,为进一步推进全域旅游的实施与发展,"旅游+X"模式应运而生。

山东省日照市依托当地独具特色的旅游资源和实际情况,通过"旅游+农业""旅游+渔业""旅游+体育""旅游+康体""旅游+露营""旅游+低空飞行""旅游+会展"七大"旅游+"模式,逐步推动旅游业与农业、工业、金融业、文化教育等产业的业态融合。近年来,歙县徽城镇以"一城一江"为旅游核心,辐射周边乡村特色旅游,积极探索"旅游+"发展模式,逐步形成了"旅游+生态""旅游+农业""旅游+工业""旅游+文化"的模式,开创了全域旅游发展格局。

此外,还有四川"旅游+美食"、自驾游经济形成的"汽车+体育+旅游"新模式、海南推出的"旅游+金融"、乐游辽宁"旅游+铁路"、婺源"旅游+养生"和黄山区特色的"旅游+教育"模式等,愈来愈多的"旅游+"模式在不断丰富"旅游+"的形式与内容的同时,更好地促进了旅游业与其他产业的融合发展,充分发挥了"旅游+"的积极推动作用。

## 三、"旅游+"的现实发展意义与前景展望

(一)深化旅游业态融合,推动旅游产业转型升级

"旅游+"的提出表明,我国旅游业已经从利用相关资源的"+旅游"时代,跨越到以旅游为主导的"旅游+"新时代。旅游业不再只是一个"单独"的产业,越来越成为第一、二、三产业的"黏合剂"。旅游业与其他产业之间的联系越来越密切,包括政策、技术、资源、人员等各方面的共享与互动,进一步深化旅游产业的跨界融合,促进旅游业转型升级,充分发挥了"旅游+"创造新价值、形成新业态的积极作用,产生了"1+1>2"的显著效果,实现

了旅游业的创新发展。青海省海南藏族自治州通过举办"首届中国青海湖高原越野精英赛",将旅游、体育和文化产业抱团发展,推动了旅游业的业态融合。

(二)符合经济新常态发展要求,促进国民经济发展

经济新常态的发展需要创新驱动,需要优化结构,鼓励发展新业态,而"旅游+"正是符合经济新常态的发展要求,促进产业结构升级的同时也必然推动经济的发展。"旅游+"的产生与发展在一定程度上刺激了旅游消费,扩大了旅游市场,也带动了旅游投资,使得"消费、出口、投资"三驾马车得到进一步发展,继而推动国民经济的又好又快发展。"旅游+金融"模式的产生正是源于经济发展的需要。湖南省工商联、省旅游局召开厅际合作座谈会,商讨建立厅际合作机制,推动旅游强省建设,促进非公有制经济健康发展。

(三)利于社会稳定,促进社会和谐发展

"旅游+"是以人为本、全民参与的"+",它的核心是人的发展,实质是通过人来实现"+",同时用"+"来服务人。毫无疑问,"旅游+"在实现旅游产业与其他第一、二、三等产业的融合发展的同时,也在一定程度上缓解了"就业难"的社会现状。解决一部分人的就业问题,不仅增加了他们的收入,也提高了他们的生活水平,进一步带动旅游消费与投资。同时,随着"旅游+教育"、"旅游+创业"等的深入,"文明旅游"备受瞩目。旅游者素质得到提升,社会氛围得到改善,进一步维护了社会稳定,促进社会和谐发展。"旅游+扶贫"通过开发特色旅游资源、建立旅游民宿等方式解决了贫困户就业和收入问题,同时还维护了社会稳定,促进社会和谐发展。

(四)借力"旅游+互联网",实现"旅游+"创新发展

"旅游+互联网"作为"旅游+"的最早实践者,经过不断发展渐趋成熟,其模式早已渗透到旅游业与其他产业的融合发展中,对"旅游+"的未来发展也产生深远影响。如今,我们正处于"信息时代"和"大数据时代",科学技术得到不断突破与创新,互联网、空间大数据、云计算、物联网等技术的发展给旅游业及其他产业都带来了新的机遇与挑战。在"旅游+"的未来发展中,"旅游+互联网"将成为旅游产业转型升级的动力,引领"旅游+"发展潮流。为此,各地区要借助"旅游+互联网"的信息技术创新、大数据挖掘与分析、GIS等优势,立足实际发展情况,创新性地开发"旅游+"模式,将科技运用到农业、工业、交通等产业中,开发科技园区、VR体验、特种旅游等创意旅游项目,丰富"旅游+"形式,刺激旅游消费,提升产业品牌,以此推动"旅游+"的智能化、信息化、创新化发展。

(五)聚焦旅游行业发展新动态,"旅游+"前景广阔

近年来,为适应蓬勃发展的旅游业,国家旅游局出台并实施了一系列旅游新政策,如

全域旅游、厕所革命、"一带一路""5·15战略"等,旅游业发展形势大好。面对不断涌现的新动态,"旅游+"在自身发展的同时也与其他旅游新政策、旅游新热点相互交织、相互影响。

　　全域旅游是指在一定区域内以旅游业为主导、对该区域进行总体规划布局,以"旅游+"融合各行各业的新模式。其发展的一个核心就是要推进"旅游+"发展,促进旅游与工农业等的融合,使之成为全域旅游发展中产业转型升级的新引擎。例如在宁夏旅游发展中,"旅游+新城""旅游+光伏""旅游+云基地"等跨度较大的产业相结合,对加快地区全域旅游发展具有推动作用。旺盛的旅游需求和旅游消费使得供给侧改革越发受到瞩目。供给侧改革是对生产要素、生产技术、生产方式以及技术创新进行改革提升,对于旅游业而言,促进产业转型升级的"旅游+"与供给侧改革是相辅相成的。例如四川省以"旅游+美食"推动旅游业与相关行业和领域融合发展,鼓励发展森林旅游、美食旅游、购物旅游等旅游新模式,以此促进旅游业进一步发展,引领旅游消费转型升级,助推旅游业供给侧改革。因此,在未来发展中,"旅游+"要以开放包容的心态、敏锐广阔的视野着眼于旅游业发展全局,聚焦旅游业不断涌现的新热点、新政策,在相互融合、相互影响中实现共赢。

## 第二节　拓展蓝色经济空间,发展海洋海岛旅游

　　随着人民生活水平明显提高,旅游全球化和大众化时代到来,旅游业得到迅猛发展。中国是海洋大国,拥有漫长的海岸线,大小岛屿7000多个,总面积达80 000平方千米,为海洋(岛)旅游发展提供广阔的空间。2015年我国海洋旅游业快速增长,全年实现增加值10 874亿元,比上年增长11.4%,成为带动海洋经济的重要增长点。海岛及其周边海域构成的独特生态系统,是众多生物栖息繁衍的家园,是自然风光、历史古迹、人文景观、民俗文化的优良载体。海洋(岛)旅游资源开发,一方面促进了海岛废弃建筑的更新利用、历史遗迹的修复和保护,使得海岛型旅游地的接待环境得到改善,强化了海岛自然风光的美学价值,改善当地的环境;另一方面,随着对海洋(岛)旅游资源的开发,有利于其摆脱粗放的经济发展模式,促进海洋地区经济结构优化,推动区域海洋经济多样化发展。因此海洋(岛)旅游发展成为建设海洋生态文明、拓展蓝色经济空间的重要支点。

　　"十三五"规划明确提出"拓展蓝色经济空间。坚持陆海统筹,壮大海洋经济,科学开发海洋资源,保护海洋生态环境,维护我国海洋权益,建设海洋强国。""一带一路"政策更是提出"完善双边和多边合作机制,推进同有关国家和地区多领域互利共赢的务实合作,

打造陆海内外联动、东西双向开放的全面开放新格局。"海洋(岛)旅游发展应借助"一带一路"政策之利,以"创新、协调、绿色、开放、共享"五大发展理念为指导,加快海洋经济发展方式转变,以"建设海洋生态文明和拓展蓝色经济空间"为主体目标,加强海岛生态保护,优化海岛功能定位,促进海岛经济发展,促进国际合作交流,促进海岛基础设施建设,扶持海岛旅游产业,推动海洋经济可持续发展。积极开展海洋经济领域对外合作项目,深入推进"21世纪海上丝绸之路"建设,推动实施中国—东盟海上合作基金项目,为海洋强国建设夯实基础。

## 一、海洋(岛)旅游的产生与发展

### (一)海洋旅游

现代海洋旅游产生于18世纪早期。据历史文献记载,英国的斯盖堡拉和布莱顿是世界上最早为居民提供海水浴场的城市。后来,随着海水对某些疾病的治疗功能的发现和海水浴场的推广,专门的海滨疗养地诞生了。至此,滨海旅游的雏形开始形成。

海洋旅游是指人们在一定的社会经济条件下,以海洋为依托,以满足人们的精神和物质需求为目的而进行的海洋游览、娱乐和度假等活动所产生的现象和关系的总和。海洋旅游资源是指在海滨、海岛和海洋中,具有开展观光、游览、休闲、娱乐、度假和体育运动等活动的海洋自然景观和人文景观(见表14-1)。

表 14-1　海洋旅游资源分类

| | | |
|---|---|---|
| 海洋旅游资源类型 | 海洋自然旅游资源 | 海洋地貌旅游资源(海岸地貌旅游资源、大陆架地貌旅游资源、深海与大洋底地貌旅游资源、海岛旅游资源) |
| | | 海洋气候气象旅游资源(海市蜃楼、海上日出、海火等) |
| | | 海洋水体旅游资源(潮涌现象、击浪现象等) |
| | | 海洋生物旅游资源[植物类(红树林、棕榈等);动物类(海洋鸟类、鱼类等)] |
| | 海洋人文旅游资源 | 海洋古遗迹、古建筑旅游资源(社会经济文化活动遗址遗迹等) |
| | | 海洋城市旅游资源 |
| | | 海洋宗教信仰旅游资源 |
| | | 海洋民风民俗旅游资源(海洋传统节庆等) |
| | | 海洋文学艺术旅游资源 |
| | | 海洋科学知识旅游资源(海洋科考、海洋教育等) |

（二）海岛旅游

1. 海岛旅游

海岛旅游是指以海岛区域为旅游目的地的旅游,其以海岛特有的自然与文化旅游资源为基础,体现出内陆与海洋旅游的双重性,具有一般海滨旅游地所没有的独特吸引力。海岛旅游在理论上包括海滨、海面、海底、海空各种空间的活动网。由于陆岛间交通及地理位置的独特性,到达海岛的交通工具也可视为海岛旅游的重要组成部分,比如乘坐游轮、体验快艇、小渔船等。

2. 群岛旅游

群岛是指海洋中相互接近的、在地理构造上有内在联系的一群岛屿。世界上主要群岛有 50 个,其中太平洋 19 个,大西洋 17 个,印度洋 9 个,北冰洋 5 个。世界上著名的海洋旅游群岛有马来群岛、夏威夷群岛、马里亚纳群岛、马尔代夫群岛、巴哈马群岛、百慕大群岛、舟山群岛等。群岛旅游的整体性效应,可将各种空间活动形式包容其中,使游客流连忘返。

## 二、全球海岛旅游地分布

（一）国外海岛旅游地分布

目前,就全世界各滨海海岛发展状况而言,世界上著名的海岛旅游地主要分布在热带和亚热带,包括地中海沿岸、加勒比海沿岸和大洋洲的岛屿等。欧洲海岛旅游地主要分布在岛国英国和地中海沿岸,有西班牙诸岛、法国诸岛、意大利诸岛、马耳他诸岛、塞浦路斯和希腊群岛。亚洲海岛旅游地主要有韩国济州岛、马尔代夫、岛国新加坡、印度尼西亚的巴厘岛和泰国的普吉岛。美洲主要有墨西哥的坎昆和巴哈马群岛。非洲的毛里求斯和大洋洲的夏威夷群岛。澳大利亚大堡礁和新西兰为主的海岛旅游胜地。

（二）国内海岛旅游地分布

我国的海岛分布于亚洲大陆以东,太平洋西部边缘。大小岛屿 7000 多个,总面积达80 000 平方千米,分布在南北跨越 38 个纬度,东西跨越 17 个经度的海域中,最北端的辽宁省小笔架山岛,最南端的曾母暗沙,最东端的钓鱼岛诸岛。我国海岛分布不均,东海最多,约占总数的 66％;南海次之,约占 25％;黄海第三;渤海最少。岛屿呈明显的链状或群状分布,大多以列岛或群岛的形式出现。目前我国共有 12 个海岛县(图 14-1),海岛旅游已成为许多海岛县的支柱产业。我国著名的海岛旅游目的地有海南岛、舟山群岛、崇明岛、鼓浪屿等。

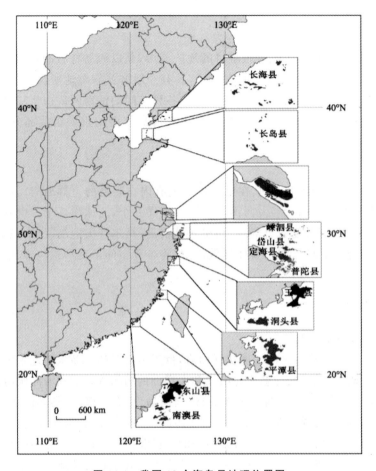

图 14-1　我国 12 个海岛县地理位置图

### 三、我国海岛旅游发展优势

（一）自然资源丰富

海岛旅游资源丰富，不但景点众多而且极具特色。在浩瀚无垠的大海上，海岛由于能拥有一个相对狭小的陆域空间，将阳光、沙滩、大海汇集在一起，成为人们向往的场所。如素有"海天佛国"之称的舟山普陀山佛教圣地，平潭县花岗岩风化后在海中形成的特色景点等。

（二）人文气息浓郁

我国沿海岛屿上广泛分布有从新石器时代到青铜器时代的古遗迹，其中最著名的是"东半坡"的大黑山岛北庄遗址，为目前沿海发掘距今的新石器时期唯一的大型古村落遗址。舟山群岛、岱山县大舜庙后墩新石器时代遗址、珠江口外高栏岛上青铜器时代的宝镜湾，大型岩画线条粗犷，风格古朴。这些出土文物及其遗址既是历史考古学家的研究领域，又可开展文物古迹专项旅游。

1. 渔乡风情，地方特色

我国海岛具有独特风情的渔港、渔村，扬帆捕捞、海上养殖、退潮赶海、坐船垂钓、捕鱼捉蟹等鱼汛渔俗，加之渔民大海般的胸怀和粗犷豪放的性格、淳朴热情的待客传统，都能满足人们猎奇、尝鲜、垂钓、购物等不同层次的需求。普陀区的桃花岛具有浓郁的渔乡风情；具有东方"渔都"之称的沈家门十里港湾，桅杆林立，入夜数万渔火齐放华光，红黄绿白，交相辉映，十足的渔乡风情；定海区的海岛文化艺术和民情风俗都有其独特的魅力。

2. 宗教文化

我国海岛一般与宗教文化相关，宗教庙堂建筑一般都因地制宜，在选址、布局、造型、用材方面大多巧妙地利用自然环境，形成强烈的宗教氛围。如中国四大佛教名山之一的普陀山，其寺庙、庵院、雕塑、碑亭、石刻等具有浓郁宗教气氛的人文景观和沙滩、石景、潮音、古洞、名树等自然景观融为一体，交相辉映，有"海天佛国"之誉，驰名海内外。岱山县的观音寺也是著名的宗教庙堂。

（三）政府支持力度加大

作为新兴的第三产业，海岛旅游业在带动地区经济发展的同时，更改变着旅游接待地区和旅游者的生活方式和习惯，加强了其间的文化的交流。各级政府部门无不就势开发旅游资源。例如在世博会期间，加大政府招商引资与投资力度，通过不断改善基础设施，加大宣传力度，印发宣传手册，采用媒体广告宣传等方式扩大地区旅游影响。

**四、我国海洋(岛)旅游发展现状**

2016 年 8 月，从国家海洋局生态环境保护司获悉，国家海洋局印发《关于批准建立大连仙浴湾等 9 处国家级海洋公园的通知》（以下简称《通知》），新增 9 个国家级海洋公园。至此，我国已有国家级海洋公园 42 个。自 2011 年国家海洋局公布首批国家级海洋公园以来，我国先后分 5 批，批准建立了 42 个国家级海洋公园。此次新增的 9 个国家级海洋公园分别为辽宁大连仙浴湾、大连星海湾、山东烟台莱山、青岛胶州湾、福建平潭综合实验区海坛湾、广东阳西月亮湾、红海湾遮浪半岛、海南万宁老爷海、昌江棋子湾国家级海洋公园。

2015年6月,国家海洋局确定辽宁省盘锦市、大连市旅顺口区,山东省青岛市、烟台市,江苏省南通市、东台市,浙江省嵊泗县,广东省惠州市、深圳市大鹏新区,广西壮族自治区北海市,海南省三亚市和三沙市12个市(区)、县为国家级海洋生态文明建设示范区。

2016平潭国际海岛论坛在福建平潭召开。会上宣布2015年中国"十大美丽海岛"评选结果,东山岛、南三岛、南麂列岛、涠洲岛、刘公岛、菩提岛、觉华岛、连岛、海陵岛、三都岛等10个海岛获得荣誉称号;永兴岛、洞头岛、特呈岛、大长山岛、蚂蚁岛、上下川岛、哈仙岛、一江山岛、海驴岛、葫芦岛等获得2015"十大美丽海岛"特别提名。

随着一系列国家级海洋公园、国家级海洋生态文明建设示范区的成立,我国海洋(岛)旅游发展进入快速发展阶段。海洋(岛)旅游的发展在生态效益方面,丰富了海洋生态文明的内涵,有效地保障了区域滨海、海岛与海洋生态系统的健康、安全,保护和恢复区域生物多样性,构建完善的生态网络;在社会效益方面,能促进海洋文化的提升和传播,增强公民保护海洋生态的社会公众意识,有助于构建生态和谐的人居环境,提高居民的生活水平。同时,通过发展海洋休闲及生态旅游等,推动区域海洋经济多样化发展。

### 五、我国海岛旅游发展建议

(一)加强学术交流,实行人才战略

海岛地区一般远离城市中心,加上我国海岛旅游发展尚处在初级阶段,海岛上的各项基础设施尚不完善,经济、文化发展相对落后,海岛旅游开发有待改善。因此,要贯彻落实"走出去,引进来"的思想。一方面,要学习国外海岛旅游开发的成熟经验,加强学术交流,深入海岛旅游成熟地区考察研究,引进相关地区的先进理念成果,因地制宜地发展我国海岛旅游业;另一方面,需要培养大批专业素质过硬的优秀人才,为海岛旅游开发献计献策,促进海洋(岛)旅游业发展。

(二)发挥政府职能作用,加强政策支持力度

海岛旅游发展的成功,与当地政府强有力的政策支持密不可分。发挥政府职能作用,政府需从战略高度,明确海岛旅游的发展方向,作出科学而详尽的规划,实现与周边海岛的优势互补,避免盲目开发,注意挖掘各岛特色,逐步推出一批"人无我有,人有我精"的海岛度假旅游精品。在海岛旅游发展中需注意后期监管,注意各项目建设的有序性和规范性,对各项设施的建设标准、规范作出具体要求。实现政府主导下的资源有机分配,使海岛旅游业良性发展。

（三）整体规划海岛旅游，各地优势特色互补

海岛旅游开发要强调规划先行,要做出科学合理的旅游规划,使开发建设具有计划性、合理性、有序性及兼顾重点的特性。为此,首先要有一个完整的统筹规划,要处理好海岛开发建设与环境保护的关系,处理好旅游业与水产养殖、港口建设等之间的关系;既要根据各个海岛的自然环境、历史文化等特点,确定其主要功能,保留和发挥其个性特点,又要符合整体协调原则,形成一个区域旅游的整体。其次,要注意各岛屿间的优势特色互补和与周边岛屿间的协调发展,避免盲目、无序的开发。在制定我国海岛旅游整体规划时,可以借鉴马尔代夫"一岛一特色"的开发模式,注意发掘各个海岛的地区特色、资源优势以及文化内涵,使各地的旅游产品独具特色,交相辉映,而不是盲目地开发;逐步推出一批"人无我有,人有我精"的海岛休闲度假旅游精品,使海岛旅游更加科学、合理的发展,具有长久的生命力。

（四）策划丰富旅游产品，加强休闲度假品质

海岛是休闲、度假的理想去处,但是海岛旅游的功能定位不能仅限于此。海岛旅游的开发、策划应该多方位、多角度着手,海岛旅游的产品也应丰富多彩,要用各种娱乐项目去提升海岛休闲旅游的品质,同时也用休闲度假的主体功能带动其他旅游产品的发展,使游客在岛中既游又玩,既休闲又娱乐。因此,要善于利用海岛良好的环境资源和独特的"封闭性",从海面、海岛、天空等多方面进行多种类型的开发。例如,自然风光、文物古迹、民族风情和人造景观等观光型旅游产品;享受"3S"(Sun，Sand，Sea)、美食旅游和豪华游船等度假型旅游产品;展览、办公和会议等商务会展型旅游产品;民俗、博物馆、寻古和学术等文化型旅游产品;自然旅游、观鸟旅游和海洋公园等绿色生态型旅游产品;水上运动、温泉康复和高尔夫等健身康复型旅游产品;探险游、海底游和极限运动等猎奇刺激型旅游产品。开发这些丰富多彩的海岛旅游产品,让海岛旅游具有自己的独特魅力,拥有持久的生命力,以吸引大量的海内外游客,让游客乐在其中,流连忘返。

## 第三节　加强生态文明建设,创建我国国家公园体系

自1872年世界第一个国家公园——美国黄石国家公园建立以来,国家公园制度作为资源保护和开发利用的先进模式已经在世界上许多国家和地区得到有效推广。作为国家公园制度创立的先驱,美国建立了完备的国家公园体系,保护着国家大部分重要的自然和文化遗产。随后的日本、德国积极效仿美国,也都建立了较为完善的国家公园管理体系。国家公园制度在美国、日本、德国的资源保护中发挥着重要作用,三国各自建立了相对成熟、适合本国国情的国家公园管理模式。国家公园是为合理地保护和利用重要的生态自

然资源和历史文化遗产而设立的具有较大面积的陆地或海洋保护区域,除了资源保护之外,还有娱乐、教育等多种功能,是被实践证明了的一种能够在资源保护和利用方面实现双赢的先进管理制度。

生态文明建设其实就是把可持续发展提升到绿色发展高度,为后人"乘凉"而"种树",就是不给后人留下遗憾而是留下更多的生态资产。2012 年 11 月,党的"十八大"从新的历史起点出发,做出"大力推进生态文明建设"的战略决策,从 10 个方面绘出生态文明建设的宏伟蓝图。"十八大"报告不仅在第一、第二、第三部分分别论述了生态文明建设的重大成就、重要地位、重要目标,而且在第八部分用整整一部分的宏大篇幅,全面深刻论述了生态文明建设的各方面内容,从而完整描绘了今后相当长一个时期我国生态文明建设的宏伟蓝图。国家公园建设,其本身就是对自然保护区、风景名胜区等区域的保护,是我国生态文明建设翻开的新篇章。国外国家公园建设已基本完善,借鉴国外国家公园管理体系,结合我国实际国情,建立中国特色的国家公园体系,加强生态文明建设。

## 一、国家公园定义

国家公园的定义源于美国,其英文为(National Park),最早是由美国艺术家乔治·卡特琳(Geoge Catlin)提出的。他在他的作品中这样写道:"它们可以被保护起来,只要政府通过一些保护政策设立一个大公园,一个国家公园,其中有人也有野兽,所有的一切都处于原生状态,体现着自然之美。"(唐芳林等,2013)在黄石国家公园建立之初,美国就以法令的形式明确表示:"国家公园服务体系是为了保护风景、自然和历史遗迹、区域内的野生动物,并为游客提供娱乐场所而建立的。"(唐芳林,2014)之后,随着美国国家公园管理模式逐渐被世界各国所认可及采纳,世界自然保护联盟(World Conservation Union,简称IUCN)在 1969 年给出了国家公园的定义。1994 年,为了规范国家公园定义,世界自然保护联盟出版了《保护区管理类别指南》,首先从保护地入手,赋予它一个崭新的定义,即"保护地主要是致力于生物多样性和有关自然和文化资源的管护,并通过法律和其他有效手段进行管理的陆地或海域"。根据保护区的性质,把保护地划分为 6 类:Ⅰ严格的自然保护区;Ⅱ国家公园;Ⅲ自然遗迹;Ⅳ物种栖息地管理区;Ⅴ保护景观;Ⅵ资源管理保护区。(王献溥,李俊清;2001)由此可见,国家公园属于保护地的一类,在此基础上美国国家公园管理局提出并完善了国家公园的定义:国家公园是主要用于生态系统保护及游憩活动的天然的陆地或海洋,指定用于:(1)为当代和后代保护一个或多个生态系统系统的完整性;(2)排除任何形式的有损于该保护地管理目的的开发和占有行为;(3)为民众提供精神、科学、教育、娱乐和游览的基地,用于生态系统保护及娱乐活动的保护区。

## 二、国家公园发展

### （一）国家公园的扩展

国家公园的扩展分为三个阶段：第一阶段是 19 世纪末，美国设立了一批标志性的国家公园，而其相关理念也传播到了加拿大、澳大利亚和新西兰等国；第二阶段为 20 世纪前半期，欧洲国家开始应用国家公园理念，在瑞典、意大利、罗马尼亚、希腊、西班牙、冰岛、爱尔兰和瑞士都设立了国家公园。与此形成对照的是，欧洲殖民国家此时并未在本土设立国家公园，如英国、法国、比利时等国，而是在亚洲或非洲殖民地设立国家公园；第三阶段是第二次世界大战结束后，国家公园理念在全球范围内传播，几乎每一个国家都对外声称拥有自己的国家公园。前两个阶段，国家公园的定义还拘泥于传统美学、休憩与旅游及功利主义的价值；第三阶段增加了自然保育和生态系统功能。

### （二）美国国家公园发展

自黄石国家公园诞生至今，美国国家公园管理局已拥有 59 个国家公园，覆盖美国 50 个州、华盛顿哥伦比亚特区以及包括美属萨摩亚、北马里亚纳群岛、关岛、波多黎各和美属维尔京群岛在内的海外领地，占地 211 065.92 平方千米。随着美国进入一个崭新的世纪，国家公园的游客人数持续增加，从 1980 年的 2.2 亿人增加到现在的 4 亿多人（2016 年数据）。美国国家公园的理念像美国自身理念一样总是充满了争论：当地利益和国家利益的争论，保护和使用的争论，一代人的急功近利和为后代负责的争论。国家公园总是处于不断争论和不断被威胁的境地，但仍在不断发展壮大。

## 三、我国国家公园建设

### （一）国家公园初现

在我国台湾地区，早在 1984 年就引入国家公园的理念和管理体制，建立了第一个国家公园——垦丁国家公园。1998 年云南省率先开始探索引进国家公园模式，并尝试研究建立国家公园的可行性。2004 年，云南省政府研究室前往美国专项考察了其国家公园。2006 年，云南迪庆州借鉴国外经验，通过地方立法建立了我国大陆第一个"国家公园"——普达措国家公园。2007 年省政府工作报告的背景说明材料中列入了由云南省政府研究室撰写的《关于国家公园的说明》。该说明指出，在滇西北地区建设一批国家公园，形成云南最美丽的生态旅游区和科教探险基地，促成生态保护、经济发展、社会进步的多赢。同时，作为议事和决策机构，云南省政府成立了国家公园建设领导小组，有序推进国家公园的建设。其后，我国第一个"国家公园发展研究所"在西南林学院成立，为国家公园的宣传教育、科学研究、人才培养提供了支撑。

2008 年 7 月,国家林业局正式批准云南省作为国家公园试点省,依托具备条件的自然保护区,开展国家公园建设。同年八月,云南省政府成立云南省国家公园管理办公室,挂靠在林业厅,由省林业厅作为国家公园的主管部门。紧接着中央政府的其他部委也开始关注并参与到推动国家公园的建设中来。2008 年 10 月 8 日,环境保护部和国家旅游局联合批准黑龙江省汤旺河国家公园成为中国第一个国家公园试点单位,这是中国大陆地区第一个获有关政府部门批准核定,真正意义上的国家公园。2009 年,囿于既有的自然资源行政管理体制和行政授权格局,中央政府决定暂停国家公园试点工作,并要求在自然遗产资源保护立法中继续探索和研究。

(二)政策支持

2013 年,党的十八届三中全会通过《全面深化改革若干重大问题的决定》提出建立国家公园体制,健全生态环境保护的体制机制,加快生态文明制度建设。这是中国政府首次明确提出建立中国的国家公园体制。这也意味着国家公园作为一种严格保护并合理利用自然文化资源的可持续发展理念和举措而在中国蓬勃发展。2014 年 3 月,国家环保部正式发函批准浙江省开化、仙居两县开展国家公园试点。5 月,根据国家林业局《关于调整充实国家林业局林业改革领导小组的通知》,青海省被列入国家公园体制试点范围。

2015 年 6 月 8 日,国家发展改革委和美国保尔森基金会签署了《关于中国国家公园体制建设合作的框架协议》,启动为期三年的中国国家公园体制建设合作。国家发展改革委官方称,我国已选定北京、吉林、黑龙江、浙江、福建、湖北、湖南、云南、青海等九省市开展国家公园体制试点,与美国在对国家公园试点技术指南、美国等国家的国家公园案例研究、试点地区国家公园管理体制和政策实证研究、国家公园与保护地体系研究以及机构能力建设等方面开展具体合作。国家发展改革委将主要提供政策指导,保证项目顺利实施;美国保尔森基金会将为合作提供智力、技术等方面的支持。

## 四、创建中国国家公园体系

从 20 世纪 80 年代,我国对国家公园的研究已有 30 余年,但至今我国尚未建立真正意义上的国家公园。2013 年,党的十八届三中全会通过《全面深化改革若干重大问题的决定》提出建立国家公园体制,这是中国政府首次明确提出建立中国的国家公园体制。2015 年 6 月 8 日,国家发改委和美国保尔森基金会签署《关于中国国家公园体制建设合作的框架协议》,启动为期三年的中国国家公园体制建设合作,再一次强调建立国家公园的重要性,结合我国实际国情,创建中国国家公园体系。

（一）建立国家公园管理局，采取统一管理

我国景区的管理机构不统一，不同类型的景区管理机构不一样，此外，多头管理也是我国管理制度的一个明显漏洞。我国在国家公园建设试点之初就要明确和严格制定准入标准，规范国家公园建设。对适合建设国家公园的遗产保护地进行调查、评估、审查和授权，以确保国家公园管理目标的实现。在国家公园体制建立之初，结合自然资源资产产权的改革等来理顺自然资源管理体制，对中央政府管理或可收归中央政府监管管理的区域设立的国家公园采取中央政府垂直管理模式；对其他区域设立的国家公园可采取中央政府委托省级政府直接管理模式。

（二）立法与执法相结合，实施"一园一法"

国家公园是中国自然保护事业发展过程中形成的新保护地模式，目前尚未制定出台专项法律法规，国家公园在经营过程中的各项问题都无法可依，基于现有的国家公园管理办法和政策，执行起来缺乏权威性和科学性。在各地建立国家公园积极性空前高涨的形势下，出台管理法规迫在眉睫。国际社会对国家公园的管理普遍实行"国家所有，政府授权，特许经营，社会监督"的政策。中国建立国家公园体系，应在基础国家公园管理法建立的同时，建立涉及资金、教育、环境、人员管理等规范的书面条款以辅助管理。同时结合中国各地区文化的差异性，秉持一园一法原则，对园内独有植物、动物或历史文物、建筑等进行专法专管。

（三）环境保护与教育解说并行发展

我国60多年来的自然保护区以及国外100多年的国家公园管理和发展经验、教训为我国新时期下建立健全国家公园管理体系提供了较多可供参考的借鉴。国家公园建设必须摒弃"绝对保护"和"绝对利用"两种观念，确定"保护优先"为核心，首先是保护生态系统的完整性，其次才是生态旅游、科学研究和环境教育的场所。国家公园本身具有作为公众环境教育、爱国主义教育以及科普教育的功能。在国家公园建设中，应做好环境教育解说规划，可设置专业负责国家公园解说服务系统规划设计与管理的部门，如同美国的哈珀斯费里解说规划中心；此外，可广泛接受志愿者，经过培训后纳入专业的环保科普宣传教育队伍之中，对游客进行相关科学知识的普及工作。当然，除了稳定的专业环保科普人员解说之外，公园还应配备各种通俗易懂的非人员解说系统。

中国国家公园建设孕育时间虽长，但距真正确立建设为时尚短。在建设过程中，把握国家公园体制建设的核心就是建立政府领导的统一、规范的管理体制，最终的落脚点是在对现有的自然保护区、风景名胜区等保护地的改革。因此，建立适合我国国情的国家公园成熟模式与现有保护地改革进行衔接、过渡直至建立完善的国家公园体制是未来研究亟须解决的重点。

# 参考文献

[1] D. Pearce. Tourism Today: A Geographical[J]. Analysis, Longman Scientific & Technical Press, 1987.

[2] 董培海, 李伟. 国内旅游流基础理论研究述评[J]. 旅游研究, 2015.

[3] 谢彦君. 基础旅游学[M]. 北京: 中国旅游出版社, 2011.

[4] 黄振方等. 旅游地理学[M]. 大连: 东北财经大学出版社, 2015.

[5] 宝音满达胡. 草原文化是内蒙古旅游之魂[J]. 草原文化, 2007.

[6] 保继刚, 楚义芳. 旅游地理学[M]. 北京: 高等教育出版社, 2001. 1.

[7] 曹陆. 新疆矿产资源开发利用问题浅析[J]. 区域经济, 2007(10): 54—55.

[8] 查尔斯·戈尔德耐等. 旅游业教程[M]. 大连: 大连理工大学出版社, 2003.

[9] 陈国生. 中国旅游资源学教程[M]. 北京: 对外经济贸易大学出版社, 2006.

[10] 陈文晖. 我国国内旅游需求的空间特征与空间优化研究[J]. 中国软科学, 2003(5): 12—16.

[11] 重庆市统计局. 2008年重庆市国民经济和社会发展统计公报[C]. 2009. 4.

[12] 〔英〕蒂莫西, 〔英〕博伊德著; 程尽能主译. 遗产旅游[M]. 北京: 旅游教育出版社, 2007. 2.

[13] 董平. 我国旅游资源区划初探[J]. 地域研究与开发, 2000, 9(3): 73—76.

[14] 杜学. 旅游交通概论[M]. 南昌: 旅游教育出版社, 1996.

[15] 范保宁, 陈福义. 中国旅游地理学[M]. 北京: 中国铁道出版社, 2004. 2.

[16] 冯学钢, 黄成林. 旅游地理学[M]. 北京: 高等教育出版社, 2006. 9.

[17] 甘肃省统计局. 甘肃省国民经济和社会发展统计公报[Z]. 2016. 3.

[18] 甘肃省统计局. 主体功能区划视角下甘肃经济发展路径选[Z]. 2008. 12.

[19] 关宏志. 旅游交通规划的基础框架[J]. 北京规划建设, 2001. 12.

[20] 广西壮族自治区统计局. 广西国民经济和社会发展统计公报[C]. 2016. 3.

[21] 贵州省统计局. 贵州省国民经济和社会发展统计公报[C]. 2016. 3.

[22] 郭来喜,吴必虎等. 中国旅游资源分类系统与类型评价[J]. 地理学报,2005,5(3):294—301.

[23] 郭来喜. 旅游地理学[M]. 北京:中国大百科全书出版社,1984.

[24] 国家发展改革委经济体制与管理研究所. 主体功能区建设的理论、实践综述[J]. 2007.12.

[25] 哈尔滨市旅游局. 导游人员年审培训教材[M]. 2002.

[26] 哈尔滨市旅游业发展状况和发展方向[J]. 华侨华人经济技术网.

[27] 韩杰. 旅游地理学[M]. 大连:东北财经大学出版社,2005.

[28] 胡平. 中国旅游人口研究:中国旅游客源市场的人口学分析[M]. 上海:华东师范大学出版社,2002.

[29] 胡平. 中国旅游人口研究[D]. 上海:华东师范大学,2001.

[30] 湖南地图出版社编. 图行华夏地图集[M]. 长沙:湖南地图出版社,2003.6.

[31] 湖南省统计局. 湖南省国民经济和社会发展统计公报[Z]. 2016.3.

[32] 纪勇,陈志辉. 中国旅游热线地图册(第二版)[M]. 北京:中国地图出版社,2001.4.

[33] 江西省统计局. 江西省国民经济和社会发展统计公报[Z]. 2016.5.

[34] 金海龙,石高峻等. 中国旅游地理[M]. 北京:高等教育出版社,2002.8.

[35] 金融危机:旅游业的战略机遇期[N]. 中国经济时报,2009-6-9.

[36] 雷平,施祖麟. 我国国内旅游需求及影响因素研究[J]. 人文地理,2009(1):102—105.

[37] 李国柱,石培基等. 基于"竞争力导向"的区域旅游发展战略规划研究——以甘肃省为例[J]. 旅游科学,2005,3(19):26—33.

[38] 李娟文. 中国旅游地理(第三版)[M]. 大连:东北财经大学出版社,2008.

[39] 李丽. 旅游学概论[M]. 广州:广东经济出版社,2007.

[40] 李玲,夏由清. 基于因子分析的湖南省区域旅游经济区区划研究[J]. 经济地理,2009,29(2):337—341.

[41] 李世麟. 中国旅游地理[M]. 上海:东南大学出版社,2007.8.

[42] 李树民. 未来世界旅游市场的发展趋势和特征[J]. 旅游经济,2007,(8):17—20.

[43] 李天元,王连义. 旅游学概论[M]. 天津:南开大学出版社,1999.

[44] 李燕琴,张茵,彭建. 旅游资源学[M]. 北京:清华大学出版社·北京交通大学出版社,2007.

[45] 李永文. 旅游地理学[M]. 北京:科学出版社,2005.

[46] 辽宁省旅游局. 导游基础知识[M]. 沈阳:辽海出版社,2006.1.

[47] 林南枝,陶汉军. 旅游经济学[M]. 天津:南开大学出版社,2001.6.

[48] 刘宏盈,马耀峰. 口岸入境旅游流扩散转移特征——以上海为例[J]. 社会科学家,2008(1):99—103.

[49] 刘雯,沈占锋等. 面向公众的智能网络电子地图服务[J]. 安徽农业科学,2008(2):719—720,723.

[50] 刘雅琼. 网络旅游:e时代的新产业[N]. 中国财经报,2007,1(5):24.

[51] 刘振礼等. 新编中国旅游地理[M]. 天津:南开大学出版社,2000.

[52] 柳振万. 浪漫之都 时尚大连:大连导游词[M]. 北京:中国旅游出版社,2006.

[53] 陆林. 旅游规划原理[M]. 北京:高等教育出版社,2005. 12.

[54] 罗兹柏,张述林. 中国旅游地理学[M]. 天津:南开大学出版社,2008.

[55] 马红丽,马耀峰,李君轶,张佑印. 环渤海区入境旅游流西向扩散时空演变规律分析[J]. 统计与决策,2009(5):68—71.

[56] 马勇,李玺. 旅游景区管理[M]. 北京:中国旅游出版社,2006. 1.

[57] 米文宝,王梅兰. 宁夏旅游区划与可持续发展研究[J]. 宁夏大学学报(自然科学版),2000(4):361—364.

[58] 莫瑞开,刘静等. 数字地图制图技术的发展[J]. 测绘与空间地理信息,2005(12):49—50.

[59] 男宇,李兰军. 中国西部旅游资源[M]. 北京:清华大学出版社,2007. 5.

[60] 宁夏统计局. 宁夏回族自治区国民经济和社会发展统计公报[Z]. 2016. 5.

[61] 庞规荃. 中国旅游地理(第四版)[M]. 北京:旅游教育出版社,2007.

[62] 彭绪娟. 旅游学概论[M]. 北京:中国科学技术出版社,2008.

[63] 陶犁. 旅游地理学[M]. 北京:科学出版社,2007.

[64] 千福弟等编著. 中国最佳旅游景点图册[M]. 北京:中国地图出版社,1998.

[65] 青海省统计局. 青海省国民经济和社会发展统计公报[Z]. 2016. 4.

[66] 邱德海. 旅游管理信息系统[M]. 天津:南开大学出版社,2000.

[67] 石高俊. 中国旅游资源分区初探[J]. 南京师大学报(社会科学版),1994(3):13—17.

[68] 史蒂芬·佩吉等. 现代旅游管理导论[M]. 北京:电子工业出版社,2004.

[69] 四川省统计局. 四川省国民经济和社会发展统计公报[C]. 2016. 3.

[70] 孙大文,吴必虎. 旅游区划初步研究[J]. 华东师范大学学报(自然科学版,地理科学专辑),1991,(8):17—23.

[71] 万剑敏. 中国旅游地理[M]. 南昌:江西高校出版社,2008. 2.

[72] 王恩涌,胡兆量. 中国文化地理[M]. 北京:科学出版社,2008. 1.

[73] 王光霞,於建峰. 网络电子地图表示方法分析与研究[J]. 测绘通报,2008(8):66—71.

[74] 王静爱等. 中国地理教程[M]. 北京:高等教育出版社,2007.

[75] 王琪延. 休闲时代旅游消费的十大趋势[J]. 旅游学刊,2006,10(21):7—9.

[76] 王文,董建美等. 中国旅游资源的形成和特点及其合理利用研究[J]. 资源调查与评价,2004,(3):37—40.

[77] 王勇等. 中国旅游地理[M]. 北京:对外经济贸易大学出版社,2006. 8.

[78] 王钟印. 中国旅游地理概论[M]. 北京:中国旅游出版社,1994. 7.

[79] 吴必虎. 中国文化区的形成与划分[J]. 学术月刊,1996(3):10—15.

[80] 吴国清. 中国旅游地理[M]. 上海:上海人民出版社,2006.

[81] 西藏自治区统计局. 西藏自治区国民经济和社会发展统计公[Z]. 2016. 3.

[82] 肖思瑜. 工业旅游——辽宁旅游业发展的新方向[J]. 中国论文下载中心,2009.

[83] 谢彦君. 旅游营销学[M]. 北京:中国旅游出版社,2008.

[84] 新疆统计局. 新疆发布 2008 国民经济和社会发展统计公报[Z]. 2009. 4.

[85] 许国相等. 宁夏回族自治区地理[M]. 银川:宁夏人民出版社,1991. 9.

[86] 阎守邕,丁纪等. 中国旅游资源分区的初步研究[J]. 自然资源学报,1989,4(2):112—122.

[87] 杨海波,赵志远. 游遍中国[M]. 长春:吉林出版社,2002.

[88] 杨荣斌,郑建瑜. 中国旅游资源分区的初步研究——对其中几个概念和分区原则的辨析[J]. 桂林旅游高等专科学校学报,2005,2(1):80-83.

[89] 杨新军,宋辉. 中国西部地区特种旅游开发的可行性[J]. 西北大学学报(自然科学版),2005 (35):463—466.

[90] 杨载田. 中国旅游地理[M]. 北京:机械工业出版社,2009.

[91] 尤陶江. 中国旅游地理[M]. 北京:高等教育出版社,2005. 8.

[92] 云南省统计局. 云南省国民经济和社会发展统计公报. 2016. 6.

[93] 张朝阳. 发展环青海湖旅游圈的思考[J]. 现代商业,2008(36):122—124.

[94] 张辉. 旅游经济学原理[M]. 南昌:旅游教育出版社,2004.

[95] 张立明. 湖北区域旅游空间发展模式与战略布局[J]. 资源开发与市场,2005,21(5):473—475.

[96] 张佑印,马耀峰,王春,白凯. 入境旅游流西向扩散特征及机理——以中国典型旅游区为例 [J]. 社会科学家,2008(11):88—92.

[97] 张佑印,马耀峰,赵现红. 中国一级城市入境旅游流时空演变模式分析[J]. 城市问题,2008 (2):90—94.

[98] 张志宇,胡柏翠. 中国旅游地理[M]. 北京:电子工业出版社,2009.

[99] 赵华,马耀峰,白凯. 外国游客旅游认知行为研究——以广州市为例[J]. 城市问题,2007(4):54—58.

[100] 赵济等. 中国地理[M]. 北京:高等教育出版社,1999. 8.

[101] 赵丽华. 基于 SWOT 分析的环青海湖旅游圈旅游发展研究[J]. 中国市场,2008(7):20—21.

[102] 赵跃龙,张玲娟. 脆弱生态环境定量评价方法的研究[J]. 地理学报,1998(1):73—78.

[103] 郑辽吉,张娜. 中国旅游地理[M]. 北京:中国科学技术出版社,2008. 8.

[104] 中国国家地理(选美中国特辑)[M]. 中国国家地理杂志编辑社,2005,152—158.

[105] 中国国家旅游局. 2009 年中国旅游统计年鉴[M]. 北京:中国旅游出版社,2009:94—110.

[106] 中国国家统计局. 2008 年中国国民经济和社会发展统计公报[Z]. 2009. 2.

[107] 周尚义. 中国文化地理学. 北京:高等教育出版社,2002,8.

[108] 朱体高,何丽华等. 旅游地图功能刍议[J]. 地理空间信息,2007(3):115—117.

[109] 朱耀廷,郭引强,刘曙光. 中华文物古迹旅游——古代陵墓[M]. 大连:辽宁师范大学出版社,1996.

[110] 《2016 年 1—12 月来华旅游入境人数》[J/OL]. http://www. cnta. gov. cn/html.

［111］《2016 年 1—6 月来华旅游入境人数》［J/OL］. http://www. cnta. gov. cn/html.

［112］2016 年中国旅游业统计公报［J/OL］http://www. stats. gov. cn

［113］甘肃旅游政务网. ［EB/OL］. http://www. gsta. gov. cn/pub/lyzw/index. html.

［114］国际航空运输协会(IATA)网站:http://www. iata. org/index. htm

［115］国家旅游局. 2016 年中国旅游业统计公报. ［EB/OL］. http://www. cnta. gov. cn/html.

［116］国家统计局. 2008 年中国统计年鉴［M］. 北京:中国统计出版社,2009.

［117］国务院发展中心信息网. 中国老年旅游新发展趋势［EB/OL］. http://www. drcnet. com. cn

［118］哈尔滨市旅游业发展"十三五"规划. http://ta. harbin. gov. cn/.

［119］刘德谦. 中国旅游者近期需求的八个特征［J/OL］. http://travel. anhuinews. com/.

［120］未来世界旅游市场的发展趋势和特征［EB/OL］. http://travel. VeryEast. Cn.

［120］西方未来旅游需求将日趋个性［DB/OL］http://www. sohu. com.

［122］中国地产网. http://news. dichan. sina. com. cn/2009/10/22/76311. html

［123］中国旅游网. 2008 年湖南红色旅游工作联席会议［EB/OL］［2008-2-27］. http://www. cnta. com.

［124］中国森林公园网. 国家级森林公园名录［DB/OL］［2016-4-16］. http://www. forestry. gov. cn.

［125］中国旅游智网. 旅游绿皮书:2009 年中国旅游发展分析与预测［EB/OL］［2009-5］. http://www. davst. cn.

［126］中国民用航空局网站:http://www. caac. gov. cn/

［127］中国网. "十一五"规划:推进形成主体功能区［EB/OL］［2007-7-3］. http://www. china. com. cn.

［128］中国园林网. 21 世纪旅游发展趋势——森林生态旅游［EB/OL］［2007-5］. http://www. showguide. cn. 2007. 5.

［129］中国国家地理(选美中国特辑)［M］. 中国国家地理杂志编辑社,2005,152—158.

［130］National Park Service. The-Island-Guide-2014［M］. Ventura:U. S. Department of the Interior,2014.

［131］Bill Mc Cawley. Channel Islands National Park East Anacapa Island Map&Guide［M］. Ventura:U. S. Department of the Interior,2015.

［132］Derek Lohuis. Channel Islands National Park Interpretive GuideSanta Rosa Island［M］. Ventura: U. S. Department of the Interior,2015.

［133］Derek Lohuis. Channel Islands National Park Santa Barbara Island Trail Guide［M］. Ventura: U. S. Department of the Interior,2015.

［134］Ray Green. Community perceptions of environmental and socialchange and tourism development on the island of Koh Samui,Thailand［J］. Journal of Environmental Psychology,2005,(1):37—56.

［135］王连勇，霍伦贺斯特·斯蒂芬. 创建统一的中华国家公园体系：美国历史经验的启示［J］. 地理研究，2014,33(12)：2407—2417.

［136］徐菲菲，Fox D. 英美国家公园体制比较及启示［J］. 旅游学刊，2015,30(6)：5—8

［137］张朝枝. 国家公园体制试点及其对遗产旅游的影响［J］. 旅游学刊，2015,30(5)：1—3.

［138］李悦铮，俞金国，王恒等. 海岛旅游度假区规划创新研究——以大连长山群岛为例［C］. 2011《旅游学刊》中国旅游研究年会会议论文集，2011:271—283.

［139］张晖，樊燕. 海南省海陆一体化的动因及发展路径研究［J］. 海南大学学报人文社会科学版，2015,33(6)：78—84.

［140］从海陆二分到海陆统筹——对中国海陆关系的再审视［J］. 现代国际关系，2007,27(8)：1—7.

［141］刘颖菲，李悦铮. 马耳他旅游业的发展对长山群岛旅游开发的启示［J］. 国土与自然资源研究，2010,4:88—91.

［142］朱晶晶，陆林，杨效忠等. 海岛型旅游地旅游空间结构演化机理分析——以浙江省舟山群岛为例［J］. 人文地理，2007,93(1)：34—39.

［143］中国网. 关于实施"旅游＋互联网"行动计划的通知. ［EB/OL］[2016-05-21]. http://www.china.com.cn/travel/txt/. htm.

［144］国家旅游局. 中国旅游发展报告2016. ［EB/OL］[2016-05-21]. http://www.rzpats.com.

［145］李金早. 开明开放开拓 迎接中国"旅游＋"新时代［N］. 中国旅游报，2015-08-21(001).

［146］吴必虎，朱虹. "旅游＋"的历史源流与时代召唤［N］. 中国旅游报，2015-09-02 (001).

［147］石培华. "旅游＋"是实现全域旅游的重要路径［N］. 中国旅游报，2016-05-11(003).

［148］李琼会. 以"旅游＋美食"助推旅游业供给侧改革［N］. 华西都市报，2016-10-10.